LUMIÈRE CLASSIQUE
Collection dirigée par Philippe Sellier
6

LES REINES DU MONDE

L'IMAGINATION ET LA COUTUME
CHEZ PASCAL

Gérard FERREYROLLES

LES REINES DU MONDE

L'IMAGINATION ET LA COUTUME
CHEZ PASCAL

Préface de Jean Mesnard

PARIS
HONORÉ CHAMPION ÉDITEUR
7, QUAI MALAQUAIS (VIᵉ)
1995

Diffusion hors France: Editions Slatkine, Genève

A Claire

Il n'est rien qu'elle [la coutume] *ne fasse, ou qu'elle
ne puisse: et avec raison l'appelle Pindarus, à ce
qu'on m'a dit, la Reine et Emperière du monde.*

Montaigne, *Essais*, I, 23

Montaigne a vu (...) que la coutume peut tout.

Pascal, *Pensées*, fr. 577-480

*L'imagination dispose de tout; elle fait la beauté, la
justice et le bonheur qui est le tout du monde.*

*Je voudrais de bon cœur voir le livre italien dont je
ne connais que le titre, qui vaut lui seul bien des
livres,* Dell'opinione regina del mondo.

Pascal, *Pensées*, fr. 44-78

PRÉFACE

Cette préface ne sera pas d'humour, mais d'humeur. Elle commence pourtant par un trait à la Ferreyrolles. Que ce soit pour saluer en l'auteur de cet ouvrage l'homme d'esprit. L'esprit qui est fantaisie, art de jouer avec les mots en tirant de leur substance sonore des effets de surprise et de charme, des rencontres porteuses d'un savoir subtil et de leçons illuminantes. L'esprit qui, en l'occurrence, n'anime pas seulement l'écriture ou la conversation, mais toute la vie, apportant avec lui la gaîté, une sorte de liberté heureuse et l'agrément qui fait le plaisir de la vie en société. Le tout joint à la simplicité la plus naturelle, à la gentillesse, à la délicatesse, et même à un juste sentiment du danger que comporte un brillant trop continu. Gérard Ferreyrolles eût été, au XVIIᵉ siècle, un parfait *honnête homme,* modèle dont il peut être encore aujourd'hui salutaire de s'inspirer.

Voilà qui le fait échapper par bonheur à l'appellation de *bel esprit.* Mais homme d'esprit, il l'est encore au sens le plus élevé du terme, celui qu'on entend lorsqu'on lui applique les catégories de la puissance ou de la grandeur. Il l'a montré en se livrant, toujours avec pénétration et originalité, à l'étude d'auteurs et de sujets très divers. Il l'a montré tout spécialement dans ses travaux sur Pascal. Une intuition très profonde et très générale les gouverne, celle d'un optimisme relatif quant à la nature humaine et au monde terrestre chez l'auteur qui semble avoir condamné l'une et l'autre de la manière la plus radicale; en somme celle d'une réhabilitation partielle, d'une réduction de portée effective, d'une domestication possible de ce penchant malin qui, dès l'Ancien Testament, a reçu le nom de *concupiscence.* Intuition qui n'est pas demeurée suggestion vague, mais qui a déclenché de vastes recherches. Le texte de Pascal, le texte intégral, non seulement celui des *Provinciales* et des *Pensées,* mais celui des opuscules et même des écrits scientifiques, a été scruté directement, en dehors de tous les commentaires convenus, selon une optique rigoureuse, avec une ingéniosité perspicace et souvent éblouissante. Parallèlement, l'œuvre a été située dans l'histoire de la pensée selon de nouvelles perspectives. Elle a été confrontée à celle de beaucoup d'autres penseurs. Mais — fait essentiel — à la référence augustinienne, la plus naturelle, la plus immédiatement perceptible, s'est ajoutée, pour la compléter, voire pour la remplacer, la référence thomiste: les "puissances trompeuses" se sont trouvées atténuées par la prise en compte des semences de vérité dont l'homme est détenteur; l'absolu quasi exclusif de la Cité de Dieu ne peut plus faire totalement oublier la nécessité d'organiser la cité terrestre. Thèse déjà fermement exposée, sur un cas particulier exemplaire, dans l'ouvrage publié en 1984 sous le titre *Pascal et la raison du politique*. Thèse qui, soutenue sans nuances, risquerait d'affadir Pascal, en le privant de sa dimension tragique; mais les nuances essentielles ne sont pas omises; et nulle autre perspective ne pourra être présentée qui ne se mesure à celle-ci. Les études menées dans le présent ouvrage sur la coutume et l'imagination sont d'ailleurs destinées à s'élargir puisqu'elles forment les deux premiers volets d'un triptyque dont le troisième illustrera un sujet plus crucial encore, l'amour-propre.

On ne peut qu'être frappé par la beauté de cet ensemble, qui n'est pas seulement celle d'une œuvre de pensée, mais aussi celle d'une œuvre d'art. La même beauté se retrouve dans chacune des parties. Elle naît de la maîtrise de la composition, d'une démarche très sûre, conduite avec une allégresse entraînante, sollicitant le lecteur, qui se laisse gagner sans peine, à suivre avec passion le chemin tracé. Au sein d'un même chapitre, ou d'un chapitre à l'autre, des échos, des retours, des jeux de parallélisme et de contraste rythment le dessin d'une architecture en mouvement et introduisent dans la matière du texte une composante musicale, principe de séduction, en même temps que de souveraine intelligibilité.

Le moment est venu ou bien de recourir à l'humour, ou bien de se laisser aller à l'humeur. La seconde attitude est la plus adéquate. Car enfin, cet homme d'esprit, et non pas de n'importe quel esprit, est aussi — on l'a aisément compris — un homme de qualité, en ce sens que la qualité, en tous domaines, est pour lui un objectif constamment poursuivi. Or qu'en est-il aujourd'hui de la qualité dans les études littéraires? Nous avons la preuve qu'elle existe, et au suprême degré. Nous avons la preuve que le génie du langage ne s'y exerce pas à vide, et qu'il est moyen d'accès aux profondeurs de l'homme, de son être et de son destin. Si une expérience individuelle, si les particularités d'une époque servent de point d'appui à l'étude, l'univers embrassé les dépasse de beaucoup et se projette comme un révélateur sur notre propre univers. Nous avons la preuve que la littérature, authentiquement saisie, appartient à notre histoire et à notre vie, qu'elle nous relie, mieux que toute autre discipline, à nos origines et contribue à constituer un peuple en communauté. Faut-il donc garder l'espoir? Les études françaises, où les querelles entre écoles ont eu de nos jours des effets ruineux, cesseront de constituer un domaine partiellement sinistré, et perdu de réputation, lorsqu'une œuvre telle que celle de Gérard Ferreyrolles et toutes les autres, Dieu merci nombreuses, qui répondent à la même exigence de qualité seront distinguées comme elles le méritent.

Ce n'est pas demain que ces études retrouveront, dans l'opinion, dans les media, dans les universités et auprès des pouvoirs la dignité qui n'aurait jamais dû leur manquer. Ceux qui s'y dévouent, avec ardeur et désintéressement, ne doivent pour le moment compter que sur eux-mêmes et sur la qualité dont ils témoigneront pour se faire reconnaître. Chercher à s'imposer par des moyens que Pascal aurait qualifiés de "tyranniques" reviendrait à nier ses propres valeurs. Il n'est pas défendu pour autant de regretter la distance qui s'est établie entre le monde de la science, de l'économie, de l'administration, de la politique, et celui de la culture et de la recherche littéraire. Puissent-elles, par le succès de quelques travaux modèles, appeler au rétablissement d'une continuité perdue! Puissent-elles accomplir le cheminement nécessaire pour atteindre la totalité de leur public naturel!

Jean MESNARD

INTRODUCTION

Voici quelques années déjà, nous proposions une approche paradoxale de la politique pascalienne. La cité en jansénisme n'était plus considérée comme le lieu maudit de la non-valeur, qu'il fallait fuir ou à tout le moins oublier pour faire son salut, mais celui où se manifestait, du sein même de notre misère, la grandeur de l'homme. C'est dire que cette politique impliquait une anthropologie, dont nous tentons aujourd'hui de mettre au jour deux fondements essentiels: la coutume et l'imagination. Dans notre *Pascal et la raison du politique* (PUF, 1984), nous les avions croisées déjà, parce que la coutume a partie liée avec la loi et que l'imagination donne respect au pouvoir, comme ici nous croiserons à nouveau la dimension sociale pour y lire en grands caractères les effets que ces deux "principes d'erreur" produisent en petit dans l'existence des particuliers. Mais la perspective est symétrique, passant globalement du collectif à l'individuel — même dans le cas de la coutume, qui recouvre au XVIIᵉ siècle ce que l'usage contemporain désigne par le terme d'*habitude*.

Du politique à l'anthropologique, notre démarche reste cependant la même, en ce sens qu'elle garde la forme d'une réhabilitation. Après la rédemption du politique, le bon usage des puissances trompeuses. Ce dernier thème apparaissait au chapitre troisième de notre *Pascal*, intitulé "La concupiscence collective", où l'on montrait que l'intérêt personnel, objet de cette grande puissance trompeuse de l'amour-propre, pouvait, s'il était intelligemment pris en compte par le législateur, tourner au bénéfice de la communauté. Restaient les deux autres puissances, coutume et imagination. Bien que leur importance cruciale au sein de l'anthropologie pascalienne ait toujours été reconnue, elles n'avaient jamais fait l'objet d'une analyse spécifique de quelque dimension, ni à plus forte raison été systématiquement explorées sous l'angle de leur bon usage possible. Il est heureux que nos prédécesseurs, maîtres et collègues aient laissé quelque chose à dire sur Pascal et que leurs travaux aient permis de le dire: ceux de Jean Mesnard au premier chef, ceux de Philippe Sellier (auteur en particulier de plusieurs études sur l'*imaginaire* pascalien), de Michel Le Guern (dont la thèse sur *L'Image dans l'œuvre de Pascal* a été rééditée chez Klincksieck en 1983), de Tetsuya Shiokawa (qui a magistralement situé le concept pascalien d'imagination par rapport à la *phantasia* stoïcienne), de bien d'autres encore — avec le regret de n'avoir pu accéder, pour cause d'insuffisance en langue japonaise, aux articles de Masayoshi Hirota sur notre double sujet. L'idée même d'un bon usage des facultés qui, selon la doctrine port-royaliste et tout simplement chrétienne, ont été perverties par la Chute, n'est la propriété de personne: Sara Melzer l'a brillamment accréditée, sur le chapitre du langage, dans ses *Discourses of the Fall* en 1986. Mais si elle se rencontre ailleurs sous la plume de tel critique, elle n'est point méthodiquement exploitée. Pour notre part, nous prenons depuis 1976 pour hypothèse de travail qu'il convient de déployer dans toute son ampleur et jusqu'à ses dernières conséquences cette phrase d'une lettre de Blaise et Jacqueline Pascal à leur sœur Gilberte Périer: "Il faut que nous nous servions du lieu même où nous sommes tombés pour nous relever de notre chute" (lettre du 1ᵉʳ avril 1648). De là, certes, toute une série de paradoxes, mais qui ne sont pas recherchés pour eux-mêmes: ils s'inscrivent dans la logique pascalienne du *renversement du pour au contre*, même s'il s'agit d'un renversement du contre au pour, et répondent à la non moins pascalienne injonction de se souvenir, "à la fin de chaque vérité", de "la vérité opposée" (*Pensées*, fr. 576 Lafuma — 479 Sellier). Loin de méconnaître les errances de la coutume et de l'imagination, on commencera par les recenser en tous domaines, et avec plus de minutie peut-être que leurs contempteurs péri-pascaliens. De sorte que le renversement de perspective — cet "autre tour" dont parlent les *Pensées* — signifiera avant tout un élargissement de perspective: non point l'abolition, mais le dépassement d'une vision unilatérale, dont le caractère partiel est en soi, pour Pascal, une marque de fausseté. Sur lui-même apprêtons-nous à vérifier que le sens n'est accessible que dans l'accord des contrariétés.

PREMIÈRE PARTIE

LA COUTUME

CHAPITRE PREMIER

CRITIQUE DE LA COUTUME

Au rang des grands principes d'erreur qui gouvernent l'homme, Pascal place la coutume entre l'imagination et l'intérêt. C'est dans cet ordre qu'ils apparaissent dans le célèbre fragment 44-78 des *Pensées*[1] intitulé *Imagination*. La coutume s'y laisse lire sous la formule des "impressions anciennes (...) capables de nous abuser", avant d'y figurer explicitement à propos de l'exemple du coffre vide: "Parce, dit-on, que vous avez cru dès l'enfance qu'un coffre était vide lorsque vous n'y voyiez rien, vous avez cru le vide possible. C'est une illusion de vos sens, fortifiée par la coutume, qu'il faut que la science corrige". A la différence pourtant de l'imagination et de l'intérêt, la coutume était déjà mentionnée avant ce fragment 44-78, dès la seconde liasse des *Pensées,* comme une puissance génératrice d'illusion: "La coutume de voir les rois accompagnés de gardes, de tambours, d'officiers" (fr. 25-59) nous fait croire faussement à une force qui leur serait naturelle et consubstantielle. La coutume est donc, parmi les principales "puissances trompeuses", la première à entrer en jeu nommément dans le texte des *Pensées*; et son empire ne le cède en rien à celui des deux autres puisque, pour Pascal comme pour Montaigne, "la coutume peut tout" (fr. 557-480).

Que recouvre au juste ce mot? Un dictionnaire moderne, comme le Robert, le définit: "Dans une collectivité, manière à laquelle la plupart se conforment"; il distingue nettement de la coutume l'habitude, regardée, elle, comme une "manière de se comporter, d'agir, individuelle, fréquemment répétée". La coutume et l'habitude se différencient donc par le caractère collectif du premier terme et individuel du second. A y regarder de plus près cependant, on constate que, si la coutume reste cantonnée

---

[1] Le premier chiffre renvoie à l'édition Lafuma (Paris, éd. du Luxembourg, 1952), le second à l'édition Sellier (Paris, Bordas, 1991). Pour les autres œuvres de Pascal, à l'exception des *Provinciales* et des écrits connexes, notre référence sera l'édition procurée par J. Mesnard des *Œuvres complètes* (sigle *OC*), Paris, Desclée de Brouwer, 4 volumes parus à ce jour en 1964 (réimp. 1991), 1970 (réimp. 1991), 1991 et 1992.

dans le collectif, l'habitude en revanche peut déborder l'individuel et empiéter sur le domaine de la coutume. Citant en effet Bergson ("la vie sociale nous apparaît comme un système d'habitudes"), le Robert appelle *habitude* l' "usage d'une collectivité, d'un lieu" et renvoie ici à *coutume* comme à un synonyme. Ce que dit la coutume peut donc être dit par l'habitude, mais tout ce que dit l'habitude ne peut l'être par la coutume. En bref, dans l'usage contemporain, l'habitude tend à annexer le territoire de la coutume.

Littré pourtant avait fermement fixé la frontière, qui glosait ainsi son article sur la coutume: "Coutume est objectif, c'est-à-dire indique une manière d'être générale à laquelle nous nous conformons. Au contraire, habitude est subjectif, c'est-à-dire indique une manière d'être qui nous est personnelle et qui détermine nos actions". En fait, cette frontière, d'après les définitions et les exemples mêmes donnés par Littré, apparaît aussi perméable que dans notre usage contemporain, *mais en sens inverse*. L'habitude est confinée dans une signification strictement scolastique ("disposition acquise par la répétition des mêmes actes") qui la borne à la sphère de la personne, tandis que la coutume ("manière à laquelle la plupart se conforment", mais aussi "manière ordinaire d'agir, de se comporter, de parler")[2] couvre le personnel en même temps que le général: "Je n'en ferai pas ma coutume", écrit Mme de Sévigné. Ce que dit l'habitude peut donc être dit par la coutume, mais tout ce que dit la coutume ne peut l'être par l'habitude. L'exemple que Littré tire de Mme de Sévigné, conforté par ceux de Corneille, Racine et La Fontaine, est caractéristique d'un usage exactement symétrique du nôtre.

Au XVIIe siècle, en effet, c'est la coutume qui tend à annexer le territoire de l'habitude. Celle-ci est définie par Furetière une "*accoutumance* qui donne facilité de faire des actions qu'on a plusieurs fois réitérées"[3], et son emploi propre se restreint presque à la technique philosophique (la question des *habitus*) et théologique (la question des péchés d'habitude, celle de la grâce habituelle)[4]. Alors que l'habitude est

---

[2] La première définition a été reprise telle quelle par le Robert; quant à la seconde, ce qui lui ressemble le plus se trouve dans la définition de l'*habitude* par le même Robert.

[3] Ce qui est en italique l'est de notre fait, sauf indication contraire.

[4] Furetière classe l'adjectif *habituel* comme "terme de théologie". Les définitions de la coutume occupent, chez Furetière, une colonne et demie; celles de l'habitude, une demi-colonne; dans le Robert, l'article "habitude" est, au contraire, deux fois plus long que l'article "coutume".

doublement liée à l'individuel, et par son sens "en physique" — où elle désigne "la complexion du corps humain" — et par son sens "en morale" — où les *habitus* définissent les vertus et les vices et sont donc du ressort de la responsabilité personnelle — , la coutume, en tant que "train de vie ou d'actions ordinaires", embrasse à la fois le collectif *et l'individuel*: "Le sage qui veut être longtemps en santé doit vivre comme il a de coutume"[5]. Un exemple montre bien cette ambiguïté, ou cette ubiquité, de la coutume: lorsque Pascal décrit son rôle dans l'acquisition d'une croyance religieuse, il fait référence aussi bien au cheminement personnel du converti qui incline en lui "l'automate" à la foi par la répétition, qu'à la pression de la collectivité pour faire adopter à ses nouveaux membres la religion traditionnellement reçue: "C'est elle [la coutume] qui fait les Turcs, les païens" (fr. 821-661). L'impérialisme sémantique de la coutume a naturellement sa traduction statistique: dans les *Pensées,* Pascal emploie trois fois le terme *habitude* contre quarante-neuf fois celui de *coutume,* et une disproportion analogue peut être relevée dans les *Essais* de Montaigne.

Une étude sur la coutume au XVIIᵉ siècle, tout en recueillant soigneusement les occurrences du mot *habitude,* doit donc prendre en compte un champ de signification élargi par rapport à l'usage actuel qui nous fait dire: "L'habitude est une seconde nature" quand Pascal écrivait: "La coutume est une seconde nature" (fr. 126-159). On analysera ici ses mécanismes et ses effets dans le domaine intellectuel, le domaine social et le domaine religieux. Puisque, ainsi qu'on l'a vu, "la coutume peut tout", n'est-il pas naturel que son action soit observable en chacun des trois ordres?

1 — HABITUDE ET INVENTION

Dès le début de sa carrière intellectuelle, Pascal s'est trouvé confronté à la coutume comme à un obstacle. L'habitude, sans dire encore son nom, ou à peine, oppose sa force d'inertie ou d'illusion à l'élan du jeune savant.

---

[5] Toutes ces citations proviennent du *Dictionnaire universel* de Furetière (1690). On remarquera que le sens explicitement collectif de *coutume* n'y vient qu'en second rang: "Coutume se dit aussi des mœurs, des cérémonies, des façons de vivre des peuples..."

De quoi a-t-il besoin lorsqu'il fixe, en 1642-1643, le modèle de sa machine arithmétique? De "quelque ouvrier"[6] capable de construire l'appareil imaginé. "Mais ce fut en ce point", raconte-t-il dans sa *Lettre dédicatoire* au chancelier Séguier, "que je rencontrai des obstacles aussi grands que ceux que je voulais éviter, et auxquels je cherchais un remède"[7]. Ces obstacles viennent, d'une part, de l'insuffisance des artisans, qui ont "plus de connaissance de la pratique de leur art que des sciences sur lesquelles il est fondé"[8] et, d'autre part, de leur présomption, qui leur fait croire que leur habileté technique les rend capables "d'exécuter d'eux-mêmes des ouvrages nouveaux, desquels ils ignorent et les principes et les règles"[9]. L'artisan ne peut inventer, car il n'a pas accès aux principes; il est le serviteur d'un art qui est lui-même dans la dépendance de la théorie. L'art (au sens, bien entendu, de τέχνη) occupe, en effet, une position intermédiaire: fondé sur la science, il fonde à son tour une pratique, et c'est à ce dernier niveau que se situe l'artisan. De fait, laissés à eux-mêmes, les artisans travaillent sans art: "Ils travaillent en tâtonnant, c'est-à-dire sans mesures certaines et sans proportions réglées par art"[10]. Loin d'être l'homme de l'art, l'artisan est l'homme de l'empirisme; devant la nouveauté, sa pratique routinière piétine ou s'affole, le désignant par excellence comme l'homme de l'habitude. "Pour les nouvelles inventions, poursuit Pascal, il faut nécessairement que l'art soit aidé par la théorie, jusques à ce que l'usage ait rendu les règles de la théorie si communes qu'il les ait enfin réduites en art, et que le continuel exercice ait donné aux artisans *l'habitude* de suivre et pratiquer ces règles avec assurance"[11]. Double médiation de la coutume: celle de l'usage entre théorie et art, celle de l'habitude entre art et pratique.

On est ici dans la mouvance aristotélicienne, puisqu'on retrouve la hiérarchie élaborée par le Stagirite entre l'ἐπιστήμη (science de l'intelligence théorique, portant sur le nécessaire), la τέχνη (l'art, qui adapte aux cas particuliers les données générales de l'intelligence théorique et porte sur le contingent) et l'ἐμπειρία (expérience issue de la pratique et portant

---

[6] *Lettre dédicatoire* de la machine arithmétique (1645), *OC*, t.II, p. 332.

[7] *Ibid.*

[8] *Ibid.*

[9] *Avis nécessaire, OC*, II, 338.

[10] *Ibid.*

[11] *Ibid.*, p. 338-339.

sur l'individuel)[12]. Comme chez Pascal aussi, lorsqu'il se pose en homme de la théorie prescrivant sans réciprocité leur tâche à ses ouvriers, cette subordination à trois étages se réduit chez Aristote à une opposition entre ceux qui ont une connaissance de l'universel et ceux qui ont une connaissance de l'individuel: les chefs "possèdent la théorie et connaissent les causes", tandis que les manœuvres sont "les hommes d'expérience", qui "savent bien qu'une chose est, mais ignorent le pourquoi": ces derniers agissent sans savoir ce qu'ils font — en un mot, ils agissent δι'ἔθος, "par habitude"[13].

L'affaire de la machine arithmétique montre que les artisans, pris par leur pratique coutumière, sont aveugles à la théorie et donc incapables d'invention. Quelques années plus tard, l'enquête pascalienne sur le vide va publier qu'en eux l'habitude est même puissance d'erreur. Ces "hommes d'expérience", en effet, ne sont rien moins que des expérimentateurs: ils observent une certaine constance dans les phénomènes, mais n'en cherchent pas les limites, encore moins la cause. La répétition leur est une déesse dont ils étendent à l'infini le pouvoir. C'est ainsi qu'ayant vu les siphons élever l'eau jusqu'à six, dix, douze pieds, sans jamais manquer de faire leur effet, "ils ne se sont pas imaginé qu'il y eût un certain degré après lequel il en arrivât autrement"[14]. De sorte que "tous nos fonteniers assurent encore aujourd'hui qu'ils feront des pompes aspirantes qui attireront l'eau à soixante pieds si l'on veut"[15]. Double puissance de la coutume: sa force d'inertie nous empêche de penser que les choses puissent arriver autrement; de ce qui se répète, elle fait une loi, comme il est advenu chez ces artisans qui, constatant la régulière montée de l'eau dans leurs machines, "ont pensé que c'était une nécessité naturelle, dont

---

[12] Cf. *Métaphysique*, A, 1 (en particulier la note 3, p. 3-4 de l'éd. Tricot, Paris, Vrin, 1974) et *Ethique à Nicomaque*, VI, 6 (éd. Tricot, Paris, Vrin, 1987, p. 288).

[13] Ces citations proviennent toutes de *Métaphysique*, A, 1, 981 *a* - 981 *b*, éd. citée, p. 7. La distinction entre la connaissance du fait et celle de la cause, développée dans les *Seconds Analytiques* (I, 13), est à l'œuvre dans le fr. 577-480 des *Pensées*: "Toutes ces personnes ont vu les effets mais ils n'ont pas vu les causes. Ils sont à l'égard de ceux qui ont découvert les causes comme ceux qui n'ont que les yeux à l'égard de ceux qui ont l'esprit". A la limite, tous les artisans réunis ne peuvent pas plus inventer une machine arithmétique que "de tous les corps ensemble on ne saurait en faire réussir une petite pensée" (fr. 308-339).

[14] *Traités de l'équilibre des liqueurs et de la pesanteur de la masse de l'air*, Conclusion, *OC*, II, 1099.

[15] *Ibid.*

l'ordre ne pouvait être changé"[16]. En même temps, la coutume est force d'extrapolation: la loi qu'elle croit découvrir dans les limites de son expérience se trouve promue, par un coup de force subreptice, à une validité universelle. "Tirant une conséquence de ce qu'ils voyaient à ce qu'ils ne voyaient pas"[17], les fonteniers convaincus par la répétition de leur constat assurent que ce qui vaut pour des siphons de douze pieds vaut pour des siphons de soixante pieds ou aussi élevés qu'on pourra les construire. Mais cette force d'extrapolation est l'envers, et non l'inverse, de la force d'inertie: il s'agit toujours d'asservir l'inconnu au supposé connu, de ramener l'altérité à l'identité, de gagner le mouvant à la fixité. La coutume, c'est l'immobilisme conquérant. Et lorsqu'une nouvelle expérience vient démentir les précédentes, sa constance lui vaut d'acquérir à son tour, et sur d'aussi faibles fondements, vigueur de loi: quand il fut avéré en Italie et en France "que les pompes n'élèvent l'eau que jusqu'à une certaine hauteur", cette limite fut tenue pour "invariable en tous les lieux du monde"[18], alors qu'en réalité l'eau s'élève plus haut dans les lieux plus profonds. Deux dogmes opposés se sont ainsi succédé en physique, mais qui reposaient sur la même extension indue d'une régularité "locale" en nécessité universelle. On est passé d'un effet de coutume à un autre effet de coutume — c'est-à-dire, selon les termes mêmes de Pascal, d'une première erreur à une seconde[19].

Mais n'accablons pas les artisans. Ce sont eux — en l'occurrence, "des fonteniers d'Italie"[20] — qui ont tiré le monde de sa première erreur. Le monde? Point tout à fait. Il reste les philosophes. Eux seuls sont encore persuadés que l'eau peut indéfiniment continuer à s'élever: "On le dicte tous les jours dans les classes et dans tous les lieux du monde"[21]. Si les artisans sont les hommes de l'habitude, que faudra-t-il dire des philosophes? Les voilà qui répètent en chœur[22] depuis vingt siècles et qui font répéter à leurs élèves une doctrine, l'horreur du vide, elle-même

---

[16] *Ibid.*

[17] *Ibid.*

[18] *Ibid.*, p. 1099-1100.

[19] "Encore qu'elles [les expériences montrant une limite dans l'élévation de l'eau] nous eussent tirés d'une erreur, elles nous laissaient dans une autre" (*ibid.*, p. 1100).

[20] *Ibid.*, p. 1099.

[21] *Ibid.*

[22] "La foule des philosophes" (*Récit de la grande expérience de l'équilibre des liqueurs*, *OC*, II, 688).

fondée sur la répétition de quelques faits d'observation courante. Ils représentent cette forme acharnée de la coutume que Pascal nomme l'"obstination": "Nous devons avoir plus de vénération pour les vérités évidentes que d'obstination pour ces opinions reçues"[23]. Au moins les premiers savants avaient-ils l'excuse de partir de la réalité — si limitée qu'en fût l'expérience —, mais de leurs hypothétiques inductions leurs successeurs, avec le temps, ont fait des dogmes intangibles. Comment s'est opérée une telle transmutation? Non point par une consolidation du savoir transmis, mais par le seul fait de la transmission de ce savoir. Une opinion est considérée comme recevable simplement parce qu'elle a déjà été reçue, et la succession des consentements accroît encore son autorité: la coutume n'a pas d'autre justification qu'elle-même. Quand bien même l'expérience, d'où elle naît pour partie, viendrait ensuite à la contredire, c'est l'opinion reçue qui prétend s'imposer à elle et fournir le cadre de son interprétation. Et par là se fait jour l'agressivité de la coutume.

Les philosophes, "ces timides qui n'osent rien inventer en physique"[24], trouvent d'insoupçonnées ressources de hargne lorsque leurs gros bataillons font face au petit nombre de "ceux qui sont capables d'inventer" (fr. 88-122). Parce qu'ils ne démordent pas de l'opinion reçue, ils mordent — le mot est de Pascal, au fragment 518-452 — "quiconque s'en échappe". L'inventeur de la machine arithmétique et des *Expériences nouvelles touchant le vide* l'a pu vérifier sur lui-même. Qu'a dit la coutume devant la Pascaline? Impossible! "Par un injuste préjugé, la difficulté que l'on s'imagine aux choses extraordinaires fait qu'au lieu de les considérer pour les estimer, on les accuse d'impossibilité, afin de les rejeter ensuite comme impertinentes"[25]. Retenons l'accusation, car nous la retrouverons dans la bouche des athées contre la résurrection, avec ce jugement de Pascal: "La coutume nous rend l'un [naître] facile, le manque de coutume rend l'autre [ressusciter] impossible. Populaire façon de juger" (fr. 882-444). La coutume, par définition, ne peut tolérer l'inédit: ou elle l'expulse du champ du possible ou elle le ramène à soi, le tout agrémenté d'invectives diverses à l'adresse des novateurs. Pascal, en présentant des expériences "de [s]on invention"[26] sur le vide, eut aussi à connaître le

---

[23] *Ibid.*, p. 679.

[24] Fragment de préface pour un *Traité du vide*, OC, II, 779.

[25] *Lettre dédicatoire*, OC, II, 333.

[26] *Expériences nouvelles touchant le vide*, OC, II, 501.

second terme de l'alternative: les lettres du P. Noël, avec leur "style d'injures"[27], ont pour objet de prouver au jeune trublion que celles de ses expériences qui sont avérées s'intègrent sans mal dans la millénaire conception pléniste et s'expliquent parfaitement à l'aide d'instruments d'analyse pour l'essentiel hérités d'Aristote. La théorie ancienne, qui à l'origine dérivait de l'expérience, est devenue par son passage en coutume une machine à absorber les expériences nouvelles. Avec un peu d'imagination, on lui fera rendre raison de n'importe quoi, et même de ce qui la réfute, comme Harvey l'éprouva quand il établit la circulation du sang[28]. De sorte que l'omnipotence de la pensée coutumière correspond au dernier degré de son aveuglement: "Lorsqu'on est accoutumé à se servir de mauvaises raisons pour prouver des effets de la nature, on ne veut plus recevoir les bonnes lorsqu'elles sont découvertes"[29]. En matière intellectuelle aussi, le péché d'habitude est le moins remédiable.

D'où l'importance vitale de ne pas "s'accoutume[r] (...) à mal penser" (fr. 729-611). Pour cela, briser la fascination qu'exerce sur nous la répétition. Ce qui signifie d'abord s'arracher au "consentement universel", aussi contestable aux yeux de Pascal qu'à ceux de Descartes — "la pluralité des voix n'est pas une preuve qui vaille rien pour les vérités un peu malaisées à découvrir"[30]. S'ouvre alors l'héroïque solitude de la raison: "Il faut préférer nos lumières à celles de tant d'autres. Et cela est hardi et difficile" (fr. 99-132). Mais un second voile reste à déchirer après celui dont la pensée coutumière enveloppe la nature, c'est celui dont la nature elle-même s'enveloppe pour nous, car la régularité de son cours ôte jusqu'au désir de l'interroger: la répétition nous tient lieu d'explication. *Quod crebro videt non miratur, etiamsi cur fiat nescit*, ce qui se traduit chez Montaigne: "La plupart des choses (...), nous trouverons que c'est plutôt accoutumance que science qui nous en ôte l'étrangeté"[31]. Dès lors,

---

[27] Lettre d'Etienne Pascal au P. Noël, *OC*, II, 590.

[28] L'horreur du vide fut invoquée "pour rendre raison pourquoi la veine enfle au-dessous de la ligature" (*Pensées*, fr. 736-617).

[29] *Ibid.*

[30] *Discours de la méthode*, IIe partie, p. 16 (éd. Adam-Tannery des *Œuvres* de Descartes — sigle *AT* —, nouvelle présentation, Paris, Vrin-CNRS, 1964 s., t. VI). Pascal: "Le consentement universel des peuples" établit "ce principe, que la nature souffrirait plutôt sa destruction propre que le moindre espace vide" (*Récit de la grande expérience, OC*, II, 688).

[31] *Essais*, I, 27, p. 179 (éd. Villey-Saulnier, Paris, PUF, 1965). La phrase latine signifie exactement: "Ce qu'il voit fréquemment ne l'étonne pas, lors même qu'il en ignore la cause". Elle est de Cicéron (*De divinatione*, II, 27), est citée dans les *Essais* (II, 30, p. 713)

la voie du retour est claire. Il s'agit de ressaisir l'étrangeté du familier, de poser en alternative à la coutume l'étonnement. "Que l'homme contemple donc la nature..., qu'il regarde..., *qu'il s'étonne...*" (fr. 199-230): voilà retourné en ordre positif (*miretur*) le constat négatif de Cicéron (*non miratur*). Que l'homme s'étonne de ce que les autres hommes pensent de la nature, qu'il s'étonne plus encore de ce que les choses soient ce qu'elles sont — avant de s'étonner, mais nous sortons là du domaine de la science, de ce que, tout simplement, les choses soient. Comment ne pas songer ici à Platon et Aristote, qui mettent l'étonnement au principe de la science[32]? Ce qui est en jeu, c'est une véritable conversion intellectuelle, un changement dans la direction du regard, comme celui qu'imagine Platon pour les prisonniers de la caverne, qui sont les prisonniers de l'"habituel"[33]: quelle libération, même acquise au prix de la douleur, pour ceux qui étaient enchaînés depuis leur enfance et hypnotisés par la ronde des simulacres, de pouvoir "tourner le cou" et "regarder du côté de la lumière"[34]! Pascal évoque au fragment 512-670 une conversion analogue: celle qui ouvrirait aux esprits fins, "accoutumés à juger par le sentiment" (fr. 751-622), l'empire infini et lumineux de la géométrie, où l'on raisonne par principes: "On a peine à tourner la tête de ce côté-là, manque d'habitude, mais pour peu qu'on l'y tourne, on voit les principes à plein"; oui, "les esprits fins seraient géomètres s'ils pouvaient plier leur vue vers les principes inaccoutumés de géométrie". L'homme du monde ne peut devenir homme de science qu'en faisant violence à la coutume[35].

Mais l'homme de science, s'il veut vivre dans le monde, ne doit-il pas au profit de la coutume abjurer sa raison?

---

et les *Pensées* (fr. 506-673).

[32] Platon: *Théétète*, 155 *d*; Aristote, *Métaphysique*, A, 2, 982 *b*.

[33] *République*, VII, 516 *c* (traduction L. Robin, *Œuvres complètes* de Platon, Paris, Gallimard, 1950). Montaigne invoque "l'antre de Platon en sa République" pour illustrer la puissance de la coutume (*Essais*, I, 23, p. 109).

[34] *Ibid.*, 515 *c*.

[35] "Dans l'esprit de finesse (...), on n'a que faire de tourner la tête, ni de se faire violence" (fr. 512-670). Ajoutons que le géomètre ne sera supportable que si son génie inventif passe de nouveauté en nouveauté: "Nous avons touché à ce sujet", écrit Pascal à la fin de son traité *De numeris multiplicibus*, "parce qu'il est agréable d'entrer dans l'inexploré (*intentata placent*), mais nous le laissons de peur qu'un excès de minutie n'engendre l'ennui" (*OC*, II, 1287; trad. J. Mesnard). Pascal s'interrompt après chaque découverte, dédaigneux de la monnayer dans les automatismes du calcul et d'en compromettre l'originalité avec la routine technicienne (cf. la conclusion du *Traité général de la roulette*, *OC*, IV, 522).

2 — L'ACCOUTUMANCE SOCIALE

Passant du domaine intellectuel au domaine social, la coutume prend décidément dimension collective. Son sens, pour autant, ne laisse pas de flotter: cette fois, entre droit et fait, *leges* et *mores*. Mais, vers quelque pôle qu'elle penche, elle demeure maîtresse d'illusion.

Dans sa version juridique, la coutume pâtit des critiques portées contre la loi, à laquelle elle est toujours associée — le peuple "croit que la vérité se peut trouver et qu'elle est dans les lois et coutumes" (fr. 525-454) — ou substituable, comme on le constate au long du fragment 60-94 sur la justice. A vrai dire, la contamination inverse est plus probable, et l'on est fondé à se demander si Pascal ne ramène pas la loi à la coutume pour la mieux disqualifier. Car celle-ci n'a pas, pour se couvrir, l'autorité d'un nomothète vénérable, mais celle, beaucoup plus vague et sujette à caution, du peuple et du temps. "L'un dit que l'essence de la justice est l'autorité du législateur, l'autre la commodité du souverain, l'autre la coutume présente, et c'est le plus sûr" (fr. 60-94): la coutume est sans auteur, sans *auctor*, sans garant. Nul oracle ne la profère, aucun pouvoir tenu de Dieu, mais la voix anonyme et errante de la multitude. De fait, la coutume se définit chez les historiens du droit "un usage juridique de formation spontanée, accepté par tout le groupe social intéressé"[36]. Pas plus qu'elle n'émane d'une autorité légale, la coutume n'exprime de norme morale, puisqu'on sait de reste qu'elle a justifié tous les crimes. De sorte que si l'on sonde "dans leur source" les coutumes établies, on n'y découvre que "défaut d'autorité et de justice" (fr. 60-94). N'étant point autorisée par son origine, la coutume ne peut l'être que par son cours: c'est dire qu'elle est, par définition, usurpation (du latin *usurpare*, "prendre possession par l'usage"). "Il ne faut pas", écrit Pascal à propos du peuple, "qu'il sente la vérité de l'usurpation (*de telle coutume*)"[37]. A défaut de "vérité", la coutume table sur l' "antiquité" (fr. 525-454), donc sur la répétition[38]. Pourquoi suit-on la coutume? Parce que les pères la

---

[36] F. Olivier-Martin, *Histoire du droit français des origines à la Révolution*, Paris, éd. du CNRS, 1984, p. 112.

[37] Fr. 60-94 (les mots en italique ont été rayés par Pascal). La propriété est usurpation en ce qu'elle n'est fondée que sur un titre coutumier, la possession continuée: "Toutes les occupations des hommes sont à avoir du bien et ils n'ont ni titre pour le posséder justement(...)" (fr. 890-445). Cf. fr. 64-98.

[38] Cf. F. Olivier-Martin, *op. cit.*, p. 112: "Les actes qui fondent la coutume doivent avoir été répétés pendant un certain temps, quarante ans d'ordinaire, ou, mieux encore, depuis si

suivaient. La seule justification de la coutume est tautologique: "La coutume (est) toute l'équité, par cette seule raison qu'elle est reçue" (fr. 60-94). Elle doit être reçue parce qu'elle est reçue. Son unique titre à dicter le droit, c'est d'être un fait.

Et si elle est un fait, elle tombe dans la sphère du multiple. La coutume n'existe que sous la forme des coutumes: "les coutumes établies" (fr. 60-94), les "coutumes reçues" (*ibid.*), "les lois et coutumes" (fr. 525-454). Point n'est besoin de changer de pays pour changer de coutumes, le multiple est dans nos murs. Dans la France où vit Pascal, nul ne l'ignore, les frontières sont intérieures; le pays est divisé en pays: pays coutumiers dans la moitié nord de la France, pays de droit romain dans le Midi — et encore ce droit est-il considéré comme un ensemble de coutumes qui n'ont rien d'immuable[39]. La rédaction des coutumes au XVIe siècle, mettant à nu leurs différences et enrayant les progrès du droit romain, n'a guère eu d'effet unificateur: on compte une soixantaine de coutumes générales et près de deux cents coutumes locales[40]. Jusqu'à la fin de l'Ancien Régime restera vraie la maxime de Guy Coquille: "Le peuple de chacune province a droit d'établir loi sur soi, qui sont les coutumes". Si les Pyrénées sont requises pour séparer la vérité de l'erreur, n'importe quelle rivière, à la limite, suffit pour borner une justice. Comment, dans cette bigarrure de surcroît mouvante, reconnaître l'unique visage de la Justice, l'éclat constant de "la véritable équité" (fr. 60-94)? La multiplicité, dont le devenir n'est que la forme temporelle, a ontologiquement partie liée avec le mal: "Le mal est aisé. Il y en a une infinité, le bien presque unique" (fr. 526-454). Concluons donc avec Montaigne, que le fragment 60-94 suit de si près: "La droiture et la justice, si l'homme en connaissait qui eût corps et véritable essence, il ne l'attacherait pas à la condition des coutumes de cette contrée ou celle-là"[41]. La fatale contradiction entre les coutumes accuse la contradiction entre les coutumes et la justice: "La justice n'est pas dans ces coutumes" (fr. 60-94).

La question est maintenant de savoir non pas pourquoi on "attache" la justice à telle coutume plutôt qu'à telle autre (car c'est le hasard qui en décide), mais comment telle coutume en vient à être considérée comme

---

longtemps qu'on n'a pas mémoire du contraire; c'est alors la coutume immémoriale".

[39] Cf. Olivier-Martin, *op.cit.*, p. 427.

[40] Cf. *ibid.*, p. 423. Ces coutumes continueront d'ailleurs à évoluer après leur rédaction.

[41] *Essais*, II, 12, p. 579.

juste. Par quel processus s'opère la sacralisation du fait? En vertu de la tautologie repérée plus haut, on dira que c'est la coutume qui fait vénérer telle coutume. Mais le mot recouvre alors deux acceptions: la dynamique de l'accoutumance et l'objet de l'accoutumance. C'est l'analyse de la première qui nous permettra de répondre à la question posée. Nulle part la coutume comme processus de prise de coutume n'est mieux explorée que dans les fragments 25-59 et 821-661.

"La coutume de voir les rois accompagnés de gardes, de tambours, d'officiers et de toutes les choses qui ploient la machine vers le respect et la terreur fait que leur visage, quand il est quelquefois seul et sans ses accompagnements imprime dans leurs sujets le respect et la terreur parce qu'on ne sépare point dans la pensée leurs personnes d'avec leurs suites qu'on y voit d'ordinaire jointes. Et le monde qui ne sait pas que cet effet vient de cette coutume, croit qu'il vient d'une force naturelle. Et de là viennent ces mots: le caractère de la divinité est empreint sur son visage, etc." (fr. 25-59). On mesure parfaitement ici le dynamisme de la coutume: anticipant la répétition, elle moule la forme dans laquelle viendra s'insérer la perception. Par là, la coutume est pré-jugé. Elle ne se contente pas d'accumuler les expériences, elle crée un mécanisme. C'est pourquoi "la machine" ou "l'automate", comme l'appelle encore Pascal, est en nous le lieu de la coutume, le point d'appui de son levier. Sa mention dans notre fragment signale une première intervention de la coutume: "toutes les choses qui ploient la machine vers le respect et la terreur...". Un processus identique est, en effet, référé à la coutume dans le fragment 821-661: "La coutume fait nos preuves les plus fortes et les plus crues. Elle incline l'automate qui entraîne l'esprit sans qu'il y pense". La pompe menaçante du cortège royal, qui transit notre corps de terreur à chaque apparition, entraîne sans qu'il y pense notre esprit au respect. Mais, s'il y a bien un "devoir de crainte à la force" (fr. 58-91), d'où tenons-nous qu'il y aurait devoir de respect à la force? C'est la coutume qui nous le suggère et impose, elle qui est, dans l'esprit, la pensée — la pesée — du corps. Le premier effet de la coutume est ainsi un effet d'entraînement. Le second est un effet de transfert. Le respect et la terreur que suscitait en nous l'escorte princière, voici que nous les attachons à la personne du prince même sans escorte. Aussi indûment que l'exhibition répétée de leur force nous faisait respecter les gardes, l'exhibition répétée du roi avec ses gardes nous fait craindre sa force. Même le respect pour le roi est en l'espèce incongru, puisque c'est l'imagination trompeuse de sa force qui en est la cause. Une seconde fois la pensée, sous l'emprise de la répétition, n'a pas fait son travail, qui est de séparer[42]: comme elle n'avait pas séparé terreur et respect, elle ne sépare pas ici la personne des rois "d'avec leurs suites qu'on y voit d'ordinaire jointes". La contiguïté coutumière a si bien fait glisser la force sur celui qui est seul sans armes au milieu de ses hallebardiers qu'il peut quitter leur compagnie sans crainte de n'être pas craint. Ainsi, non seulement la coutume fait la "preuve" de ce qui revient régulièrement (comme le constant retour du soleil nous persuade "qu'il sera demain jour", fr. 660-544), mais elle fait la "preuve" de ce qui est attaché arbitrairement à ce qui revient: si la force se transmet par contact assidu, il n'est rien ni personne qu'on ne puisse à ce jeu rendre fort, et du coup respectable. C'est la voie ouverte à toutes les manipulations.

Enfin, "le monde" doit s'expliquer à lui-même ses sentiments de respect et de terreur devant le roi. Ne sachant pas qu'ils proviennent de coutume, il invente. C'est le troisième effet de la coutume, qu'on pourrait appeler l'effet d'idéologie, en entendant par idéologie le système de pensée qui ne pense pas ses origines mais est pensé par elles. L'origine de l'idéologie royale est "la coutume de voir les rois accompagnés de gardes", mais la coutume efface ses propres traces: sa victoire, comme on le voit dans l'assujettissement des peuples qui obéissent aussi longtemps qu'ils ne sentent pas son joug[43], est de se dissimuler derrière l'idéologie brillante qu'elle suscite. Je ne suis cet usage que parce qu'il est éternel[44], je ne révère le roi que parce que Dieu l'a marqué: dans un cas, point d'origine, et dans l'autre, l'origine sans origine de la divinité. Alors (et parce) qu'elle n'a d'autre justification qu'elle-même, le principe de la coutume est de se dérober comme principe.

Le même halo idéologique entoure la coutume quand on passe des *leges* aux *mores*, du politique au sociologique. La question décisive devient alors celle du "choix des conditions" (fr. 35-69). Comment choisit-on son métier? Sur ce qu'il représente d'excellence. De même qu'on ne suit jamais, croit-on, les lois et coutumes établies parce qu'elles sont établies mais parce qu'elles sont justes, on choisit son métier parce

---

[42] La mesure de l'esprit est celle de sa capacité à trouver des différences: cf. fr. 510-669.

[43] Cf. fr. 60-94: "Ils secouent le joug dès qu'ils le reconnaissent", et 525-454: "On ne veut être assujetti qu'à la raison ou à la justice. La coutume sans cela passerait pour tyrannie".

[44] Cf. fr. 60-94: "Il faut la faire [telle coutume] regarder comme authentique, éternelle et en cacher le commencement si on ne veut qu'elle ne prenne bientôt fin". Elle se charge d'ailleurs elle-même de susciter cette illusion.

qu'"on aime la vertu et [*qu'*] on hait la folie" (fr. 634-527). Or, quoi nous assure de l'excellence de telle condition, sinon le bruit répété de son excellence? "A force d'ouïr louer en l'enfance ces métiers et mépriser tous les autres, on choisit" (*ibid.*). Dans cette "force" qui se passe de la force et compte sur son seul retour pour façonner notre créance comme la goutte d'eau retombante vient à bout de creuser les pierres les plus dures, nous reconnaissons évidemment la coutume. Encore la pierre ici n'est-elle guère résistante, et par sa nature ("l'homme est ainsi fait qu'à force de lui dire qu'il est un sot, il le croit", fr. 99-132) et par son âge ("en l'enfance"). Comme "les vices ont prévenu l[*a*] raison" chez les pécheurs d'habitude[45], la coutume dicte le choix du métier avant l'âge de raison: les serruriers, soldats et autres "ont été *prévenus* chacun que c'est le meilleur"[46]. Ils ont jugé avant d'avoir pu penser, la coutume — cette impensée — ayant pensé pour eux. Son travail a consisté exactement à transformer un hasard (être né dans un pays "tout de maçons" ou "tout de soldats", fr. 634-527) en nécessité (je ne puis être que maçon, je ne puis être que soldat), mais une nécessité sans contrainte, volontairement suivie, embrassée même avec enthousiasme: le maçon et le soldat pensent sincèrement qu'ils ont choisi leur métier parce qu'il est le plus beau du monde. La coutume, ici encore, est d'autant plus puissante qu'elle est imperceptible: la source de leur choix est dérobée aux yeux de ceux qui choisissent, comme ceux qui respectent le roi ne connaissent pas la source de ce respect. "On choisit" (fr. 634-527), certes — mais justement, ce qui choisit en nous, ce n'est pas nous: c'est "on". La coutume, c'est en moi la pensée de l'autre (à savoir la collectivité, mais aussi le corps, la concupiscence, tout ce qui fait pli dans mon existence) en tant qu'elle ne se pense pas: l'altérité devenue plus intime à moi que moi-même.

Avec l'exemple du roi et celui des conditions — l'un touchant le sommet de l'État, l'autre son fondement social — , la coutume prend sous sa coupe deux réalités dont la première est "la plus grande et importante chose du monde" (fr. 26-60), et la seconde "la chose la plus importante à toute la vie" (fr. 634-527). Que lui faut-il davantage? La religion, qui est la chose la plus importante et de la vie et du monde.

---

[45] IVe *Provinciale*, p. 59 (éd. Cognet-Ferreyrolles, Paris, Bordas, 1992).

[46] Fr. 193-226. Pascal utilise cette formule pour le choix des religions, mais il l'applique aussitôt au choix des métiers. Les deux sont mis strictement sur le même plan, comme on l'expose ci-après.

3 — SACRALISATION DE L'ERREUR

Examinons donc si la coutume a quelque part de responsabilité dans les aveuglements divers (aux yeux de Pascal) des hommes en matière de religion.

Quelles errances, au sein du vaste monde? Celles des infidèles, des hérétiques, des Juifs. Des deux premières, la cause est vite entendue: "C'est une chose pitoyable de voir tant de Turcs, d'hérétiques, d'infidèles, suivre le train de leurs pères, par cette seule raison qu'ils ont été prévenus chacun que c'est le meilleur" (fr. 193-226). Raison parfaitement déraisonnable, puisque définie par son contraire, la prévention. Le choix de la religion s'effectue de manière identique au choix de la condition: on embrasse de confiance ce que depuis l'enfance on a "ouï estimé" (fr. 129-162). *Fides ex auditu*, cela vaut aussi pour les païens[47]. Le hasard de la naissance passe en raison de vivre, voire — follement — de mourir[48], et en l'occurrence d'une mort éternelle. C'est trop peu de dire que la coutume a part en cet aveuglement, elle en est le principe: "C'est elle qui fait les Turcs, les païens, les métiers, les soldats" (fr. 821-661). Quant aux Juifs, ils forment par excellence le peuple de la coutume: "Quel autre peuple a un tel zèle" (fr. 317-348) pour la conservation de sa loi? Mais ce qui fait sa grandeur fait aussi sa perte, car l'observation rituelle de ses coutumes — circoncision, sacrifices, cérémonies — s'est substituée pour lui à l'écoute de la Parole, toujours imprévisible, de Dieu et a dégénéré en "superstition"[49]. Les Hébreux ont mis leur confiance en la Lettre, qui leur promettait de grasses récoltes, et ont "vieilli dans ces pensées terrestres" (fr. 270-301). Comme chez les pécheurs d'habitude, que Pascal appelle les "pécheurs envieillis"[50], le temps a rendu l'endurcissement quasiment irréversible. Ainsi, non seulement les Juifs n'ont pas, pour une grande part d'entre eux, reconnu le Messie, mais ils perpétuent de génération en génération la tradition de leur aveuglement: "Ne pensez

---

[47] "La foi vient de ce qu'on a entendu" (saint Paul, Romains, I, 17). Cité au fr. 7-41.

[48] Cf. fr. 899-448, sur les miracles "que les Turcs croient par tradition" et pour lesquels ils pourraient se faire martyriser.

[49] "Superstition": fr. 433-685; sur l'oubli de la Parole au profit du "sacrifice extérieur", cf., au fr. 486-725, la citation de Jérémie, VII, 22: *Quia non sum locutus cum patribus vestris et non praecepi eis in die qua eduxi eos de terra Egypti de verbo holocautomatum et victimarum. Sed hoc verbum praecepi eis dicens, audite vocem meam...*, traduite au fr. 489-735: "Quand je retirai vos pères hors d'Egypte..."

[50] XVIe *Prov.*, p. 319.

point aux passages du Messie, disait le Juif à son fils" (fr. 815-659). C'est
bien par la coutume et sa puissance de refoulement que "se conservent les
fausses religions" (*ibid.*).

Face à quoi les libertins devraient représenter l'esprit critique,
affranchi des illusions de la coutume. Illusion encore! Leurs acquiesce-
ments et leurs négations se distribuent en fonction de ce qu'ils jugent
effectif ou impossible, mais sur quel critère rendent-ils le verdict
d'impossibilité? "Le manque de coutume" (fr. 882-444). C'est ainsi qu'ils
rejettent la résurrection du Christ, alors qu'en toute raison elle doit
apparaître moins étonnante que le phénomène familier de la naissance.
L'athée, aussi naïvement que le premier venu, fait de son expérience
coutumière la mesure de l'être. "Populaire façon de juger" (*ibid.*), tranche
Pascal, en une suprême insulte à l'adresse de ces "déniaisés" qui ne
méprisent rien tant que le peuple, asservi à l'ancestrale superstition. Les
convictions du peuple et des libertins, quoique opposées dans leur
contenu, sont coulées dans une même forme, qui est le moule de la
coutume. D'ailleurs, ne disait-on pas que le vulgaire choisit sa religion
comme son métier: pour l'avoir "ouï estime[r]" (fr. 129-162)? Il en va
exactement de même des libertins quand ils choisissent l'irréligion: "Ce
sont des gens qui ont *ouï dire* que les belles manières du monde
consistent à faire ainsi l'emporté" (fr. 427-681). Comme la coutume fait
les Turcs, les païens et les Juifs, elle fait aussi, dans cette version la plus
arbitraire d'elle-même qu'est la mode, les athées.

Les effets négatifs de la coutume, on le devine, ne sont pas réservés
aux païens et aux libertins. Parmi les chrétiens, il se trouve des croyants
"grossiers, qui sont les juifs de la loi nouvelle" (fr. 286-318): ils mettent
une confiance superstitieuse dans les formules et gestes hérités, qu'il
suffirait de répéter pour rendre Dieu ployable à leurs désirs terrestres. Qui
peuvent être leurs maîtres, sinon ceux qui se sont appelés eux-mêmes les
"Pharisiens de la loi nouvelle"[51], c'est-à-dire les jésuites? Paradoxalement, ces novateurs en théologie savent mettre dans leur jeu les forces
corruptrices de la coutume. Ils consentent à s'aligner sur les habitudes,
pourvu qu'elles soient mauvaises: on sait leur complaisance, en Chine et
aux Indes, pour l'idolâtrie en place; en France, pour la tradition du duel.
Elle éclate dans leur sollicitude laxiste à l'égard des pécheurs d'habitude:
Bauny enlève au confesseur "le droit de demander si le péché dont on
s'accuse est un péché d'habitude", car "il n'a pas droit de donner à son

---

[51] IIe *Ecrit des curés de Paris*, éd. citée des *Prov.*, p. 424.

pénitent la honte de déclarer ses rechutes fréquentes"[52]. Si Pascal juge cette décision "une de leurs plus pernicieuses maximes"[53], c'est qu'elle encourage le pécheur à persévérer dans une faute dont la répétition non seulement augmente la malice, mais rend la guérison pratiquement désespérée. Le péché qu'au début il choisissait de commettre l'entraîne peu à peu à une fatalité de la rechute: les jésuites en sont parfaitement conscients, qui renoncent à lutter contre l'habitude et la sanctifient d'absolutions automatiques[54]. Leur secret espoir est que l'inobservation de la loi finisse par la rendre caduque. "Les lois de l'Eglise perdent leur force quand on ne les observe plus", écrit Filiutius[55] — ce qui asservit le droit au fait et place la coutume au-dessus de la loi. D'où la tactique des jésuites, qui est d'accoutumer les chrétiens à leurs maximes inouïes: ils prennent les moins scandaleuses, leur donnent droit de cité par la répétition, puis les enflent imperceptiblement jusqu'à impatroniser de criminelles décisions. "Vous faites croître peu à peu vos opinions, leur lance Montalte. Si elles paraissaient tout à coup dans leur dernier excès, elles causeraient de l'horreur, mais ce progrès lent et insensible y accoutume doucement les hommes et en ôte le scandale"[56]. Tyrannique autant que traîtresse, la coutume nouvelle, au terme de sa maturation artificiellement accélérée, ne veut plus tolérer l'ancienne règle même à titre d'exception[57]. Mais elle est si bien un piège que ceux mêmes qui

---

[52] Xe *Prov.*, p. 173.

[53] *Ibid.*, p. 173-174.

[54] "On ne doit ni refuser ni différer l'absolution à ceux qui sont dans des péchés d'habitude (...), quoiqu'on n'y voie aucune espérance d'amendement" (Bauny, Xe *Prov.*, p. 178-179). Et il est à nos yeux très significatif de constater que les jésuites sont beaucoup plus pessimistes que les jansénistes sur la possibilité de revenir d'un péché d'habitude (cf. XVe *Prov.*, p. 289).

[55] VIe *Prov.*, p. 107. Nicole-Wendrock cite au contraire saint Thomas (*Ia II^{ae}*, q. 97, a.3): "Si la raison pour laquelle la loi était utile auparavant subsiste, la loi l'emporte sur la coutume, et non pas la coutume sur la loi" (*Notes traduites en français sur la 5e édition de 1660* [*sic* pour 1679] de la version latine *des Provinciales*, s. l., 1699; t. II, note I sur la VIe Lettre, p. 45).

[56] XIIIe *Prov.*, p. 246. Cf. Ier *Ecrit des curés*, p. 408.

[57] Cf. fr. 727-608. Exemple flagrant d'une accoutumance qui conduit à la tyrannie dans la *Lettre d'un avocat*: les papes multiplient les bulles "afin que ce soient autant de titres de l'infaillibilité, qui en a besoin, et que le monde s'accoutume peu à peu à y ajouter une créance aveugle" (éd. citée des *Prov.*, p. 400). Sur le thème de la coutume comme tyran, cf. Montaigne: "C'est à la vérité une violente et traîtresse maîtresse d'école que la coutume. Elle établit en nous, peu à peu, à la dérobée, le pied de son autorité; mais par ce doux et humble

la manipulent en deviennent les victimes: l'habitude de proclamer l'innocence de leurs maximes a fait perdre aux jésuites la conscience de leur nocivité, de sorte qu'ils tombent à leur tour dans l'état de pécheurs d'habitude ("les Jésuites sont si aveuglés en leurs erreurs qu'ils les prennent pour des vérités, et qu'ils s'imaginent ne pouvoir souffrir pour une meilleure cause. C'est l'extrême degré d'*endurcissement*")[58]. Le mal est — sauf coup de force de la grâce — devenu inguérissable parce qu'il est devenu insensible.

Dans le christianisme comme hors de lui, la coutume travaille donc à nous détourner de la vérité. Elle survient du dehors, mais nous la faisons nôtre: *nous* nous habituons, et par là notre responsabilité est engagée. Dans cette entreprise d'auto-aveuglement, comment ne pas reconnaître le processus du divertissement? Le thème des métiers, que nous avons vu lié à la coutume, l'est aussi au divertissement: "Hommes naturellement couvreurs et de toutes vacations, hormis en chambre", porte le fragment 879-442. Les hommes suivent la coutume ("naturellement" est ironique) qui les incline à tel ou tel métier, mais elle ne les incline jamais à "demeurer en repos dans une chambre" (fr. 136-168) parce qu'alors ils ne seraient plus divertis de leur néant. La coutume fait donc le jeu du divertissement: non seulement elle nous procure les salutaires soucis d'une profession, mais en nous la présentant comme la plus admirable, elle nous détourne d'envisager la misère de notre destin individuel pour nous inscrire dans la continuité d'une tradition glorieuse dont on ne voit plus l'origine et dont rien ne permet de penser qu'elle aura un jour une fin. La coutume, parce qu'elle est sans âge, fait écran entre notre mortalité et nous. Sa répétition nous donne l'illusion de la perpétuité: comment penser que le soleil ne se lèvera pas demain? Comment penser que demain je ne serai plus, ni ce tourbillon d'amis et d'affaires autour de moi? La coutume indéniablement a fonction divertissante. A preuve la prédominance, dans le grand fragment 136-168 sur le divertissement, des exemples tirés de la vie quotidienne dans sa répétitivité: les métiers ("qu'est-ce autre chose d'être surintendant, chancelier, premier président, sinon d'être en une condition où l'on a le matin un grand nombre de gens[...]?"), les loisirs (la chasse, qui distrait les grands; le billard, la balle: éternel recommence-

---

commencement, l'ayant rassis et planté avec l'aide du temps, elle nous découvre tantôt un furieux et tyrannique visage, contre lequel nous n'avons plus la liberté de hausser seulement les yeux" (*Essais*, I, 23, p. 109).

[58] VIe *Ecrit des curés*, p. 456.

ment du jeu; "la danse, il faut bien penser où l'on mettra ses pieds": réitération des figures), la passion même (tel homme qui "passe sa vie" à jouer "tous les jours" de l'argent). Car, contrairement à ce que l'on pense toujours, l'habitude n'est pas tant ce qui provoque l'ennui, que ce qui le détruit: "L'ennui qu'on a de quitter les occupations où l'on s'est attaché" (fr. 79-144). La recherche de la vérité, parce qu'elle s'origine dans la conscience de notre finitude, n'a pas de pire ennemie que la coutume dont le retour régulier, voire immémorial, nous leurre d'une fausse éternité.

Aussi bien les démarches de l'homme vers la vérité sont-elles des ruptures avec les coutumes reçues ou les accoutumances privées. La raison ne peut admettre l'asservissement infondé à la croyance d'autrui: "C'est le consentement de vous à vous-même et la voix constante de votre raison et non des autres qui vous doit faire croire" (fr. 505-672). Le seul motif pour un chrétien de douter du christianisme, c'est d'être né dans cette religion et de l'avoir suivie par coutume. "Je me roidis contre par cette raison-là même, de peur que cette prévention ne me suborne, mais *quoique j'y sois né*, je ne laisse pas" de la trouver étonnante, affirme le porte-parole de Pascal (fr. 817-659): le vrai chrétien sera en somme celui qui croit malgré la coutume; il peut lui être conforme, il n'en est pas complice. Lorsque ce chrétien se fera apologiste, il en appellera au sens critique de son interlocuteur pour l'inviter à suspendre l'enchantement mortel de l'habitude. Dire qu' "il faut vivre autrement dans le monde" si on doit y être toujours ou "s'il est sûr qu'on n'y sera pas longtemps, et incertain si on y sera une heure" (fr. 154-187), c'est interrompre la fascination pour notre première habitude, qui est celle de vivre, par la considération de la mort, terme de toutes les habitudes. Alors qu'en politique il est dangereux de montrer le commencement d'une coutume parce qu'on en provoque la fin, en apologétique il est salutaire de montrer la fin inéluctable de la "douceur accoutumée" afin de provoquer le surgissement d'une perspective "toute nouvelle"[59]. La raison n'est pas seule à nous disposer à la conversion, mais tout événement qui vient troubler la fausse paix de la répétition dans le cours de notre vie ou dans celui de la nature. Dans le cours d'une vie, la maladie envoyée de Dieu révoque l'habitude: "On n'a plus les passions et les désirs de divertissements et de promenades que la santé donnait" (fr. 638-529). L'endurcissement, dont Dieu ne détache qu'à la mort, est par grâce brisé dans cette anticipation de la mort. Il en faut donc louer la Providence: "Il est juste,

---

[59] *Ecrit sur la conversion du pécheur, OC*, IV, 40.

Seigneur, que vous ayez interrompu une joie aussi criminelle que celle
dans laquelle je me reposais à l'ombre de la mort"[60]. Quant au cours
habituel de la nature, il peut être un instant suspendu pour manifester que
Dieu en a la maîtrise. Anticipation encore, mais cette fois de la fin du
monde, le miracle éclate comme un coup de tonnerre: "On l'entend
aujourd'hui, cette voix sainte et terrible, qui *étonne* la nature et qui
console l'Eglise"[61]. Elle étonne aussi l'âme prédestinée qui comprend
alors que Dieu lui était dérobé non seulement par le train ordinaire de la
nature mais par le retour quotidien du divertissement — "elle commence
à s'étonner de l'aveuglement où elle a vécu"[62]. L'étonnement, a-t-on vu,
est au principe de la science; nous voyons maintenant qu'il est au principe
de la conversion. Impossible pour l'homme d'entrer dans la vie toujours
nouvelle de la grâce sans passer par "un étonnement qui lui porte un
trouble bien salutaire"[63] au milieu de ses pensées et pratiques accoutumées. Mourir à l'ignorance et mourir à la mort, c'est toujours mourir à
l'habitude.

La coutume étend donc son empire et son emprise sur l'activité
intellectuelle, le comportement social et l'attitude religieuse de l'homme.
Elle apparaît chaque fois comme celle qui fait barrage à la vérité — la
vérité sur la nature, la vérité sur la loi et le roi, la vérité sur le sens de la
vie. Elle "apparaît"? Bien plutôt elle disparaît, et l'obstacle qu'elle dresse
est un voile imperceptible. Non seulement elle nous dérobe l'objet à
connaître, mais elle cache qu'elle nous le dérobe: ce principe d'erreur est
encore principe d'illusion. La coutume ne se donne jamais pour la cause
de ses effets: ou bien ceux-ci détournent de penser à leur cause (ainsi en
est-il dans le divertissement) ou bien ils s'en assignent une plus glorieuse
(la vérité ou la divinité). Agir ou croire par coutume, c'est croire ou agir
sans penser ou en pensant mal: "Travaillons donc à bien penser" (fr. 200-
232), voilà le remède. C'est un Pascal quasi rationaliste qui vient,
chaussant les bottes de Descartes, pourfendre les préventions, nettoyer en

---

[60] *Prière pour demander à Dieu le bon usage des maladies*, *OC*, IV, 1009.

[61] XVIᵉ *Prov.*, p. 322. Sur le sujet du miracle, la référence fondamentale est le *Pascal et les miracles* de T. Shiokawa (Paris, Nizet, 1977), à quoi l'on ajoutera l'article de J. Mesnard, "Miracle et mystère", paru dans *Communio*, t. XIV (1989), n°5, p. 59-70.

[62] *Ecrit sur la conversion...*, *OC*, IV, 41.

[63] *Ibid.*

nous l'héritage de l'enfance et des maîtres. Mais ce rationalisme n'est pas le dernier mot de la sagesse pascalienne. Tels accents cartésiens, paradoxalement, sont d'abord chez lui des accents montaigniens: "Est-ce raison de faire dépendre la vie d'un sage du jugement des fols? (...) Allons constamment après la raison"[64]. La dénonciation de la coutume s'alimente principalement, pour Pascal, aux "discours qu'ont faits les pyrrhoniens" (fr. 131-164): elle vaut donc ce que vaut le pyrrhonisme, ce serpent rationaliste qui se mord la queue. Les éléments ici liés d'une critique de la coutume sont en puissance de retournement: de démystifiée, la coutume peut devenir démystificatrice — de la nature; sa critique enfin peut se faire critique d'elle-même et aboutir à la réhabilitation.

---

[64] *Essais*, II, 16, p. 624. Cf. *Essais*, I, 39, p. 243: "...ni la raison ni la nature ne le veulent. Pourquoi contre ses lois asservirons-nous notre contentement à la puissance d'autrui?"

CHAPITRE II

COUTUME ET NATURE

La critique de la coutume met en lumière qu'elle mystifie en se faisant oublier. Mais, en démystifiant la coutume, on démystifie aussi la valeur qu'elle suscite comme une illusion pour couvrir sa nudité: que reste-t-il de la respectabilité du roi quand on a montré qu'elle ne repose que sur l'habitude de le voir entouré de gardes? Or cette valeur a un nom — la nature ("le monde, qui ne sait pas que cet effet vient de cette coutume, croit qu'il vient d'une force *naturelle*", fr. 25-59) — dont la coutume peut d'autant plus facilement se parer qu'à l'instar de la nature elle se répète. Mettre en cause la coutume au nom de la nature revient donc immédiatement à mettre en cause la nature au nom de la coutume: aussitôt démystifiée, celle-ci se fait démystificatrice. En prenant le masque de la nature, ne réduit-elle pas la nature à n'être qu'un masque? Et si la nature est l'apparence que se donne la coutume, la coutume ne sera-t-elle pas la vérité de la nature?

1 — LES RÈGLES DE LA NATURE

La réduction de la nature à la coutume s'applique à la nature extérieure comme à la nature humaine. On l'a entrevu sur l'exemple des fonteniers qui, constatant une régulière élévation de l'eau dans des siphons de dix ou douze pieds, "ont pensé que c'était une nécessité naturelle"[1], en vertu de quoi ce liquide continuerait indéfiniment à monter pour prévenir la formation d'un espace vide. Ils appellent "nécessité naturelle" tout simplement ce à quoi ils sont accoutumés. La répétition crée une norme, elle pose un pont entre le fait et le droit. Mais est-il si assuré que la nature soit constante? L'exemple de la *spongia solis,* cette pierre opaque qui, contre toute attente, devenait lumineuse aux rayons du soleil, nous force d'en douter: "Quand nous voyons un effet arriver toujours de

---

[1] *Traités de l'équilibre des liqueurs et de la pesanteur de la masse de l'air*, Conclusion, *OC*, II, 1099.

même, nous en concluons une nécessité naturelle, comme qu'il sera demain jour, etc., mais souvent la nature nous dément et ne s'assujettit pas à ses propres règles"(fr. 660-544). Des exemples contraires viennent un jour ou l'autre interrompre le cycle rassurant des répétitions. Le pont est alors coupé entre le fait et le droit: nature n'a plus de lois. Elle se ramène à une série de coutumes dont la permanence toute relative n'offre plus qu'une différence de degré avec les coutumes observables dans la société des hommes. Furetière n'enregistre-t-il pas, dans son *Dictionnaire*, que "coutume se dit aussi des choses qui se font ordinairement et *naturelle-ment*, même par les animaux et les corps inanimés", comme: "le soleil a coutume de se lever", justement? On ne croit pas si bien dire. En jugeant qu'il se lèvera demain, nous ne nous appuyons sur aucune nécessité naturelle mais sur une simple probabilité coutumière, que pourtant nous prenons pour une preuve: "Qui a démontré qu'il sera demain jour et que nous mourrons, et qu'y a (-t-) il de plus cru? C'est donc la coutume qui nous en persuade" (fr. 821-661). Pascal anticipe d'un siècle les formules qui conduiront Hume à critiquer les fondements de l'idée de causalité: "One wou'd appear ridiculous, who wou'd say, that 'tis only probable the sun will rise to-morrow, or that all men must dye; *tho' 'tis plain we have no further assurance of these facts, than what experience affords us*"[2].

Il faut cependant marquer très vite les limites de cette réduction de la nature à la coutume. La *spongia solis* ne montre pas que la nature va au hasard, mais que nous ne connaissons pas toutes ses lois. Quand Pascal écrit qu'elle "ne s'assujettit pas à ses propres règles", il entend qu'elle ne s'assujettit pas aux règles que, sur le fondement de la répétition, nous lui avions assignées: la nature ne se dément pas, elle "*nous* dément". Et ce "nous" ne vise pas les authentiques savants — qui connaissent bien qu'"il ne faut pas juger de la nature selon nous mais selon elle" (fr. 668-547) — , il désigne les généralisateurs abusifs de l'expérience, au sens le plus souvent trivial de ce terme, à savoir les artisans, les disciples dégénérés d'Aristote et tout un chacun en tant qu'il est "peuple". Lorsque l'eau, qui s'élevait à douze pieds, refuse de monter jusqu'à soixante, n'en

---

[2] *A Treatise of Human Nature* (*Book* I, *Part* III, *Sect.* 11), éd. E.C. Mossner, Pelican Classics, 1969, p. 175. Cf. I, III, 12: "The supposition that the future resembles the past is not founded on arguments of any kind, but is deriv'd entirely from habit, by which we are determin'd to expect for the future the same train of objects to which we have been accustom'd" (p. 184). Sur Pascal et Hume, v. l'article d'A. Vergez "Hume lecteur de Pascal" dans *Annales de l'Université de Besançon*, II, 1955, n°2, p. 27-32.

concluons pas que la nature est capricieuse: cherchons plutôt la nécessité naturelle qui gouverne ces variations, et nous la trouverons, de fait, immuable. Une même raison, qui est la pesanteur de l'air, rend compte de l'apparente versatilité des "effets de l'eau" (fr. 511-669). La nature se définit bien par la constance, et Pascal l'a incessamment soutenu, depuis la Préface pour un *Traité du vide* en 1651 — "quoique toujours égale en elle-même, elle n'est pas toujours également connue"[3] — jusqu'aux *Pensées*: "La nature recommence toujours les mêmes choses" (fr. 663-544). La répétition est donc fondée en nature, elle n'est pas une simple illusion semblable à celle qui fait prendre au peuple ses coutumes transitoires pour une indéfectible permanence. Tout au rebours, si notre coutume nous apparaît une norme, c'est parce qu'elle imite la perpétuelle imitation de soi ("la nature s'imite", fr. 698-577) qui caractérise la nature. Loin de réduire la nature à la coutume, concevons que la coutume n'existe que sur fond de nature. "Toujours est le domaine de la nature; souvent, celui de l'habitude", *Aristoteles dixit*[4].

Un tel renversement est familier à Pascal dès qu'il s'agit de démystifier une démystification. C'est ici exactement le même processus qu'à propos des miracles, des remèdes et des remèdes miracles: il n'y en a de faux que parce qu'il y en a de vrais. "Comme il y a eu quantité de remèdes qui se sont trouvés véritables par la connaissance même des plus grands hommes, la créance des hommes s'est pliée par là" (fr. 734-615): dans ce "pli", nous lisons la trace de la coutume et de son dynamisme. Sans cesse, elle nous incite à dépasser les données de notre expérience. Comme les fonteniers prenaient pour une nécessité naturelle leurs observations habituelles, le peuple croit à tous les élixirs parce que beaucoup ont eu leur effet et il voit des miracles partout parce que toujours il a ouï parler de miracles. Le demi-habile se rit de cette crédulité

---

[3] *OC*, II, 781. Cette Préface fournit la meilleure "grille de lecture" pour le fragment *Spongia solis*: "Quand nous disons que l'or est le plus pesant de tous les corps, nous serions téméraires de comprendre dans cette proposition générale ceux qui ne sont point encore en notre connaissance, quoiqu'il ne soit pas impossible qu'ils soient en nature" (p. 784). Ainsi, lorsque nous disons que la lumière ne saurait traverser les surfaces opaques, cela s'entend des corps connus avant la découverte de la *spongia solis*: certains physiciens peuvent en être bouleversés — sans doute pas Pascal, si réservé sur la nature de la lumière (cf. sa lettre au P. Noël, *OC*, II, 521) —, la physique n'en est pas pour autant invalidée comme science. Au contraire, une telle découverte l'oblige à progresser, elle est une occasion de diminuer l'écart entre la physique et la *phusis*.

[4] *Rhétorique*, I, 11, 1370 *a* (trad. M. Dufour, "Les Belles Lettres", 1960).

et, de la surabondance des miracles supposés, déduit l'inexistence du miracle, de même qu'au vu des démentis infligés par la nature à ses prétendues règles, il cessera de lui reconnaître plus de constance qu'à nos modes passagères et décrétera que la causalité est une chimère inventée par les hommes pour trouver du sens là où il n'en est point. Il oublie simplement que si la coutume excède le donné et enfante des causalités délirantes (comme chez celui qui voit une intervention spéciale de Dieu dans tout événement inattendu ou une panacée en toute potion de charlatan), elle repose au principe sur le repérage d'un lien effectif de cause à effet — "si jamais il n'y eût remède à aucun mal et que tous les maux eussent été incurables, il est impossible que les hommes se fussent imaginé qu'ils en pourraient donner et encore plus que tant d'autres eussent donné créance à ceux qui se fussent vantés d'en avoir" (fr. 734-615). Ce n'est donc pas la coutume qui fait croire à l'existence de la causalité comme telle, c'est l'existence de la causalité qui est au fondement de la croyance coutumière. Au delà de la critique humienne de la causalité, Pascal annonce la critique kantienne de Hume.

Et qu'on ne s'étonne pas de voir le miracle, cette exception aux lois de la nature, venir au secours de l'idée de causalité naturelle: le miracle n'est tel que parce qu'il suspend ou inverse des lois. La croyance pascalienne au miracle suppose justement que la nature ne se réduise pas à la coutume, sauf à définir le miracle par l'inaccoutumé. Or, c'est à quoi Pascal se refuse nettement. Sur ce point précis, il se sépare de saint Augustin, qui appelle miracle "tout ce qui, étant difficile et inaccoutumé (*insolitum*), dépasse l'attente et le pouvoir du spectateur qui s'étonne"[5]. Une telle définition fait la part belle à la subjectivité, car ce qui sera miraculeux pour l'un paraîtra fort ordinaire à l'autre selon la diversité de leurs expériences, et ce qui étonnera tout le monde sera aussi bien l'indice de notre ignorance que celui de la divine volonté. Il n'est pas possible, sur le critère de l'étonnement, de distinguer entre merveilles de la nature et interventions surnaturelles[6]. Remarquons que si les libertins refusent le

---

[5] *De utilitate credendi*, XVI, 34 (trad. D.P. De Vooght dans "La notion philosophique du miracle chez saint Augustin", in *Recherches de théologie ancienne et médiévale*, 1938, p. 317).

[6] "La création constitue, selon une expression qui revient sans cesse chez Augustin, un *miracle quotidien*" (Ph. Sellier, *Pascal et saint Augustin*, Paris, A. Colin, 1970, p. 605). Et J. Mesnard commente: "Certes, l'auteur de *La Cité de Dieu*, aussi bien que les humanistes dévots, parle aussi du miracle au sens habituel du terme, mais sans établir une différence radicale de nature entre les deux catégories de phénomènes merveilleux. Pascal, pour sa part,

miracle, c'est au nom de cette même subjectivité: en rejetant la résurrection du Christ sous prétexte que leur expérience ne leur a jamais fait voir de mort revenir à la vie (cf. fr. 882-442), ils définissent eux aussi le miraculeux par l'inaccoutumé — réduisant du même coup la nature à la coutume. Pascal distingue, au contraire, le "pour-nous" de la coutume et "l'en-soi" de la nature: il y a plus de choses dans la nature que ce que nous voyons ou comprenons d'elle. En bref, notre expérience n'est pas la mesure de l'être. Tout ce qui nous étonne ne sera donc pas miraculeux, mais pour accueillir le miracle, il faut au moins reconnaître que l'inaccoutumé est possible — ce à quoi la nature elle-même nous prépare. Maintenant, comment faire le départ, à l'intérieur de l'inaccoutumé, entre merveille et miracle? C'est ici que le critère augustinien se révèle insuffisant: "ce qui est surnaturel à notre égard" (fr. 873-440) définit pour Pascal non le miracle, mais le faux miracle. Qu'est-ce qui sera surnaturel en soi? Ce qui dépasse les forces de toute la nature créée? Mais nous sommes bien incapables d'en fixer les limites. Pascal retrouve alors le critère thomiste des miracles *quoad modum*, qui sont des effets "produits par des moyens qui n'ont nulle vertu naturelle de les produire, comme quand Jésus-Christ guérit les yeux de l'aveugle avec de la boue" (fr. 830-419). Ainsi le miracle non seulement suppose la causalité naturelle pour être remarqué, mais, loin de détruire toute causalité, en ajoute une au monde l'espace d'un instant: Dieu n'intervient pas directement, il pose à l'intérieur de sa création un lien causal singulier, sans passé ni avenir, et donc absolument irréductible à la coutume. Dieu se révèle, par cette exception, non comme le maître capricieux d'une nature sans consistance, mais comme la cause de la causalité. Le miracle installe paradoxalement la création dans l'objectivité d'une nature qu'aucune subjectivité — ni la surprise devant tel phénomène, ni l'accoutumance à sa répétition — ne saurait démystifier.

2 — CRITIQUE DES PRINCIPES

La nature extérieure ne se laisse donc pas réduire à la coutume. Mais la nature humaine résistera-t-elle aussi bien? Nos "deux principales puissances" sont l'entendement et la volonté, qui représentent les "deux

---

ne songe nullement à suivre le grand docteur sur ce point" ("Miracle et mystère", art. cité, p. 61).

entrées par où les opinions sont reçues dans l'âme"[7]: n'est-ce pas, à la vérité, la coutume qui lui sert d'huissier et occupe la place? Pour les principes de la connaissance, on sait leur origine: "Notre âme est jetée dans le corps où elle trouve nombre, temps, dimensions, elle raisonne là-dessus et appelle cela nature, nécessité, et ne peut croire autre chose" (fr. 418-680). Ces notions premières sur lesquelles repose tout l'édifice de notre savoir, au lieu de donner accès à l'être même des choses, ne sont en notre âme que le pli imprimé par un corps de soi incapable de toute connaissance ("si nous (*sommes*) simples matériels, nous ne pouvons rien du tout connaître", fr. 199-230)[8]. Le mot de *coutume* n'est point encore prononcé, mais c'est bien son action qui est manifestée par ce résultat: "Notre âme (...) ne peut croire autre chose", car tel est l'effet qu'elle produit dans le domaine de la foi: "Qui s'accoutume à la foi la croit, et ne peut plus ne pas craindre l'enfer, *et ne croit autre chose*" (fr. 419-680). Ainsi, nos connaissances les plus assurées, celles qui semblaient ne dépendre d'aucune autre et mériter par leur propre évidence le statut de principes, sont du ressort d'une foi tout humaine, aussi sujette à caution que les croyances sucées par tous les fanatiques du monde avec le lait de leur nourrice. Des fondements du savoir, il faut dire non *scio*, mais *credo*[9], et ce *credo* n'a lui-même d'autre fondement que l'habitude où nous sommes de vivre avec un corps: "Qui doute donc que notre âme étant accoutumée à voir nombre, espace, mouvement, croit cela et rien que cela?" (fr. 419-680).

A plus forte raison quand on examine les principes de la volonté — ceux qui gouvernent nos jugements moraux ou nos vénérations religieuses — a-t-on droit de douter de leur objectivité, puisque c'est en réduisant à une foi, c'est-à-dire à un acte de la volonté, les principes de l'entendement qu'on les a trouvés issus de la coutume. "Qu'est-ce que nos principes naturels sinon nos principes accoutumés?" (fr. 125-158). Chez les enfants, en qui devrait purement s'exprimer la nature, ces fameux principes ne sont autres que "ceux qu'ils ont reçus de la coutume de leurs pères, comme la chasse dans les animaux" (*ibid.*). Qu'ont-ils reçu de leurs

---

[7] *De l'esprit géométrique* (2e fragment: *De l'art de persuader*), *OC*, III, 413.

[8] De même, nos goûts esthétiques ne sont qu'une projection de notre figure corporelle: "Symétrie en ce qu'on voit d'une vue, fondée sur ce qu'il n'y a pas de raison de faire autrement et fondée aussi *sur la figure de l'homme*. D'où il arrive qu'on ne veut la symétrie qu'en largeur, non en hauteur, ni profondeur" (fr. 580-482).

[9] On reconnaît ici la formule du fr. 7-41.

pères qui leur serve de principe pour juger au spirituel et au temporel? Concrètement, une religion et un métier: "C'est une chose pitoyable de voir tant de Turcs, d'hérétiques, d'infidèles, suivre le train de leurs pères, par cette seule raison qu'ils ont été prévenus chacun que c'est le meilleur, et c'est ce qui détermine chacun à chaque condition de serrurier, soldat, etc." (fr. 193-226). En embrassant la religion de son père, chacun juge folle toute autre croyance, et, d'exercer le même métier que lui, prend licence de mépriser toute autre condition: "Le reste des hommes sont des coquins" (fr. 634-527). Rien de moins naturel pourtant que cette religion à quoi l'on voue son âme et son corps, puisque, si elle est vraie, elle est "contre la nature" (fr. 284-316) et que si elle était naturelle, elle serait aussi universelle — *communis est omnibus natura*[10]. Les métiers sont plus divers encore: comment les prendre pour naturels à moins de ruiner la nature humaine en la mettant au pluriel: "Que de natures en celle de l'homme. Que de vacations" (fr. 129-162)? Le concept de nature n'est plus susceptible alors que d'un usage ironique.

Si l'on entend, plus métaphysiquement, par principes de la volonté les lois de la conscience, on bute d'un autre côté sur la sentence de Montaigne qui résume l'essai *De la coutume,* où Pascal puise l'essentiel de son argumentation: "Les lois de la conscience, que nous disons naître de nature, naissent de la coutume: chacun ayant en vénération interne les opinions et mœurs approuvées et reçues autour de lui, ne s'en peut déprendre sans remords, ni s'y appliquer sans applaudissement"[11]. Le catalogue dressé par Montaigne des "opinions et mœurs" contraires aux nôtres se retrouve, réduit aux cas les plus frappants — permission du vol et de l'inceste, meurtre des enfants par les pères et des pères par leurs enfants —, dans le fragment 60-94 pour montrer la conscience si bien ployable en tout sens qu'il n'est point de crime dont elle n'ait fait une vertu, ni de monstruosité qui n'ait quelque part mérité ses louanges. Telle est l' "expérience" au nom de laquelle le voyageur, le lecteur ou — toutes proportions gardées — le simple observateur de ses compatriotes peuvent affirmer qu'une coutume différente "donnera d'autres principes naturels" (fr. 125-158). Si certains de ceux-ci résistent à la pression coutumière, "il y en a aussi de la coutume contre la nature ineffaçables à la nature" (*ibid.*). Nature ne les peut effacer parce qu'elle-même s'est effacée devant eux. En veut-on un exemple? Il se présente dès le fragment

---

[10] Saint Augustin, *Sermo* XXVI (*Patrologie latine*, t. 38, col. 172).

[11] *Essais*, I, 23, p. 115.

suivant: "Les pères craignent que l'amour naturel des enfants ne s'efface. Quelle est donc cette nature sujette à être effacée?". Cas limite — que Pascal recueille peut-être des anecdotes montaigniennes décrivant des fils auxquels la coutume enjoint de battre leur père, de le tuer ou de le manger après sa mort[12] — , car l'amour pour le père est le sentiment le plus naturel en même temps que le fondement de la coutume, qui se transmet par l'imitation de son exemple admiré. Qu'un tel sentiment puisse périr, et le fondement de la coutume se révèle lui-même coutumier: dès lors c'est elle qui, dans son aséité, est assurée de ne périr jamais. C'est elle qui, dans un renversement ironique, devient le fondement de la nature: "Il n'y a rien qu'on *ne rende* naturel" (fr. 630-523). Et si toute coutume peut devenir nature, toute nature peut être détruite par la coutume ("il n'y a naturel qu'on ne fasse perdre", *ibid.*). Autant dire qu'il n'y a plus de différence de nature entre coutume et nature — celle-ci est tout entière passée dans celle-là. Poser, comme le fait ici Pascal, que "la nature de l'homme est tout nature" revient à poser que tout peut en nous, par la coutume, être rendu naturel, c'est-à-dire que rien ne l'est. La nature de l'homme est de n'avoir pas de nature.

Qui triomphe dans cette destruction de la nature par la coutume? Evidemment, le pyrrhonisme. Cette philosophie s'est fait une spécialité de prouver qu'il n'est sentiment naturel qui ne soit contredit par la pratique de quelque peuple, et qui ne soit par conséquent réductible lui-même à une simple coutume de la conscience. Nul amour ne paraît "si fort et si naturel" (fr. 29-63) que celui de la vie: or, sans aller chercher bien loin, voici que les Espagnols "aiment mieux la mort que la paix", puisqu'ils se suicident quand on leur interdit de porter les armes. D'où Pascal l'a-t-il appris? D'un passage de Tite-Live sélectionné par Montaigne pour les besoins de sa cause[13]. Que si l'on estime que le sentiment le plus naturel est celui de la piété filiale, on a vu que Pascal le tient pour effaçable lui aussi: autre résultat des démonstrations pyrrhoniennes, puisées dans les *Essais* ou chez La Mothe Le Vayer. Ce dernier publie en 1646 son *Opuscule ou petit traité sceptique sur cette commune façon de parler: n'avoir pas le sens commun,* dans lequel il consacre douze pages à montrer que le respect envers les parents, "qui semble avoir son fonde-

---

[12] Cf. *Essais*, I, 23, p. 114-115 et II, 12, p. 581.

[13] *Essais*, I, 14, p. 61 (sur Tite-Live, *Histoire de Rome,* XXXIV, 17). Le fr. 29-63 porte: "Toute opinion peut être préférable à la vie"; l'essai I, 14: "Toute opinion est assez forte pour se faire épouser au prix de la vie" (p. 53).

ment dans la Nature" et même en être "la première loi"[14], est loin d'être partagé par toutes les nations: "Les peuples errants du Canada tuent librement leurs pères et leurs mères quand ils les voient dans une extrême vieillesse"[15], les Tribales immolent les leurs et les Indiens les dévorent. En Occident même, l'irrévérence se cherche des raisons. Bouffonnes chez Aristophane (puisque les pères prétendent châtier leurs fils par amour, pourquoi les fils ne témoigneraient-ils pas leur affection en battant les pères à leur tour, surtout quand ils retombent en enfance?), captieuses chez les sophistes (il ne faut jamais obéir à ses parents, car s'ils commandent des choses raisonnables, c'est à la raison et non à eux qu'il convient de déférer, et si leurs injonctions sont déraisonnables, il n'est pas question d'obtempérer), plus profondes chez ces platoniciens qui détestaient leurs parents pour avoir donné à leur âme la prison d'un corps (ils avaient découvert que donner la vie, c'est en même temps donner la mort), elles attestent de toute façon que le respect des parents est un sentiment susceptible d'être ridiculisé en public et de se volatiser chez les particuliers. Exemple de ces "discours qu'ont faits les pyrrhoniens contre les impressions de la coutume, de l'éducation, des mœurs des pays" (fr. 131-164). Si l'on veut se tirer de l'illusion commune qui nous fait prendre pour naturels les principes du temps et du lieu — et de ce lieu premier qu'est notre corps — , "on n'a qu'à voir leurs livres" (*ibid.*). C'est là qu'en un voyage immobile Pascal, qui n'est jamais sorti de France, a "vu tous les pays et hommes changeants" (fr. 520-453) et sur eux tous régnant la coutume "emperière"[16].

3 — IRRÉDUCTIBILITÉ DES PRINCIPES

Ainsi la coutume se trouve parfaitement substituée à la nature. Comment ce changement a-t-il été rendu possible? Par l'opération inverse. La nature n'est identifiable à la coutume que parce que la coutume a d'abord été hyperboliquement identifiée à la nature. "*La coutume est une seconde nature* qui détruit la première. Mais qu'est-ce que nature? Pourquoi la coutume n'est-elle pas naturelle? J'ai grand peur que cette

---

[14] *Opuscule...*, Paris, Sommaville, p. 77 et 81. Les douze pages sont les p. 77 à 89.

[15] *Ibid.*, p. 82.

[16] Le mot est de Montaigne, *Essais*, I, 23, p. 115. *Ibid:* "Il n'est rien qu'elle ne fasse, ou qu'elle ne puisse". D'où le fr. 577-480: "Montaigne a vu qu'on s'offense d'un esprit boiteux et *que la coutume peut tout*".

nature ne soit elle-même qu'une première coutume, comme la coutume est une seconde nature" (fr. 126-159). Brunschvicg remarque bien qu'est retournée dans ce fragment la fameuse formule d'Aristote: "La coutume est comme une nature"[17]; mais il omet de relever que l'expression du philosophe a subi une modification préalable qui permet ce retournement: Pascal a supprimé le "comme" qui, chez Aristote, maintenait la différence de nature entre nature et coutume — il y avait ressemblance, voire analogie, mais point identité. A partir du moment où la coutume est nature, l'égalité étant une relation commutative, plus rien ne peut empêcher que la nature ne soit réduite au statut de coutume. Mais l'hyperbole est au principe, qui fait table rase des distinctions, suscite l'emphase du soupçon ("j'ai grand peur") et impose au discours un passage à la limite particulièrement sensible dans les fragments pyrrhoniens: "*Rien* suivant la seule raison n'est juste de soi, *tout* branle avec le temps. La coutume (est) *toute* l'équité..." (fr. 60-94)[18]. Que cette radicalisation, stylistiquement concertée, soit sur la question des rapports entre nature et coutume d'origine sceptique, Montaigne le prouve, qui en transmet le modèle à Pascal: "L'accoutumance est une seconde nature"[19]. C'est par ce côté qu'il faut examiner les formules de Pascal si l'on veut comprendre la signification qu'il leur attachait, et non dans l'éclairage rétrospectif de leur hypothétique fortune ("Pascal s'est trouvé donner la formule la plus claire et la plus profonde de la doctrine évolutionniste à laquelle Lamarck devait donner droit de cité dans la science, près de cent cinquante ans après Pascal")[20]. Notre modernité est d'autant plus portée à lire chez Pascal une radicale et définitive réduction de la nature à la coutume que ses "conquêtes", depuis le XIXe siècle, tendent à expulser partout la nature au profit de l'histoire. Qui refusera à Pascal ses lettres de créance pour l'avenir? Dans les *Pensées*, "l'homme n'est pas en son fond une nature, tout pouvant devenir sa nature depuis le péché; il est le

---

[17] *De la mémoire et de la réminiscence*, 2, 452 a. La remarque se trouve dans le commentaire du fragment 93 de l'édition Brunschvicg *major*.

[18] Il est inutile de prouver que le fragment 60-94 est une compilation d'extraits de Montaigne. Le passage à la limite est exemplairement décomposable en ses phases dans le fragment *Pyrrhonisme*, où Pascal s'efforce à tirer du mélange même une conclusion sans mélange: "Chaque chose est ici vraie en partie, fausse en partie", donc "rien n'est purement vrai et ainsi rien n'est vrai en l'entendant du pur vrai" (fr. 905-450).

[19] *Essais*, III, 10, p. 1010.

[20] Commentaire de Brunschvicg pour le fragment 93 (ici, fr. 126-159) de son édition *major* des *Pensées* (t. II, p. 21).

produit d'une histoire"[21]; désormais, "il faut mettre au compte de la "condition" toute référence à une origine toujours contestable et convenir que la détermination d'une nature vraiment radicale est exposée à une régression à l'infini"[22]. Pour nous, au contraire, la portée de la critique pascalienne du concept de nature est à mesurer exactement sur celle du pyrrhonisme dans la dialectique des *Pensées*, parce que son assimilation à la coutume n'est point d'abord ni essentiellement une anticipation de Lamarck (voir Brunschvicg), de Marx (voir Goldmann) ou de l'existentialisme (voir G. Ronnet), mais le pur produit de la philosophie sceptique, qui en fournit explicitement à Pascal les exemples, le principe et jusqu'à sa formulation[23]. Or le pyrrhonisme, dans l'*Apologie*, n'a pas le dernier mot. On n'a qu'à voir les livres de ses adeptes, dit Pascal, si l'on n'est pas assez persuadé du pouvoir de la coutume et "on le deviendra bien vite", mais il ajoute aussitôt ces paroles dont il va falloir apprécier tout le poids: "*et peut-être trop*" (fr. 131-164).

C'est que la démystification, chez Pascal, signale seulement une demi-habileté. Le processus réducteur ou réductionniste ("j'ai grand peur que cette nature *ne* soit elle-même *qu*'une première coutume", fr. 126-159) rencontre rapidement ses limites de validité. Il les reçoit de son succès même, car si avec un minimum de savoir-faire on peut tout démystifier, on aboutira à des contradictions qui, malheureusement pour le sceptique, ne seront pas nécessairement insolubles: de toute manière, une des deux

---

[21] B. Tocanne, *L'Idée de nature en France dans la seconde moitié du XVIIe siècle*, Paris, Klincksieck, 1978, p. 254.

[22] P. Magnard, *Nature et Histoire dans l'apologétique de Pascal*, Paris, "Les Belles Lettres", 1975, p. 255.

[23] Nous sommes parfaitement d'accord avec la formule d'A. McKenna: "La défaite de la nature est un triomphe du pyrrhonisme" ("Coutume/Nature: la fortune d'une pensée de Pascal" in *Equinoxe*, n°6, été 1990, p. 90). Mais si le pyrrhonisme ne triomphe pas définitivement dans les *Pensées,* les fr. 125-158 et 126-159 ne signifient pas un définitif triomphe de la coutume sur la nature. C'est bien ainsi qu'en ont jugé les premiers éditeurs des *Pensées* qui, tout cartésiens qu'ils étaient et convaincus de "l'existence d'une nature imperméable à la coutume" (p. 87), ont maintenu ces passages (Port-Royal, XXV, 17) ainsi que le fr. 821-661 (Port-Royal, VII, 3) qui pourtant "identifie la coutume à l'influence du corps" (p. 88). A. McKenna montre que de nombreux auteurs, au XVIIe siècle et encore au XVIIIe, "insistent sur l'influence des habitudes, tout en revendiquant l'existence d'une lumière naturelle, d'une raison et donc d'une nature qui échapperaient aux empiètements de la coutume" (p. 91). Pour voir s'affirmer l'interprétation "antinaturaliste" des fragments cités — qui est la seule authentique aux yeux de ce critique — "il faut attendre certains manuscrits clandestins tardifs [du XVIIIe siècle] et l'œuvre de La Mettrie" (p. 96).

démystifications posées en aura menti et c'est dès lors le processus lui-même qui sera exposé à la disqualification. Un lumineux exemple en est donné au fragment 44-78, sur le problème du vide: "Parce, dit-on, que vous avez cru dès l'enfance qu'un coffre était vide, lorsque vous n'y voyiez rien, vous avez cru le vide possible. C'est une illusion de vos sens, fortifiée par la coutume, qu'il faut que la science corrige. Et les autres disent, parce qu'on vous a dit dans l'école qu'il n'y a point de vide on a corrompu votre sens commun qui le comprenait si nettement avant cette impression, qu'il faut corriger en recourant à votre première nature. Qui a donc trompé? Les sens ou l'instruction". Les deux démystifications se contredisent, partant l'une d'entre elles est erronée: il est donc des démystifications mystificatrices. Le pyrrhonien peut cependant nourrir son ironie de telles "contrariétés" et reposer en paix sur les doux oreillers de l'ignorance et de l'incuriosité — tant que l'antinomie subsiste et qu'il n'est point donné de réponse à la question: "Qui a donc trompé?". Or, sur cette question précise de la possibilité du vide, nous avons la réponse de la physique pascalienne. Entre les deux propositions qui démystifient, l'une, les sens liés à la coutume, et l'autre l'instruction, la balance n'est pas égale: les sens et la coutume disent vrai. La coutume fortifie à bon droit les impressions des sens, car "les appréhensions des sens sont toujours vraies" (fr. 701-579), au contraire de ce que prétendent les pyrrhoniens, qui ne cessent de les accuser d'imposture: du coup, la coutume *se fortifie* de leur véracité et se fonde ainsi, au lieu de s'y substituer, sur l'authenticité d'une "première nature". Le discours démystifiant la perception et la coutume ("vous avez cru *dès l'enfance* qu'un coffre était vide, lorsque vous n'y voyiez rien") porte ici à faux parce que — comme Pascal l'écrit à Le Pailleur — la sensation de l'absence de sensation est, dans le cas du vide, "le seul moyen sensible de parvenir à sa preuve": la même privation de qualités qui fait exclure au P. Noël la réalité du vide est ce "qui donne si justement lieu aux autres de le croire"[24]. Et il ne sert à rien d'objecter que le vide du savant n'est pas le vide de l'enfant: Pascal savant part bel et bien de la considération du "vide apparent"[25], et, de son côté, l'homme guidé par ses sensations coutumières n'en déduit pas formellement l'existence mais la possibilité du vide ("vous avez cru le vide *possible*"), conforme en cela à l'attitude

---

[24] *Lettre à Le Pailleur* (février 1648), *OC*, II, 568.

[25] *Expériences nouvelles touchant le vide*, *OC*, II, 505, 506, 507.

prudemment progressive du physicien[26]. L'enfance n'est plus le lieu du préjugé mais d'une nature ouverte à l'ingénuité de perceptions dont la coutume ne fait que répéter les véraces impressions. C'est au tour de la démystification d'être démystifiée: "Il n'y a principe, *quelque naturel qu'il puisse être, (qu'on ne), même depuis l'enfance, fasse passer* pour une fausse impression" (fr. 44-78)[27]. Voilà donc borné l'impérialisme de la raison démystificatrice et dénoncée comme hyperbolique sa prétention de réduire nos principes naturels à des principes accoutumés.

Qu'il y ait des principes naturels qui ne soient pas accoutumés, la géométrie nous en convainc, car il faut faire effort pour tourner la vue vers ceux qui la gouvernent ("on a peine à tourner la tête de ce côté-là, manque d'habitude", fr. 512-670) et en même temps "les principes inaccoutumés de géométrie" (*ibid.*) sont bien des principes naturels, à moins de feindre qu'il existe des hommes dont le cœur ne sente pas "qu'il y a trois dimensions dans l'espace et que les nombres sont infinis" (fr. 110-142). En vain le pyrrhonisme tente-t-il de raisonner contre les principes: ils ne relèvent pas de la raison, mais du cœur ou de l'instinct qui est la marque de notre première nature[28], et cette première nature ne saurait être réduite à une première coutume puisque l'instinct, par définition, ne s'apprend pas. Le pyrrhonisme veut-il ramener l'homme à l'animal et imaginer que les enfants reçoivent leurs principes "de la coutume de leurs pères comme la chasse dans les animaux" (fr. 125-158)? Mais justement, l'animal ne transmet aucune science — s'il faut ainsi parler — à l'animal; toute celle dont les bêtes sont capables, elles "la reçoivent sans étude" ni apprentissage: "la nature les instruit"[29], et non

---

[26] Pascal a commencé par penser "que le vide n'était pas une chose impossible dans la nature" (*Expériences nouvelles, OC*, II, 499) avant d'affirmer qu'il s'y rencontre effectivement.

[27] Le passage entre parenthèses est mis en italique parce que rayé par Pascal; les autres le sont par nous.

[28] Cf. fr. 112-144: "Instinct et raison, marques de deux natures".

[29] Préface sur le *Traité du vide, OC*, II, 781 et 782. Bossuet développera ce point dans son *Traité de la connaissance de Dieu et de soi-même*, au chap. V, § 4 et 5, où il montre que les animaux n'apprennent rien et qu'*a fortiori* ils n'apprennent rien les uns des autres. Lors même qu'un oiseau "n'a vu voler ni sa mère ni aucun autre oiseau, il ne laisse pas de voler lui-même; le seul instinct de la nature lui apprend à se servir de ses ailes" (note Y sur chap. V, § 5; Paris, Lecoffre, 1869, p. 256). Si un maître de musique nous fait chanter sur le même ton que lui, dit au même endroit Bossuet, "ce n'est pas lui qui nous l'apprend: la nature nous l'a appris avant lui" (chap. V, § 5, éd. citée, p. 218). Il n'est pas indifférent de relever que Pascal emprunte à saint Jean Chrysostome une formule analogue sur le principe

point leur père. La chasse est un instinct, comme l'*animus arcendi*[30].
Aussi bien, lorsque Montaigne veut décrire la transmission coutumière
d'une génération à l'autre, il la montre héréditaire, biologique, génétique
— en un mot, naturelle: "Et les communes imaginations, que nous
trouvons en crédit autour de nous, *et infuses en notre âme par la semence
de nos pères*, il semble que ce soient les générales et naturelles"[31].

A plus forte raison faut-il dire le même des principes que notre âme
trouve dans le corps où elle est "jetée" et que nous croyons instinctive-
ment, comme l'espace, le temps, le nombre ou le mouvement. L'âme
appelle "cela nature, nécessité, et ne peut croire autre chose" (fr. 418-680):
si l'effet de la coutume est identique, on n'est pas fondé pour autant à
assimiler les causes[32], et dans le cas des principes, on n'a point affaire
à des traditions familiales ou nationales qu'une excursion historique ou
géographique suffirait à démentir. Nombre, mesure, mouvement sont des
catégories par quoi tout homme appréhende le réel et peut poser des
jugements à validité universelle: les démonstrations mathématiques ont la
même force "à Toulouse et à Paris"[33], en pays de droit écrit qu'en pays
coutumier, au Japon qu'en France — sinon, pourquoi envoyer jusqu'à
l'autre bout du monde les problèmes relatifs à la cycloïde? L'accoutumance que nous avons à ces principes date de notre venue à l'être,
puisqu'elle ne fait qu'exprimer la cohabitation d'une âme intelligente avec
un corps, celle-là raisonnant à partir des principes fournis par celui-ci
("elle raisonne là-dessus", fr. 418-680): *habitus* si l'on veut, au sens de
manière stable d'être, mais *habitus* que rien n'empêche d'appeler naturel,
dans la mesure où notre nature se définit par l'incarnation d'une âme
intelligente — "nous sommes composés d'esprit et de matière"[34]. Ainsi
saint Thomas, pour qui la connaissance humaine ne saurait s'accomplir

---

"naturel", en morale, que l'homicide est un mal: "La loi suppose qu'on a déjà appris cette
vérité de la nature" (XIVe *Prov.*, p. 256).

[30] Fr. 127-160. L'*animus arcendi* est "l'instinct d'écarter" propre au chien de garde. Que la
chasse relève de l'instinct, cela se trouve au fr. 105-137.

[31] Essais, I, 23, p. 115-116.

[32] "Comme une même cause peut produire plusieurs effets différents, un même effet peut
être produit par plusieurs causes différentes", Lettre au P. Noël (*OC*, II, 524).

[33] Lettre de Pascal à Fermat, du 29 juillet 1654 (*OC*, II, 1137).

[34] Fr. 199-230. Cf. V. Carraud: "Que l'âme soit «jetée dans le corps» désigne purement et
simplement l'incarnation constitutive de l'humanité" (*Pascal et la philosophie*, Paris, PUF,
1992, p. 246).

sans qu'une âme ait un corps[35], parle, à propos des principes, d'*habitus naturalis*: la connaissance des principes, conformément à ce qu'enseigne Aristote, provient des sens (sans eux, par exemple, on ne peut savoir ce qu'est le tout ou la partie) et l'intelligence de ces mêmes principes, de la nature intellectuelle de l'âme (dès qu'elle sait ce que sont la partie et le tout, elle sait que le tout est plus grand que la partie)[36]. L'âme, qui est une partie de l'homme, a l'intelligence de principes qu'elle reçoit de cette autre partie de l'homme qu'est le corps, les deux parties formant ensemble cette substance complète, l'homme[37]. En termes pascaliens, "nous sommes composés de deux natures opposées et de divers genres, d'âme et de corps" (fr. 199-230), dont l'union forme comme la nature de notre nature, commune à ses diverses conditions antélapsaire et déchue.

"La coutume est notre nature" (fr. 419-680). Cette formule, qui pourrait apparaître réductrice, énonce — appliquée aux principes — une stricte vérité: nombre, temps, espace, mouvement nous sont des notions à la fois naturelles et accoutumées, mais accoutumées parce que naturelles (comment n'avoir pas l'habitude de ce qui est né avec nous?) et non point illusoirement naturelles parce qu'accoutumées. L'illusion n'est pas d'appeler ces principes *notre* nature; l'illusion est de les appeler "nature" absolument — "notre âme (...) appelle cela nature" (fr. 418-680) — car on invalide alors tout autre mode de connaissance que le nôtre, par exemple celui des créatures sans corps que sont les anges[38], ou on lui

---

[35] Cf. *De anima*, qu. un., a. 1, *Resp.*, fin de la réponse.

[36] Cf. *Sum. theol.*, *Ia II*[ae], qu. 51, a. 1. Saint Thomas renvoie aux *Seconds Analytiques* d'Aristote, II, 15.

[37] Cf. Gilson, *Le Thomisme*, Paris, Vrin, 6ᵉ éd., 1972, p. 250-252.

[38] Nous lisons une allusion au mode de connaissance angélique dans ce passage du fr. 110-142: "Comme s'il n'y avait que la raison capable de nous instruire, plût à Dieu que nous n'en eussions au contraire jamais besoin et que nous connussions toutes choses par instinct et par sentiment, mais la nature nous a refusé ce bien; elle ne nous a au contraire donné que très peu de connaissances de cette sorte; toutes les autres ne peuvent être acquises que par raisonnement". Les anges, eux, connaissent tout par intuition, rien par déduction, et ne sauraient comprendre le sensible par des principes tirés de sens qu'ils ne possèdent pas. Cf. saint Thomas, *Sum. theol.*, *Ia*, qu. 55, a. 3: *Angeli non intelligunt per species a rebus abstractas;* qu. 58, a. 3: *Inferiores intellectus, scilicet hominum, per quendam motum et discursum intellectualis operationis perfectionem in cognitione veritatis adipiscuntur; dum scilicet ex uno cognito in aliud cognitum procedunt. Si autem statim in ipsa cognitione principii noti, inspicerent quasi notas omnes conclusiones consequentes, in eis discursus locum non haberet. Et hoc est in angelis: quia statim in illis quae primo naturaliter cognoscunt, inspiciunt omnia quaecumque in eis cognosci possunt;* et a. 4: *Angelus, sicut non*

donne pour objets des réalités purement spirituelles qui transcendent nos
catégories ("en parlant des esprits, ils [les philosophes] les considèrent
comme en un lieu, et leur attribuent le mouvement d'une place à une
autre, qui sont choses qui n'appartiennent qu'aux corps", fr. 199-230), ou
encore on en tire argument pour dénier l'existence à Dieu qui n'a point
de dimensions et vit hors du temps. Si Pascal refuse, au début du
fragment *Infini rien*, de donner valeur absolue à nos principes, c'est pour
ôter l'obstacle d'une projection anthropomorphique sur Dieu, qu'elle serve
à le prouver ou à le nier. Avec une autre nature, nous n'aurions pas connu
de la même façon et sans doute n'aurions-nous pas eu les mêmes
principes[39]: qu'est-ce à dire, sinon que ces principes nous sont justement
naturels? Et parce qu'ils n'ont pas valeur absolue, on n'est pas justifié à
leur refuser valeur objective: les principes de notre nature ont leurs
répondants, leurs objets dans la nature extérieure. C'est bien elle qui
recommence "les ans, les jours, les heures, les espaces" (fr. 663-544).
Espace et temps ne sont point des illusions, mais la condition même de
l'existence corporelle. Nul prékantisme au demeurant: l' "espace n'est pas,
pour Pascal, ainsi que pour Roberval, Mersenne et tous les savants au 17ᵉ
siècle, la forme *a priori* de l'intuition comme chez Kant. L'espace est une
chose réelle qui existe hors de nous"[40], et il en est de même du temps[41].
Ainsi s'explique, au XVIIᵉ siècle, que les principes fondent des sciences
qui ont prise sur le réel. Nombre, espace, mouvement permettent
arithmétique, géométrie, physique — qui nous disent l'univers, voire le
prédisent. Pascal sceptique? Jusqu'à l'*Adversus mathematicos* exclusive-
ment. Le pyrrhonien s'arrête où commence le géomètre, et le chrétien

---

intelligit ratiocinando, ita non intelligit componendo et dividendo. (...) Intelligit composita
simpliciter, et mobilia immobiliter, et materialia immaterialiter.

[39] Par exemple, c'est un principe pour nous "qu'il y a trois dimensions dans l'espace" (fr.
110-142), mais l'on peut concevoir une nature qui admettrait pour principe qu'il y en ait
quatre, puisque "la quatrième dimension n'est point contre la pure géométrie" (*Traité des
trilignes rectangles et de leurs onglets*, *OC*, IV, 448). La quatrième dimension passerait alors
du domaine de la raison à celui du cœur et, en géométrie, du statut d'hypothèse à celui
d'axiome. Mais elle ne peut être un principe pour nous, dont le corps est tridimensionnel.
Cf. Aristote (*Physique*, VII, 3) cité dans *Sum. theol.*, *Ia IIae*, qu. 52, a. 1: "Changez les
passions de l'appétit sensible ou les impressions des facultés sensibles de connaissance, et
l'état des sciences et des vertus en est modifié".

[40] Shozo Akagi, "Les pensées fondamentales de la physique pascalienne et leur originalité",
Etudes de Langue et Littérature Françaises, IV (1964), p. 28.

[41] Cf. *ibid.*, p. 29 — passage appuyé sur la *Lettre à Le Pailleur*, *OC*, II, 564-565.

confirme le second aux dépens du premier, puisque la certitude d'être sorti des mains d'un Dieu bon l'assure de la véracité de ses principes[42]. C'est selon eux que Dieu gouverne le monde sensible, lui qui *fecit omnia in pondere, in numero et mensura*[43]. Quand on découvre le vrai Dieu, le "démon méchant" (fr. 131-164) s'éclipse. La foi détruit ici un doute hyperbolique que la bonne foi suffisait à annuler lorsqu'il était simplement raisonnable: "En parlant de bonne foi et sincèrement, on ne peut douter des principes naturels" (*ibid.*).

Dès l'instant qu'il y a principes et que ces principes sont qualifiés de naturels, on n'a aucunement à craindre la régression à l'infini, objectée plus haut[44], de coutume en coutume en direction d'une origine inattingible. On bute au contraire, comme l'expose l'opuscule *De l'esprit géométrique*, sur des termes premiers tels qu'une définition ne pourrait que les obscurcir et sur des axiomes parfaitement évidents d'eux-mêmes, tels qu'ils servent de "fondement" à "l'édifice"[45] de la démonstration sans pouvoir pour leur part être démontrés. Statut augustinien de ces principes, dont il faut dire ce que le *De libero arbitrio* dit des lois de l'entendement — *nullus de eis judicat, sed per illas*[46] —, mais en dernière analyse aristotélicien, comme le suggère l'expression de "premiers moteurs" que Pascal pose en équivalent[47]. Parlant en effet des

---

[42] Cf. *Entretien avec M. de Sacy* (*OC*, III, 142) et *Pensées*, fr. 131-164 (début).

[43] Sagesse, XI, 21, citée dans *De l'esprit géométrique* (1er fragment: *Réflexions sur la géométrie en général*), *OC*, III, 401. Cf. le *Dum Deus calculat fit mundus* de Leibniz.

[44] P. 49, appel de note 22. Le même auteur, P. Magnard, conclut son chapitre sur la coutume en commentant ainsi le fragment 126-159, considéré comme le dernier mot de Pascal sur le sujet: "Si coutume implique, comme nous l'avons vu, secondarité, toute coutume supposant avant elle une nature qui n'est elle-même qu'une première coutume, la secondarité se précède toujours elle-même et ceci indéfiniment: une coutume ne sera dite première qu'*ex hypothesi*" (*op. cit.*, p. 255-256). Il est exact que si la nature se réduit à la coutume, nous sommes au rouet; mais l'existence de principes par définition premiers, en empêchant une régression à l'infini, doit conduire à remettre en cause l'hypothèse réductionniste de départ.

[45] *De l'esprit géométrique* (2e fragment), *OC*, III, 418.

[46] *De libero arbitrio*, II, 14, 38 (dans l'*Itinerarium* de saint Bonaventure: v. note 47).

[47] Pour Aristote, "il est absolument impossible de tout démontrer: on irait à l'infini, de telle sorte que, même ainsi, il n'y aurait pas de démonstration" (*Métaphysique*, Γ, 4, 1006 *a*). Pour qu'il y ait démonstration, il faut des principes: "J'appelle principes de la démonstration les opinions communes (κοιναὶ δόξαι) sur lesquelles tout le monde se base pour démontrer, par exemple, *que toute chose doit nécessairement être affirmée ou niée, et qu'il est impossible qu'une chose soit et ne soit pas, en même temps*, ainsi que toutes autres prémisses de ce genre" (*Méta.*, B, 2, 996 *b*). Or, de ces axiomes ou principes, il ne saurait y avoir

deux "puissances" de l'esprit et de la volonté, il affirme qu'elles "ont chacune leurs principes et les premiers moteurs de leurs actions"; et il poursuit: "Ceux de l'esprit sont des vérités naturelles et connues à tout le monde, comme que le tout est plus grand que sa partie, outre plusieurs axiomes particuliers que les uns reçoivent et non pas d'autres"[48]. Même si les "vérités naturelles" et les "axiomes particuliers" peuvent les unes et les autres emporter notre créance et servir de base à nos raisonnements, le départ est nettement fait entre la vérité universelle des premières et la validité seulement "régionale" (qui peut d'ailleurs ne recouvrir que fausseté ou inutilité) des seconds. Ces derniers sont purement et simple-

---

science — "ni une science par définition, car il est inutile de définir une chose que nous connaissons immédiatement, ni une science par démonstration" (note de J. Tricot, éd. citée de la *Méta.*, t. I, p. 130, sur B, 2, 997 *a*). Ce par quoi on démontre échappe à la démonstration: le principe ne saurait être démontré sans se présupposer lui-même, c'est-à-dire sans ce qu'on appelle justement pétition de principe. "Un principe dont la possession est nécessaire pour comprendre tout être quel qu'il soit, ne dépend pas d'un autre principe, et ce qu'il faut nécessairement connaître pour connaître tout être quel qu'il soit, il faut aussi le posséder nécessairement déjà avant toute connaissance" (*Méta.*, Γ, 3, 1005 *b*). C'est ainsi qu'une démonstration directe du principe de contradiction est impossible, *quia non posset aliquid sumere ad ejus demonstrationem, nisi aliqua quae ex veritate hujus principii dependerent*, commente saint Thomas (sur *Méta.*, Γ, 4, 1006 *a*, note 1, p. 199 de l'éd. Tricot). Chez Pascal comme chez Aristote, remarquions-nous en 1976, la pensée repose sur un "impensé qui la fonde" ("Pascal et la rédemption de la nature" dans *Méthodes chez Pascal*, Paris, PUF, 1979, p. 289).

Qu'un augustinien puisse être, sur ce point, en parfait accord avec l'épistémologie aristotélicienne, l'exemple en est fourni par saint Bonaventure. Il renvoie à la phrase citée du *De libero arbitrio* (dans son *Itinéraire de l'esprit vers Dieu*, Paris, Vrin, 1986, II, 9, p. 52), mais aussi à Aristote (*Méta.*, Δ, 4 et 25; *Seconds Analytiques*, I, 10) lorsqu'il aborde le sujet des principes: la mémoire "retient aussi les principes des sciences, les axiomes, une fois pour toutes: ils sont éternels; elle ne peut jamais les oublier, tant qu'elle a l'usage de la raison, ni les écouter sans les approuver, sans y consentir; car ce n'est pas pour elle perception de vérités nouvelles, mais reconnaissance familière de vérités innées. Ceci est patent dès qu'on propose à quelqu'un ce principe: «Toute chose comporte affirmation ou négation», ou bien: «Le tout est plus grand que la partie», ou n'importe quel autre axiome dont la négation serait une contradiction intrinsèque à la raison" (*Itinéraire*, III, 2, p. 61-63). Pour Bonaventure, la connaissance des principes est abstraite du sensible — en quoi il est aristotélicien — et la lumière naturelle qui nous les rend évidents est innée — en quoi il se rattache à Augustin. Mais cette distinction est elle-même fondée en aristotélisme, comme nous l'avons vu (à l'appel de note 36, p. 53) chez saint Thomas, qui ne confond pas *cognitio principiorum* et *intellectus principiorum*. Reconnaissance simultanée (chez Aristote, saint Thomas, saint Bonaventure) de l'origine sensible et de l'intuition intellectuelle des principes, voilà qui pourrait définir le cadre où s'inscrit la réflexion pascalienne à leur sujet.

[48] *De l'esprit géométrique* (2ᵉ fragment), *OC*, III, 415.

ment des coutumes intellectuelles, transmises de génération en génération dans un cadre qu'il faut bien appeler corporatif: Pascal vise au premier chef ici les logiciens et le fatras des règles par lesquelles vainement ils "font profession" d'éviter l'erreur[49]. Il serait donc tout aussi illusoire de prétendre réduire les principes naturels de l'entendement à des principes accoutumés que d'espérer donner à des "axiomes particuliers" la valeur de vérités universelles.

Mais en va-t-il de même pour les principes de la volonté, et pourra-t-on affirmer leur irréductibilité à la coutume, alors qu'ils paraissent bien autrement soumis à la versatilité des caprices individuels et des divagations collectives? La réponse est, sans l'ombre d'un doute, positive. Pascal traite des principes de la volonté selon un rigoureux parallélisme avec les principes de l'entendement: "Ceux de la volonté sont de certains désirs naturels et communs à tous les hommes, comme le désir d'être heureux, que personne ne peut pas ne pas avoir, outre plusieurs objets particuliers que chacun suit pour y arriver"[50]. Aux "axiomes particuliers" correspondent ici les "objets particuliers"; aux "vérités naturelles et connues à tout le monde", les "désirs naturels et communs à tous les hommes". Bref, la volonté aussi a ses principes, qui sont les "premiers moteurs" de ses actions. Telle est en nous l'instance de la nature — la répartition flottante des objets particuliers du désir relevant de l'instance coutumière. Comment penser, maintenant, le rapport de l'une à l'autre?

4 — SECONDE NATURE

Partons des exemples de coutumes diverses donnés par Pascal. Pourquoi choisit-on tel métier? "Chacun prend d'ordinaire ce qu'il a ouï estimé" (fr. 129-162). Si l'on insiste et demande pourquoi chacun choisit ce qu'il a ouï estimé, il faudra bien répondre que c'est pour être soi-même estimé: "Un soldat, un goujat, un cuisinier, un crocheteur se vante et veut avoir ses admirateurs" (fr. 627-520). Et nous savons que le même processus qui préside au choix d'un métier vaut pour celui d'une religion. Les coutumes dans leur diversité fonctionnent donc comme autant de

---

[49] *Ibid.*, p. 425; cf. *Pensées*, fr. 794-647: "C'est une plaisante chose à considérer de ce qu'il y a des gens dans le monde qui ayant renoncé à toutes les lois de Dieu de la nature, s'en sont faits eux-mêmes auxquelles ils obéissent exactement comme par exemple les soldats de Mahomet etc. les voleurs, les hérétiques etc. et *ainsi les logiciens*".

[50] *De l'esprit géométrique* (2e fragment), *OC*, III, 415.

"principes du plaisir"[51], ces principes dont Pascal dit d'ailleurs qu'ils varient selon qu'on est "un prince, un homme de guerre, un marchand, un bourgeois, un paysan"[52], etc. Chacun s'attache, pour avoir du crédit auprès des autres et partant à ses propres yeux, à des "opinions et mœurs" — comme dit Montaigne — qu'il trouve en crédit autour de soi et qui diffèrent sensiblement d'un lieu à l'autre et d'une époque à la précédente ou suivante. Mais à quoi référer la disparate première dans les replis mouvants de laquelle viennent ensuite se couler tous les conformismes? Les Juifs ont la réponse, eux qui soutiennent "que tous les hommes sont corrompus et dans la disgrâce de Dieu, qu'ils sont tous abandonnés à leurs sens et à leur propre esprit. Et que de là viennent les étranges égarements et les changements continuels qui arrivent entre eux et de religions et de coutumes" (fr. 454-694). Le désir mène la danse, et la raison le suit dans ses voltes: elle est prête à tout justifier des caprices d'une volonté qui a cessé d'être aimantée par le seul objet digne de son amour, Dieu. Double corruption donc, née du péché originel. "La corruption de la raison paraît par tant de différentes et extravagantes mœurs" (fr. 600-497)[53] et celle de la volonté par l'asservissement où elle réduit la raison sous la loi d'un désir enivré et volage. La coutume dans ses errances signale en somme la chute de l'homme dans une nature flexible au gré des sollicitations de la concupiscence, une concupiscence qui "nous est devenue naturelle et a fait notre seconde nature" (fr. 616-509). L'intimité est profonde entre coutume et concupiscence, puisque l'une et l'autre sont seconde nature. On peut la mesurer par exemple en philosophie, où la coutume intellectuelle à quoi se range celui qui embrasse une doctrine exploite une forme spécifique de concupiscence ("les trois concupiscences ont fait trois sectes", fr. 145-178), ou dans les coutumes idolâtriques: c'est du même mouvement que le peuple juif, à des temps marqués de son histoire, "suit ses désirs" et s'emporte "à sacrifier aux idoles" (fr. 489-735) — les variantes de l'idolâtrie dans les autres nations sanctifiant tour à tour les diverses

---

[51] *Ibid.*, p. 417.

[52] *Ibid.*

[53] Mœurs non seulement suivies par faiblesse, mais excusées ou recommandées par la raison. L'exemple le plus frappant est, pour Pascal, celui de la casuistique jésuite, qui décide entre autres "que c'est à la raison naturelle de discerner quand il est permis ou défendu de tuer son prochain" (Ier *Ecrit des curés*, p. 415). Cf. *ibid.*, p. 412: "Enfin tout sera permis, la loi de Dieu sera anéantie, et la seule raison naturelle deviendra notre lumière en toutes nos actions".

pulsions de l'homme[54]. La coutume est un pli dans notre seconde nature, qui d'elle-même est en puissance de tout[55]. Mais alors que celle-ci est innée, celle-là est acquise: nous nommerons en conséquence la coutume seconde seconde nature. La diversité des coutumes, prises à tort pour autant de natures, se laisse recueillir dans l'unité d'une nature: "Que de natures *en celle* de l'homme" (fr. 129-162).

Les coutumes spécifient donc et incarnent les diverses cupidités d'une nature en proie, depuis sa déchéance, à l'amour de toutes choses pour soi. Ainsi les variables "principes du plaisir" tirent leur origine d'un unique principe de plaisir. *Quod enim amplius nos delectat, secundum id operemur necesse est*[56]. Au sein même de ses avatars coutumiers, la seconde nature manifeste une polarité stable: l'amour dominant de la créature raisonnable pour elle-même. La première nature, antélapsaire, y est-elle effacée? Non point, car c'est un même élan qui pousse l'homme

---

[54] Les hommes laissés à eux-mêmes, note Pascal dans un passage relatif à l'idolâtrie, ont adoré comme souverain bien "vices, adultère, inceste" (fr. 148-181). Saint Augustin avait dénoncé la contradiction des Romains qui révèrent dans leurs dieux des infamies que leurs lois punissent sévèrement sur terre (cf. *De civitate Dei*, II, 7, 8, 12, 13, 14). Dans la pièce qui porte son nom, Polyeucte s'écrie: "Des crimes les plus noirs vous souillez tous vos dieux; /Vous n'en punissez point qui n'ait son maître aux cieux: /La prostitution, l'adultère, l'inceste, /Le vol, l'assassinat, et tout ce qu'on déteste, /C'est l'exemple qu'à suivre offrent vos immortels" (v. 1665-1669). La symbiose de l'aveuglement, de l'idolâtrie et de l'immoralité est originellement établie dans Sagesse, XIII-XV, et dans Romains, I, 18-32, ce dernier texte inspirant directement le fr. 148-181.

[55] De là vient que le changement de coutumes nous est aussi naturel que l'attachement à nos coutumes: "les hommes aimant naturellement le changement, et ne demeurant jamais longtemps dans ces anciennes coutumes" (texte rayé appartenant au fr. 451 Lafuma). Puisque "notre nature est dans le mouvement" (fr. 641-529) et que "la continuité dégoûte en tout" (fr. 771-636), on verra sans surprise le changement séduire les grands (*Plerumque gratae principibus vices*, cité au fr. 27-61) comme le peuple (les "soulèvements auxquels les peuples sont si *naturellement* portés", XIVe *Prov.*, p. 268). Cela au demeurant n'entame point l'empire de la coutume, car on ne fait par ces ruptures que passer d'une coutume à une autre. Sur le plan métaphysique, saint Thomas avait déjà référé l'*habitus* à la propriété de l'âme humaine de n'être pas déterminée à une seule opération. Pour qu'il y ait habitude, il est requis que *id quod est in potentia ad alterum possit pluribus modis determinari et ad diversa*; ou encore: *Si vero sit aliqua potentia quae non se habeat ad multa, non indiget habitu determinante. Et propter hoc vires naturales non agunt actiones suas mediantibus aliquibus habitibus: quia secundum seipsas sunt determinatae ad unum* (*Sum. theol.*, Ia IIae, qu. 49, a. 4).

[56] Saint Augustin, *Exposition sur l'Epître aux Galates*, § 49 (*Patrologie latine*, t. 35, col. 2141). Passage cité dans la XVIIIe *Prov.*, p. 359 et traduit par Pascal: "La volonté ne se porte jamais qu'à ce qu'il lui plaît le plus" (*ibid.*).

déchu et l'homme innocent vers leur bonheur. Les objets où ils le placent sont différents, mais l'impulsion est identique. Nous tenons là un principe indéracinable de la volonté, celui que Pascal cite comme exemple de désir naturel et commun à tous les hommes: "le désir d'être heureux"[57]. Instinct absolument premier, qui survit à la chute et constamment oriente les inconstances de la seconde seconde nature. Et ce n'est point le seul principe de la volonté, ou sa seule formulation possible. Pourquoi, en effet, le peuple suit-il la coutume? "Par cette seule raison qu'il la croit juste (...), car on ne veut être assujetti qu'à la raison ou à la justice" (fr. 525-454). Dans le choix d'un métier, si bas soit-il, nous ne voulons pas mendier le plaisir d'être estimés: il nous faut la seule estime qui vaille, celle qui découle d'un jugement d'excellence — excellence du métier ("il n'y a rien de grand que la guerre", fr. 634-527), puis excellence dans le métier ("c'est un excellent couvreur, dit-on", *ibid.*). Semblablement pour la religion, les infidèles et les hérétiques ne suivent pas "le train de leurs pères" par amour de la tradition, mais "par cette *seule* raison qu'ils ont été prévenus chacun que *c'est le meilleur*" (fr. 193-226). L'homme ne veut pas d'une estime condescendante, d'une justice approximative, d'une vérité au rabais: tout plongé qu'il est dans les vacations les plus farces-ques, les législations les plus absurdes, les superstitions les plus répugnan-tes, il ne respire que l'absolu et n'adore que ses contrefaçons. Dans toutes les coutumes humaines, ce qui joue au travers des postulations égoïstes et bornées de notre seconde nature, c'est la suprême postulation de la première nature vers le Bien universel. Voilà ce que n'a pas vu Montaigne le sceptique, qui méconnaît l'aspiration la plus fondamentale de l'homme en lui suggérant de ne suivre la coutume "que parce qu'elle est coutu-me"[58]. Voilà en revanche ce qu'ont vu Aristote: "Le Bien est ce à quoi toutes choses tendent", Denys l'Aréopagite: "L'activité de tout être a le Bien pour principe et pour fin" et saint Thomas: *Objectum voluntatis, quae est appetitus humanus, est universale bonum*[59] — ce que Pascal

---

[57] V. ci-dessus, p. 57, n.50.

[58] Fr. 525-454. "Montaigne a tort", en fin de compte, parce qu'il *fait tort* à la nature humaine, pour qui "l'empire de la raison et de la justice n'est non plus tyrannique que celui de la délectation. *Ce sont les principes naturels à l'homme*" (*ibid.*). Une loi imposée en vertu de sa seule qualité de loi, "on ne s'y voudrait peut-être pas soumettre, ON CHERCHERAIT TOUJOURS LA VRAIE" (*ibid.*, passage rayé; les capitales sont nôtres).

[59] Aristote, *Eth. à Nicomaque*, I, 1, 1094 *a*; Denys, *Les Noms divins*, chap. IV, § 19, 716 *c* (trad. Gandillac des *Œuvres complètes*, Aubier éd. Montaigne, Paris, 1943); saint Thomas, *Sum. Theol.*, Ia IIae, qu. 2, a. 8.

traduit au fragment 148-181: "Ce bien universel que tous les hommes désirent..."

Entre première nature et coutume, il ne saurait donc y avoir ni assimilation destructrice de celle-là par celle-ci, comme l'affirme le discours sceptique ("la coutume est une seconde nature qui détruit la première", fr. 126-159), ni non plus totale rupture. Leurs relations sont celles qui unissent des principes intangibles à leurs applications éventuellement arbitraires ou, analogiquement, une fin inconditionnée aux moyens parfois contradictoires employés à sa réalisation[60]. Personne ne peut effacer sa première nature: un Des Barreaux et ses semblables "ont voulu renoncer à la raison et devenir bêtes brutes (...), mais ils ne l'ont pu" (fr. 410-29); leurs habitudes dépravées disent à la fois le goût inaliénable du bonheur et, par la satiété qu'elles engendrent, l'erreur de le chercher au-dessous de nous: comme le scepticisme sur les principes naturels, l'hédonisme achoppe sur les "caractères ineffaçables d'excellence" que nous sentons en nous-mêmes (fr. 208-240). Personne non plus ne peut échapper à la croyance — qu'elle soit sublime ou grotesque —, car "l'esprit croit naturellement" (fr. 661-544), de sorte que les fausses religions apparaissent comme autant de coutumes qui ne laissent pas de remplir une fonction naturelle, directement lisible dans le concept de "religion naturelle" (fr. 286-318)[61]. Personne enfin ne peut agir autrement, dans l'assentiment qu'il donne aux coutumes établies, que sous la raison de bien — même si la seconde nature nous fait prendre pour bien ce qui flatte notre concupiscence —, parce que "naturellement on aime la vertu et on hait la folie; ces mots mêmes décideront; on ne pèche qu'en l'application" (fr. 634-527). C'est pourquoi il est possible de retrouver, jusque dans les aberrations coutumières de telle peuplade ou de telle époque, le fil de la première nature. Le cannibalisme, par exemple, semble la preuve parfaite, quand il se pratique des fils sur les pères, que "l'amour naturel des enfants" (fr. 126-159) est sujet à s'effacer et n'est donc nullement naturel mais coutume caduque. Or il est patent, dans les textes

---

[60] Cf. le passage de *L'Esprit géométrique* cité à l'appel de note 50, p. 57: le bonheur est une fin inconditionnée, mais les hommes suivent "plusieurs objets particuliers (...) pour y arriver". A compléter par le fr. 148-181: "Les uns le cherchent dans l'autorité, les autres dans les curiosités et dans les sciences, les autres dans les voluptés".

[61] Non seulement le phénomène religieux apparaît universel ("les sauvages ont une religion", fr. 734-615), mais ses contenus différents se coulent dans une forme identique: les Turcs "ont leurs cérémonies, leurs prophètes, leurs docteurs, leurs saints, leurs religieux comme nous" (fr. 150-183).

de Montaigne auxquels Pascal fait écho, que cette transgression majeure ne fait qu'exprimer le respect, l'amour, la piété pour le père dégusté qui a ainsi ses fils pour tombeaux au lieu d'être abandonné à la corruption de la terre et des vers: passant en la substance des siens, il est au plus près de revivre par ceux auxquels il avait donné la vie[62]. Que si l'on envisage, après cette relation limite des humains entre eux, la relation limite des humains avec Dieu qu'est l'idolâtrie, on doit reconnaître que ses manifestations diverses dans les coutumes des peuples s'adressent toutes, sans le savoir, au seul vrai Dieu que nous avons autrefois contemplé face à face en Adam: tout ce qui n'est pas Lui ne fait que "tenir [s]a place" (fr. 148-181), et la poussière des cultes particuliers — voués aux "astres, ciel, terre, éléments, plantes, choux, poireaux, animaux", etc. (*ibid.*) — rend, dans la bassesse de ses figures, un hommage enténébré à "l'être universel" que le cœur aime "naturellement" (fr. 423-680).

Ainsi les coutumes, variables au gré des caprices de la seconde nature, traduisent, par delà son inclination multiforme au plaisir, l'aspiration unique de notre première nature à un être universel qui soit en même temps le bien universel. Et si les perversions de la coutume s'expliquent par l'abandon de l'homme à son propre sens après la chute, elles supposent ultimement une nature originelle capable de s'accoutumer. De fait, les *Pensées* font remonter la source de la coutume au moment où "notre âme est jetée dans le corps" (fr. 418-680) — car c'est là qu'elle va s'imprégner de principes qu'elle ne pourra pas ne pas croire — , c'est-à-dire à l'acte nous établissant dans notre nature d'homme. Il faut donc reconnaître que "la coutume est notre nature" (fr. 419-680), non point pour réduire la nature à la coutume (à moins de dire que la nature est la coutume qui nous est donnée par Dieu), mais pour affirmer que l'homme est cet être dont la nature est de s'accoutumer. Par là nous nous distinguons en effet non seulement de Dieu, qui est parfait de toute éternité, mais des autres animaux, qui sont dès le départ ce qu'ils seront toujours

---

[62] Cf. *Essais*, I, 23 ("là, c'est office de piété de tuer son père en certain âge", p. 114) et surtout II, 12: "Il n'est rien si horrible à imaginer que de manger son père. Les peuples qui avaient anciennement cette coutume la prenaient toutefois pour témoignage de piété et de bonne affection, cherchant par là à donner à leurs progéniteurs la plus digne et honorable sépulture, logeant en eux-mêmes et comme en leurs moëlles les corps de leurs pères et leurs reliques, les vivifiant aucunement et régénérant par la transmutation en leur chair vive au moyen de la digestion et du nourrissement. Il est aisé à considérer quelle cruauté et abomination c'eût été, à des hommes abreuvés et imbus de cette superstition, de jeter la dépouille des parents à la corruption de la terre et nourriture des bêtes et des vers" (p. 581).

et à la fin de l'histoire exactement semblables à ce qu'ils étaient au début: "Les ruches des abeilles étaient aussi bien mesurées il y a mille ans qu'aujourd'hui, et chacune d'elles forme cet hexagone aussi exactement la première fois que la dernière"[63]. En Dieu, remarque saint Thomas, *habitus vel dispositio locum non habet*, et pour les animaux, *proprie loquendo, in eis habitus esse non possunt*[64]. Parce qu'elle est une spécialité humaine, la coutume où devait s'abîmer notre nature devient un trait qui la constitue. Plus haut même que la première nature, cette seconde seconde nature par quoi nous avons désigné la coutume s'origine en dernière analyse dans la nature de notre nature, à savoir l'union de l'âme et du corps, qui se modalise en souveraineté de l'âme sur le corps dans notre première nature ou condition incorrompue, puis en souveraineté du corps et de ses passions sur l'âme dans notre seconde nature ou condition déchue.

Sur tous les plans, la tentative pyrrhonienne pour dissoudre la nature dans la relativité et l'incohérence des coutumes se heurte à d'infranchissables limites. Dans le domaine de la nature extérieure, l'apparente irrégularité de quelques phénomènes — qui pourrait nous faire croire que la nature a ses modes et ses humeurs — signale seulement l'inévitable retard de la physique sur la constance de la *phusis*; quant à la causalité, loin de transformer illusoirement une conjonction coutumière en connexion nécessaire, elle définit une relation objective sans laquelle la coutume même serait inexistante. Dans sa désagrégation du concept de nature humaine d'autre part, le réductionnisme bute sur le noyau dur des principes qui régissent l'esprit comme la volonté: il n'est point d'homme dont le cœur ne sente "qu'il y a trois dimensions dans l'espace" (fr. 110-142) et dont le désir ne se porte au bien, lors même qu'il le place dans ce qui en est le plus éloigné. Aussi perverses, contradictoires et changeantes qu'on le voudra, les coutumes prouvent toutes que l'homme n'a soif que de justice, de vérité et de permanence. Elles représentent un substitut d'universalité depuis que Dieu s'est caché et que notre nature a sombré — sans s'y noyer — dans le multiple. Chaque coutume est à ses fidèles

---

[63] Préface sur le *Traité du vide*, *OC*, II, 781. Le discours sceptique, qui appuie sa réduction de la nature à la coutume sur une réduction de l'homme à l'animal (cf. fr. 125-158) perd ici sa dernière base.

[64] *Sum. theol.*, *Ia IIae*, qu. 49, a. 4 et qu. 50, a. 3.

une idole en lieutenance d'absolu[65]. Il fallait que l'apologiste dénonçât l'usurpation — et c'est à quoi sert le pyrrhonisme, qui détache l'hérétique, l'infidèle, le fétichiste *ou l'athée* de l'erreur familière à leur temps ou à leur milieu — , mais il fallait aussi qu'il montrât la vérité enveloppée dans l'illusion: la coutume dit le désir de Dieu parce qu'elle est inscrite dans une nature dont il est le principe.

---

[65] Cf. fr. 148-181: "Depuis qu'il [l'homme] a perdu le vrai bien tout également peut lui paraître tel".

CHAPITRE III

RÉVERSIBILITÉ DE LA COUTUME

La coutume n'est point le tombeau de la nature, c'est la nature qui fonde la coutume. Dans ce renversement du renversement pyrrhonien, la nature cependant n'acquiert pas plus une immuable consistance que la coutume n'est réduite à une insignifiante versatilité à la surface de l'être. La coutume au contraire entre dans la définition de cette même nature qu'elle prétendait dissoudre: "La coutume est notre nature" (fr. 419-680), cela signifie en dernière analyse qu'il est dans notre nature de nous accoutumer, voire que l'homme se définit au sein de la nature comme l'être qui s'accoutume. Voilà une première dimension ontologique de la coutume. Il en est une seconde, non moins importante, et qui dérive de la plasticité de notre nature. La coutume reçoit de la nature ses principes, mais elle en gouverne les applications, qui ne sont pas sans retour sur la nature elle-même. "Il n'y a rien qu'on ne rende naturel" (fr. 630-523): cette assertion, au delà de la critique pyrrhonienne qu'elle renferme — si tout peut être pour nous rendu naturel, c'est que nous n'avons point de nature —, renvoie à une nature capable d'agir sur elle-même, c'est-à-dire tout à la fois fondatrice et inachevée. L'homme, dit saint Thomas, est bâti pour "se former soi-même"[1], et Pascal proclame qu'il n'est pas né pour se maintenir, à l'instar des animaux qui reçoivent tout de la nature sans rien lui ajouter, "dans un ordre de perfection bornée"[2] — ce qui implique simultanément la possibilité de déchoir et celle de progresser. Avec son pouvoir de "rendre naturel", la coutume nous fait passer d'une nature donnée à une nature apprise; du sein de la première nature — nature naturante, dirait Spinoza — elle en engendre une seconde — nature à sa guise naturée ou dénaturée. La coutume ne saurait donc passer univoquement pour une force de mort; elle est aussi, dans un être "qui n'est produit

---

[1] *De virtutibus*, q. 1, a. 9, sol. 8.

[2] Préface sur le *Traité du vide*, *OC*, II, 782.

que pour l'infinité"[3], puissance de perfection. C'est ce dernier aspect qu'il nous reste à mettre en lumière.

1 — L'HABITUDE DE PENSER

La réhabilitation commencera par où a commencé l'accusation: le rôle de l'habitude dans la vie pratique et intellectuelle.

On a rappelé le dédain manifesté par Pascal, inventeur de la machine arithmétique, à l'égard des artisans chargés de la construire et condamnés à des productions imparfaites ou monstrueuses tant qu'ils ne se plient pas aux directives de la théorie. Les ouvriers "travaillent en tâtonnant"[4], ce sont des routiniers incapables par eux-mêmes d'engendrer une nouveauté. Il n'empêche que sans eux, c'est-à-dire sans le recours aux hommes de l'habitude, l'invention ne verrait jamais le jour. La science commande à l'empirisme, mais le savant ne peut réaliser ses conceptions sans la complémentarité des artisans: "Il n'était pas en mon pouvoir — écrit Pascal — , avec toute la théorie imaginable, d'exécuter moi seul mon propre dessein sans l'aide d'un ouvrier qui possédât parfaitement la pratique du tour, de la lime et du marteau, pour réduire les pièces de la machine dans les mesures et proportions que par les règles de la théorie je lui prescrivais"[5]. L'habitude intervient ici doublement. Elle est présente dans la pratique parfaite acquise au long des ans par le manieur de tour ou de marteau; elle joue aussi dans "l'usage" qui peu à peu réduit en art les règles de la théorie et dans "le continuel exercice" qui permet aux artisans de les suivre "avec assurance"[6]. Sans ce que Pascal dénomme bien au même endroit l'*habitude*, point de machine arithmétique et, plus généralement, point de "nouvelles inventions"[7]. La nouveauté doit au passé d'accéder à l'être, comme le gain de peine et de temps procuré par la machine implique que son concepteur n'ait épargné ni son temps ni sa peine.

---

[3] *Ibid.*

[4] *Avis nécessaire, OC*, II, 338.

[5] *Ibid.* p. 339. Pascal parle plus loin de "la légitime et nécessaire alliance de la théorie avec l'art" (p. 340). Cf. Aristote, *Métaphysique*, A, 1, 981 *a*: "Si donc on possède la notion sans l'expérience, et que, connaissant l'universel, on ignore l'individuel qui y est contenu, on commettra souvent des erreurs".

[6] *Ibid.*

[7] *Ibid.*

Mais l'habitude ne permet pas seulement la construction de la machine, elle est nécessaire à son usage. L'*Avis* qui l'accompagne souligne en effet sa propre insuffisance, comme celle même de l'écrit détaillé décrivant les pièces, leur agencement et leur fonctionnement que l'auteur aurait dû rédiger s'il avait strictement suivi "la méthode des géomètres"[8]. C'est qu'il en est une plus courte et plus utile, qui est de s'adresser à quelqu'un — en l'occurrence Roberval — qui "en enseignera l'usage"[9]. En bref, il ne suffit pas là non plus de comprendre le principe de la machine, il faut la voir, la manier et reproduire les gestes de celui qui en a déjà acquis la pratique. Le client potentiel, même géomètre, se trouve dans un embarras analogue à celui de l'inventeur en quête d'artisan: il lui faut le détour par l'habitude. La machine opère mécaniquement, mais pour mettre en marche le processus, nous devons nous-mêmes acquérir un mécanisme par la répétition. C'est ce qu'indique l'auteur (Etienne Périer?) du manuscrit *Usage de la Machine* en sa première partie: "A l'égard de l'explication qu'on donne ici de la manière d'opérer sur cette machine, quoiqu'elle paraisse un peu longue et embrouillée par la multitude des paroles dont on a été obligé de se servir pour l'exprimer, elle sera fort intelligible pourvu qu'on opère sur la machine à mesure qu'on lira l'explication et cette pratique paraîtra très facile et très prompte quand on l'aura exercée deux ou trois fois"[10]. La machine sera rentable tout simplement si l'habitude de la manipuler s'acquiert plus vite que celle de compter. Toutes proportions gardées, l'habitude pour l'artisan de construire la machine ou pour l'acheteur de l'utiliser leur donnera cette virtuosité que Bossuet admire au joueur de luth rompu à la pratique de son art et qui est d'autant meilleur qu'il "laisse agir sa main sans y faire de réflexion"[11]. Pour que la machine soit, et qu'elle soit utile, il nous faut en quelque façon devenir machine à son égard.

---

[8] *Ibid*, p. 334.

[9] *Ibid*, p. 341.

[10] *Courrier du Centre International Blaise Pascal*, 1986, n°8, p. 13. Cf. *ibid.*: "Il est aisé de remarquer par ce qu'il vient d'être dit de l'usage de cette machine que si l'on a acquis tant soit peu d'habitude pour ces opérations, on y peut exprimer les chiffres presque aussi promptement que sur le papier". Les raisons d'attribuer la première partie du manuscrit à Etienne Périer, neveu de Pascal, sont exposées par D. Descotes dans son article "Pascal et le marketing" (*Mélanges offerts au Professeur Maurice Descotes*, Université de Pau, 1988, p. 142-144).

[11] *Traité de la connaissance de Dieu et de soi-même*, chap. V, § 3 (éd. citée, p. 210).

Cette machine en elle-même est bien incapable de s'habituer, et cependant nous voyons qu'elle produit tous les effets de l'habitude. Grâce à elle, de fait, les opérations "deviennent faciles, simples, promptes et assurées"[12] et s'effectuent "même avec plaisir"[13]. Or ce sont là les critères qui servent chez saint Thomas à décrire les marques de l'habitude: à la *facultas* elle confère la *facilitas* et permet d'opérer *firmiter* (avec assurance), *expedite* (promptement) et *delectabiliter* (avec plaisir)[14]. Rien d'étonnant à ce rapprochement, puisque l'inventeur en personne affirme que son "instrument" est fait pour suppléer "au défaut de l'ignorance *ou du peu d'habitude*"[15]. Il nous donne d'un seul coup, dans la quasi-instantanéité de l'opération mécaniquement accomplie, l'équivalent d'une habitude que la vie entière peut-être ne suffirait pas à acquérir. Certes, nous ne mettrions pas une vie à trouver le résultat qu'il fournit en une seconde, mais un entraînement de trente ans au calcul ne nous permettrait sans doute pas, si l'opération comporte beaucoup de chiffres, de donner ce résultat aussi vite. De la Pascaline, il faut au moins dire ce que Pascal dit de la coutume d'honorer les nobles: "C'est trente ans gagnés sans peine" (fr. 104-136)[16]. La machine arithmétique est un condensé de temps, une habitude tout acquise parce que préformée — en deux mots, le substitut d'un instinct. Elle donne à l'homme, aussi ignorant ou expérimenté qu'on voudra, l'infaillibilité de l'animal qui produit sans raisonner mais par des mouvements nécessaires des effets auxquels notre raisonnement n'atteint qu'avec lenteur et maladresse. A défaut d'un supplément d'âme, la machine nous offre un supplément d'instinct.

Effets d'habitude, effets de pensée: la machine arithmétique, pure extériorité sans pensée ni habitude, ne nous mettrait-elle pas sur la voie de reconnaître à l'habitude un rôle dans notre vie intellectuelle? Il ne va

---

[12] *Avis nécessaire*, p. 341. Le lexique de la facilité est particulièrement abondant dans cette pièce (cf. p. 336: "Que si tu veux, outre la facilité du mouvement de l'opération, savoir quelle est la facilité de l'opération même, c'est-à-dire la facilité qu'il y a en l'opération par cette machine...").

[13] *Ibid.*, p. 336.

[14] Ces marques sont celles que le P. Bernard trouve dans le *De virtutibus* (q. 1, a. 1, sol. 13) lorsqu'il répond à la question: "A quels signes reconnaître une habitude?" (*Somme théologique, I a IIae,* q. 49-60, éd. du Cerf, 1953, vol. 19, p. 382-388).

[15] *Avis nécessaire*, p. 337.

[16] Le plus ignare ou inexpérimenté se trouve brusquement, par la vertu de la machine, à égalité avec le calculateur le plus chevronné, comme le jeune aristocrate se retrouve à dix-huit ans "connu et respecté comme un autre pourrait avoir mérité à cinquante ans".

pas de soi. Chez Descartes, par exemple, l'âme ne saurait en principe posséder d'habitude: l'habitude ressortit au corps, où tout est mécanisme. Ses supports sont tout matériels — à savoir les esprits animaux, qui "ne sont que des corps"[17] —, et de même son processus, décrit dans *Les Passions de l'âme* à propos du souvenir: "Les pores du cerveau par où les esprits ont auparavant pris leur cours (...) ont acquis par cela une plus grande facilité que les autres à être ouverts derechef en même façon par les esprits qui viennent vers eux"[18]. Pour Pascal en revanche, l'instinct — cette habitude instantanée, cette coutume sans accoutumance — désigne, quand le terme est appliqué à l'homme, une faculté de connaissance: "Comme s'il n'y avait que la raison capable de nous instruire, plût à Dieu que nous n'en eussions au contraire jamais besoin et que nous connussions toutes choses par instinct et par sentiment" (fr. 110-142). Plût à Dieu que nous fussions machine pour le calcul! "Instinct et raison, marques de deux natures" (fr. 112-144): ce partage ne recouvre pas celui du corps et de l'âme, mais bien cet autre, dans un fragment consacré à la coutume: "Nous sommes automate autant qu'esprit" (fr. 821-661). La superposition des deux assertions justifie notre rapprochement de l'automate et de l'instinct ainsi que le lien établi entre instinct et habitude car, aux yeux de Pascal comme à ceux de Descartes, l'automate est par excellence le lieu de l'habitude ("il faut donc faire croire [...] l'automate par la coutume", *ibid.*). La différence est que, pour le premier, l'automate étend son empire au delà du corps, jusque dans la pensée[19]. Il est donc au moins un rôle de l'habitude dans le domaine intellectuel: celui qui s'exerce dans l'adhésion immédiate, instinctive, automatique aux principes. Dès l'instant qu'ils se présentent à nous, nous ne pouvons pas ne pas les croire. "Qui doute donc que notre âme étant accoutumée à voir nombre, espace, mouvement, croit cela et rien que cela" (fr. 419-680)? Notre âme est pliée de ce côté-là, exactement comme elle ne peut pas ne

---

[17] *Les Passions de l'âme*, Ière part., art. 10, *AT*, XI, 335.

[18] Ière part., art. 42, *AT*, XI, 360. Malebranche écrira dans sa *Recherche de la vérité*, liv. II, Ière part., chap. 5, § 4: "C'est dans cette facilité que les esprits animaux ont de passer dans les membres de notre corps, que consistent les habitudes" (éd. G. Rodis-Lewis, Vrin, t. I, 1991, p. 228). L'habitude n'est plus alors, comme le plaisir, "que le ballet des esprits" (*Pensées*, fr. 686-565).

[19] Cf. Ph. Sellier, note 7, p. 166 de son édition des *Pensées*: "Pascal est convaincu que par son corps *et une part de son psychisme* l'homme est mécanisme, machine".

pas désirer le bonheur, et c'est pourquoi nous qualifiions l'intellection pascalienne des principes d'habitude naturelle[20].

Un tel rôle est déjà capital, car c'est sur les principes que repose tout l'édifice du savoir humain. Mais la puissance de l'habitude sur l'activité intellectuelle ne se borne pas là: elle se fait sentir à l'esprit même. Ainsi, il existe des esprits que sépare seul leur mode habituel de fonctionnement: "Ceux qui sont accoutumés à juger par le sentiment ne comprennent rien aux choses de raisonnement" et "les autres au contraire, qui sont accoutumés à raisonner par principes, ne comprennent rien aux choses de sentiment" (fr. 751-622). A peine reconnu, ce déterminisme semble devoir être apprécié négativement: l'habitude engendre l'incommunicabilité. N'engendre-t-elle pas, au surplus, l'erreur? "Gens qui s'accoutument à mal parler et à mal penser" (fr. 729-611). Pascal vise ici les jésuites qui, de fait, en arrivent à détourner le sens des mots — songeons à leurs définitions de l'assassin, du superflu ou de la simonie — et à justifier l'injustifiable. L'habitude les a rendus stupides en même temps que criminels. On le constate, emblématiquement, sur le fictif "bon Père" des *Provinciales* V à X, plongé dans Escobar jusqu'à passer "les jours et les nuits à le lire"[21] et finissant par ne plus pouvoir penser par lui-même, c'est-à-dire par ne plus pouvoir penser tout court. Imbus du principe selon lequel on ne saurait "répéter trop souvent les mêmes choses en différents livres"[22], les Révérends ont tellement éteint en eux-mêmes les lumières naturelles par la défense systématique des opinions de leurs docteurs graves qu'ils ont besoin d'être remis "dans les principes les plus simples de la religion et du sens commun"[23]. Cependant, la faute ne remonte-t-elle pas à l'approbation originelle de maximes insoutenables? La répétition a diffusé et comme naturalisé l'aberration de départ, mais n'eût-elle pas fait de même avec une maxime évangélique? Que les jésuites soient devenus des esprits faux n'autorise nullement à jeter le discrédit sur le processus même de l'accoutumance intellectuelle: "Les esprits faux ne sont jamais ni fins, ni géomètres"[24]. Finesse et géométrie sont deux

---

[20] Cf. *supra*, p. 53.

[21] Ve *Prov.*, p. 82. Le jésuite ajoute: "Je ne fais autre chose".

[22] VIIIe *Prov.*, p. 149-150.

[23] XIVe *Prov.*, p. 256.

[24] Fr. 512-670. Cf. XIVe *Prov.*, p. 262: "Que vous êtes peu fins!". Les jésuites ne sont pas davantage géomètres (v. "La méthode géométrique contre la doctrine des équivoques dans les *Provinciales*", par J. Plainemaison, in *Méthodes chez Pascal*, p. 223-235).

habitus de l'esprit qui permettent chacun de découvrir des vérités d'ordre différent, mais incontestables. Allons plus loin: comment se guérir du "défaut d'un raisonnement faux"[25]? En prenant les habitudes du géomètre, qui définit tous les noms qu'il impose et prouve toutes les propositions qui ne sont pas évidentes de soi. Ces règles, il ne suffit pas de les avoir vues une fois, il faut s'en imprégner et qu'à notre esprit "elles aient fait assez d'impression pour s'y enraciner et s'y affermir"[26]. Si le raisonnement faux "est une maladie qui se guérit par ces deux remèdes"[27], ce ne sera pas d'un coup, par miracle, mais par l'application régulière de la méthode. Pascal assimile au même endroit lesdits remèdes à "une nourriture solide et vigoureuse"[28], or nous savons par les *Pensées* que "la nourriture du corps est peu à peu"[29]. On est ici dans la ligne de saint Thomas, paradoxalement dans celle aussi de Descartes — pour qui la méthode est un ensemble d'habitudes à prendre — et en consonance avec la *Logique de Port-Royal,* qui prône fort l'accoutumance aux mathématiques pour développer la capacité de l'esprit[30]. Apprivoisons

---

[25] *De l'esprit géométrique* (2ᵉ fragment), *OC*, III, 426.

[26] *Ibid.,* p. 422. On retrouvera chez Pascal des termes semblables ou appartenant à la même aire métaphorique pour décrire la tentative jésuite de transformer subrepticement une opinion probable en coutume reçue: "D'abord, le docteur *grave* [souligné par l'auteur] qui l'a inventée l'expose au monde, et la jette comme une semence pour prendre racine. Elle est encore faible en cet état; mais il faut que le temps la mûrisse peu à peu. (...) Ainsi, en peu d'années, on la voit insensiblement s'affermir" (VIᵉ *Prov.,* p. 101). L'image pointe déjà chez Montaigne, pour qui la coutume "établit en nous, peu à peu, à la dérobée, le *pied* de son autorité; mais par ce doux et humble commencement, l'ayant rassis et *planté* avec l'aide du temps..." (*Essais,* I, 23, p. 109).

[27] *De l'esprit géométrique* (2ᵉ fragment), *OC*, III, 426.

[28] *Ibid.,* p. 428.

[29] Fr. 514-671. Ce fragment appartient à l'unité (série XXII chez Lafuma, dossier XLIII chez Ph. Sellier) consacrée à l'esprit de géométrie et à l'esprit de finesse.

[30] Saint Thomas: l'*habitus scientiae*, et en particulier *geometriae*, s'accroît par l'exercice et en extension et en intensité (cf. *Sum. theol., Ia IIae,* q. 52, a. 2; cf. *De virt.,* q. 1, a. 11). Les habitudes intellectuelles sont faites, comme les autres, pour grandir et pour que l'on grandisse par elles. Dans la même question 52, à l'article 3, saint Thomas prend la comparaison de la nourriture: *Non enim quodlibet alimentum assumptum actu* [sur-le-champ] *auget animal, sicut non quælibet gutta cavat lapidem: sed,* MULTIPLICATO ALIMENTO, TANDEM FIT AUGMENTUM. *Ita etiam, multiplicatis actibus, crescit habitus.* Descartes: "Je sentais, en la [la méthode] pratiquant, que mon esprit s'accoutumait peu à peu à concevoir plus nettement et plus distinctement ses objets", "... m'exerçant toujours en la méthode que je m'étais prescrite, afin de m'y affermir de plus en plus" (*Discours de la méthode,* IIᵉ part., *AT*, VI, 21-22). Il est possible pour Descartes de contracter "l'habitude de ne point faillir"

donc notre intelligence au raisonnement géométrique, tournons "la tête de
ce côté-là" malgré le "manque d'habitude"[31] et la géométrie en retour
nous accoutumera à ne nous repaître que de vérités.

Victoire de la géométrie sur la finesse? C'est aller trop vite en
besogne: l'accoutumance à la géométrie nous mène au sentiment — et
voici surmontée une seconde fois la prétendue incommunicabilité entre ces
deux esprits. "La raison agit avec lenteur" (fr. 821-661), mais la réitération
du raisonnement lui donne peu à peu les ailes de l'intuition. On finit par
voir d'une vue ce qui au début était laborieusement déduit: "Les propositions géométriques deviennent sentiments"[32]. La lente acquisition de
l'habitude est ordonnée à l'instantanéité de l'habitude acquise et devenue
un quasi-instinct. Ainsi s'explique la valeur paradigmatique de la machine
arithmétique, qui réalise d'un coup l'idéal d'accoutumance. L'habitude de
calculer délivre d'erreur le calculateur[33], ce qu'on ne saurait assez
admirer d'une puissance trompeuse: la machine, qui est habitude
instantanée, en délivre instantanément le non-calculateur. S'habituer, c'est

---

(*Méditations*, IV, *AT*, IX-1,49). *Logique de Port-Royal:* "La capacité de l'esprit s'étend et
se resserre par l'accoutumance, et c'est à quoi servent principalement les mathématiques, et
généralement toutes les choses difficiles (...), car elles donnent une certaine étendue à
l'esprit, et elles l'exercent à s'appliquer davantage et à se tenir plus ferme dans ce qu'il
connaît" ("Premier Discours", p. 22-23, éd. Clair et Girbal, Paris, PUF, 1965).

[31] Fr. 512-670. C'est ainsi que les esprits fins pourront devenir géomètres. Le fragment
montre clairement que les deux "esprits" sont compatibles au sein d'un même esprit (tout
homme, d'ailleurs, ne participe-t-il pas d'au moins deux ordres hétérogènes?).

[32] Fr. 646-531. C'est le sens même de la quatrième règle dans la méthode cartésienne ("faire
partout des dénombrements si entiers, et des revues si générales, que je fusse assuré de ne
rien omettre", *Discours de la méthode*, IIᵉ part., *AT*, VI, 19), qu'E. Gilson commente ainsi:
"L'évidence nous garantit la vérité de chacun des jugements que nous portons (Premier
Précepte); mais elle ne peut nous garantir la vérité de ces longues chaînes déductives, telles
que sont d'ordinaire les démonstrations. Le *dénombrement* ou *énumération* consiste à
parcourir la suite de ces jugements par un mouvement continu de la pensée qui, s'il devient
assez rapide, équivaut pratiquement à une intuition" (n. 4, p. 70-71 de son *editio minor* du
Discours, Paris, Vrin, 1966). Dans ses *Réponses aux secondes objections*, exposé
géométrique (*AT*, IX-1, 126), Descartes soutient qu'à un esprit exercé, c'est-à-dire habitué,
à la méditation, l'existence de Dieu finit par apparaître presque "sans aucun raisonnement".

[33] "Tu sais comme, en opérant par le jeton, le calculateur (*surtout lorsqu'il manque
d'habitude*) est souvent obligé, *de peur de tomber en erreur*, de faire une longue suite et
extension de jetons (...). Tu sais de même comme, en opérant par la plume, on est à tous
moments obligé de retenir ou d'emprunter les nombres nécessaires, et combien d'*erreurs* se
glissent dans ces rétentions et emprunts, *à moins d'une très longue habitude* et, en outre,
d'une attention profonde et qui fatigue l'esprit en peu de temps. Cette machine délivre celui
qui opère par elle de cette vexation" (*Avis nécessaire, OC*, II, 337).

faire la bête pour parvenir à l'immédiate et infaillible fulgurance de la connaissance angélique[34].

Notre esprit peut donc se doter, fût-ce par le détour de ce qui nie l'esprit en nous, d'habitudes intellectuelles propres à accroître le champ des vérités qu'il maîtrise et la maîtrise même qu'il s'acquiert sur elles. Mais nous ne sommes pas solitaires dans l'exercice de la pensée: d'autres pensent à côté de nous, qui souvent pensent pour nous. L'esprit critique dénonce dans la coutume ce "on" qui juge en nous alors que nous croyons juger. "Nos appétits et nos précepteurs"[35] se sont les premiers rendus maîtres de la place, d'où il est presque impossible à la vérité de les déloger. "Lorsqu'on est accoutumé à se servir de mauvaises raisons (...), on ne veut plus recevoir les bonnes" (fr. 736-617). Par la coutume se prendrait le pli de "mal penser" (fr. 729-611) et par elle le génie novateur serait toujours persécuté. Prenons garde toutefois que la mise à mal du découvreur "est l'effet de la force, non de la coutume" (fr. 88-122) et que la pensée de l'autre en moi, loin d'être une altérité génératrice d'altération, peut être semence de vérité: telle idée inféconde en son premier auteur portera du fruit chez celui qui la recueille et en qui — pour reprendre une métaphore associée déjà à la coutume — elle est "transplantée"[36]. Les pensées reçues sont parfois des préjugés en ce sens seulement qu'elles n'attendaient que nous pour être jugées: l'acte qui révèle en elles la vérité latente est celui aussi qui nous révèle à nous-

---

[34] Par "faire la bête" (cf. fr. 678-557) nous entendons "faire la machine", conformément à l'équivalence établie par E. Gilson dans "Le sens du terme «abêtir» chez Pascal" (*Les Idées et les Lettres*, Vrin, 1932, p. 263-274). Grâce à l'*habitus* de science, dit saint Thomas, *expeditius et clarius homo unus se habet alio in eisdem conclusionibus considerandis* (*Ia IIae*, q. 52, a. 2). Les anges directement *in causis effectus vident, et in effectibus causas*, sans avoir à raisonner *ex causis in causata, et ex causatis in causas* (*Ia*, q. 58, a.3.; cf. *supra*, p. 53, n. 38). C'est ce mode de connaissance que Pascal souhaiterait pour l'homme: "Plût à Dieu" que nous n'eussions jamais besoin de la raison "et que nous connussions toutes choses par instinct et par sentiment" (fr. 110-142) comme nous connaissons les principes — cf. saint Thomas, *ibid.*: *Si enim* [homines] *haberent plenitudinem intellectualis luminis, sicut angeli, statim in primo aspectu principiorum totam virtutem eorum comprehenderent, intuendo quidquid ex eis syllogizari posset.*

[35] *Discours de la méthode*, IIᵉ part., AT, VI, 13. Cf. *ibid.*, p. 16: "C'est bien plus la coutume et l'exemple qui nous persuade, qu'aucune connaissance certaine".

[36] *De l'esprit géométrique* (2ᵉ fragment), *OC*, III, 425. L'exemple pris par Pascal est celui de deux principes cartésiens ("la matière est dans une incapacité naturelle, invincible de penser" et "je pense, donc je suis") qui avaient été énoncés originellement, mais comme accidentellement, par saint Augustin.

mêmes. Ce n'est pas tous les jours, il est vrai, qu'un Descartes, sur un mot écrit "à l'aventure" par saint Augustin, fonde son système; c'est jour après jour, en revanche, qu' "on se forme l'esprit et le sentiment par les conversations" comme "on se gâte l'esprit et le sentiment par les conversations" (fr. 814-658). La signification actuelle du terme *conversation* ne doit pas cacher qu'il désigne, par son origine latine encore parlante au XVIIe siècle[37], une figure de la coutume. Or ce que nous voyons ici à l'œuvre n'est pas la nocivité de la coutume, mais son ambivalence. Pour prendre un exemple qui n'étend pas indûment le sens de "conversation", il est certain que Pascal s'est autant formé le jugement par le commerce assidu de "l'incomparable auteur de *l'Art de conférer*"[38] que le bon Père jésuite a gâté le sien au contact de son Escobar feuilleté "de main nocturne et journelle". Il en est donc qui s'accoutument à bien penser non seulement en réglant par méthode leur propre démarche, mais en suivant — au moins pour un temps — celle des autres, ces derniers servissent-ils de bréviaire aux libertins. Outre un "maître à penser", d'où peut provenir intellectuellement la pesée de l'autre en nous? Des opinions populaires et de l'érudition doctorale.

Les premières composent, avec leur bigarrure d'absurdités superstitieuses, ce qu'on pourrait appeler l'impensé coutumier. D'âge en âge, on croit à la divination par songes et sortilèges, on attribue telle maladie à la lune et telle guérison à une pseudo-panacée. Plutôt que d'en rire sous cape, à la manière des demi-habiles déniaisés, Pascal préfère noter que cette coutume remplit utilement un vide de savoir en même temps qu'elle vide un trop-plein de spéculations: "Lorsqu'on ne sait pas la vérité d'une chose, il est bon qu'il y ait une erreur commune qui fixe l'esprit des hommes" (fr. 744-618). La lune sert d'explication au "progrès des *maladies*", mais pendant que lui est faussement attribuée la vertu néfaste de les aggraver en notre corps, cette opinion même guérit en notre âme "la *maladie* principale de l'homme", qui est "la curiosité inquiète des choses qu'il ne peut savoir" (*ibid.*). La lune, certes, n'est pas nocive, mais l'idée qu'elle le soit est curative. Au surplus, l'erreur commune repose

---

[37] *Conversari:* "se trouver habituellement avec". Cf. par exemple La Fontaine, dans *Le Paysan du Danube* (*Fables*, XI, 7, v. 67): "Nous ne conversons plus qu'avec des ours affreux". Dans le passage des *Essais* (III, 8, p. 923) donné comme source du fr. 814-658, Montaigne parle de "continuel commerce et fréquentation".

[38] *De l'esprit géométrique* (2e fragment), *OC*, III, 423. Littré relève l'expression "converser avec les livres". C'est l'un des "trois commerces" goûtés par Montaigne (*Essais,* III, 3).

toujours sur une vérité. On ne croit tant de faux effets de la lune que parce qu'il y en a de vrais, comme le flux de la mer; si l'on s'empresse aux vendeurs d'orviétan, c'est qu' "il y a eu quantité de remèdes qui se sont trouvés véritables par la connaissance même des plus grands hommes: la créance des hommes s'est pliée par là" (fr. 734-615). Ainsi que le dit saint Thomas, "il faut beaucoup d'actes *de la raison* pour engendrer une habitude en matière d'opinion"[39]. Jusque dans la crédulité opère une rationalité: on ne croit pas n'importe quoi. On peut évidemment souhaiter être immortel, mais personne n'achèterait le secret qu'un charlatan prétendrait détenir pour le devenir — *electio non est impossibilium*[40]. La pensée coutumière prononce de manière au moins implicite, sur la véracité de ce qui est proposé à son adhésion, un jugement de possibilité qui est lui-même fondé en réalité ("l'esprit de l'homme se trouvant plié de ce côté-là *par la vérité*", fr. 735-616). On pourra donc définir en ce domaine la coutume comme une détermination, issue de la répétition, dans le champ du possible. Aussi bizarres qu'apparaissent certains de ses avatars, il se trouve au principe de la coutume à la fois un jugement rationnel et une expérience confirmée.

La coutume est peut-être même le terrain d'élection, paradoxalement, du rationalisme: c'est à partir d'elle que les esprits forts rejettent le miracle — vit-on jamais un mort ressusciter ou une vierge enfanter[41]? Mais sa rationalité dépasse celle du rationalisme car en vertu d'une autre coutume, plus rarement mais non moins certainement avérée, le reste des hommes croit et sait que le miracle est possible. Par une "populaire façon de juger" (fr. 882-444), les demi-savants se trompent, mais le peuple, par sa coutumière façon de penser, a raison. Entendons-nous: il a souvent tort dans ce qu'il croit réel, mais il a toujours raison dans ce qu'il croit possible. Et comme il ne fait pas cette différence, son seul péché intellectuel est l'excès de vérité. On mesure ici la supériorité épistémologique de la pensée coutumière sur la pensée rationaliste. Celle-ci délimite

---

[39] *Sum. theol.*, *Ia IIae*, q. 51, a. 3 (trad. R. Bernard, p. 86 de l'éd. citée *supra*, p. 68, n. 14).

[40] Formule aristotélicienne (*Eth. à Nicomaque*, III, 4, 1111 b) rapportée dans *Sum. theol.*, *Ia IIae*, q. 13, a. 5, qui glose: *Ad id quod est impossibile, nullus movetur*. Fr. 734-615: "On ne croit aucun de ceux qui disent qu'ils ont des secrets pour rendre l'homme immortel ou pour rajeunir". A l'endroit cité, Aristote explique que l'immortalité peut être objet de souhait, mais non de "choix délibéré" (προαίρεσις).

[41] Cf. fr. 227-259 et 882-444.

a priori[42] les bornes du possible et décide ensuite de la recevabilité des faits, celle-là mesure en fonction des faits sa conception du possible. La coutume est résistance au dogmatisme. C'est elle qui maintient ouverte, d'une ouverture nécessaire à la constitution de la véritable science, la possibilité de l'"impossible". Son autre nom est *expérience*. En tant que telle, non seulement la coutume rend possible le savoir, mais elle lui ajoute, car elle est une source indépendante de la raison: "Qui a démontré qu'il sera demain jour et que nous mourrons?" (fr. 821-661). Bien plaisant le dogmatique qui, sous prétexte que cela n'a pas été démontré, ne voudrait pas le croire! Si "vague" qu'elle soit — en tant qu'elle n'est pas déterminée par l'entendement —, un rationaliste comme Spinoza reconnaît à cette expérience la valeur d'une connaissance: *Per experientiam vagam scio me moriturum; hoc enim ideo affirmo, quia vidi alios mei similes obiisse mortem*[43]. Il est un savoir irremplaçablement apporté par la coutume dont on voit en l'espèce que de lui dépendent toute notre vie et l'éternité[44].

La coutume, il est vrai, peut aussi se retourner contre le savoir, et cela du fait même des savants. Parallèlement à l'obscurantisme du peuple, raisonnable à défaut d'être raisonné, sévit l'obscurantisme des doctes chez qui le raisonnement a banni la raison. La vérité des faits, on l'a vu, plie la créance des hommes du commun, mais la créance des savants plie sous la vénération séculaire pour les anciens: second impensé coutumier, moins justifiable que le premier, parce qu'il repose non point sur une expérience du réel, mais seulement sur une de ses interprétations possibles. On découvre sans peine chez Pascal un nom pour illustrer le type d'esprit qui s'est "accoutumé à se servir de mauvaises raisons pour prouver des effets de la nature" (fr. 736-617): Etienne Noël ne se fait-il pas fort d'expliquer par Aristote tous les effets qui minent en réalité sa physique? Ses raisonnements se réduisent en fait à des ratiocinations, car la conclusion

---

[42] Un *a priori* variable selon les auteurs, qui peut aller de la complète exclusion des faits (cf. la fameuse formule de Rousseau au début du *Discours sur l'origine et les fondements de l'inégalité parmi les hommes*: "Commençons donc par écarter tous les faits") à la prise en compte d'une bonne part du donné — mais uniquement sa part répétitive et triviale, celle qui informe la coutume bornée à l'étroitesse du quotidien (dont Pascal dit, au fr. 882-444: "La coutume nous rend l'un facile, le manque de coutume rend l'autre impossible").

[43] *Tractatus de intellectus emendatione*, § 20, éd. Koyré, Vrin, 1969, p. 17. Au § 19, *ibid.*, on lit: *ab experientia vaga, hoc est, ab experientia quae non determinatur ab intellectu*.

[44] Parce qu' "il faut vivre autrement dans le monde (...) si on pouvait y être toujours" ou "s'il est sûr qu'on n'y sera pas longtemps" (fr. 154-187).

à laquelle il aboutit était donnée d'avance et il ne s'agit pour lui que de légitimer du déjà pensé. Le P. Noël ne pense pas, Aristote pense pour lui, et Pascal lui abandonne sans envie "la gloire d'avoir soutenu la physique péripatéticienne"[45] — bien persuadé au demeurant du risque que peut représenter le recours à l'autorité dans les sciences: "Il faut relever le courage de ces timides qui n'osent rien inventer en physique"[46]. N'allons point pour autant faire de Pascal un positiviste avant la lettre, qui pourfendrait au nom de la raison souveraine une autorité par essence tyrannique et aveugle[47]. Il existe pour lui, à l'intérieur du savoir pure-ment humain, une authentique "connaissance par l'autorité", régissant par exemple les domaines de l'histoire, de la géographie et des langues. Dans les matières même comme la géométrie, l'arithmétique et la physique où l'autorité doit avoir le moins de poids, celle-ci n'est pas annulée mais simplement reconnue insuffisante pour, *à elle seule*, constituer une preuve[48]. L'on sait au reste par quelles étapes Pascal en personne a passé avant de renoncer à la doctrine de l'horreur du vide: "Ce n'est pas toutefois sans regret que je me dépars de ces opinions si généralement reçues (...). J'ai résisté à ces sentiments nouveaux tant que j'ai eu quelque prétexte pour suivre les anciens; les maximes que j'ai employées en mon abrégé le témoignent assez. Mais enfin, l'évidence des expériences me force de quitter les opinions où le respect de l'antiquité m'avait rete-nu"[49]. Un tel respect n'est pas attachement sentimental ou préjugé réactionnaire: "La raison le fait naître"[50]. Sur quel fondement? Sur ceci que le temps, en augmentant l'intelligence que nous avons de la nature, n'augmente pas l'intelligence dans la créature pensante. Les anciens n'ont nullement manqué de "la force du raisonnement" et connaissaient "aussi bien que nous tout ce qu'ils pouvaient remarquer de la nature"[51]. Le

---

[45] Lettre au P. Noël, *OC*, II, 527.

[46] Préface sur le *Traité du vide*, *OC*, II, 779.

[47] Tetsuya Shiokawa a fait justice de cette caricature anachronique dans son article sur "La connaissance par l'autorité selon Pascal", in *Etudes de Langue et Littérature Françaises*, 1977, n°30, p. 1-14.

[48] La préface citée parle de "l'aveuglement de ceux qui rapportent la *seule* autorité pour preuve dans les matières physiques" (p. 779). "Je ne prétends pas", dit Pascal à propos des anciens, "bannir leur autorité pour relever le raisonnement tout seul, quoique l'on veuille établir leur autorité seule au préjudice du raisonnement" (p. 777).

[49] *Récit de la grande expérience de l'équilibre des liqueurs*, *OC*, II, 689.

[50] Préface sur le *Traité du vide*, *OC*, II, 780.

[51] *Ibid.*, p. 783 et 781.

travail du physicien moderne consistera donc à appliquer la même force
de raisonnement à une expérience élargie par les nouvelles possibilités
techniques d'observation et de mesure — autrement dit, à faire ce que
feraient les anciens eux-mêmes s'ils étaient à notre place. Pascal définit
le statut d'une coutume vivante, qui prend leçon des anciens pour aller
plus loin qu'eux et au besoin contre leurs conclusions, dont le caractère
scientifique s'avère dans le fait qu'elles reconnaissent leurs limites de
validité[52]. Coutume non mécanique mais dialectique, en ce qu'elle
permet "sans les contredire" d'assurer "le contraire"[53] de ce que disaient
les anciens. Pascal en Noël n'attaque pas Aristote, il attaque un aristotélicien qui aurait refusé de grandir, héritier doublement infidèle et de bannir
la raison et de pas imiter l'attitude d'Aristote envers ses propres maîtres.

Cet adversaire de Pascal est-il même, après tout, un homme de la
coutume au sens courant du terme? N'est-il pas autant, sinon plus, séduit
par "les charmes de la nouveauté" (fr. 44-78)? Pascal le prend en flagrant
délit de cartésianisme[54] et l'intéressé de son côté ne veut pas laisser
méconnaître ce qu'il estime être son originalité ("...mes pensées, fort
différentes de la plupart de celles qui s'enseignent aux écoles")[55]. Noël
a finalement moins besoin d'être encouragé à l'invention que réfréné dans
son ardeur à imaginer de nouvelles substances et douer la matière de
qualités "inouïes, c'est-à-dire qu'on ne lui avait jamais données"[56]. A ce
faux timide, en réalité novateur impénitent, Pascal s'offre même le luxe
d'administrer une leçon d'aristotélisme: si le bon Père avait suivi la
véritable définition péripatéticienne du corps, il ne l'aurait pas confondu
avec l'espace et n'aurait pas trouvé plus de contradiction à parler d'un
espace vide qu'il n'y en a entre cette dernière expression et la maxime
aristotélicienne "que les non-êtres ne sont points différents"[57]. Le vieil
Aristote condamne d'outre-tombe le Père Noël; à combien plus forte

---

[52] Cf. *ibid.*, p. 784: "Dans le jugement qu'ils ont fait que la nature ne souffrait point de vide,
ils n'ont entendu parler de la nature qu'en l'état où ils la connaissaient".

[53] *Ibid.*

[54] Cf. *Lettre à Le Pailleur* (*OC*, II, 571-572): "Vous voyez que le P. Noël place dans le
tuyau une matière subtile répandue par tout l'univers, et qu'il donne à l'air extérieur la force
de soutenir la liqueur suspendue. D'où il est aisé de voir que cette pensée n'est en aucune
chose différente de celle de M. Descartes" (cf. la réponse de Pascal au P. Noël, p. 526-527).

[55] Seconde lettre du P. Noël à Pascal, *OC*, II, 539.

[56] Réponse de Pascal au P. Noël, *OC*, II, 527.

[57] *Ibid.*, p. 526. Cela répond à un passage de la première lettre de Noël, situé p. 517.

raison s'il renaissait au XVIIe siècle et pouvait joindre à la force de son raisonnement l'étendue des connaissances procurées par les expériences nouvelles! Mais pourquoi parler conditionnellement? Aristote en Pascal réfute aujourd'hui son pseudo-disciple. Si c'est nous — les modernes — qui sommes les anciens, Pascal est en physique le nouvel Aristote comme il est pour les géomètres "un autre Archimède"[58]. Lorsqu'il écrit qu'il faut "avoir plus de vénération pour les vérités évidentes que d'obstination pour [l]es opinions reçues"[59] de nos respectables mais faillibles prédécesseurs, il ne fait d'ailleurs que traduire à sa manière le fameux adage résumé de l'*Ethique à Nicomaque: Amicus Plato, sed magis amica veritas*[60]. Rien n'empêche à l'occasion Pascal, quand la vérité coïncide avec l'antiquité, de manifester à l'endroit de tel savant d'autrefois la même vénération que méritent les vérités évidentes: "Archimède sans éclat serait en même vénération. (...) O qu'il a éclaté aux esprits!" (fr. 308-339). Et cet éclat n'est point terni: on peut penser aujourd'hui encore dans la lumière des anciens. La coutume apparaît même constitutive du progrès. Alors que la nature et l'animal, incapables d'habitudes, ne font que se répéter, l'homme (universel comme singulier) croît continûment en savoir "parce qu'il conserve toujours dans sa mémoire les connaissances qu'il s'est une fois acquises, et que celles des anciens lui sont toujours présentes dans les livres qu'ils en ont laissés"[61]. C'est de la *conversation* que nous avons avec eux comme avec la nature que naît l'innovation, de sorte que les connaissances transmises par les anciens servent de "degrés" et de "moyens"[62] à leurs successeurs pour en acquérir de plus hautes. On le voit spécialement dans la science qui semble devoir le moins accorder au temps et à l'autorité mais renaître tout entière de rien en chaque intelligence, les mathématiques. Il y a bien une histoire des mathématiques, qui

---

[58] Lettre de Mersenne à Christian Huygens du 15 mai 1648, citée dans *OC*, II, 579.

[59] *Récit de la grande expérience, OC*, II, 679.

[60] "C'est aussi pour nous une obligation, si nous voulons du moins sauvegarder la vérité, de sacrifier même nos sentiments personnels, surtout quand on est philosophe: vérité et amitié nous sont chères l'une et l'autre, mais c'est pour nous un devoir sacré d'accorder la préférence à la vérité" (*Eth. à Nicomaque*, I, 4, 1096 *a*).

[61] Préface sur le *Traité du vide, OC*, II, 782. Le progrès, c'est l'*habitus* de science dans l'homme générique avec ses trois caractéristiques de *diuturnitas* (la "perfection" ici "dépend du temps", *ibid.*, p. 779), d'*augmentum* (la suite des hommes est comme un même homme "qui apprend continuellement", p. 782) et de *facilitas* ("comme il conserve ces connaissances, il peut aussi les augmenter facilement", *ibid.*). Cf. *supra*, p. 71, n.30.

[62] Préface, *ibid.*, p. 781 et 780.

est celle des problèmes légués de siècle en siècle et de leurs solutions de plus en plus élégantes et générales; l'audace de l'invention procède d'une tradition assimilée et de l'apprentissage reçu (*vestra enim esse fateor quae non, nisi inter vos educatus, mea fecissem*)[63], comme elle aboutit à dépasser sans les détruire les résultats précédemment atteints: ce n'est pas un *Anti-Apollonius* que Pascal propose à "l'illustre Académie parisienne de mathématiques", mais un *PROMOTUS Apollonius Gallus*[64]. Quatre ans plus tard, pour que la démonstration de l'égalité entre les lignes spirale et parabolique puisse "être désormais ferme et sans dispute" tout en donnant au lecteur le maximum de plaisir, il choisit de l'établir "à la manière des anciens"[65]. Par là, symboliquement, Pascal réconcilie la pensée avec le passé: au-dessus de l'impensé coutumier, la coutume qui fait penser. En science, certes, la coutume n'a pas de force contre la raison, mais la raison doit à la coutume de pouvoir exercer sa force.

2 — LA RAISON DES EFFETS COUTUMIERS

Le rôle de la coutume dans le domaine intellectuel engage déjà celui qu'elle doit jouer dans le domaine social, car ces deux espaces ont en commun le langage. Comme il faut des mots pour penser et que tout savoir humain se constitue dans l'acte même de sa transmission, c'est grâce à la communication que s'organise et se maintient toute humaine communauté. Point de nation sans le partage des mots et de leur signification — et cela vaut pour n'importe quelle collectivité: à quoi reconnaît-on, selon les *Provinciales*, un dominicain dépouillé de son habit? Au fait qu'il entend par "suffisant" quelque chose qui ne suffit pas[66]. Il partage avec tous ses compatriotes l'emploi de ce mot, mais

---

[63] *Celeberrimae matheseos Academiae Parisiensi* (1654), *OC*, II, 1031.

[64] *Ibid.*, p. 1033. J. Mesnard traduit: *L'Apollonius Français généralisé*. Dans l'histoire de la physique aussi, le progrès peut être considéré comme la conquête ininterrompue de points de perspective plus englobants que les précédents (cf. l'image implicite du nain sur les épaules du géant, Préface, p. 781). Il s'agit toujours de voir de plus haut, de "régionaliser" les vérités antérieures — et s'il faut parfois, en physique, combattre les conclusions des anciens, c'est encore une façon de les imiter ("car qu'y a-t-il de plus injuste que de traiter nos anciens avec plus de retenue qu'ils n'ont fait ceux qui les ont précédés?", *ibid.*, p. 780): la contestation du savoir coutumier est elle-même une coutume.

[65] *Lettre de A. Dettonville à Monsieur A.D.D.S.* (identifié par J. Mesnard comme étant Arnauld, le docteur de Sorbonne), *OC*, IV, 541.

[66] Cf. IIe *Prov.*

avec ses seuls frères en religion la signification qu'il lui donne: par où il se coupe partiellement de la communauté nationale pour se désigner comme membre d'une communauté particulière, à la fois intérieure et extérieure à la première. Sa définition du terme *suffisant* suffit à le définir au regard de la cité. Or dans ces découpages et délimitations, dans ces frontières tracées (n'est-ce pas le sens propre de *dé-finir*?) où il va de tout pour une société humaine, la coutume pèse d'un poids décisif en ce qu'elle autorise l'emploi des mots — le non-usage ayant valeur d'exclusion[67] — et surtout en ce qu'elle lie tel sens à tel mot, de sorte que les hommes en chaque groupe ou pays peuvent se comprendre et vivre ensemble.

Une sociabilité minimale, à l'extension toutefois maximale, est assurée par les "mots primitifs": ils sont indéfinissables, mais "la nature" supplée à ce défaut "par une idée pareille qu'elle a donnée à tous les hommes"[68]. Ces mots ont un sens naturel, c'est-à-dire que le rapport entre le nom et la chose (ou, plus précisément, l'idée de la chose) est le même pour tous, universellement. Mais pour les autres mots, c'est la coutume qui tisse le lien entre ce que nous appelons aujourd'hui le signifiant et le signifié, et ce lien est aussi solide que celui de nature: "Les noms sont inséparables des choses"[69] — entendons qu'ils sont rendus tels par le long usage. Ainsi les dominicains perdraient leur temps s'ils voulaient persuader le peuple que la grâce *suffisante* a besoin d'une autre grâce pour être efficace. Celui-ci en effet, "accoutumé à l'intelligence commune de ce terme, n'écouterait pas seulement leur explication"[70]. Les jésuites en revanche savent capter la force de la coutume au bénéfice de l'innovation: ils s'en remettent à la diligence de leurs naïfs alliés dominicains et au temps pour transfuser l'évidence qui s'attache au sens accoutumé d'un terme (*suffisant* compris comme ce qui enferme le nécessaire) à un emploi inaccoutumé de ce terme (l'expression "grâce suffisante"). Cette tentative d'impatroniser une coutume nouvelle suppose chez les bons Pères non

---

[67] Pour rester dans les *Provinciales:* "Mon Père, ce mot de *grâce actuelle* me brouille; je n'y suis pas accoutumé" (IVe *Lettre*, p. 55). Cette absence d'accoutumance exclut les théologiens de la collectivité des "honnêtes gens". Chez les logiciens, ce sont *barbara* et *baralipton* qui servent de mots de passe (*De l'esprit géométrique*, 2e fragment, *OC*, III, 428).

[68] *De l'esprit géométrique* (1er fragment: *Réflexions sur la géométrie en général*), *OC*, III, 395 et 397.

[69] IIe *Prov.*, p. 33.

[70] *Ibid.*, p. 24.

seulement la conscience du pouvoir manipulateur de la répétition, mais — ce qui fait défaut aux Nouveaux Thomistes — la reconnaissance de l'infrangibilité du lien unissant un terme à sa signification: pour les jésuites comme pour Pascal, comme pour tous (y compris les dominicains en tant qu'ils sont hommes)[71], le mot de "*suffisant* dit tout ce qui est nécessaire pour agir"[72]. A son audition, "tout ce qu'il y a de personnes au monde" portent leur pensée vers le même objet, ce qui est l'effet produit par un mot primitif[73]. Si l'on ajoute qu'aussitôt prononcé, ce terme de *suffisant* se trouve pris dans la logique d'un raisonnement universel ("supposé que tous les hommes aient des grâces suffisantes, *il n'y a rien de plus naturel* que d'en conclure que la grâce efficace n'est donc pas nécessaire")[74], on touche paradoxalement dans le langage — à l'occasion des manipulations qu'il permet — à une sorte de nature, exprimée même par l'usage des mots non primitifs. Le mot *suffisant*, en tant que son, "n'est que du vent"[75], si bien que le lien est arbitraire entre cette émission modulée de souffle et la signification qui lui est attachée, mais cette signification dessine nécessairement la place du mot, quel qu'il soit[76], qui viendra l'exprimer. "Tout se passe", écrit un pascalien peu suspect d'hostilité au conventionalisme, "comme si les choses étaient propriétaires des mots qui les désignent"[77]. Au fond du nominalisme aisément perceptible chez Pascal ("rien n'est plus libre que les définitions")[78], on découvre "ce *factum* qu'il appelle *nature*"[79]: non seulement, comme l'entend l'auteur de cette formule, dans les mots indéfinissables qui sont les principes du langage, mais dans les autres mots, qui ne

---

[71] Ils retrouvent instantanément la mémoire, que leur théologie avait obnubilée, lorsqu'il est question de savoir ce qui serait *suffisant* pour les nourrir (cf. IIe *Prov.*, p. 27).

[72] *Ibid.*, p. 24.

[73] La citation provient de la IIe *Prov.*, p. 28. Pour l'effet produit par un mot primitif, v. *De l'esprit géométrique* (1er fragment), *OC*, III, 397. Or le mot de *suffisant* n'est pas primitif (puisqu'il est définissable).

[74] IIe *Prov.*, p. 23-24.

[75] *Ibid.*, p. 28.

[76] Cf. *De l'esprit géométrique* (1er fragment), *OC*, III, 394: "Il n'y a rien de plus permis que de donner à une chose qu'on a clairement désignée un nom tel qu'on voudra".

[77] P. Force, *Le Problème herméneutique chez Pascal* (Paris, Vrin, 1989), p. 150.

[78] *De l'esprit géométrique* (1er fragment), *OC*, III, 398.

[79] Louis Marin, *La Critique du discours; sur la "Logique de Port-Royal" et les "Pensées" de Pascal* (Paris, éd. de Minuit, 1975), p. 263.

sont définissables que parce que les premiers ne le sont point[80], exactement comme l'intelligence raisonne à partir de principes qui dépassent tout raisonnement. Bref, il n'est possible de manipuler le langage que s'il y a dans le langage quelque chose d'impossible à manipuler. C'est sur ce fondement qu'en dépit des ambiguïtés parasitaires introduites par la malice ou par l'histoire, la coutume linguistique permet la communication à l'intérieur d'une société et virtuellement, par la traduction[81], au sein de l'humanité tout entière.

Sous sa forme juridique, la coutume achève la cohésion du corps politique et social. Ses adversaires la mettent au pluriel pour mieux l'accuser de contradiction et de folie: si l'homme possédait la vraie justice, écrit Montaigne, "il ne l'attacherait pas à la condition des coutumes de cette contrée ou de celle-là"[82] — ce qui se traduit chez Pascal: "Les législateurs n'auraient pas pris pour modèle, au lieu de cette justice constante, les fantaisies et les caprices des Perses et Allemands" (fr. 60-94). Mais en relevant les disparates de la coutume, cet enchevêtrement d'injustices et d'absurdités, on ne doit pas oublier son pouvoir premier, qui est d'unir. Les fantaisies des Perses sont cela même qui les constitue en peuple, et la diversité des peuples suppose l'unité préalable de chacun. La coutume assure celle-ci, dont celle-là n'est que la conséquence. On constate, par l'exemple des métiers, que la coutume définit des espaces où l'uniformité excède la simple unité garantie par l'appartenance à une même nature: "Des pays sont tout de maçons, d'autres tout de soldats, etc. Sans doute que la nature n'est pas si uniforme; c'est la coutume qui fait donc cela" (fr. 634-527). Si le mal a partie liée avec le multiple, accueillons alors comme son plus puissant antidote "les anciennes lois et anciennes opinions" parce qu' "elles sont uniques et nous ôtent la racine de la diversité" (fr. 711-589). Et la coutume ne se contente pas d'uniformiser, elle fixe. Ce que Pascal soutient des opinions populaires sur la nature, à savoir qu'il faut une "erreur commune" (fr. 744-618) pour fixer les esprits, vaut plus encore dans le domaine social. Car la science peu à peu déchiffrera l'univers et saura déterminer notamment les véritables effets de la lune, que la superstition croit partout reconnaître, mais jamais les coutumes ne coïncideront avec la parfaite raison et

---

[80] Rappelons que, pour Pascal, ces termes premiers "sont en grand nombre" (*De l'esprit géométrique*, 1er fragment, *OC*, III, 396).

[81] Cf. fr. 557-465.

[82] *Essais*, II, 12, p. 579.

l'essentielle justice auxquelles seules les hommes veulent être soumis. Si donc en physique, où la vérité se peut atteindre, il convient aux savants mêmes de ne se départir qu'avec une extrême circonspection des opinions reçues, à combien plus forte raison ne doit-on en politique changer aisément une coutume reçue, puisqu' "il n'y en a aucune vraie et juste à introduire" (fr. 525-454). Le peuple au demeurant n'y songe pas de lui-même, qui voit dans l'antiquité de la coutume la preuve de sa vérité; le voilà délivré d'une "curiosité inquiète" (fr. 744-618) dont on sait que par le biais des "curieux examinateurs des coutumes reçues" (fr. 60-94) elle aboutit à la ruine des royaumes. La coutume, autant qu'il est en elle, fixe donc — d'une fixation qui n'est pas fixité: elle s'accommode aux nécessités[83] — l'inconstance naturelle à l'homme, prévenant par la rassurante évidence de sa pérennité les séditieuses errances justement baptisées "émotions".

Unir et fixer: par cette double action, la coutume fait aux hommes le don inestimable de la paix. Arbitraire sans doute — en ce sens, juridique, que ses différences sont indifférentes au regard de la loi naturelle[84] —, elle ne laisse pas, aux yeux des habiles capables de s'élever aux "raisons des effets", de nous prémunir contre ce qui est au temporel "le plus grand des maux" (fr. 94-128), les guerres civiles[85]. Un qualificatif revient plusieurs fois sous la plume de Pascal à son propos, celui de "sûr": la folie du peuple, manifestée dans l'illusion coutumière sur son roi, représente pour l'Etat un fondement "admirablement sûr" (fr. 26-60); considérer "la coutume présente" comme l'essence de la justice, "c'est le plus sûr", et inversement, la mettre en question "est un jeu sûr pour tout perdre" (fr. 60-94). D'elle dépend l'existence même du royaume, dont les fameuses lois fondamentales, lois non écrites (à l'exception de celle qui fixe la majorité du roi à treize ans accomplis) et tenant leur autorité de

---

[83] Ce qui est vrai des lois ("les Etats périraient si on ne faisait ployer souvent les lois à la nécessité", fr. 280-312), qui sont écrites, l'est *a fortiori* des coutumes. D'ailleurs la rédaction de ces dernières, au XVIᵉ siècle, "n'a pas changé la nature du droit coutumier qui reste ce qu'il était auparavant, un droit fondé sur la coutume. C'est-à-dire qu'il peut être abrogé par désuétude et que de nouvelles coutumes peuvent toujours naître. Ce caractère souple et vivant de la coutume justifie le principe de la réformation" (F. Olivier-Martin, *op. cit.*, p. 423).

[84] Cf. Domat, *Traité des lois,* chap. XI.

[85] Sur la réhabilitation de la coutume par la méthode des "raisons des effets", v. J. Mesnard, *Les "Pensées" de Pascal,* Paris, SEDES, 2ᵉ éd., 1993, p. 203-206.

l'usage, ne sont au vrai que coutumes[86]. Dépositaire de la constitution, la coutume devient ainsi la loi des lois de l'Etat, de sorte que, comme l'on parle en médecine de l'*habitude* d'un corps[87] pour désigner sa "constitution" et sa complexion, on est en droit d'appeler la coutume l'*habitude* du corps politique en même temps que du corps social. Et parce que l'habitude, en sa qualité de quasi-nature, est le contraire d'une violence, cette comparaison nous met sur la voie d'un second bienfait de la coutume: la sûreté qu'elle procure n'est pas le fruit de la contrainte. Les gens du peuple, excités par les demi-habiles, "secouent le joug dès qu'ils le reconnaissent" (fr. 60-94): c'est donc qu'ils ne le sentaient point. La coutume est dépendance imperceptible. Elle exerce sur nous le même empire de douceur que la raison ou la justice, et nous la suivons du même mouvement infaillible et volontaire qui nous attache à la délectation[88]. Quel que soit son principe, l'effet est là, qui seul importe en politique: la coutume, c'est l'assujettissement sans la tyrannie.

Mais peut-être trouvera-t-on qu'avec la coutume on achète trop cher la tranquillité publique, s'il faut la payer au prix de la vérité, de la raison et de la justice. Pour le premier point, le fragment 25-59 met en évidence le pouvoir manipulateur de la coutume qui enveloppe le roi d'une aura surnaturelle. Or le peuple a raison de lire sur sa personne "le caractère de la divinité"! Il y a bien manipulation, mais non pour tromper: pour faire accéder au vrai. Sans la coutume d'exhiber les rois environnés de gardes et de tambours, le peuple les verrait tels qu'ils sont — fragiles, humains, semblables à lui — et du coup manquerait ce qu'ils sont, des êtres à qui Dieu s'adresse en disant: *Dii estis*[89]. Le cortège brillant et bruyant autour du monarque n'est pas mensonge, il est métaphore[90]. Pour le second

---

[86] Au fr. 60-94, après avoir parlé des lois fondamentales et des "époques" du droit à la fin du premier paragraphe, Pascal commence le deuxième par: "Ils confessent que la justice n'est pas dans *ces coutumes*".

[87] Cf. le *Dictionnaire* de Furetière, art. "habitude".

[88] Cf. fr. 525-454: le peuple suit la coutume "pour cette seule raison qu'il la croit juste. Sinon il ne la suivrait plus quoiqu'elle fût coutume, car on ne veut être assujetti qu'à la raison ou à la justice. La coutume sans cela passerait pour tyrannie, mais l'empire de la raison et de la justice n'est non plus tyrannique que celui de la délectation". Cet empire non tyrannique s'entend aussi bien d'une raison et d'une justice imaginées que réelles. Sur la conjonction de liberté et d'infaillibilité dans la délectation, v. XVIIIe *Prov.*, p. 359.

[89] Psaume LXXXI, 6, cité au fr. 916-746. La puissance des rois peut être dite "semblable à celle de Dieu" (XIVe *Prov.*, p. 257), ce Dieu dont ils sont sur terre les images.

[90] Ce statut correspond à celui de la vérité qui, chez le peuple, est toujours *déplacée* (cf. fr.

point, on ne peut soutenir que la coutume soit incompatible avec la raison. Envisageons-la sous son jour le moins favorable, taxons-la de bizarre fantaisie, la raison "la plus sage" n'en prend pas moins "pour ses principes ceux que l'imagination des hommes a témérairement introduits en chaque lieu" (fr. 44-78). La raison faisait naître le respect pour les anciens, elle fait aussi suivre la coutume. En ce dernier cas, elle ratifie ce qui ne provient pas d'elle, mais l'usage de la raison s'étend jusqu'à l'acte par lequel elle se soumet[91]. Et il n'est pas seulement raisonnable de suivre la coutume, c'est la coutume elle-même qui avec le temps "est devenue raisonnable" (fr. 60-94): autant dire, puisque la durée fait son essence, qu'elle est raisonnable par définition.

Quant à la justice, il est certain qu'elle ne s'incarne pas parfaitement dans la coutume; aussi bien n'est-ce point ici-bas son pays. Mais on ne saurait dénoncer dans les coutumes l'antithèse de la justice. Les demi-habiles glorieux de montrer au peuple "qu'elles ne valent rien, ce qui se peut faire voir de toutes en les regardant d'un certain côté" (fr. 525-454), l'abusent précisément en ne lui montrant pas "tous les côtés" (fr. 701-579). Comment d'ailleurs le pourraient-ils, eux qui n'ont pas appris de la coutume à connaître la coutume, non plus que la nature humaine[92]? L'antithèse véritable n'est pas entre justice et coutume, mais entre ne valoir *rien* et regarder d'*un certain côté*. La perspective des demi-habiles est partielle, et elle prétend à une validité absolue. Ainsi procèdent les jésuites qui, saisissant le faible ou l'exception dans le commandement pourtant juste du supérieur, en tirent prétexte pour délier les religieux de toute obéissance: "Encore que le commandement du supérieur soit juste, dit Sanchez, cela ne vous oblige pas de lui obéir; car il n'est pas juste de tous points et en toute manière, *non undequaque juste præcipit*"[93]. L'adversaire des coutumes reçues se donne beau jeu de les anéantir dans

---

93-127: "Quoique ses opinions soient saines, [...] il n'en sent pas la vérité où elle est"). La métaphore est le mode populaire d'appréhension de la vérité.

[91] Cf. la liasse *Soumission et usage de la raison*.

[92] Cf. fr. 60-94: "Qui voudra en examiner le motif [celui de la coutume/loi] le trouvera si faible et si léger que s'il n'est *accoutumé* à contempler les prodiges de l'imagination humaine, il admirera qu'un siècle lui ait tant acquis de pompe et de révérence". Celui qui s'étonne de la révérence portée à la coutume a besoin de s'accoutumer à l'homme. La coutume le fera passer de l'étonnement premier, signe d'ignorance, au stade supérieur du *nihil admirari* (fr. 76-111 et 408-27). La démystification de la coutume est démystifiée par la coutume.

[93] Cité à la VIe *Prov.*, p. 108.

l'opinion des écoutants, il prouve seulement qu'elles ne sont pas justes "de tous points et en toute manière" — ce qui ne les empêche pas d'être qualifiables de justes. S'il en était autrement, saint Augustin aurait-il écrit dans ses *Confessions*: pour les "actions dont leur opposition aux coutumes humaines fait tout le vice, il faut, en tenant compte de la diversité des coutumes, les éviter, de telle façon que le pacte mutuel qui constitue une cité ou une nation, sous la garantie de la coutume ou de la loi, ne puisse jamais être violé par le désir déréglé d'un citoyen ou d'un étranger"[94]? Même si l'action est en soi indifférente du point de vue moral, le seul fait qu'elle aille contre la coutume suffit à la rendre mauvaise. Cette coutume, dans sa diversité, n'est pas essentiellement juste, mais il est juste de l'observer et essentiellement injuste de la transgresser[95], car des "biens essentiels" (fr. 101-134) sont attachés à ses dispositions contingentes. Une justice au moins négative et formelle — et par là universelle: la maxime "que chacun suive les mœurs de son pays" est "la plus générale de toutes celles qui sont parmi les hommes" (fr. 60-94) — repose donc dans la coutume, justice dont la loi n'est pas toujours susceptible. On peut en effet inventer une loi dans le seul but de lui donner force rétroactive ("juges injustes, ne faites pas de ces lois sur l'heure; jugez par celles qui sont établies, et établies par vous-mêmes", fr. 877-441), tandis que la coutume est par position toujours antérieure au désordre qu'elle sanctionne. Encore sommes-nous dans le cas le plus défavorable, celui des "actions dont leur opposition aux coutumes humaines fait tout le vice", mais le vice des autres vient de ce qu'en s'opposant aux coutumes humaines elles heurtent la justice qui y est contenue. La coutume peut donc être juste non seulement par imputation, mais par participation. Elle échappe sans doute à l'essentielle justice, puisque participation n'est pas identification: "Il n'y a point, dit-on, de règle qui n'ait quelque exception ni de vérité si générale qui n'ait quelque face par où elle manque" (fr. 574-477). L'exception cependant, loin d'annuler la règle, la confirme. Et quand même une coutume, par exception, serait totalement dénuée de justice, elle ne ferait que rendre hommage à la coutumière justice de la coutume. Un pyrrhonien peut bien mettre en avant l'exemple de l'inceste

---

[94] Liv. III, chap. 8 (trad. Tréhorel et Bouissou, coll. "Bibliothèque Augustinienne" — sigle *BA* — Desclée de Brouwer, 1962).

[95] Par exemple, la propriété a un fondement coutumier en ce qu'elle se ramène à une prise de possession par l'usage (cf. fr 64-98 et 890-445): le vol n'en est pas moins un "crime" (*Réponse* de Pascal *à M. de Ribeyre*, *OC*, II, p. 817).

qui aurait sa place "entre les actions vertueuses"[96], il lui faut reconnaître aussi que la coutume est l'ordinaire garde-fou contre de telles déviations: ceux qui la méprisent et veulent ne suivre que la nature "s'obligent à des opinions sauvages, comme Chrysippus qui sema en tant de lieux de ses écrits le peu de compte en quoi il tenait les conjonctions incestueuses"[97]. La nature hors de la coutume risque de n'être que sauvagerie, et inversement suivre la coutume est encore le plus assuré moyen de respecter la nature dans sa droiture première ou d'obvier aux égarements de son état déchu. Le "meurtre des enfants" (fr. 60-94) aurait joui, prétend-on, de la même considération que l'inceste, et pourtant l'on constate qu'il faisait horreur aux païens eux-mêmes[98]. La coutume apparaît en fait le réceptacle de la loi naturelle, comme elle non écrite et antérieure aux lois édictées par les hommes ("que l'homicide est un mal [...], la loi suppose qu'on a déjà appris cette vérité de la nature")[99]. Si la paix règne dans les communautés humaines, c'est que la coutume les modèle en quelque façon à l'image de l'origine antélapsaire.

3 — HABITUDE ET RESPONSABILITÉ MORALE

Que la coutume participe communément d'une authentique justice témoigne en faveur de l'existence éthique du corps social. Mais la coutume a-t-elle sa place dans la morale individuelle? Nécessairement, puisque la morale règle nos rapports avec les autres — donc avec leurs coutumes — et avec nous-mêmes — donc nos propres coutumes. L'idéal pascalien en matière de relations humaines (simplement mais pleinement humaines) a nom, on le sait, honnêteté. Or cet idéal implique une attitude déterminée à l'égard de la coutume: convaincu que "ce n'est pas dans les choses extraordinaires et bizarres que se trouve l'excellence"[100], l'honnête homme va la chercher dans celles qui sont au contraire communes

---

[96] Fr. 60-94. L'exemple vient des *Essais* (II, 12, p. 580).

[97] *Essais*, I, 23, p. 117. Même s'il peut y avoir des lois autorisant les mariages entre proches parents, saint Augustin remarque que "la coutume laisse rarement faire ce que les lois autorisent" (*De civ. Dei*, XV, 16; trad. Combès, *BA*, 1960).

[98] Fr. 753-623: "Quand Auguste eut appris qu'entre les enfants qu'Hérode avait fait mourir au-dessous de l'âge de deux ans était son propre fils, il dit qu'il était meilleur d'être le pourceau d'Hérode que son fils".

[99] Saint Jean Chrysostome, cité à la XIVe *Prov.*, p. 256.

[100] *De l'esprit géométrique* (2e fragment), *OC*, III, 427.

et familières. Son excellence consiste à ne prétendre point exceller par-dessus les autres, mais à "s'accommoder" (fr. 605-502) à tous leurs besoins et usages. Son lieu, c'est le milieu: non seulement celui où il se trouve — et qui fait de lui l'homme de toutes les coutumes: poète avec les poètes, géomètre avec les géomètres, etc. — mais, plus profondément, celui qui définit l'humanité — puisque "c'est sortir de l'humanité que de sortir du milieu" (fr. 518-452). Loin de toute singularité et extravagance, il se range, pour reprendre l'expression de Montaigne, "au modèle commun et humain"[101], c'est-à-dire à la sublime médiocrité qui compose le train accoutumé de l'espèce. L'héroïsme, certes, est fascinant, mais "on ne montre pas sa grandeur pour être à une extrémité"[102]: on ne tient pas longtemps dans cette posture forcée. Il faut la répétition et la longue durée pour juger de la valeur morale, tout comme un bon mot ne suffit pas pour juger de la valeur intellectuelle de celui qui le prononce[103]. "Une hirondelle ne fait pas le printemps", dit la sagesse populaire, mais Aristote le dit aussi[104]. Et en affirmant que "la vertu d'un homme ne se doit pas mesurer par ses efforts mais par son ordinaire" (fr. 724-605), Pascal rejoint, au moins dans ses conséquences, la fameuse doctrine de l'*Ethique à Nicomaque* selon laquelle la vertu est une habitude[105]. N'est-ce pas l'habitude de plier son moi aux habitudes d'autrui qui fait la vertu de l'honnête et sa grandeur?

L'habitude mesure donc notre vie morale, mais peut-elle la former? Pour Aristote, sans aucun doute: l'ἦθος est un produit de l'ἔθος, "la possession de la vertu naît de l'accomplissement répété des actes justes et modérés"[106] — ce qui implique que le vice soit lui aussi un produit de l'habitude, naissant de l'accomplissement répété d'actes injustes et excessifs. Chez Pascal, on pressent ce dynamisme bipolaire de la coutume dans ce qu'il écrit des conversations ("on se forme l'esprit et le sentiment

---

[101] *Essais*, III, 13, p. 1116.

[102] Fr. 681-560. Cf. fr. 146-179: "Ce sont des mouvements fiévreux que la santé ne peut imiter". La santé est un état stable et médian, autant dire un *habitus*: *Sanitas habitus quidam est* (saint Thomas, *Sum. theol.*, Ia IIae, q. 49, a. 1; il s'agit d'une citation d'Aristote, *Métaphysique*, Δ, 20, 1022 *b*).

[103] Cf. *De l'esprit géométrique* (2ᵉ fragment), *OC*, III, 423, où Pascal renvoie à *Essais*, III, 8, p. 936.

[104] *Eth. à Nicomaque*, I, 6, 1098 *a*.

[105] II, 1, 1103 *a*. Cf. *Sum. theol.*, Ia IIae, q. 55, a. 1: *Virtutes humanae habitus sunt* (avec renvoi à *Catégories*, VI, 8 *b*).

[106] *Eth. à Nicomaque*, II, 3, 1105 *b*.

par les conversations, on se gâte l'esprit et le sentiment par les conversations", fr. 814-658), car leur répétition constitue une habitude extérieure qui finit par dicter sa loi à la conscience même ("l'homme est ainsi fait qu'à force de lui dire qu'il est un sot, il le croit. [...] *Corrumpunt bonos mores colloquia prava*")[107]. Cette force de la coutume sur les mœurs explique le diagnostic de Pascal sur Montaigne: "Ce qu'il a de mauvais, *j'entends hors les mœurs*, pût être corrigé en un moment" (fr. 649-534). Le long temps de la correction signale indubitablement que la corruption est le fruit de l'habitude. D'où l'avertissement emprunté par les *Pensées* à l'*Epître* LXXII de Sénèque, et dont Montaigne — ironique médiation — n'a pas su faire son profit: *Melius non incipient,* "ils auront moins de peine à ne pas commencer qu'à s'arrêter"[108]. Mettre en branle le processus de l'accoutumance, c'est s'exposer à ne pouvoir revenir en arrière. Un tel mécanisme est bien connu en théologie morale, où il est décrit sous le terme d'*endurcissement*[109]. La répétition du péché anesthésie le sens du péché, qui semble moins grave à mesure qu'il se commet de nouveau et finit par ne plus apparaître du tout comme péché quand il est passé en pratique ordinaire. Ainsi se ferme la voie du repentir, l'habitude de faire le mal dérobant la connaissance du mal que l'on fait: l'enfant prodigue a d'autant moins de chances de revenir qu'il ne se sent pas exilé. "Ils n'ont jamais connu ni leur infirmité, ni le médecin qui la peut guérir. Ils n'ont jamais pensé à désirer la santé de leur âme, et encore moins à prier Dieu de la leur donner", observe Montalte à propos des pécheurs d'habitude, et il ajoute: "Leur vie est dans une recherche continuelle de toutes sortes de plaisirs, dont jamais le moindre remords n'a interrompu le cours"[110]. Sous l'agitation de surface règne la fausse paix de l'hébétude; un "sommeil léthargique", comme parle Bossuet[111], flotte sur la conscience, dont elle pourrait bien ne s'éveiller qu'à la mort. Même si un événement soudain venait à secouer sa torpeur, l'endurci

---

[107] Fr. 99-132. La citation vient de saint Paul, I Corinthiens, XV, 33.

[108] Fr. 508-678. La formule de Sénèque est citée dans *Essais*, III, 10, p. 1015.

[109] Pour une étude de ce thème chez Bossuet et les orateurs sacrés du XVIIᵉ siècle, v. J. Truchet, *La Prédication de Bossuet* (Paris, éd. du cerf, 1960), t. I (p. 181-186) et II (p. 198, 204).

[110] IVᵉ *Prov.*, p. 59. Dans la première partie de la citation, Pascal reprend les expressions de M. Le Moyne. Cf. fr. 956: "Quand on est si méchant qu'on n'en a plus aucun remords (...)" (passage rayé).

[111] *Sermon sur l'endurcissement*, cité dans J. Truchet, *op. cit.*, I, 183.

aurait toutes les peines du monde à se débarrasser d'un vice qui lui est quasiment tourné en nature. Il s'en confessera, promettra de ne plus retomber, mais — dit Montalte à son jésuite — "je doute que l'expérience ait fait connaître à vos Pères que tous ceux qui leur font ces promesses les tiennent, et je suis trompé s'ils n'éprouvent souvent le contraire"[112]. Sur la force (qui est une donnée de fait) de la coutume en morale, jésuites et jansénistes[113] peuvent s'accorder — mais jusqu'à un certain point seulement.

Les jésuites, en acceptant d'absoudre sur-le-champ tout pécheur d'habitude, même s'ils ne voient en lui "aucune espérance d'amendement"[114], reconnaissent *ipso facto* dans l'habitude une puissance contre laquelle il est impossible de lutter. Faute de croire à l'infaillibilité de la grâce, ils capitulent devant ce qui leur paraît être l'invincibilité de l'habitude: le sacrement pourra bien effacer la faute répétée, il n'empêchera pas l'endurci de récidiver. Que peut une grâce suffisante contre l'efficacité de la coutume? L'indulgence jésuite est un aveu d'impuissance. Les bons Pères désespèrent de Dieu, ils désespèrent aussi de l'homme et de sa liberté: "On ne peut pas dire — affirme l'*Apologie pour les casuistes* — que cette habitude soit volontaire, puisqu'ils [les pécheurs] la détestent"[115]. Les hommes sont irrémédiablement prisonniers d'habitudes qui elles-mêmes semblent dériver nécessairement de leur physiologie. De fait, le Père Le Moyne nous apprend que les dévots fréquentant le monde "ont abondance de cette humeur douce et chaude, et de ce sang bénin et rectifié qui fait la joie", tandis que les dévots austères, amoureux du silence et de la retraite, "n'ont que du flegme dans les veines": leurs

---

[112] Xe *Prov.*, p. 177.

[113] Du côté jésuite, il suffit de se reporter aux citations de Bauny, Suarez et Filiutius (Xe *Prov.*, *ibid.*). Du côté janséniste, on ajoutera au passage à l'instant cité de Pascal cet extrait d'une lettre de Saint-Cyran "à une jeune princesse" (1640): "Il faut vous dire maintenant qu'il n'y a point de meilleur moyen d'assurer votre salut que de renoncer à tous les biens du monde de bonne heure, et auparavant que les affections naturelles et corrompues qui nous portent à les aimer aient passé jusqu'aux actions, et que les actions aient formé des habitudes, et les habitudes des coutumes, et les coutumes des nécessités, qui enchaînent et captivent d'une telle sorte notre volonté qu'il n'est plus en notre puissance d'y renoncer de nous-mêmes, comme a fort bien dit saint Augustin" (*Lettres chrétiennes et spirituelles*, IIe part., Paris, Jean Le Mire, 1647 — lettre I, chap. XVIII, p. 107).

[114] Bauny, cité à la Xe *Prov.*, p. 179.

[115] Passage cité par Wendrock (Nicole) dans ses *Notes traduites en français* (par Melle de Joncoux) *sur la 5e édition de 1660 des Provinciales* (s.l., 1699), t. II, p. 324.

habitudes sont "l'effet de leur complexion"[116], ou, pour l'exprimer généralement, les mœurs sont commandées par les humeurs. Pascal n'admet pas semblable déterminisme, même dans le cas des "pécheurs envieillis"[117]; pas plus qu'une grâce nécessitante, dont la contrainte étoufferait notre liberté, il ne reconnaît d'habitude nécessitante. Il approuve à coup sûr le commentaire de Wendrock sur le passage de la Xe *Provinciale* consacré à l'absolution des pécheurs d'habitude: "Personne n'est attaqué de ces maladies spirituelles qu'il ne le veuille bien. Personne ne les hait véritablement qu'il n'en soit en même temps délivré"[118]. Comment s'opère cette délivrance? Par la coopération de la grâce et du libre arbitre. "Quelle injure est-ce faire à la grâce de Jésus-Christ", s'indigne Pascal à la lecture du P. Pinthereau, "de dire qu'il est si peu possible que les chrétiens sortent jamais des crimes contre la loi de Dieu, de nature et de l'Eglise, qu'on ne pourrait l'espérer *sans que le Saint-Esprit eût menti*: de sorte que, selon vous, si on ne donnait l'absolution à ceux *dont on n'espère aucun amendement*, le sang de Jésus-Christ demeurerait inutile, et on ne *l'appliquerait jamais sur personne!*"[119]. L'efficacité de la grâce ne s'arrête pas au seuil de nos habitudes. Mais comme elle n'opère pas en nous sans nous, Pascal défend également la liberté de l'homme: imposer au pénitent, par une absolution différée, la séparation d'avec les occasions prochaines qui causent ses rechutes, c'est honorer la force de sa volonté en même temps que la puissance de la grâce. A l'inverse du laxisme, qui repose en fin de compte sur le mépris, le châtiment reconnaît la grandeur de l'homme en ce qu'il lui suppose la possibilité de s'amender. Les jésuites en font l'expérience à leur corps défendant, puisque Pascal n'aurait pas infligé aux pécheurs d'habitude qu'ils sont devenus[120] le châtiment des *Provinciales* si n'avait existé

---

[116] IXe *Prov.*, p. 159. Les deux premières citations viennent de *La Dévotion aisée,* la troisième est un commentaire du fictif "bon Père".

[117] L'expression se trouve dans la XVIe *Prov.*, p. 319.

[118] *Op. cit.* (cf. ci-dessus, p. 91, n. 115), t. II, p. 328.

[119] XVe *Prov.*, p. 289. Ce qui est mis en italique l'est par Pascal et correspond à des expressions du P. Pinthereau.

[120] Cf. VIe *Ecrit des curés:* "Les Jésuites sont si aveuglés en leurs erreurs, qu'ils les prennent pour des vérités, et qu'ils s'imaginent ne pouvoir souffrir pour une meilleure cause. C'est l'extrême degré d'endurcissement. Le premier est de publier des maximes détestables. Le second de déclarer, *qu'on ne veut point les condamner,* lors même que tout le monde les condamne. Et le dernier, de vouloir faire passer pour saints et pour compagnons des martyrs, ceux qui souffrent la confusion publique pour s'obstiner à les défendre" (p. 456). Ce qui est

pour eux la possibilité de revenir de leurs égarements: "La charité oblige quelquefois à rire des erreurs des hommes, pour les porter eux-mêmes à en rire et à les fuir"[121].

Parce qu'elle ne détruit pas notre liberté, l'habitude engage notre responsabilité. Nous ne pouvons, en particulier, nous décharger d'elle sur Dieu en invoquant les passages de l'Ancien Testament où il est dit qu'il endurcit le cœur de tel ou tel, car "Dieu n'endurcit pas, comme dit saint Augustin à Sixte, en départissant la malice mais en ne départissant pas la grâce, et il est dit qu'il les endurcit, non pas qu'il les pousse à pécher, mais qu'il n'en prend pas pitié"[122]: les récidivistes du libertinage peuvent lasser (sans qu'on ose toutefois en marquer les bornes) la patience de Dieu, qui ne les prive point alors de leur libéral arbitre, mais au contraire les abandonne à lui[123]. Il est vrai que le pécheur d'habitude est comme lié, et que s'il a la possibilité de se libérer il n'en a guère le pouvoir, mais c'est lui-même qui, par ses choix volontaires et répétés, s'est mis en cet état. Au moins quant à son point de départ, l'habitude est la suite d'une option délibérée. On pourrait croire les endurcis victimes d'une fatalité interne — défaut de constitution ou tyrannie de la complexion — qui leur ôterait la faculté d'user de leur entendement dans la sphère morale: "Ils ne pensent jamais à Dieu; les vices ont prévenu leur raison"[124]. Ils seraient vicieux avant de savoir ce qu'est le vice: ne doivent-ils pas être excusés? C'est la thèse des molinistes. Mais Pascal décèle à l'origine de l'habitude une véritable prise de décision. "J'avais toujours pensé, dit son porte-parole Montalte, qu'on péchait d'autant plus qu'on pensait le moins à Dieu; mais, à ce que je vois, *quand on a pu gagner une fois sur soi de n'y plus penser du tout*, toutes choses

---

en italique est une citation.

[121] Paraphrase de saint Augustin (*Contra Faustum*, XV, 4) à la XIe *Prov.*, p. 200. Dans la même Lettre, Pascal considère comme la primordiale règle du polémiste chrétien "d'avoir dans le cœur le désir du salut de ceux contre qui on parle" (p. 206). Dans le Ve *Écrit des curés*, il présente "la réforme de la Société" des jésuites comme l'aboutissement ardemment souhaité de son entreprise: "Nous serions les premiers à rendre leur changement si connu que tout le monde en serait édifié" (p. 438-439).

[122] Citation de Pierre Lombard, le Maître des Sentences, dans les *Écrits sur la grâce, Traité, OC*, III, 780.

[123] Cf. la citation de saint Augustin ("ils ont été abandonnés à leur libéral arbitre"), *ibid., Lettre, OC*, III, 682.

[124] IVe *Prov.*, p. 59.

deviennent pures pour l'avenir"[125]. L'oubli de Dieu est volontaire, il est donc imputable. Comme toutes les autres, cette habitude est *contractée*, c'est-à-dire qu'elle résulte d'un contrat passé entre soi et soi. Les vices ne préviennent la raison que prévenus eux-mêmes par la volonté. Ainsi Aristote juge-t-il de l'homme injuste ou intempérant: "Au début il leur était possible de ne pas devenir tels, et c'est ce qui fait qu'ils le sont volontairement"[126]. Ils se sont librement tournés vers des "dispositions" — c'est un autre nom de l'habitude[127] — qui se sont retournées contre leur liberté, car "elles dépendent bien de nous au début, poursuit l'*Ethique à Nicomaque*, mais les actes singuliers qui s'y ajoutent par la suite échappent à notre conscience, comme dans le cas des maladies; cependant, parce qu'il dépendait de nous d'en faire tel ou tel usage, pour cette raison-là nos dispositions sont volontaires"[128]. Nous sommes responsables de nos habitudes, y compris de celles qui nous rendent irresponsables. A vrai dire, sommes-nous même jamais irresponsables en la matière? L'habitude ne consiste pas essentiellement dans le choix initial, mais dans sa réitération. Elle est faite d'un grand nombre de décisions allant toutes dans le même sens et traduites en actes "ils ont trompé le diable *à force de* s'y abandonner"[129]. Il y a un *travail* de l'habitude, que rend sensible la pratique jésuite de la calomnie: *labor mendacii*, note Pascal en marge de saint Augustin (*laborant homines loqui mendacium*)[130] lui-même inspiré

---

[125] *Ibid.*, p. 60.

[126] *Eth. à Nicomaque*, III, 7, 1114 *a*. Au début de cette même section 1114 *a*, on croirait assister à un dialogue avec un moliniste: "Mais sans doute, <dira-t-on>, un pareil homme est fait de telle sorte qu'il est incapable de toute application? Nous répondons qu'en menant une existence relâchée les hommes sont personnellement responsables d'être devenus eux-mêmes relâchés, ou d'être devenus injustes ou intempérants, dans le premier cas en agissant avec perfidie et dans le second en passant leur vie à boire ou à commettre des excès analogues: en effet, c'est par l'exercice des actions particulières qu'ils acquièrent un caractère du même genre qu'elles".

[127] *Dispositio ponitur in definitione habitus* (saint Thomas, *Sum. theol.*, Ia IIae, q. 49, a. 2; cf. Aristote, *Métaphysique*, Δ, 20, 1022 *b*). L'habitude se dit de trois façons chez Aristote: ἔθος (coutume, usage), ἕξις (manière stable d'être, état positif, disposition permanente), διάθεσις (disposition le plus souvent passagère: en tant que passagère, elle n'est qu'une habitude ébauchée).

[128] III, 7, 1114 *b*-1115 *a*.

[129] IVe *Prov.*, p. 60.

[130] Fr. 962-796. Ph. Sellier (p. 597, n. 138 de son édition des *Pensées*) a découvert la source augustinienne: *In Psalmum CXXXIX*, n. 10. L'habitude de mentir a endurci les jésuites au point de ne leur plus faire considérer le mensonge comme un mal: "Calomnier, *haec est*

par Jérémie, IX, 5: "Ils ont accoutumé leur langue au mensonge". Le premier pas dans l'habitude est celui qui coûte le plus, mais à mesure que l'effort s'allège, la culpabilité s'alourdit et l'état auquel nous parvenons peut décidément être appelé notre œuvre. Même si le pécheur ne voit plus le mal de son action pour l'avoir trop souvent accomplie, il ne laisse pas — comme dans le cas, exactement symétrique, de la surprise[131] — d'agir volontairement. Le P. Bauny n'en convient point (et certes, ce n'est pas lui qui taxerait l'attitude de ses confrères d' "obstination *criminelle*")[132], mais Pascal a pour lui Aristote, convoqué à la fin de la IVe *Provinciale* pour mettre en déroute ses prétendus zélateurs: "On ne peut pas dire que, parce qu'un homme ignore ce qu'il est à propos qu'il fasse pour satisfaire son devoir, son action soit involontaire. Car cette ignorance dans le choix du bien et du mal ne fait pas qu'une action soit involontaire, mais seulement qu'elle est vicieuse"[133]. Ce qui se peut résumer par la formule: "Les vices de l'âme sont volontaires"[134] — et les vices, nous le savons, sont des habitudes au même titre que les vertus. Le Janséniste des premières *Provinciales* désigne à bon droit dans sa position un point de convergence entre aristotélisme et augustinisme[135]. L'accord enveloppe une conception semblable de l'habitude comme expression de notre

---

magna caecitas cordis. N'en pas voir le mal, *haec est major caecitas cordis*" (fr. 962-796). C'est bien le cas de dénoncer en eux des "gens qui s'accoutument à mal parler et à mal penser" (fr. 729-611), le premier défaut entraînant le second qui renforce à son tour le premier.

[131] Cf. IVe *Prov.*, p. 64-65.

[132] VIe *Ecrit des curés*, p. 455.

[133] Citation libre de l'*Eth. à Nicomaque* (III, 2, 1110 *b*) dans la IVe *Prov.*, p. 69-70. Cognet note que la traduction "est très vraisemblablement due à Pascal lui-même" et que "cette citation d'Aristote paraît être un apport personnel de Pascal dans la controverse, qu'il a été seul à utiliser".

[134] *Eth. à Nicomaque*, III, 7, 1114 *a*.

[135] Cf. IVe *Prov.*, p. 70: "N'espérez donc plus rien, mon Père, de ce prince des philosophes, et ne résistez plus au prince des théologiens, qui décide ainsi ce point (...)". Sur saint Augustin, v. Ph. Sellier, *Pascal et saint Augustin*, p. 266-267: "Le champ du volontaire est infiniment plus vaste dans la pensée augustinienne que dans la pensée moderne. Il inclut tout ce que nous faisons sans contrainte, tout notre passé, dans la mesure où nous nous sommes faits. Sont volontaires tous nos actes irréfléchis ou même inconscients, puisqu'ils procèdent tous de ce dynamisme intérieur qu'est la *voluntas* augustinienne. Or cette volonté a été progressivement rendue bonne ou mauvaise par l'homme lui-même. Chacun est donc responsable de ce qu'il est".

liberté[136], ce qui explique à la fois que le vicieux invétéré soit sujet au châtiment, qu'il puisse, absolument parlant, se défaire de ses accoutumances perverses et qu'enfin l'homme soit le seul animal à avoir des habitudes: *Usus habituum in voluntate hominis consistit*[137]. Les pécheurs d'habitude méritent bien d'être appelés, en toute rigueur de termes, de *"francs* pécheurs"[138].

Mais l'usage de notre liberté ne se réduit pas à faire régner sur nous le mal. Pour mériter son nom, elle doit pouvoir aussi se tourner du côté du bien, où l'habitude ne contribuera pas moins à la fixer que dans la direction opposée. Il est même en la puissance de l'habitude de tirer le bien du mal et ainsi, en quelque sorte, d'opérer sa propre rédemption. Pascal, dans cette persuasion, ne craint pas de représenter à Mademoiselle de Roannez le défaut où il tombe régulièrement de se "dissiper en des pensées inutiles de l'avenir", afin de susciter chez sa correspondante la disposition contraire. En effet, "on se corrige quelquefois mieux par la vue du mal que par l'exemple du bien; et *il est bon de s'accoutumer à profiter du mal*, puisqu'il est si ordinaire, au lieu que le bien est si rare"[139]. La

---

[136] Cf. le *Sed contra* de *Sum. theol.*, *Ia IIae*, q. 49, a. 3, qui réunit saint Augustin et le Commentateur d'Aristote (Averroès): *Sed contra est quod Augustinus dicit, in libro de Bono Conjugali* [chap. 21], *quod "habitus est quo aliquid agitur cum opus est". Et Commentator dicit, in 3 de Anima, quod "habitus est quo quis agit cum voluerit".* Dans la métaphysique aristotélicienne et thomiste, l'*habitus* ne peut loger que dans un sujet "qui soit en puissance à l'égard de plusieurs déterminations différentes". "Comme *c'est la potentialité qui permet l'habitus,* il faut le situer dans l'intellect possible. Quant à la volonté, c'est comme faculté de l'âme raisonnable, et dont la libre indétermination se fonde sur l'universalité de la raison même, qu'elle se trouve capable de devenir, elle aussi, le sujet des *habitus*" (E. Gilson, *Le Thomisme*, éd. citée, p. 320).

[137] *Sum. theol., ibid.,* q. 52, a.3 (cette affirmation est appuyée sur le *Sed contra* cité à la note précédente). Il est facile d'illustrer cette proposition générale par le comportement des jésuites blâmé au VIe *Ecrit des curés*: le zèle aveugle et automatique de ces Pères à défendre des maximes impies (qui atteste la gravité de leur endurcissement) "n'est pas un emportement particulier où ils se soient laissé aller par légèreté, mais l'effet d'une conduite constante et bien méditée qu'ils gardent régulièrement en toutes rencontres" (p. 454). On pourrait contester — à partir d'*Eth. à Nicomaque*, III, 7, 1114 *a* — qu'Aristote croie possible l'amendement des injustes ou des intempérants de profession, mais la note de J. Tricot (p. 143, n. 2 de l'éd. citée) montre qu'il faut comprendre que leur "retour" est impossible *statim* (et non absolument parlant). Saint Thomas commente d'ailleurs: *Ad hoc requiritur magnum studium et exercitium* (cité *ibid.*). C'est la position de Wendrock dans sa Note I sur la Xe *Prov.* (cf. notre appel de note 118, p. 92).

[138] IVe *Prov.*, p. 60.

[139] Lettre 8 (janvier 1657) à Melle de Roannez, *OC*, III, 1045.

campagne des *Provinciales*, sur une autre échelle, montre un semblable retournement, "l'opiniâtreté" coupable des jésuites à défendre leurs maximes engendrant chez leurs adversaires "une constance aussi infatigable"[140] à proclamer la véritable morale de l'Evangile. Sous ce second aspect, l'habitude n'est pas seulement la forme de toute vertu — que seraient un courage inconstant, une justice intermittente, une tempérance à éclipses? — , mais déjà une vertu à part entière. C'est, de toutes les vertus pratiquées par les premiers chrétiens, celle que les païens leur reconnaissaient le plus volontiers, quitte à en méconnaître la valeur surnaturelle. "Epictète conclut de ce qu'il y a des chrétiens constants que chacun le peut bien être" (fr. 146-179): la conséquence est erronée dans la mesure où la fermeté des martyrs à soutenir tous les supplices est le fruit d'une grâce divine, mais cette grâce n'abolit pas les causalités naturelles, parmi lesquelles "la force de la coutume" — dont le philosophe stoïcien voit ici la manifestation[141] — peut produire des prodiges d'endurance et d'humaine vertu. *Consuetudo magna vis est*, pense Montaigne après Cicéron. *Pernoctant venatores in nive; in montibus uri se patiuntur. Pugiles caestibus contusi ne ingemiscunt quidem*[142]. La coutume permet de supporter les douleurs atroces de certaines maladies[143] et fait envisager la mort avec sérénité, voire dans l'allégresse: "Ce que toute la philosophie ne peut planter en la tête des plus sages, ne l'apprend-elle pas de sa seule ordonnance au plus grossier vulgaire? car nous savons des nations entières où non seulement la mort était méprisée, mais festoyée"[144]. Ainsi en était-il — au moins pour le mépris — de la nation espagnole, dont Pascal a relevé après Montaigne qu'elle aimait mieux "la mort que la paix"[145]. La coutume, par les seules ressources de la nature, hausse l'homme au-dessus de la nature et de l'horreur instinctive qu'il éprouve à l'idée de son anéantissement. C'est une défaite pour

---

[140] VIe *Ecrit des curés*, p. 455 et 458.

[141] *Entretiens*, IV, 7.

[142] *Essais*, I, 23, p. 109. Les citations viennent de *Tusculanes*, II, 17.

[143] Cf. *Essais*, III, 13, p. 1092: "Je suis obligé à la fortune de quoi elle m'assaut si souvent de même sorte d'armes: elle m'y façonne et m'y dresse par usage, m'y durcit et habitue". En III, 9, p. 970, ce faux contempteur de la coutume qu'est Montaigne écrivait: "Nous nous durcissons à tout ce que nous accoutumons. Et à une misérable condition, comme est la nôtre, ç'a été un très favorable présent de nature que l'accoutumance, qui endort notre sentiment à la souffrance de plusieurs maux".

[144] *Essais*, I, 23, p. 114-115.

[145] Fr. 29-63 (cf. *Essais*, I, 14, p. 61).

la philosophie qui cherche en vain à obtenir de la raison les mêmes effets, mais elle se grandit à s'abaisser sous la puissance de la coutume qui peut l'entraîner au sommet de la sagesse humaine. Pascal loue le conseil d'Epictète: "Ayez *tous les jours* devant les yeux la mort et les maux qui semblent les plus insupportables, et jamais vous ne penserez rien de bas et ne désirerez rien avec excès"[146]. A la coutume de s'étourdir par le retour quotidien, et qui semble devoir être éternel, du travail et du loisir également divertissants, Epictète obvie par la méditation non moins répétitive de la misère d'une condition que nous nous cachons à nous-mêmes. L'habitude fonctionne ici comme un anti-divertissement, par quoi elle nous dispose à la vérité. Et ses leçons quasi divines prévenant la perpétuelle tentation des "douceurs accoutumées"[147], Epictète ne se lasse pas de les répéter pour que ses disciples prennent à leur tour l'habitude de s'y conformer[148]. Il avait compris déjà que l'homme "se perfectionne par progrès" (fr. 779-643) et que la croissance des vertus, comme celle du corps, "est peu à peu" (fr. 514-671). Alors que la nature agit toujours de même dans le temps, dans l'espace, dans l'animal à l'instinct programmé, l'homme par la répétition se modifie. Cette mobilité est signe de son imperfection, mais cette imperfection fait sa perfectibilité. Etre inachevé, l'homme a en un sens à s'achever lui-même, lui qui — au simple niveau naturel — "n'est produit que pour l'infinité"[149]. L'habitude, propre à un être ainsi *in potentia*, représente pour nous la voie asymptotique vers la perfection. C'est par elle qu'en toute responsabilité nous nous faisons (ou défaisons) progressivement nous-mêmes[150]. Puissance ontologique en même temps que morale, l'habitude est bien ce que saint Thomas, après Aristote, appelle "dans un être qui a déjà une certaine perfection une disposition à la plus grande perfection", *dispositio perfecti ad optimum*[151].

---

[146] *Entretien avec M. de Sacy*, OC, III, 132. Cf. *Manuel* d'Epictète, XXI. Sur l'importance décisive des habitudes dans la morale stoïcienne, v. les *Entretiens* d'Epictète, II, 18.

[147] Nous empruntons l'expression à l'*Ecrit sur la conversion du pécheur*, OC, IV, 40.

[148] Cf. *Entretien avec M. de Sacy*, OC, III, 132-133: "Il ne se lasse point de répéter que toute l'étude et le désir de l'homme doit être de reconnaître la volonté de Dieu et de la suivre" (cf. *Manuel*, LIII).

[149] Préface sur le *Traité du vide*, OC, II, 782.

[150] Nul pélagianisme en cela: cf. la citation de Ph. Sellier à la note 135, p. 95.

[151] Cf. *Sum. theol.*, Ia IIae, q. 49, a. 2. La définition vient d'Aristote (*Physique*, H, 3, 246 b). "Il apparaît clairement", écrit un commentateur de saint Thomas, "que l'habitude est un accroissement donné à l'être qui est spirituel ou capable de le devenir, pour lui permettre d'entrer de plus en plus en possession de lui-même et d'atteindre son entier développement.

4 — COUTUME ET VIE DE FOI

Pour un chrétien, la perfection suprême s'identifie à la sainteté. De même que dans l'ordre de la nature les hommes peuvent indéfiniment progresser, "les enfants de Dieu ne doivent point mettre de limites à leur pureté et à leur perfection"[152] dans l'ordre supérieur de la charité. L'habitude peut-elle contribuer à notre édification spirituelle? Il est certain que Dieu en a l'initiative, mais il ne l'est pas moins — selon une formule de saint Thomas reprise dans les *Pensées* — qu'il a voulu "communiquer à ses créatures la dignité de la causalité" (fr. 930-757). De ce point de vue, la coutume représente un moyen puissant pour accéder à la vie de foi, s'y fortifier et croître incessamment dans l'intimité divine.

Le plus souvent, la foi vient de la coutume. "C'est elle qui fait tant de chrétiens, c'est elle qui fait les Turcs, les païens" (fr. 821-661). Indistinction formelle qui fait conclure l'observateur pressé à une identité de contenu. En réalité, la coutume n'exténue pas la vérité mais lui permet de se conserver dans son essentielle humilité: la religion d'un Dieu qui s'est voulu caché ne se transmet pas autrement que celles des idolâtres et des imposteurs. Sur le fond, la différence est complète. Aussi n'est-ce qu'à propos des hérétiques et des infidèles que Pascal juge "pitoyable" de suivre le train de ses pères et dénonce "la prévention induisant en erreur" (fr. 193-226). Dans le cas des chrétiens, la coutume est prévention de la vérité: elle est la vérité venant au-devant d'eux. En l'état de nature déchue, la raison est nécessairement prévenue: si ce n'est par l'habitude de la grâce, il faut que ce soit par l'*habitus corruptus* du péché originel ou l'habitude au péché actuel ("les vices ont prévenu leur raison", dit Montalte de ceux qui ne pensent jamais à Dieu)[153]. Voilà pourquoi l'Eglise, par un changement "salutaire" de coutume, a décidé d'accorder le baptême aux petits d'homme avant qu'ils aient atteint l'âge de raison. Elle "prévient" ainsi "l'usage de la raison pour prévenir les vices où la raison corrompue les entraînerait"[154]. La prévention est ici prévenance

---

Par l'habitude nos puissances amassent en elles de quoi passer plus facilement à leurs actes" (R. Bernard,vol. 19, p. 392 de l'éd. de la *Somme théologique* citée *supra*, p. 68, n. 14).

[152] Lettre de Blaise et Jacqueline Pascal à leur sœur Gilberte, 1er avril 1648 (*OC*, II, 583).

[153] IVe *Prov.*, p. 59. Le péché originel, en tant que disposition à mal agir (et disposition, qui plus est, *versa quasi in naturam*: la seconde nature de Pascal), est un *habitus*: cf. *Sum. theol.*, Ia IIae, q. 82, a. 1.

[154] *Comparaison des chrétiens...*, *OC*, IV, 56.

de la part de l'Eglise, cette "bonne mère"[155] qui précipite les secours dont ses enfants ont besoin. Et il ne sert de rien de paraître ramener, comme fait Montaigne (ou Descartes, avec sa nourrice), la foi aux contingences de la géographie en affirmant que "nous sommes chrétiens à même titre que nous sommes ou Périgourdins ou Allemands"[156] — car ce n'est pas le hasard, mais la providence qui fixe pour chacun le temps et le lieu de sa naissance. Dans la prévention de la coutume, les chrétiens doivent reconnaître pour ce qui les concerne l'effet d'une grâce prévenante. Enfin, comme la coutume leur ouvre l'accès à la foi, elle les garde dans la fidélité. Les curés de Paris, par la plume de Pascal, se déclarent persuadés que leurs peuples "se garantiront facilement" de l'erreur des calvinistes parce qu' "ils sont accoutumés à les fuir dès l'enfance et élevés dans l'horreur de leur schisme"[157]. Cela ne donne pas nécessairement des chrétiens très éclairés, mais le préjugé a cet avantage qu'il tient lieu de raison et de science à ceux qui, enfants ou peuple, n'en ont pas assez pour se guider eux-mêmes. Ils sont incapables de défendre la vérité: par la coutume, c'est la vérité qui les défend. Plût au ciel, regrettent les mêmes curés, que pareil réflexe existât contre les casuistes relâchés[158]! Seule une coutume pourrait efficacement faire obstacle à la nature corrompue dont l'inclination attire les fidèles aux maximes jésuites.

Pour les hommes qui n'accèdent pas à la foi par la coutume d'autrui, reste la voie de la conversion. Exceptionnellement, il s'agira d'une illumination aussi soudaine que définitive; dans la plupart des cas, la transformation résulte d'un cheminement où l'habitude a sa bonne part. L'inspiration demeure, certes, indispensable (car la foi est toujours un don de Dieu), mais on s'y dispose par des moyens humains qui sont eux-mêmes une grâce anticipée. C'est ainsi que la religion n'exclut ni la raison ni la coutume — "au contraire", porte le fragment 808-655. "Il faut ouvrir son esprit aux preuves" et "s'y confirmer par la coutume" (ibid.). Il y a en effet une précarité des preuves, surtout des longs et complexes

---

[155] *Ibid.*

[156] *Essais*, II, 12, p. 445.

[157] Vᵉ *Ecrit des curés*, p. 442.

[158] Cf. *ibid.* C'est parce que ce réflexe n'existe pas qu'"il est besoin d'une continuelle vigilance" (*ibid.*) aux curés pour préserver leurs ouailles: une coutume leur épargnerait cette tension. On peut assister au montage d'un réflexe conditionné antijésuite dans la XVᵉ *Provinciale*, avec la répétition programmée du *mentiris impudentissime* (p. 294). Pascal retourne contre les bons Pères leur tactique de martellement.

raisonnements métaphysiques: non qu'elles soient logiquement invalides, mais parce qu'elles risquent d'être psychologiquement inefficaces. Qu'elles passent par une concaténation de syllogismes ou d'explications historiques et scripturaires, elles ne procurent pas l'évidence immédiate de l'existence de Dieu ou de la divinité du Christ, de sorte que ceux mêmes qui les ont suivies et approuvées, "une heure après" la démonstration, "craignent de s'être trompés" (fr. 190-222). Et quand la déduction se serait à leurs yeux ramassée en intuition, le souvenir d'une évidence n'est plus une évidence. Ils ont été convaincus, mais ils ne sont pas persuadés. La coutume est le moyen de rendre durable l'impact de la preuve, en soustrayant la vérité à la volubilité de l'entendement pour l'installer dans l'opacité stable et inconsciente de "la Machine"[159]. "Les preuves ne convainquent que l'esprit, la coutume fait nos preuves les plus fortes et les plus crues. Elle incline l'automate qui entraîne l'esprit sans qu'il y pense" (fr. 821-661). La coutume apparaît comme un détour de l'esprit à l'esprit, elle conditionne la pensée qui la conditionne. Kénose volontaire de l'esprit qui s'en remet à l'altérité afin de retrouver pérenne ce qui une fois a satisfait à ses exigences: "Il faut avoir recours à elle [la coutume] quand une fois l'esprit a vu où est la vérité afin de nous abreuver et nous teindre de cette créance qui nous échappe à toute heure" (*ibid.*). Remarquons, ici encore, la liberté au principe de la coutume, et une liberté éclairée par la raison. "Qui s'accoutume à la foi la croit" (fr. 419-680): il la croit parce qu'il a voulu la croire, et il l'a voulu croire parce qu'il a vu les raisons de croire. L'homme est en l'occurrence à la fois le sujet et l'objet de sa coutume. Manipulation peut-être, mais manipulation au service de la vérité, et surtout manipulation de soi par soi: si on ne s'entretient que de Dieu, "on se le persuade à soi-même" (fr. 99-132). Finalement, on croit toujours par coutume: l'enfant *est* accoutumé à la foi, le libertin doit *s'*accoutumer à elle. L'incroyant désabusé de son erreur refait pour son compte, à partir d'une décision rationnelle, le même chemin d'habitudes qu'ont suivi la masse des chrétiens héréditaires.

En quoi consiste pour lui cette accoutumance à la foi? Quelles facultés toucher, et par quelles répétitions? La coutume doit incliner "l'automate", c'est-à-dire en premier lieu la partie irrationnelle de l'âme. Le fragment 821-661 lui donne un nom: le sentiment ("il faut donc mettre notre foi dans le sentiment"). Avec la durée de l'habitude, la foi devient un instinct, et nous finissons par croire aussi naturellement que l'abeille construit ses

---

[159] Cf. fr. 7-41. C'est "la Machine" qui fait "l'utilité des preuves".

alvéoles. La réflexion s'est transformée en réflexe: mais par quelle habitude? Celle de répéter la démonstration initiale? Le procédé, on l'a vu plus haut, est valable en géométrie, puisque "les propositions géométriques deviennent sentiments"[160], mais une preuve métaphysique n'est pas une démonstration géométrique, et de toute façon, croire en un Dieu "simplement auteur des vérités géométriques et de l'ordre des éléments, c'est la part des païens et des épicuriens" (fr. 449-690). Même si Descartes ne sort pas indemne de ce genre de critiques, Pascal partage avec lui la conscience des limites de notre attention aux preuves. "Avoir toujours les preuves présentes, c'est trop d'affaire", assurent les *Pensées* — et Descartes à Elisabeth: "Nous ne pouvons être continuellement attentifs à même chose"[161]. Pour chacun des deux frères ennemis, l'examen des preuves est l'affaire d' "une fois"[162]. En revanche, l'impression en nous de telle vérité déjà examinée s'obtient par "une méditation attentive et souvent réitérée" de la conclusion à laquelle nous sommes parvenus, pour reprendre l'expression dont use Descartes lorsqu'il a découvert dans le décalage entre volonté et entendement la cause de toutes nos erreurs; par la répétition de cette certitude, il compte bien acquérir "l'habitude de ne point faillir"[163] (et "en ce sens — écrit-il ailleurs[164] sur le même sujet — on a raison dans l'Ecole de dire que les vertus sont des habitudes"). Un effet analogue est attendu par Pascal, dans l'ordre spirituel, de la méditation réitérée d'une vérité comme "les choses corporelles ne sont qu'une image des spirituelles": "Cette pensée est si générale et si utile qu'on ne doit point laisser passer un espace notable de temps sans y

---

[160] Fr. 646-531. Cf. ci-dessus, p. 72, n. 32.

[161] Pascal: fr. 821-661; Descartes: lettre du 15 septembre 1645 (*AT*, IV, 295).

[162] Pascal: fr. 821-661 (deux occurrences); Descartes: "On ne saurait rien faire de plus utile en la philosophie que d'en rechercher une fois *(semel)* curieusement et avec soin les meilleures et plus solides" [Descartes parle des preuves de l'existence de Dieu et de la distinction de l'âme et du corps] (*Epître à messieurs les doyens et docteurs de la sacrée Faculté de théologie de Paris, AT*, IX-1, 6).

[163] *Méditations*, IV, *AT*, IX-1, 49. Point n'est besoin de refaire la démonstration de l'existence de Dieu. Cf. *Réponses aux quatrièmes objections*: "Nous sommes assurés que Dieu existe, pource que nous prêtons notre attention aux raisons qui nous prouvent son existence; mais après cela, il suffit que nous nous souvenions d'avoir conçu une chose clairement, pour être assurés qu'elle est vraie: ce qui ne suffirait pas, si nous ne savions que Dieu existe et qu'il ne peut être trompeur" (*AT*, IX-1, 190).

[164] Dans la lettre à Elisabeth citée *supra*, n. 161 (p. 296 de l'éd. de référence).

songer avec attention"[165]. Qui s'accoutume à méditer les vérités de la foi "la croit, et ne peut plus ne pas craindre l'enfer, et ne croit autre chose" (fr. 419-680): d'énoncés dogmatiques, ces vérités sont devenues sentiments comme les premiers principes: "Qui doute donc que notre âme étant accoutumée à voir nombre, espace, mouvement, croit cela et rien que cela?" (*ibid.*). Elles ont passé de l'intelligence au cœur. Pour décrire le processus dans son fonctionnement naturel, sans y faire intervenir la grâce, l'on dira que quand les actes (de pensée et de volonté) ont insensiblement, par la fréquence de leur retour ponctuel, suscité une disposition permanente à reproduire ces mêmes actes, l'habitude est prise. L'attention moult fois reconduite nous a libérés de l'attention, pour — paradoxalement — une plus grande efficacité[166]. C'est la raison qui "s'assoupit ou s'égare" (fr. 821-661), tandis que l'habitude, si volontiers accusée de nous endormir et tromper, transforme la conviction en un sentiment qui "agit en un instant" et est "toujours prêt à agir" (*ibid.*). Dans l'optique montaignienne, l'habitude crée l'hébétude — "l'accoutumance hébète nos sens", "l'assuefaction endort la vue de notre jugement"[167] — ; dans l'optique thomiste au contraire, l'habitude est ordonnée à l'acte et lui donne d'être toujours *in promptu* et de s'effectuer *expedite*, c'est-à-dire (commente un dominicain contemporain) que grâce à l'habitude "il y a dans la puissance comme un acte toujours prêt, prompt à jaillir avec un parfait à-propos le moment venu"[168]. Qui ne voit que Pascal se rattache au moins autant à cette seconde tradition — bien

---

[165] Lettre de Blaise et Jacqueline Pascal à leur sœur Gilberte (1er avril 1648), *OC*, II, 582.

[166] Si l'on veut se diriger vers le port du salut, il est préférable, oserions-nous dire, de se confier au pilote *automatique* qu'à un capitaine vacillant. On trouvera chez Bossuet des exemples plus séants, mais non moins profanes, de la supériorité de l'habitude: "Après avoir commencé les choses que nous savons par cœur, nous voyons que notre langue les achève toute seule, longtemps après que la réflexion que nous y faisions est éteinte tout à fait; au contraire, la réflexion, quand elle revient, ne fait que nous interrompre, et nous ne récitons plus si sûrement" (*Traité de la connaissance de Dieu et de soi-même*, chap. V, § 3, éd. citée, p. 206); cf. *ibid.*, p. 207, l'apprentissage de l'écriture: "Les lettres, souvent regardées, ont fait une telle impression sur le cerveau, que la figure en passe sur le papier sans qu'il soit besoin d'y avoir de l'attention": la science de l'écriture "est dans les doigts".

[167] *Essais*, I, 23, p. 109 et 112.

[168] R. Bernard, vol. 19, p. 383 de l'éd. de la *Somme* citée *supra*, p. 68, n. 14. Référence thomiste: *De virtutibus*, q. 1, a. 1, sol. 13. L'habitude ordonnée à l'acte: *Sum. theol.*, Ia IIae, q. 49, a. 3.

oubliée des modernes, pour qui l'habitude est synonyme d'asservissement — qu'à la première?

A cet effet de naturalisation, si l'on ose dire, de l'acte de foi, concourt
l'orientation donnée par la coutume à cette autre pièce de "l'automate"
qu'est notre corps. "Votre impuissance à croire vient de vos passions.
Puisque la raison vous y porte et que néanmoins vous ne le pouvez,
travaillez donc non pas à vous convaincre par l'augmentation des preuves
de Dieu, mais par la diminution de vos passions" (fr. 418-680). S'il est
inutile d'augmenter les preuves de Dieu, il ne l'est pas, comme on vient
de le voir, de "s'y confirmer" (fr. 808-655) par une méditation réitérée qui
transforme en sentiments les convictions auxquelles une fois la raison
nous a commandé d'adhérer. Quant à l'obstacle des passions, il est aplani
par l'abêtissement. Qu'est-ce à dire? L'abêtissement consiste au détour par
l'extériorité et la répétition. Il est régulation du corps par l'habitude. Or
"on s'accoutume", écrit Pascal, "aux vertus intérieures par ces habitudes
extérieures" (fr. 912-451). Pour devenir "fidèle, honnête, humble,
reconnaissant, bienfaisant, ami sincère, véritable..." (fr. 418-680), il faut
faire comme si on l'était déjà et accomplir, non pour abuser les autres
mais pour se changer soi-même, les actes concrets que commandent la
fidélité, l'honnêteté, l'humilité et les autres vertus. Triple marque de
l'habitude: les comportements évoqués ont pour siège le corps, lieu
privilégié de son insertion; ils ne sont pas pris une fois, mais systématiquement adoptés; enfin, ils disposent à la vertu — et l'habitude est à la
fois disposition (*Philosophus definit habitum quod est dispositio secundum
quam aliquis disponitur bene vel male*)[169] et vertu (*virtutes humanae
habitus sunt*)[170]. Que nous soyons, au principe, dans l'espace de la
disposition et, au terme, dans celui de la vertu, un autre fragment le
confirme: "Les pénitences extérieures disposent à l'intérieure comme les
humiliations à l'humilité" (fr. 936-751). Et qu'est-ce pour le libertin que
l'abêtissement, sinon, par l'exhibition répétée de ses renoncements à soi,
une série de pénitences extérieures et d'humiliations? La fécondité morale
et spirituelle de l'habitude abêtissante est apparemment parvenue à la
connaissance de Pascal par saint Bernard — *humiliatio via est ad
humilitatem, sicut patienta ad pacem, sicut lectio ad scientiam*[171]: tous

---

[169] *Sum. theol., Ia IIae*, q. 49, a. 2. (reprenant la *Métaphysique* d'Aristote, Δ, 20, 1022 *b*).

[170] *Sum. theol., Ia IIae*, q. 55, a. 1. Il y a, certes, de mauvaises habitudes, mais toute vertu
est une habitude.

[171] *Epist.* LXXXVII, *ad Ogerium canonicum regularem* (*Opera* de saint Bernard dans

résultats qui ne s'obtiennent qu'à la longue — , mais il ne faudrait pas négliger le possible intermédiaire de Jacqueline, qui loue, dans une lettre à son frère du 19 janvier 1655, l'habitude de manger avec une cuillère de bois dans une vaisselle de terre: "Une des meilleures voies à mon sens" pour acquérir la vertu de pauvreté "est de faire comme si on l'avait déjà, non pas par usurpation ou par hypocrisie, mais pour passer de l'appauvrissement à la pauvreté, comme on va de l'humiliation à l'humilité"[172]. L'habitude est le chemin, car sans la répétition des actes l'extériorité ne sert de rien[173]; elle en est aussi l'aboutissement, car la vertu est un état durablement *possédé* (en latin: *habitus*). Elle est le moyen et la fin. Habitude dit en même temps le dynamisme de la *dispositio* et la stabilité de l'*habitus. Sic dispositio fit habitus, sicut puer fit vir*[174]. Au reste, que les actes de vertu précèdent la vertu et nous la fassent acquérir, alors qu'apparemment pour accomplir ces actes il faut posséder au préalable la vertu correspondante, c'est une aporie qu'Aristote avait déjà tranchée dans le même sens que Pascal: "Nous disons qu'on ne devient juste qu'en faisant des actions justes, et modéré qu'en faisant des actions modérées"[175].

Mais la portée de l'habitude ne se limite pas à l'acquisition des vertus, car par elles et au delà d'elles, l'abêtissement vise à l'acquisition de la foi.

Migne, vol. 182, t. I, col. 216).

[172] *Œuvres complètes* de Pascal, éd. Brunschvicg *major*, t. IV, p. 19.

[173] On touche ici du doigt une des différences entre l'abêtissement pascalien et le ritualisme jésuite. Le P. Bauny, qui propose d'abord de "saluer la sainte Vierge au rencontre de ses images", de "lui donner tous les matins le bonjour, et sur le tard le bonsoir" (IXe *Prov.*, p. 154), en arrive à demander simplement au dévot "d'avoir jour et nuit un chapelet au bras en forme de bracelet, ou de porter sur soi un rosaire" (p. 155): "Il faudrait être bien misérable pour ne vouloir pas prendre *un moment en toute sa vie* pour mettre un chapelet à son bras ou un rosaire dans sa poche" (*ibid.*). L'habitude jésuite n'est pas essentiellement une habitude, car elle n'est pas essentiellement répétition d'actes. L'extériorité coupée de la dynamique de l'habitude ne dispose pas alors à l'intériorité, mais dispense de l'intériorité. Y mettre son espérance, voilà la définition de la superstition (cf. fr. 944-767). Alors que l'abêtissement pascalien est une propédeutique, le ritualisme de Bauny est un succédané.

[174] *Sum. theol.*, Ia IIae, q. 49, a. 2.

[175] *Eth. à Nicomaque*, II, 3, 1105 a. Les vertus citées par Pascal ne sont, à ce stade, que des vertus naturelles (même si le libertin obéit en les cherchant à une première motion de la grâce). Elles peuvent donc tout à fait s'inscrire dans le cadre posé par un philosophe païen. Le commentaire par J. Tricot du passage cité renforce d'ailleurs le rapprochement: "Il n'est pas nécessaire d'être déjà vertueux pour accomplir des actes de vertu, et *on deviendra vertueux insensiblement par l'habitude*" (éd. citée, p. 98, n. 1).

A mesure que l'ancien libertin devient "fidèle, honnête, humble, reconnaissant", ses passions diminuent d'autant, qui sont ses "grands obstacles"
(fr. 418-680) à croire. L'habitude est donc cause médiate de la foi
humaine en ce que "la Machine" ôte de son chemin les obstacles
passionnels[176]. Elle y dispose, en outre, directement en ce qu'elle fait
accomplir les gestes du croyant — prendre de l'eau bénite, faire dire *des*
messes, etc.[177] — avec ceux du vertueux: "Naturellement même cela
vous fera croire" (fr. 418-680). Ici encore, on suppose le problème résolu:
les gestes de la croyance, qui devraient suivre la croyance, la précèdent
et suscitent, causes réelles de leur cause fictive. Que ce soit là un résultat
à porter au crédit de l'habitude, le fragment 821-661 achève de nous en
persuader: "Il faut", affirme Pascal après avoir évoqué les insurpassables
tracas d'une créance par preuves, "acquérir une créance plus facile qui est
celle de l'habitude qui sans violence, sans art, sans argument nous fait
croire les choses et incline toutes nos puissances à cette croyance, en sorte
que notre âme y tombe naturellement". Un aristotélo-thomiste se sent en
pays de connaissance devant une telle description, lui qui tient l'habitude
pour "quelque chose de surajouté" aux *puissances*[178] qui les détermine
à suivre le bien avec *facilité*[179] et agit à la façon de la *nature* précisément en ce que celle-ci se distingue de la *violence* et de l'*art*[180] — par
où ce qui est habituel peut nous être dit connaturel[181].

---

[176] Cf. fr. 11-45.

[177] Cf. fr. 418-680. A compléter par le fragment 944-767: "(...) que l'on se mette à genoux,
prie des lèvres, etc."

[178] Cf. *De veritate*, q. 20, a. 2, concl. (début). Les "puissances" (δυνάμεις) sont, avec les
"états affectifs" (πάθη) et les *habitus* (ἕξεις), les trois sortes de phénomènes qu'Aristote
distingue dans l'âme (cf. *Eth. à Nicomaque*, II, 4, 1105 *b*).

[179] Le rapport de l'habitude à la puissance est celui de la *facilitas* à la *facultas*, nommément
aux deux *facultates* de la raison et de la volonté (cf. *De veritate*, q. 24, a. 4). "Les habitudes
sont nécessaires, afin que les puissances soient déterminées au bien" (*Sum. theol., Ia IIae*,
q. 49, a. 4; et puisqu'il s'agit d'une détermination qui ne fait nulle violence à la liberté, rien
n'empêche de traduire *determinentur* par "soient inclinées").

[180] Ce qui est violent (βίαιος) est contraire à la nature (παρὰ φύσιν) (cf. *Eth. à
Nicomaque*, I, 3, 1096 *a* et la note 5, p. 44-45 de J. Tricot); quant à l'art (τέχνη), il ne
"concerne" pas "les êtres naturels, qui ont en eux-mêmes leur principe" (*ibid.*, VI, 4, 1140
a).

[181] Cf. *Sum. theol., Ia IIae*, q. 78, a. 2: *Unicuique habenti habitum, est per se diligibile id
quod est ei conveniens secundum proprium habitum, quia fit ei quodammodo connaturale,
secundum quod consuetudo et habitus vertitur in naturam*. Dans la q. 53, a. 1, saint Thomas
écrivait que l'habitude *inest sicut natura quaedam: unde operationes secundum habitum sunt*

La conversion, en un sens, coïncide avec la décision de parier pour Dieu; elle ne devient toutefois effective que lorsque l'abêtissement a eu son prolongement surnaturel dans l'accueil de la foi. Mais, du point de vue de l'habitude, ce changement n'en est pas un, puisque l'abêtissement consistait à anticiper sur les habitudes du croyant. La conversion, même si elle s'origine dans la conscience de la fin inéluctable de nos habitudes à la mort, ne signifie donc pas l'abolition de toute habitude. L'homme pascalien, écrit Ph. Sellier, "peut non échapper aux habitudes, mais choisir ses habitudes"[182]: sa conversion correspond toujours — comme cause, quand elle est soudaine; comme effet, quand elle est préparée — à une conversion de ses habitudes. Combien de temps faut-il pour en prendre de nouvelles? On est tenté de répondre, avec le fragment 31-65: "un temps proportionné à notre durée vaine et chétive". Tel individu, après avoir joué "cinq ou six jours avec plaisir, le voilà misérable s'il retourne à sa première occupation" (fr. 79-114); cas fort ordinaire, qui montre avec quelle rapidité nous nous attachons à de nouvelles occupations. Pourquoi n'en serait-il pas de même pour qui s'engage au travail de sa conversion? Il est joueur aussi, puisqu'il parie. Si quelqu'un savait n'avoir plus que huit jours à vivre, il est probable qu'il changerait d'habitudes[183], or "si on doit donner huit jours de la vie, on doit donner cent ans" (fr. 159-191). Les passions ne nous lâcheront point en une semaine, mais ce délai permet déjà de prendre ses distances avec les "conversations" anciennes et de commencer à sérieusement acquérir des automatismes qui jusqu'a-lors nous étaient étrangers. Pascal lui-même, malgré le récit de Gilberte, n'a guère dépassé cette durée pour la période de rupture suivant sa seconde conversion: "Il commença à changer de quartier, et, pour rompre davantage toutes ses habitudes, il alla à la campagne, d'où étant de retour après une retraite considérable, il témoigna si bien qu'il voulait quitter le monde que le monde enfin le quitta"[184]. Une retraite considérable? Du 7 au 28 janvier 1655. Le labourage de l'âme n'est certes pas achevé, mais cent ans n'y suffiraient pas, et ce sont des habitudes nouvelles qui peuvent l'avancer. Plus que jamais après sa conversion, Pascal est un homme

---

delectabiles; il affirme au même endroit (d'après *Eth. à Nicomaque,* VII, 11, 1152 *a*): *Habitus similitudinem habet naturae.*

[182] Ed. citée des *Pensées,* p. 471, n. 7.

[183] Cf. fr. 386-5: "Afin que la passion ne nuise point, faisons comme s'il n'y avait que huit jours de vie".

[184] *Vie* de Blaise Pascal par sa sœur Gilberte (2ᵉ version), *OC,* I, 613.

d'habitudes; simplement, ses habitudes ont changé: désormais, il fait son lit lui-même, va prendre son dîner dans la cuisine, fixe à l'avance la quantité de nourriture à absorber et, dans le domaine religieux, dit chaque jour son bréviaire et assiste aux solennités marquées dans son almanach spirituel[185]. La conversion réussie, qu'elle consiste dans le passage de l'incrédulité à la croyance ou d'une foi endormie à une foi fervente, se situe nécessairement entre deux habitudes — "l'habitude" de l'âme "aux péchés où elle a vécu" et "l'habitude dans la piété"[186]. L'authenticité de la conversion n'a même d'autre garantie, aux yeux des humains qui ne sondent point les cœurs, que le changement durable des habitudes: voilà pourquoi, entre autres raisons, l'Eglise primitive n'admettait les catéchumènes au baptême qu'après vérification du renouvellement de leur vie, au lieu que les chrétiens contemporains, reçus en son sein dès leur naissance, ne témoignent d'aucune constance mais mènent une existence entrecoupée de "chutes et rechutes continuelles"[187]. C'est encore ce qui justifie le délai d'absolution imposé aux pécheurs endurcis, occasion pour eux de briser leur accoutumance au mal et de se ranger à de plus saines pratiques. Et comme la conversion est à poursuivre toute la vie, les neuves habitudes inaugurées doivent être observées jusqu'à la mort. Elles n'impliquent pas généralement l'abandon de sa condition, mais une autre manière de la suivre: le fait que Jésus-Christ soit "modèle de toutes conditions" (fr. 946-768) entraîne la rédemption de la coutume qui, on le sait de reste, préside au choix des métiers. C'est par l'ordinaire d'une vie, donc par les habitudes qui la scandent, que se mesurent non seulement sa moralité mais sa sainteté. A cet égard, la vie religieuse dispose plus particulièrement à la perfection parce qu'elle avance plus qu'une autre au rythme de la Règle et des rites. Telle est l'existence que Pascal converti, agissant en toutes choses par principes et maximes[188], essaie le plus possible d'imiter au sein même du monde, et lorsqu'il prend la défense des religieuses de Port-Royal, il ne tire pas argument "de quelques actions particulières, mais de toute la suite d'une vie entièrement consacrée à l'adoration de Jésus-Christ résidant sur nos autels"[189]: la répétition étant la seule continuité accessible à l'être humain, ce n'est pas toute la communauté qui adore toujours,

---

[185] Cf. *ibid.*, p. 613, 614, 637, 636.

[186] *Ecrit sur la conversion...*, *OC*, IV, 44 et 42.

[187] *Comparaison des chrétiens...*, *OC*, IV, 59.

[188] Cf. *Vie* de Blaise Pascal, *OC*, I, 613-614.

[189] XVIᵉ *Prov.*, p. 303.

mais chacun de ses membres qui, tour à tour et en ordre réglé, se succède nuit et jour devant le Saint-Sacrement. Quand la coutume se fait perpétuité, la créature est au plus près de ce qui sera son statut d'éternité[190].

Que si l'on veut approfondir le rôle de la coutume dans la vie spirituelle, on rencontre vite une quadruple analogie entre grâce et habitude. L'une et l'autre se présentent d'abord comme une continuité discontinue. La grâce est "un flux continuel" comparable "à un fleuve et à la lumière que le soleil envoie incessamment hors de soi, et qui est toujours nouvelle"[191]: sa perpétuité n'est pas étale, mais constamment rejaillissante et c'est pourquoi, du côté de l'homme, "il faut continuellement faire de nouveaux efforts pour acquérir cette nouveauté continuelle d'esprit"[192]. L'habitude non plus n'est pas donnée une fois pour toutes et elle ne se conserve que par le renouvellement des actes qui l'ont produite — un renouvellement qui n'est jamais, dans le cas de l'homme, reproduction à l'identique: seuls les animaux et la nature recommencent "toujours les mêmes choses" (fr. 663-544), raison pour laquelle ils sont dits, au sens strict du terme, n'avoir point d'habitudes. En second lieu, analogie dans le mode d'action: la coutume "*incline* l'automate", l'habitude "*incline* toutes nos puissances" (fr. 821-661); or, c'est ainsi qu'intervient dans sa douceur délectable la grâce de Dieu, comme on peut le lire au même fragment (*Inclina cor meum, Deus*) et ailleurs dans les *Pensées*[193]. De plus, le point d'insertion de cette influence de la grâce et de la coutume se situe dans la partie non rationnelle de l'âme: par la coutume, la croyance passe *de l'automate* à l'esprit; par la grâce, les vérités divines "entrent *du cœur* dans l'esprit"[194]. Le parallélisme est inscrit dans le fragment 821-661, où l'inclination touche à quelques lignes de distance l'automate et le cœur, les deux notions se fondant en fin

---

[190] Cf. fr. 663-544: le retour sans terme d' "êtres terminés" produit "une espèce d'infini et d'éternel".

[191] Lettre 3 à Melle de Roannez, *OC*, III, 1034. On ne se baigne jamais deux fois dans le même fleuve de grâce. Cf. la lettre de Blaise et Jacqueline à leur sœur Gilberte (5 nov. 1648), *OC*, II, 697: "La continuation de la justice des fidèles n'est autre chose que la continuation de l'infusion de la grâce, et non pas une seule grâce qui subsiste toujours".

[192] Lettre citée à Gilberte, *OC, II*, 697.

[193] Cf. fr. 380-412 (qui cite lui aussi le verset 36 du Psaume CXVIII) et 382-414.

[194] *De l'esprit géométrique* (2ᵉ fragment), *OC*, III, 413. Pour le premier point, cf. fr. 821-661: "La coutume (...) incline l'automate, qui entraîne l'esprit sans qu'il y pense".

d'analyse dans celle de *sentiment:* "Il faut donc mettre notre foi dans le sentiment". Enfin, la transposition pascalienne d'un texte de Montaigne sur la coutume est révélatrice d'une analogie entre les effets de l'habitude et ceux de la grâce, toutes deux capables de transformer notre nature: au souvenir d'antiques nations où chacun, jusqu'aux "enfants de sept ans", méprisait allègrement la mort, Montaigne s'extasie sur le pouvoir de la coutume: "Ce que toute la philosophie ne peut planter en la tête des plus sages, ne l'apprend-elle pas de sa seule ordonnance au plus grossier vulgaire?"[195]. Pascal reprend la comparaison et même la structure de la phrase pour célébrer les étonnantes métamorphoses opérées par l'effusion de grâce consécutive à l'apparition du christianisme: "Ce que Platon n'a pu persuader à quelque peu d'hommes choisis et si instruits, une force secrète le persuade à cent milliers d'hommes ignorants" (fr. 338-370). Comme la grâce, "la coutume peut tout" (fr. 577-480): sans sortir de la nature elle produit des miracles, tandis que la grâce, qui est "en quelque sorte naturelle" (fr. 662-544), joue à la façon de la coutume le rôle d'une seconde nature.

Puisque Dieu se sert de la nature humaine pour la hausser au-dessus d'elle-même et que l'habitude est par essence *dispositio,* l'analogie entre grâce et coutume ne peut manquer de devenir le support d'une relation de causalité ou, à tout le moins, d'occasionnalité. L'abêtissement l'illustrait au seuil de la vie de foi, mais à l'intérieur même de cette vie la répétition ne cesse pas d'être comme la chance de la grâce. A Gilberte qui estime inutile de répéter à ses correspondants des considérations spirituelles qui leur sont déjà familières, Blaise et Jacqueline répliquent: "Tu ne dois pas craindre de nous remettre devant les yeux les choses que nous avons dans la mémoire, et qu'il faut faire rentrer dans le cœur, puisqu'il est sans doute que ton discours en peut mieux servir d'instrument à la grâce que non pas l'idée qui nous en reste en la mémoire"[196]. La mémoire est un tombeau où la vérité gît en puissance de résurrection, et c'est la répétition active — force de mort quand elle se dessèche dans le formalisme — qui livre passage à la grâce vivifiante. D'où le précepte universel édicté par le frère et la sœur à la même page: "On ne doit jamais refuser de lire ni d'ouïr les choses saintes, si communes et si connues qu'elles soient". Rédemption de la banalité, providence des sermonnaires ennuyeux: leur absence d'inspiration est source d'inspiration pour ceux qui s'appliquent

---

[195] *Essais,* I, 23, p. 114-115.

[196] Lettre de Blaise et Jacqueline à leur sœur Gilberte (5 nov. 1648), *OC,* II, 697.

à leurs discours "avec plus de *disposition*"[197]. Et cette fécondité des habitudes croisées — celle, chez le prédicateur, de répéter son catéchisme et, chez l'auditeur, celle de l'écouter avec attention — est elle-même un fait d'expérience habituel: "Il arrive très souvent que Dieu se sert de ces moyens extérieurs plutôt que des intérieurs"[198] pour illuminer les fidèles de sa grâce.

L'habitude prédisposant à la grâce est déjà un fruit de la grâce, qui la suscite, l'accompagne et finalement la couronne. De la main de Jacqueline Pascal, qu'on vient de voir louer avec son frère la coutumière répétition des pieux entretiens, le *Mystère de la mort de Notre-Seigneur Jésus-Christ* offre un exemple de cette synergie. Méditant sur le coup de lance qui perça le côté du Christ après sa mort, la jeune fille apprend qu'après avoir fait mourir la chair, il lui faut encore persécuter ses passions et "surtout la principale et celle où résidait plus particulièrement cette vie de la chair": "Je dois, par des mortifications continuelles, tâcher de l'étouffer comme si elle ne l'était pas déjà; afin que pratiquant tout ce qui lui est le plus contraire, je forme, moyennant la grâce de Dieu, une habitude qui, passant en naturel, soit sa mort véritable à mon égard, et soit comme la plaie du cœur de mon Sauveur, après laquelle il ne pouvait plus vivre naturellement"[199]. L'habitude n'est plus seulement ici la chance de la grâce, elle est le travail de la grâce. "Passant en naturel", elle est cependant telle qu' on ne peut "plus vivre naturellement" avec elle: qu'est-ce à dire, sinon que l'habitude spirituelle vient créer une nature nouvelle qui se substitue à l'*habitus corruptus* de la seconde nature pour renouer avec l'innocence de notre premier état? Comme une première coutume avait fait notre seconde nature, une seconde coutume nous redonne notre première nature et peut-être mieux encore: après la naturalisation de la faute, la naturalisation du surnaturel. Pour Blaise aussi, il est clair que la grâce peut initier une habitude et la soutenir constamment afin qu'elle demeure méritoire et obtienne récompense. Le cas le plus déterminant est celui de la prière, puisque c'est à elle que "la grâce est particulièrement accordée"[200]. Notre dépendance de Dieu étant de tous les instants, il faut que sa grâce nous soit incessamment communiquée, et pour cela que notre demande se renouvelle incessamment ("Dieu

---

[197] *Ibid.*

[198] *Ibid.*

[199] *OC*, II, 755.

[200] Lettre citée du 5 nov. 1648, *OC*, II, 697.

donne à ceux qui demandent, et non pas à ceux qui ont demandé")[201]. Or l'acquisition de cette prière "qu'on ne doit jamais interrompre" est elle-même suspendue à un constant renouvellement de la grâce de Dieu, car "s'il en interrompt tant soit peu le cours, la sécheresse survient nécessairement"[202]. La prière perpétuelle est perpétuellement portée par la grâce qui la prévient et l'exauce. L'habitude peut alors à bon droit se nommer persévérance[203], et elle constitue comme telle la plus proche disposition au salut. Habitude dynamique, en ce qu'elle ne se repose pas sur une prétendue inamissibilité de la grâce efficace mais épouse sa toujours révocable réactivation[204].

Cet équilibre en mouvement qui définit la "charité actuelle" suppose néanmoins l'état stable de la charité "habituelle"[205]. Celle-ci désigne "la grâce sanctifiante qui rend les hommes enfants de Dieu"; celle-là, le secours divin qui donne "le pouvoir d'accomplir les commandements"[206]. Pascal adhère ici à l'analyse augustinienne telle qu'elle est reformulée par saint Thomas. Semblable à un œil sain mais privé de lumière, l'âme justifiée — c'est-à-dire vivant sous le régime de la charité habituelle — a bien en elle-même le pouvoir d'aimer Dieu, et conséquemment d'accomplir ses commandements, mais elle a besoin pour réduire ce pouvoir en acte d'une intervention spéciale de la grâce: "Comme dit saint Thomas, elle n'a pas besoin de plus de justice pour aimer Dieu, mais seulement des secours actuels"[207]. Il existera donc

---

[201] *Ecrits sur la grâce, Lettre, OC,* III, 713.

[202] Lettre citée du 5 nov. 1648, *OC,* II, 697. Cf. fr. 972-804.

[203] Cf. *Ecrits sur la grâce, Lettre, OC,* III, 713: "Il faut persévérer à demander pour obtenir", etc.

[204] Cf. lettre citée à Gilberte, *OC,* II, 697: "On ne peut conserver la grâce ancienne que par l'acquisition d'une nouvelle grâce" — acquisition dont personne n'est assuré, "la grâce de prier pouvant à toute heure être ôtée et donnée" (*Ecrits sur la grâce, Lettre, OC,* III, 714; cf. *ibid.,* p. 709: "L'on n'a jamais l'assurance de persévérer").

[205] Cf. *Ecrits sur la grâce, Discours, OC,* III, 720.

[206] *Ibid.*

[207] *Ibid.,* p. 734. Pascal ne donne pas la référence de sa citation-résumé. Elle nous paraît être *Sum. theol., Ia IIae,* q. 109, a. 10. On y lit en effet: *Ad talem perseverantiam habendam* [la persévérance finale] *homo in gratia constitutus non quidem indiget aliqua alia habituali gratia, sed divino auxilio ipsum dirigente et protegente.* On peut également penser (ainsi J. Mesnard, *OC,* III, 734, n. 3) à l'article précédent, où la même doctrine est exposée: *Homo ad recte vivendum dupliciter auxilio Dei indiget. Uno quidem modo, quantum ad aliquod habituale donum, per quod natura humana corrupta sanetur (...). Alio modo indiget homo auxilio gratiae ut a Deo moveatur ad agendum. Quantum igitur ad primum auxilii modum,*

deux formes de persévérance correspondant aux deux modes de l'habitude, l'habitude-état et l'habitude comme réitération d'actes. La première sera l'*habitus mentis per quem homo firmiter stat, ne removeatur ab eo quod est secundum virtutem*: c'est l'état de charité habituelle, dans lequel l'homme est "constitué sous la grâce"[208]. La seconde est la *continuatio boni usque ad finem vitae* et résulte de la mobilisation incessante de l'état de grâce par les secours actuels, au premier rang desquels le don de demander à Dieu dans la prière le don de la persévérance[209]. *Multis enim datur gratia,* conclut saint Thomas dans cet article cité par Pascal, *quibus non datur perseverare in gratia.* Ce qui peut se traduire en termes moins techniques: "Il est bien plus rare de voir continuer dans la piété que d'y voir entrer"[210]. Cette persévérance au second sens n'engendre nul ennui, car en ceux qui perpétuent leur prière, la grâce fait renaître le désir de la grâce[211] en même temps qu'elle les fait — comme la nourriture pour le corps — grandir "peu à peu"[212] dans la vie de l'âme. "En croissant peu à peu en grâce par la continuation des prières, écrit Saint-Cyran, on parvient à la plénitude de la joie du cœur, non seulement dans le ciel, mais aussi dans la terre"[213]. Telle est bien la jouissance que Pascal permet d'espérer au pécheur récemment converti lorsqu'il lui laisse entrevoir, à défaut de les éprouver, "ces charmes dont Dieu récompense l'habitude dans la piété"[214]. Une continuation qui n'est pas une continui-

---

homo in gratia existens non indiget alio auxilio gratiae quasi aliquo alio habitu infuso. Indiget tamen auxilio gratiae secundum alium modum.

[208] Article cité (n°10) de la *Sum. theol.* Pascal utilise l'expression de saint Thomas (reprise par le Concile de Trente) "constitué sous la grâce" dans *Ecrits sur la grâce, Lettre, OC,* III, 653. Dans cet état de charité habituelle, l'homme n'est pas simplement chrétien, mais juste — c'est-à-dire que sa volonté est dégagée des passions qui asservissent aux créatures (cf. *Ecrits, Discours, OC,* III, 734). Sur la distinction thomiste des formes de persévérance, l'article cité en donne d'abord trois, mais montre ensuite que les deux premières peuvent se regrouper en une seule catégorie (*utroque istorum modorum, perseverantia simul cum gratia infunditur*).

[209] Cf. *Sum. theol.,* article cité.

[210] Lettre 5 à Melle de Roannez, *OC,* III, 1038-1039.

[211] Cf. fr. 941-766: "On ne s'ennuie point de manger, et dormir, tous les jours, car la faim renaît et le sommeil, sans cela on s'en ennuierait. Ainsi sans la faim des choses spirituelles on s'en ennuie".

[212] Cf. fr. 514-671: "La nourriture du corps est peu à peu".

[213] Cité par J. Orcibal, dans *La Spiritualité de Saint-Cyran, avec ses écrits de piété inédits,* Vrin, 1962, p. 70.

[214] *Ecrit sur la conversion...,* OC, IV, 42.

té[215], une répétition qui est renouvellement, une délectation qui creuse le désir qu'elle comble: ce chef-d'œuvre de l'habitude qu'est la persévérance finale est une habitude à quoi l'on ne s'habitue pas.

Pour être sauvé, il faut ainsi persévérer dans l'habitude de la piété, qui suppose elle-même une grâce habituelle disposant à accomplir les commandements de Dieu. Mais la condition fondatrice de leur observance doit d'abord être remplie, qui est tout simplement de les connaître: "Ceux qui n'en sont pas instruits, comme les infidèles, n'ont pas le pouvoir de les accomplir, puisqu'ils les ignorent"[216]. Il leur faudrait la foi, or "comment croiront-ils en celui dont ils n'ont point ouï parler?"[217]. Point de perfection sans justification, point de justification sans la foi, point de foi sans la transmission d'une parole (*fides ex auditu*) façonnant l'une après l'autre toutes les générations depuis l'origine. Si le plus haut nom de l'habitude est persévérance, la plus féconde forme de la coutume s'appelle Tradition.

Le danger en politique vient des "curieux examinateurs des coutumes reçues" (fr. 60-94): en religion, les novateurs font le lit des hérésies — ces guerres civiles de la foi — et corrompent la règle des mœurs. On a vu combien les jésuites pervertissaient la morale chrétienne en accoutumant les hommes à leurs maximes relâchées: de ce qu'ils tentent d'implanter une nouvelle tradition, ne déduisons pas qu'ils sont traditionalistes, mais qu'ils sont les fauteurs d'une anti-tradition. L'enseignement des papes, des conciles, des Ecritures est réduit à rien sous l'autorité de leurs docteurs graves qui abolissent la perpétuité par la probabilité. A ces destructeurs de la tradition s'opposent en une erreur symétrique les superstitieux de la tradition, représentés pour Pascal par les Juifs charnels. Ces derniers s'astreignent à "mille observations particulières et pénibles" (fr. 451-691) qu'ils tiennent de leurs pères mais qui ne leur servent de rien devant leur Père. C'est qu'ils ont mis leur confiance "aux sacrements extérieurs" (fr. 486-724) que sont la circoncision, les sacrifices, les cérémonies et la Loi, sans plier leur cœur à ce que ces "sacrements" figuraient. Au lieu de disposer à l'intériorité, les coutumes judaïques se sont closes sur elles-mêmes en un ritualisme stérile[218]; elles sont en

---

[215] "La continuité dégoûte en tout" (fr. 771-636).

[216] *Ecrits sur la grâce, Discours, OC*, III, 733.

[217] *Ibid.*

[218] Sauf, bien sûr, pour le petit nombre des Juifs spirituels: "Saint Joseph si intérieur dans une loi tout extérieure" (fr. 936-751).

somme revenues à l'idolâtrie première dont Dieu les avait dégagées: "Ce ne fut qu'après qu'ils eurent sacrifié aux veaux d'or que je m'ordonnai des sacrifices, pour tourner en bien une mauvaise coutume"[219]. Entre les mains des hommes, la coutume bonifiée est redevenue mauvaise et les saints préceptes se sont transformés en *mandata non bona* (fr. 453-693), tant il est vrai que "Dieu peut du mal tirer du bien et que sans Dieu on tire le mal du bien" (fr. 928-756).

Ces deux errances inverses des jésuites et des Juifs charnels procèdent cependant d'une attitude semblable qui permet de définir par contraste le sens de l'authentique tradition judéo-chrétienne[220]. En remplaçant la doctrine de Jésus-Christ par celles des nouveaux casuistes, les jésuites, "*ces Pharisiens de la loi nouvelle*, comme ils se sont appelés eux-mêmes, établissent leurs traditions humaines sur la ruine des traditions divines"[221]. Le rapprochement avec les Pharisiens s'impose parce que ceux-ci ont encouru le même reproche de la part du Christ: "Vous avez annulé la parole de Dieu à cause de votre tradition"[222]. La tradition n'est évidemment pas condamnée en soi, mais son authenticité est à rechercher par delà les inventions humaines qui avec le temps l'ont adultérée ou détruite. Un pape circonvenu par les jésuites sera donc renvoyé à la créance de l'ancienne Eglise (le bon pape étant celui "qui consulte l'antiquité pour faire justice", fr. 916-746), tout comme Dieu ordonne aux Juifs par la bouche de Jérémie: *Interrogate de semitis antiquis quae sit via bona et ambulate in ea*[223]. Il y a dans la véritable tradition — qui est tradition de la vérité — une force contestatrice, dont l'exercice toutefois

---

[219] Glose sur Jérémie, VII, 22 au fr. 489-735. Cette attitude divine témoigne de la prégnance en l'homme de la coutume: tout se passe comme si on ne pouvait éradiquer la coutume, mais seulement lui donner un autre contenu ou un autre sens. Dieu lui-même doit ruser avec ce trait de notre nature.

[220] Pour Pascal, c'est un seul peuple que forment dans la suite des temps les Juifs spirituels et les "vrais chrétiens" (fr. 286-318). Cf. fr. 315-346: "Moïse d'abord enseigne la Trinité, le péché originel, le Messie".

[221] IIe *Ecrit des curés*, p. 424.

[222] Matthieu, XV, 6. Cf. Saint-Cyran: "Jésus-Christ ramène dans son Evangile tous les usages et les pratiques de la Synagogue à leur première institution: ruinant tout ce que les coutumes contraires, quoique autorisées des prêtres, des docteurs et des plus excellents hommes de la Loi, avaient établi" (*Lettre à un ecclésiastique de ses amis touchant les dispositions à la prêtrise*, s.l., 1647, p. 20-21. Cette *Lettre* a été lue de près par Pascal, qui la jugeait "fort relevée" dans la lettre à Gilberte du 1er avril 1648, *OC*, II, 581).

[223] Jérémie, VI, 16, cité au fr. 486-732.

s'assujettit à certaines limites: elle ne réclame nullement le retour scrupuleux aux coutumes d'autrefois, mais que l'on conserve ou retrouve l'esprit qui y présidait. Alors que les jésuites veulent changer l'esprit de l'Eglise et que les Juifs veulent garder la lettre de la Loi, la tradition bien comprise consistera — comme Pascal le montre à propos du baptême et de la pénitence[224] — à garder l'esprit originel en acceptant de changer la lettre qui l'exprimait.

De quel esprit partent les traditions qui ne sont pas la Tradition? Quoique collectives par nature, elles sont gouvernées par l'esprit propre, c'est-à-dire par la concupiscence, qui est la chose du monde la plus répandue. Les jésuites en machinant une nouvelle tradition ou les Juifs en idolâtrant l'ancienne[225] ne cherchent qu'à satisfaire leurs intérêts temporels — la plus grande gloire mondaine de la Compagnie ou "une heureuse suite d'années" (fr. 449-690). Les uns et les autres ont dit: "Nous suivrons les pensées de notre cœur" (fr. 769-634). Par cette démarche, ils rejoignent ceux qui sont les ennemis par excellence de la Tradition, à savoir les hérétiques, puisque l'hérésie consiste à "opposer son esprit propre à l'esprit de Dieu"[226]. Tout au contraire les véritables chrétiens, en acceptant la Tradition, renoncent à leur esprit propre, et ce renoncement les définit comme tels. En effet, "les seuls chrétiens ont été astreints à prendre leurs règles hors d'eux-mêmes, et à s'informer de celles que Jésus-Christ a laissées aux anciens pour nous et retransmises aux fidèles" (fr. 769-634). La Tradition est le lieu d'une double kénose, en ceux qui

---

[224] En administrant le baptême aux nouveau-nés et non, comme dans les premiers temps, aux seuls catéchumènes instruits, l'Eglise "n'a pas changé d'esprit, quoiqu'elle ait changé de conduite" (*Comparaison des chrétiens...*, § 7, *OC*, IV, 56; au § 15, la plus précieuse source du texte donne "coutume" au lieu de "conduite", *ibid.*, p. 60). Et Pascal qualifie de "salutaire" ce "changement de discipline" (§7, *ibid.*, p. 56). Même attitude sur les pénitences autrefois imposées aux homicides: "Je vous en rapporterai quelques exemples non pas dans la pensée que toutes ces sévérités doivent être gardées, je sais que l'Eglise peut disposer diversement de cette discipline extérieure, mais pour faire entendre quel est son esprit immuable sur ce sujet" (XIVe *Prov.*, p. 266). Saint-Cyran lui-même sait joindre à la révérence pour les premiers siècles de l'Eglise le nécessaire tempérament de la condescendance pour notre faiblesse présente: "Les lois primitives et principales de Dieu et de l'Eglise ne sont formées que sur le modèle de la vérité, et sont comme les premiers rayons de la Sagesse divine: et celles qui ont été faites depuis ne sont fondées que sur l'indulgence, *que la même Sagesse permet et conseille pour redresser la faiblesse des hommes*" (*Lettre à un ecclésiastique...*, p. 22).

[225] Qui n'est pas, comme on vient de le montrer, originelle.

[226] XVIIe *Prov.*, p. 343.

reçoivent — les chrétiens — parce qu'ils acceptent de n'être pas leur propre principe, et en celui qui donne — Jésus-Christ — parce qu'il accepte d'être livré (traditus) aux hommes pour leur délivrer son Esprit avec son message[227]. C'est qu'il ne s'agit pas, dans la Tradition, de transmettre un savoir ou une norme sans la grâce qui les vivifie[228]. Ainsi la transmission de la vraie doctrine sur la grâce, "qui n'a jamais été abandonnée depuis la création du monde", est elle-même un fruit de la grâce qui se suscite des défenseurs "par sa force toute-puissante"[229]. Comme l'habitude dans la piété se renouvelle constamment au cours de la vie du juste qui persévère, la Tradition revit de génération en génération pour former une suite "continuelle et sans interruption"[230] dans le devenir de l'humanité. Double effet de la grâce qui n'en fait qu'un et renvoie pour Pascal au modèle de l'engendrement trinitaire, la "continuation de l'infusion de la grâce" étant référée à l'action par laquelle "le Père produit continuellement le Fils et maintient l'éternité de son essence par une effusion de sa substance qui est sans interruption aussi bien que sans fin"[231]. Persévérance et perpétuité ont leur source en l'éternité de Dieu dont elles sont l'image temporelle dans la personne et dans l'histoire. En manifestant que Dieu se donne aux hommes, elles manifestent ultimement Dieu se donnant à Dieu.

Les concepts de coutume et d'habitude se révèlent ainsi beaucoup plus riches que ce qu'une condamnation sommaire aurait pu faire croire. Il est

---

[227] Cf. Ve Ecrit des curés, p. 435: "Les apôtres qui ont été envoyés par le Saint-Esprit n'ont annoncé au monde que les paroles qu'il leur avait données: et le Saint-Esprit, qui a été envoyé par le Fils, a pris ses paroles du Fils" qui lui-même "a été envoyé du Père".

[228] Saint Basile, dont Pascal invoque le Traité du Saint-Esprit pour garantir le passage cité du Ve Ecrit, le montre à propos de l'invocation trinitaire au baptême: "Cette tradition, livrée avec la grâce vivifiante, il faut qu'elle demeure inviolable, car celui qui a racheté notre vie de la corruption nous a donné un pouvoir de renouvellement qui a une cause ineffable cachée dans le mystère" (Traité du Saint-Esprit, chap. XII, 117 a, coll. "Sources chrétiennes", éd. du Cerf, 1947, p. 157). Cette tradition, comme beaucoup d'autres, n'est pas écrite — mais "si nous essayions d'écarter les coutumes non écrites comme n'ayant pas grande force, nous porterions atteinte, à notre insu, à l'Evangile, sur les points essentiels eux-mêmes" (chap. XXVII, 188 a, p. 233).

[229] IIe Prov., p. 33-34.

[230] Fr. 967 dans l'éd. Lafuma (passage rayé).

[231] Lettre de Blaise et Jacqueline à Gilberte, OC, II, 696-697.

vrai aussi que la torpeur de l'accoutumé nous rend insensibles à l'absurdité des opinions reçues comme à l'étrangeté d'un monde qui nous berce
de ses rythmes familiers. Ce à quoi nous nous habituons se transforme
imperceptiblement de fait en droit: parce que "la nature recommence
toujours les mêmes choses" (fr. 663-544), tout ce qui se répète, même au
sein de la société, apparaît naturel[232]. D'où la tentation pour un esprit
critique de dénoncer dans la nature un concept servant à masquer une
réalité multiforme, inconstante et contradictoire sans autre fondement que
le hasard mâtiné de violence. Sous la rassurante uniformité de la nature
— physique, sociale, humaine — grouillerait en fait la bigarrure
arbitraire de coutumes temporaires et régionales indûment promues au
rang de normes universelles et nécessaires. Cette démystification
cependant n'est que demi-habileté: elle vaut bien contre l'illusion de "la
plus grande partie des hommes communs" (fr. 131-164) qui prennent pour
naturels les préjugés qui dogmatisent en eux, mais elle est incapable
d'exténuer le concept de nature qui résiste victorieusement à la critique
pyrrhonienne dans les trois domaines d'où elle prétendait le bannir. Car
il est certain que la nature extérieure (la φύσις) trouve sa cohérence dans
l'objectivité et la permanence de ses lois, l'irrégularité apparente signalant
seulement les limites de notre expérience; que les sociétés trouvent dans
la diversité de leurs coutumes de quoi extirper "la racine de la diversité"
(fr. 711-589) et participer à l'immémoriale justice des lois non écrites que
nous tenons de la nature; que l'homme enfin, jusque dans ses fautes et
erreurs coutumières, ne laisse pas de se conduire par les "principes
naturels" (fr. 525-454) à sa raison et à sa volonté. La coutume n'est pas
la négation de la nature, elle est un pli à l'intérieur de la nature[233].

Mais cette nature, lorsqu'on parle de l'homme, est ouverte sur
l'illimité, et c'est la coutume qui lui donne de se déployer. C'est par elle

---

[232] Le surnaturel court, de cette façon, le risque d'être absorbé dans la sphère de nature.
Ainsi la multiplication des miracles fait perdre le sens du miracle: les Juifs, "accoutumés aux
grands et éclatants miracles" (fr. 264-295) de Moïse, sont restés indifférents à ceux du
Christ. C'est pourquoi les miracles "ont été fréquents au commencement [de l'Eglise], et
rares néanmoins, de peur que la coutume ne refroidît l'ardeur que la nouveauté avait
allumée" (*Abrégé de la vie de Jésus-Christ*, §339 [1], *OC*, III, 312).

[233] La notion de pli permet de dire: 1) la coutume comme modalité de la nature — cette
nature dont Montaigne lui-même reconnaît que "rien n'est que selon elle" (*Essais*, II, 30, p.
713); 2) l'éventualité de la coutume per-verse — le contre nature étant nature rabattue sur
elle-même; 3) la possibilité inverse du dé-ploiement de la nature autour de cet axe — ainsi
qu'on le montre aussitôt après. Le pli est figure de la réversibilité.

que le faux raisonneur se guérit de son défaut — car la méthode de ne point errer est affaire d'habitude — , que le fin peut se tourner vers la géométrie et que le géomètre, appuyé sur l'exemple et les découvertes de ses prédécesseurs, progressera dans cette "infinité d'infinités de propositions" (fr. 199-230) qu'il revient aux savants d'exposer. Dans la sphère de l'éthique, non seulement "l'honnêteté" se consomme dans la déférence au train accoutumé d'autrui, mais nos propres habitudes sont l'exacte mesure de notre vertu: les choix réitérés de l'homme expriment sa liberté (on *s'accoutume* à telles ou telles actions) et construisent peu à peu un être moral qui, comme l'intellectuel, "n'est produit que pour l'infinité"[234]. Son modèle en effet n'est autre que Dieu même, où la perfection "se trouve infinie"[235]. On s'y conforme par la conversion, ce chemin que désigne la raison mais que la coutume fait prendre; par la charité habituelle, qui fait vivre en état de grâce; par "l'habitude dans la piété" enfin, qui produit la persévérance finale et inscrit le vrai chrétien dans la perpétuité de la Tradition. La coutume, en un mot, représente pour l'homme l'espace de la perfectibilité, et c'est pourquoi Dieu et l'animal, parfaits l'un et l'autre dans la distance infinie qui les sépare, en sont également dépourvus. Par ce pouvoir de s'accoutumer, l'homme peut "à son choix" (fr. 423-680) se tourner vers l'être universel ou vers la bête brute et devenir, autant qu'il est en lui, semblable à ce qu'il aime. Quel que soit le sens de ce choix, l'habitude représente du point de vue métaphysique ici dégagé un perfectionnement de sa puissance, qui lui donne d'être plus facilement et pleinement ce qu'il veut être, au lieu que dans l'optique moderne elle est presque toujours synonyme d'aliénation. Pour les philosophes des deux derniers siècles, l'habitude est essentiellement le piège que la nature tend à la liberté[236]: pour Pascal, à la suite de saint Thomas, elle est la liberté donnée à l'homme d'achever indéfiniment sa nature.

---

[234] Préface sur le *Traité du vide*, OC, II, 782.

[235] Lettre de Blaise et Jacqueline à Gilberte (1er avril 1648), *OC*, II, 583. Les auteurs de la lettre se réfèrent à Matthieu, V, 48: "Soyez donc parfaits comme votre Père céleste est parfait".

[236] Cela est patent chez les deux grands penseurs de l'habitude, F. Ravaisson (*De l'habitude*, 1838) et H. Bergson (*Les Deux Sources de la morale et de la religion*, 1932), et se monnaye ailleurs en formules péremptoires ("une âme entièrement habituée est une âme déjà morte", Péguy; "l'habitude abêtissante [non pas au sens pascalien, certes] qui pendant tout le cours de notre vie nous cache à peu près tout l'univers...", Proust; etc.).

DEUXIÈME PARTIE

L'IMAGINATION

De la coutume à l'imagination

Si la coutume apparaît la première dans les *Pensées*, elle ne constitue pas la principale des puissances trompeuses, puisqu'à l'intérieur du fragment 44-78 qui les présente et décrit elle suit, et brièvement, l'ample exposé consacré à l'imagination. Cette dernière est "partie dominante dans l'homme", alors que la coutume est désignée — sous la forme des "impressions anciennes" — comme l'un des "*autres* principes" (fr. 44-78) d'erreur repérables en nous. La querelle de préséance importe moins, au demeurant, que la réelle proximité que l'on peut observer entre ces deux puissances. Leur effet est identique: l'imagination, écrit J. Mesnard, "domine la raison de la même manière que la coutume"[1], à savoir en s'inscrivant dans le corps où elle laisse comme une trace matérielle[2]. L'une et l'autre agissent par *impression,* comme on le lit dans la métaphore du caractère au début du fragment 44-78 (l'imagination "ne donne aucune marque de sa qualité marquant du même caractère le vrai et le faux") et littéralement vers la fin (la coutume étant responsable de telle "fausse impression, soit de l'instruction, soit des sens"). L'identité d'effet rend possible entre elles la continuité d'action. Impressionnante, l'imagination est d'abord impressionnée, et par quoi le serait-elle plus efficacement que par les traces redoublées du spectacle qui l'avait une première fois frappée? Si le Grand Seigneur des Turcs environné de ses quarante mille janissaires peut à peine être regardé "comme un autre homme" (fr. 44-78), la coutume de voir le roi entouré de gardes et de tambours martiaux le fera, même seul, considérer par tout un peuple comme un dieu incarné. Son visage, par l'effet de la coutume, "*imprime* dans ses sujets le respect et la terreur" et ceux-ci en retour croient, par un effet d'imagination, que "le caractère de la divinité est *empreint* sur son

---

[1] "Le thème des trois ordres dans l'organisation des *Pensées*", in *Pascal. Thématique des "Pensées"* (Vrin, 1988), p. 49.

[2] Cf. Malebranche, *De la recherche de la vérité* (1674-1675): les images "ne sont autres choses que les traces que les esprits animaux font dans le cerveau", et "nous imaginons les choses d'autant plus fortement que ces traces sont plus profondes et mieux gravées et que les esprits animaux y ont passé plus souvent et avec plus de violence" (liv. II, IIe part., chap. 2; éd. citée, t. I, p. 275).

visage"[3]. Ainsi l'action de la coutume et de l'imagination est non seulement identique, mais réciproque. Leur renforcement mutuel — la coutume engendrant l'illusion du sacré, le sacré bénissant la coutume qui lui a donné naissance — leur ouvre un même champ d'application, et ce champ est illimité: comme "la coutume peut tout" (fr. 577-480), "l'imagination dispose de tout" (fr. 44-78).

En passant de la coutume à l'imagination, on franchit néanmoins un palier dans la connaissance de l'homme, car si ces concepts ont même extension, ils n'ont pas même profondeur. La coutume (rappelons Furetière) consiste en actions qui, "étant plusieurs fois répétées, donnent une habitude ou facilité de les faire quand on veut"[4]: l'*habitus* ajoute la *facilitas* à la *facultas*, mais il n'est pas lui-même une *facultas*. Jamais Pascal ne désigne dans la coutume ou l'habitude une faculté; en revanche, sur les quatre occurrences de ce dernier terme dans les *Pensées*, deux concernent l'imagination — "cette faculté imaginante", "cette faculté trompeuse" (fr. 44-78). Même si l'imagination s'enracine dans le corps, elle intervient dans les opérations de l'âme au point d'être couramment confondue avec la raison, et c'est par elle que l'extériorité de la coutume se transforme en idée. Démystifier l'imagination après la coutume, c'est à coup sûr porter le fer plus avant dans l'humanité de l'homme.

Aussi constaterons-nous que la tradition intellectuelle, beaucoup plus riche déjà à propos de l'habitude qu'on ne le suppose généralement, l'est bien davantage sur la question de l'imagination. Outre les théories médicales (depuis Hippocrate et Galien) et les pratiques artistiques, l'imagination investit presque toutes les terres de la philosophie — métaphysique, psychologie, éthique et esthétique. Il n'est pas, au moins jusqu'au XVIIe siècle[5], de penseur qui n'ait élaboré de doctrine à son sujet et ne lui ait accordé une place, décisive le plus souvent, à l'intérieur du système qu'il bâtissait. De là, l'extrême complexité de l'histoire de ce concept, accrue par les glissements terminologiques et l'incohérence des

---

[3] Fr. 25-79. Cf. là aussi l'analyse de Malebranche en son chapitre des "exemples généraux de la force de l'imagination": "La dépendance où l'on est des grands, le désir de participer à leur grandeur et *l'éclat sensible qui les environne* portent souvent les hommes à rendre à des hommes des honneurs divins" (liv. II, IIIe part., chap. 2; éd. citée, t. I, p. 333).

[4] *Dictionnaire universel* (1690), art. "coutume".

[5] On relèvera, à titre de symptôme, la maigreur de l'article "imagination" (plus court que celui qui est consacré à la fantaisie) dans le *Vocabulaire technique et critique de la philosophie* d'A. Lalande (PUF, 16e éd., 1988). L'entrée "imagination" disparaît, d'autre part, des dictionnaires de médecine au cours du XIXe siècle.

traductions. L'imagination se dit le plus souvent εἰκασία chez Platon et φαντασία chez Aristote, mais le premier distingue de la μίμησις εἰκαστική (art de produire de la ressemblance) une μίμησις φανταστική (art de produire des apparences illusoires)[6], et le second une φαντασία αἰσθητική (imagination sensitive) d'une φαντασία βουλευτική (imagination délibérative)[7], après quoi les stoïciens reprennent en quelque façon l'opposition platonicienne mais en termes partiellement aristotéliciens: la dualité s'instaure cette fois entre la φαντασία — entendue comme la représentation issue d'un objet réel (le φανταστόν) et conforme à cet objet — et le φάντασμα — représentation illusoire dérivée d'un φανταστικόν. Il ne manquait pour augmenter la confusion que le passage du grec au latin. La φαντασία se transcrivant immédiatement en *phantasia*, l'εἰκασία — faculté des images (εἰκόνες, *imagines*) — aurait pu monopoliser l'*imaginatio*; en fait, *imaginatio* traduit aussi bien φαντασία qu'εἰκασία, et *phantasia* désigna très souvent le φάντασμα stoïcien. Ajoutons que certains auteurs se refusent à distinguer *imaginatio* et *phantasia* (par exemple, saint Thomas: *phantasia sive imaginatio*)[8] et que ceux qui les distinguent leur accordent volontiers des significations opposées: chez Avicenne, la *phantasia* est identifiée au sens commun, et c'est l'*imaginatio* qui compose et divise les images; à l'inverse, pour Vivès, l'*imaginatio* — comme l'œil dans le corps — reçoit les images qu'ensuite la *phantasia* conjoint et disjoint[9].

Un principe d'intelligibilité s'offre cependant au sein de cet imbroglio. La diversité des doctrines sur l'imagination dans l'antiquité, le Moyen Age et la Renaissance semble pouvoir se rattacher, au travers de multiples enrichissements et combinaisons, à l'un ou l'autre des deux systèmes fondateurs de la philosophie occidentale. On distinguerait ainsi dans l'histoire de l'imagination[10] une ligne idéaliste, voire mystique, naissant de Platon, relayée par Plotin, Porphyre et Proclus, poursuivie au Moyen

---

[6] Cf. *Sophiste*, 235 *b*-236 *c*.

[7] Cf. *De l'âme*, III, 11.

[8] *Sum. theol.*, *Ia*, q. 78, a. 4.

[9] Avicenne (980-1037), dans son *Liber de anima seu sextus de naturalibus* (éd. Van Riet, Louvain - Leiden, vol. I, 1972, p. 87-89); Vivès (1492-1540), dans son *De anima et vita* (Basileae, 1538, lib. I, p. 32).

[10] Cf. Murray Wright Bundy, "The Theory of imagination in classical and mediaeval tought", in *University of Illinois Studies in language and literature*, vol. XII, may-august 1927, p. 170-280.

Age par Hugues et Richard de Saint-Victor puis saint Bonaventure, débouchant enfin à la Renaissance sur l'œuvre de Marsile Ficin — et une ligne empiriste sortie d'Aristote, illustrée par Avicenne, Averroès, saint Albert le Grand (maître de saint Thomas) et, à cheval sur le XVe et le XVIe siècle, par le padouan Pomponazzi. Au passage, deux grandes synthèses, mais partielles encore[11] et réclamant d'être elles-mêmes synthétisées: celles de saint Augustin et de saint Thomas d'Aquin.

Il ne sera pas ici question de repenser l'histoire de l'imagination, mais de vérifier ponctuellement l'aptitude d'un tel schéma à situer l'analyse pascalienne sur la trajectoire de ce concept. Peut-il d'abord éclairer la signification dominante des termes *imagination* et *fantaisie*, telle qu'elle ressort de la lexicographie de la seconde moitié du XVIIe siècle? Richelet définit en 1680 l'imagination comme une "faculté de l'âme pour concevoir les choses sensibles"; dix ans plus tard, le *Dictionnaire universel* de Furetière emploie le même définissant: l'imagination est la "puissance qu'on attribue à une des parties de l'âme pour concevoir les choses, et s'en former une idée sur laquelle elle puisse asseoir son jugement, et en conserver la mémoire". Furetière signale deux autres sens, dont le premier dérive immédiatement du précédent: *imagination* désigne aussi les effets produits par la faculté du même nom ("ce poète a mille belles et plaisantes imaginations"); enfin, le mot peut être l'équivalent de *vision* et de *chimère* ("vous croyez cela fermement, mais il n'en est rien, c'est une imagination"). La fantaisie apparaît si peu distinguée de l'imagination — le divorce date du XVIIIe siècle[12] — qu'au contraire les deux termes sont donnés pour synonymes, le premier fournissant seulement (sans doute en raison de sa proximité du grec) l'occasion d'expliciter de manière plus technique le sens du second. "FANTAISIE, s. f.: l'imagination, la seconde des puissances qu'on attribue à l'âme sensitive, ou raisonnable. Les espèces ou images des corps font leur dernière impression dans la *fantaisie*. Ce mot vient du grec *phantasia*, qui signifie *imagination*" (Furetière). Une autre entrée indique que "FANTAI-SIE est aussi quelquefois ce qui est opposé à la raison, et signifie caprice,

---

[11] Cf. *ibid.*, p. 265 et 267-268. La synthèse totale, pour M. W. Bundy, sera réalisée par Dante.

[12] C'est alors, en effet, que la fantaisie a cessé de désigner une faculté de l'âme. Cf. G. Gorcy, "Fantaisie et imagination dans les textes du corpus du XVIIe siècle constitué à l'Institut national de la langue française", dans *Phantasia/Imaginatio*, Lessico Intellettuale Europeo (colloque de 1986), ed. dell'Ateneo, Roma, 1988.

bizarrerie": sens secondaire, qui ne s'écarte pas moins du principal que l'imagination-chimère de l'imagination-faculté. Aujourd'hui que la hiérarchie des significations a basculé jusqu'à plonger dans l'obsolescence l'acception première de l'imagination/fantaisie, une rapide enquête archéologique s'impose pour dégager ce qu'elle impliquait aux yeux des lettrés du XVIIᵉ siècle. Les dictionnaires cités, parce qu'ils visent le public des "honnêtes gens", passent allusivement sur les composantes érudites de leurs définitions. Quelle est cette "partie de l'âme" qui se voit attribuer l'imagination, et surtout quel est ce "on" qui loge celle-ci en celle-là? La première question trouve réponse à l'entrée "fantaisie", mais la notion d'"âme sensitive" n'est pas nécessairement lumineuse pour le lecteur moderne; quant à la seconde, elle appelle une réponse alors trop évidente ou trop rébarbative pour être explicitement donnée. L'adjectif *sensitif* appliqué à l'âme, le terme *espèces* désignant les images des corps renvoient à la philosophie scolastique, où l'on vérifie que l'imagination est bien — selon l'assertion de Furetière — la seconde de nos puissances internes. Et puisque "les choses valent toujours mieux dans leur source"[13], le plus indiqué est de remonter à saint Thomas lui-même.

L'âme humaine, quoique substantiellement une, est pour l'Aquinate le lieu d'une multiplicité hiérarchisée de puissances. Au plus bas, sa puissance végétative — elle-même subdivisée en *vis generativa, vis augmentativa* et *vis nutritiva* — a pour fonction de vivifier le corps auquel elle est unie[14]. Au sommet, la puissance intellective accomplit sans organe corporel des opérations portant sur l'être universel, qui est l'*objectum communissimum*[15]. Entre les deux, la puissance sensitive (ou partie sensitive de l'âme ou âme sensitive) perçoit la totalité des corps sensibles. Elle s'exerce par cinq sens extérieurs — classés selon leur degré de "spiritualisation" croissante: toucher et goût, ouïe et odorat, vue enfin[16] — et quatre sens intérieurs, au nombre desquels l'imagination. Le premier de ces *interiores sensus* est le "sens commun", qui n'est point le bon sens, mais l'instance où convergent les appréhensions des cinq sens propres: chacun de ceux-ci ne pouvant juger que de son sensible propre (la vue du visible, l'ouïe de l'audible, etc.), il faut à l'âme une faculté

---

[13] IVᵉ *Prov.*, p. 53.

[14] Cf. *Sum. theol., Ia*, q. 78, a. 2.

[15] *Ibid.*, a. 1.

[16] Cf. *ibid.*, a. 3.

susceptible de réaliser la synthèse des sensations[17]; en outre, le sens commun perçoit les opérations sensitives elles-mêmes: c'est par lui que nous nous voyons voir[18]. Mais l'être vivant ne doit pas seulement percevoir les objets présents; il ne se mettrait pas en mouvement pour se procurer tout ce dont il a besoin s'il ne pouvait aussi se représenter les objets en leur absence, à quoi sert l'imagination. Alors que le sens propre et le sens commun sont ordonnés à la réception des formes sensibles, l'imagination ou fantaisie (*idem sunt*) est ordonnée à leur conservation. *Est enim phantasia sive imaginatio quasi thesaurus quidam formarum per sensum acceptarum*[19]. On retrouve donc trois éléments déterminants des définitions données par Furetière: la synonymie fantaisie-imagination; le classement de cette faculté unique au second rang des puissances internes de l'âme sensitive; sa propriété de conserver les informations reçues des sens. Les deux autres puissances de la partie sensitive sont l'*aestimativa*, qui permet au sujet de distinguer entre les sensibles perçus ceux qui sont utiles ou nuisibles, et la *memorativa*, par quoi il se rappelle les formes conservées dans l'imagination[20].

Reste à lire dans la même lumière le double processus, mentionné chez Furetière, de l'impression des "espèces" dans la fantaisie et de l'élaboration à partir de celle-ci des idées sur lesquelles l'âme asseoit son jugement. Les "espèces" sont des émanations continuelles provenant de la forme des objets; elles en impriment la ressemblance sur le sens propre, puis sur le sens commun, enfin (le *Dictionnaire universel* parle justement alors de "dernière impression") dans la fantaisie. Cette *similitudo* d'un corps sensible est appelée par saint Thomas *phantasma*[21]. Furetière

---

[17] Cf. *ibid.*, a. 4. Bossuet, dans son traité *De la connaissance de Dieu et de soi-même* (chap. I, § 4: "Le sens commun et l'imagination"), explique très clairement ce que l'on entendait encore au XVIIe siècle par "sens commun": "Toutes différentes qu'elles [les sensations] sont, il y a en l'âme une faculté de les réunir; car l'expérience nous apprend qu'il ne se fait qu'un seul objet sensible de tout ce qui nous frappe ensemble, même par des sens différents, surtout quand le coup vient du même endroit. Ainsi, quand je vois le feu d'une certaine couleur, que je ressens le chaud qu'il me cause, et que j'entends le bruit qu'il fait, non seulement je vois cette couleur, je ressens cette chaleur et j'entends ce bruit, mais je ressens ces sensations différentes comme venant du même feu. Cette faculté de l'âme qui réunit les sensations (...) est appelée le sens commun" (éd. citée, p. 10).

[18] Cf. *Sum. theol.*, *Ia*, q. 78, a. 4.

[19] *Ibid.*

[20] *Ibid.*

[21] *Sum. theol.*, *Ia*, q. 84, a. 7.

ignore le terme, mais emploie son doublet avec le même sens: "FANTÔ-ME, s.m: terme de philosophie. L'image qui se forme en notre esprit par l'impression que font les objets sur nos sens. L'âme ne connaît rien que par les fantômes". On lit, de fait, sous la plume de saint Thomas: *Nihil sine phantasmate intelligit anima*[22]. Notre intelligence étant unie à un corps, la nature des choses (qui est son objet propre) ne lui est accessible que par la médiation du sensible, lui-même appréhendé grâce aux sens et à l'imagination. Les images ou *phantasmata* constituent la matière en même temps que l'instrument de la connaissance intellectuelle. Comment celle-ci peut-elle s'actualiser? L'intellect se tourne vers les fantasmes contenus dans l'imagination et abstrait de la matière individuelle qu'ils représentent (telle pierre, tel cheval) leur essence universelle[23]. D'où la double conséquence que toute lésion de l'imagination, en supprimant des fantasmes, supprime aussi la connaissance des intelligibles qui leur correspondent[24], et que l'intelligence immédiate des substances immatérielles — par définition dérobées aux sens, et donc à l'imagination — nous est, en l'état présent de notre condition, impossible[25]: on ne s'élève aux réalités invisibles que "par les natures des choses visibles"[26].

Telle est, succinctement brossée, la doctrine sur l'imagination qui inspire les définitions de ce terme au XVIIᵉ siècle et, autant qu'on puisse le mesurer par elles, imprègne alors — à des profondeurs variées — la philosophie implicite du public cultivé. Une sorte de vulgate s'est constituée et répandue par le biais des manuels scolaires (comme celui d'Eustache de Saint-Paul ou, en 1649, le *Floretum philosophicum* d'Antoine Le Roy), par l'intermédiaire aussi de penseurs éclectiques écrivant non point en latin, comme les professionnels de la théologie et de la philosophie, mais en français. Parmi eux, Pierre Charron, dont

---

[22] *Ibid.*

[23] Cf. *ibid.* et q. 85, a. 1. Les images ou *phantasmata* sont de l'intelligible en puissance que l'intellect agent rend intelligible en acte: *Est igitur in anima intellectiva virtus activa in phantasmata, faciens ea intelligibilia actu; et haec potentia animae vocatur intellectus agens* (*Contra Gentiles*, lib. II, cap. 77). L'opération d'abstraction, qu'il faut concevoir comme une illumination, est décrite par E. Gilson dans *Le Thomisme*, éd. citée, p. 275-277.

[24] Cf. q. 84, a. 7: *Impedito actu imaginativae virtutis per laesionem organi, ut in phreneticis (...), impeditur homo ab intelligendo in actu etiam ea quorum scientiam praeaccepit.*

[25] Cf. q. 88, a. 1.

[26] Q. 84, a. 7. Cf. *ibid.*: *Incorporea, quorum non sunt phantasmata, cognoscuntur a nobis per comparationem ad corpora sensibilia, quorum sunt phantasmata.*

Pascal a pratiqué sans joie les infinies divisions[27]. Quoiqu'il distingue en un premier temps la faculté imaginative de l'intellective (cette dernière étant "la souveraine et vraiment humaine")[28] pour traiter un peu plus loin de l'imagination dans le chapitre "De la faculté intellective"[29], l'auteur de *La Sagesse* lui prête dans les deux contextes le même rôle qu'on lui voit dévolu par saint Thomas: "L'imagination premièrement recueille les espèces et figures des choses tant présentes, par le service des cinq sens, qu'absentes, par le bénéfice du sens commun: puis les représente, si elle veut, à l'entendement qui les considère, examine, cuit et juge, puis elle-même les met en dépôt et conserve en la mémoire, comme l'écrivain au papier, pour derechef quand besoin sera les tirer et extraire (ce que l'on appelle réminiscence) ou bien si elle veut les recommande à la mémoire, avant les présenter à l'entendement"[30]. L'imagination est détachée de la puissance sensitive pour être agrégée, avec l'entendement et la mémoire, aux facultés de l'âme raisonnable: par où Charron anticipe la tripartition baconienne du *De augmentis et dignitate scientiarum* (1623) et induit peut-être l'hésitation décelable dans la définition déjà donnée de la fantaisie chez Furetière: "l'imagination, la seconde des puissances qu'on attribue à l'âme sensitive, *ou raisonnable*"[31]. Mais ce qui demeure

---

[27] Fr. 780-644: les "divisions de Charron, qui attristent et ennuient".

[28] *De la sagesse* (1604, 2e éd.), coll. "Corpus", Fayard, 1986, p. 103.

[29] Charron décrit "la faculté phantastique ou imaginative" au chap. 12 du livre Ier, et l'imagination au chap. 13.

[30] *De la sagesse*, liv. I, chap. 13, p. 126. Au chapitre précédent, le fonctionnement de la "faculté phantastique ou imaginative" est présenté en termes similaires: "Ayant recueilli et retiré les espèces et images aperçues par les sens, [elle] les retient et réserve: tellement, qu'étant les objets absents et éloignés, voire l'homme dormant et les sens clos et assoupis, elle les représente à l'esprit et à la pensée, *Phantasmata, idola seu imagines dicuntur*" (p. 119).

[31] Ce "ou" ne postule en aucun cas l'équivalence de l'âme sensitive et de l'âme raisonnable. Il signale, à notre sens, que l'imagination est pour une part faculté commune à l'homme et à l'animal, mais pour une autre part présente chez l'homme telle propriété spécifique. Charron distingue, au moins formellement, la "faculté imaginative" de l'"imagination", cette dernière seule appartenant à l'âme raisonnable; il fait de même entre "la faculté mémorative" (liv. I, chap. 12) et la "mémoire" (liv. I, chap. 13). Saint Thomas l'avait précédé sur cette voie en indiquant que *l'aestimativa*, faculté commune à l'homme et à l'animal, peut être appelée chez celui-là *cogitativa* en raison de telle différence spécifique (*Ia*, q. 78, a. 4); identiquement, la *memorativa* devient *reminiscentia* (*ibid.*; voilà au passage éclairci le "on" de l'expression "ce que l'on appelle réminiscence" dans la citation de Charron). Saint Thomas ne donne pas d'autre nom à la *phantasia/imaginatio*, mais il reconnaît qu'elle a dans l'espèce humaine un pouvoir de combinaison qu'elle n'a pas chez les animaux: *Ex forma*

inchangé dans les variations de la géographie quelque peu fantastique de la fantaisie, c'est la description de la fonction imaginante comme étape indispensable du processus cognitif entre sensation et intellection.

Dans cette perspective, s'il est aisé de descendre le cours du temps depuis saint Thomas jusqu'aux communes conceptions du XVIIe siècle, il ne le serait pas moins de rebrousser contre-mont vers la source de la source. La liste des sens intérieurs qui domine la psychologie des scolastiques dérive, avec là aussi des regroupements et des distinctions changeant selon les auteurs, du *Liber de anima seu sextus de naturalibus* d'Avicenne, qui l'a lui-même établie en séparant les différentes fonctions de la φαντασία aristotélicienne[32]. L'*aestimatio* chez Albert le Grand, par exemple, descend en droite ligne de la *vis imaginativa* d'Avicenne, et saint Thomas explique pourquoi il fait passer dans sa *phantasia* le pouvoir de composer et diviser les *formas imaginatas* qu'Avicenne attribuait à une autre faculté[33]. Les jeux sont différents d'une doctrine à l'autre, mais ce sont toujours les mêmes cartes qui sont redistribuées, et elles proviennent toutes en fin de compte d'un unique atelier: le chapitre troisième du Περὶ ψυχῆς d'Aristote. C'est là naturellement qu'Avicenne et saint Thomas découvrent, face à l'option platonicienne d'une imagination conçue comme "combinaison d'opinion et de sensation"[34] et donc exclue de l'empire du savoir, une définition différente (l'imagination est "un mouvement produit par la sensation en acte", *motus factus secundum sensum*)[35] qui range la φαντασία — au même titre que la sensation, l'opinion, l'intellection ou la science, mais distinguée d'elles — au nombre des facultés de connaissance. "Les formes, dit Aristote, sont

---

imaginata auri et forma imaginata montis componimus unam formam montis aurei (...). Ista operatio non apparet in aliis animalibus ab homine (ibid.). L'ambiguïté relevée chez Furetière pourrait bien, dans cette direction, trouver sa cause première dans Aristote: "L'αἰσθητικὴ φαντασία est dévolue même aux animaux privés de raison, tandis que la βουλευτικὴ φαντασία n'est donnée qu'aux êtres doués de raison" (*De l'âme*, III, 11, 434 *a*; traduction Barbotin, coll. des Universités de France, "Les Belles Lettres", 1966).

[32] V. sur ce point les recherches "généalogiques" de R. Klein dans son étude "L'imagination comme vêtement de l'âme chez Marsile Ficin et Giordano Bruno" (*La Forme et l'intelligible*, coll. "Bibliothèque des sciences humaines", Gallimard, 1970, p. 65-88).

[33] *Sum. theol., Ia,* q. 78, a. 4.

[34] Aristote (*De l'âme*, III, 3, 428 *a*) critique dans cette définition la doctrine de Platon exposée dans *Timée,* 52 *a; Philèbe,* 38 *b*-39 *e; Sophiste,* 263 *e*-264 *b.*

[35] *De l'âme,* III, 3, 429 *a ; Sum. theol., Ia,* q. 84, a. 6.

pensées par la faculté intellectuelle dans les images"[36], l'unité de ces dernières ayant été préalablement réalisée par le sens commun, terme auquel aboutissent les diverses sensations. C'est bien au Stagirite qu'il faut en dernière instance remonter quand on lit sous la plume de Charron, à l'aube du XVIIᵉ siècle, que la faculté imaginative "fait à peu près au dedans à l'entendement ce qu'au dehors l'objet avait fait au sens"[37], et symétriquement à la fin du même siècle, la formule toute banale de Furetière — "l'âme ne connaît rien que par les fantômes" — renvoie, au delà de saint Thomas, à l'original grec: Οὐδέποτε νοεῖ ἄνευ φαντάσματος ἡ ψυχή[38]. Ainsi l'on peut, sans qu'il soit nécessaire d'accumuler les exemples[39], rattacher la conception dominante du XVIIᵉ siècle à celle des deux traditions sur l'imagination qu'on a qualifiée plus haut d'empiriste, et marquer du même coup ce qui la sépare de la conception moderne: pour nous, l'imagination est la faculté de s'évader du monde en le transformant; pour le XVIIᵉ siècle, elle est une faculté qui permet de s'y retrouver en le connaissant. Si l'on veut comprendre le réel, il faut aujourd'hui se détourner des phantasmes; alors, il fallait au contraire se convertir à eux, *convertere se ad phantasmata*[40].

Mais la conception dominante n'est pas pour autant incontestée. L'on sait de reste que l'aristotélisme d'abord tout-puissant dans les collèges et Universités voit son autorité mise en cause au XVIIᵉ siècle dans le monde savant, parmi le public cultivé, au sein des institutions enseignantes enfin. La doctrine scolastique sur l'imagination est loin d'être épargnée: tout au contraire, la "svalutazione della *facultas imaginativa*" apparaît comme le corollaire obligé de l'émergence d'une nouvelle tradition, la "tradizione razionalistica"[41] inaugurée par Descartes. Au début du XVIIᵉ siècle, le P. Mersenne entonne encore, dans ses *Quaestiones in Genesim*, le

---

[36] *De l'âme*, III, 7, 431 *b*.

[37] *De la sagesse*, liv. I, chap. 12, p. 119. Cf. Aristote, *De l'âme*, III, 7, 431 *a*: "Quant à la pensée discursive de l'âme, les images lui tiennent lieu de sensations" (trad. Barbotin).

[38] *De l'âme*, III, 7, 431 *a*.

[39] Pour un plus vaste corpus, on se reportera aux citations données par G. Gorcy dans sa communication signalée à la note 12, p. 126.

[40] *Sum. theol.*, Ia, q. 84, a. 7: *Impossibile est intellectum nostrum, secundum statum praesentis vitae, quo passibili corpori conjungitur, aliquid intelligere in actu, nisi convertendo se ad phantasmata*.

[41] E. Canone, dans le recueil cité *Phantasia/Imaginatio*, p. 221.

dithyrambe: *Quid dicam de laudibus imaginationis?*[42] Mais tout commence de basculer avec la parution en 1637 du *Discours de la méthode*, où la faculté d'imaginer devient étrangère à la *vis intelligendi*, que ce soit en physique, en mathématiques ou en métaphysique. A partir des *Meditationes* (1641), on a même pu — rappelle J.-R. Armogathe[43] — attribuer à Descartes la paternité du sens moderne d'"imagination" opposée à "raison" ou "bon sens". Imaginer et concevoir deviennent deux opérations radicalement distinctes[44], comme il ressort de l'exemple fameux du chiliogone dans la *Méditation sixième*: "Si je veux penser à un chiliogone, je conçois bien à la vérité que c'est une figure composée de mille côtés, aussi facilement que je conçois qu'un triangle est une figure composée de trois côtés seulement; mais je ne puis pas imaginer les mille côtés d'un chiliogone, comme je fais les trois d'un triangle, ni pour ainsi dire, les regarder comme présents avec les yeux de mon esprit"[45]. Lorsque je tente d'imaginer un chiliogone, je ne me représente qu'une figure confuse, nullement différente de ce que serait ma représentation d'un myriogone et parfaitement inutile pour me faire "découvrir les propriétés qui font la différence du chiliogone d'avec les autres polygones"[46]. Comme l'écrit Descartes à Mersenne en juillet 1641, toujours à propos de l'imagination: la géométrie "n'est nullement fondée sur ses fantômes, mais seulement sur les notions claires et distinctes de notre esprit"[47]. Le fantôme, au sens technique et positif que retenait d'abord Furetière, glisse en philosophie même au sens second de "vaine apparence". Furetière enregistre l'évolution aussi de l'imagination/fantaisie — le même mot qui désigne la deuxième des puissances de l'âme sensitive signifiant "quelquefois ce qui est opposé à la raison" — mais il est

---

[42] Col. 94 (l'ouvrage est de 1623).

[43] V. sa communication sur "L'imagination de Mersenne à Pascal" dans le recueil *Phantasia/Imaginatio*, p. 259-272.

[44] Consignataires de la *doxa* philosophique du temps, Richelet et Furetière font tous deux de l'imagination une faculté de "concevoir les choses". Furetière, en l'attribuant "à une des parties de l'âme", s'éloigne encore davantage du cartésianisme: "Il n'y a en nous qu'une seule âme, et cette âme n'a en soi aucune diversité de parties: la même qui est sensitive, est raisonnable" (*Les Passions de l'âme*, Ière part., art. 47, *AT*, XI, 364).

[45] *Méditations*, VI, *AT*, IX-1, 57.

[46] *Ibid.*, p. 58.

[47] *AT*, III, 395; lettre citée par J.-R. Armogathe dans l'article indiqué n. 43.

précieux surtout en ce qu'il permet d'entrevoir la cause d'un changement qui s'apparente à un retournement.

Le *Dictionnaire universel* mentionne en effet, entre les deux sens rapportés de "fantaisie", un sens intermédiaire qui pourrait bien avoir fait office de pivot: "la détermination de l'esprit à croire ou à vouloir les choses selon les impressions des sens" (par exemple, dans l'expression: "on ne lui saurait ôter cette fantaisie de l'esprit"). Les *impressions des sens* font la transition entre la première définition (aristotélicienne, traditionnelle) et la troisième (cartésienne et moderne), mais leur signe s'est inversé, au passage, de positif en négatif. Elles étaient porteuses, initialement, de l'information indispensable au travail de l'intellect, elles se trouvent ensuite ravalées au rang de pourvoyeuses de chimères. Si la valeur accordée à l'imagination a été inversée, c'est parce qu'a été inversée la valeur accordée aux impressions sensibles dont elle est le réceptacle. L'innéisme cartésien représente, en un sens, la revanche du platonisme. Descartes associe régulièrement les sens et l'imagination, mais pour le plus grand dommage de celle-ci[48], puisque la répudiation de l'empirisme les disqualifie comme source de connaissance. Un passage du *Discours de la méthode* où saint Thomas est visé à travers ses disciples de l'Ecole fait nettement le départ entre les deux positions: si certains se persuadent, commence Descartes, qu'il est difficile de connaître Dieu et leur âme, "c'est qu'ils n'élèvent jamais leur esprit au delà des choses sensibles, et qu'ils sont tellement accoutumés à ne rien considérer qu'en l'imaginant, qui est une façon de penser particulière pour les choses matérielles, que tout ce qui n'est pas imaginable leur semble n'être pas intelligible. Ce qui est assez manifeste de ce que même les philosophes tiennent pour maxime, dans les écoles, qu'il n'y a rien dans l'entendement qui n'ait premièrement été dans le sens, où toutefois il est certain que les idées de Dieu et de l'âme n'ont jamais été. Et il me semble que ceux qui veulent user de leur imagination pour les comprendre font tout de même

---

[48] Et cela, dès avant le *Discours de la méthode* — dans ses *Regulae ad directionem ingenii*, rédigées vers 1628: "Par regard (*intuitus*) je n'entends ni le témoignage changeant des sens, ni le jugement trompeur de l'imagination qui compose mal, mais la conception d'un esprit pur et attentif" (*Règle III*, trad. Marion, La Haye, Nijhoff, 1977, p. 8); " (...) ces démonstrations superficielles qu'on découvre plus souvent par la fortune que par l'art et qui touchent plutôt les yeux et l'imagination que l'entendement" (*Règle IV*, p. 13).

que si, pour ouïr les sons ou sentir les odeurs, ils se voulaient servir de leurs yeux"[49].

Lorsque Malebranche remplace l'innéisme par la vision en Dieu[50], il ne s'écarte pas moins de l'empirisme. Après la revanche de Platon, celle de saint Augustin. La ligne de démarcation que traçait saint Thomas entre les aristotéliciens (dont lui-même) et les platoniciens (dont, explicitement, saint Augustin) sur le sujet de l'imagination séparait deux théories de la connaissance: pour les premiers, le principe de notre connaissance est dans le sens, et l'intelligence comprend le sensible en abstrayant l'espèce intelligible de l'image (*ex parte phantasmatum intellectualis operatio a sensu causatur*)[51]; pour les seconds, le corps ne pouvant agir sur l'esprit — qui est plus noble que lui — , la connaissance intellectuelle ne saurait procéder du sensible, mais bien de la participation aux formes intelligibles séparées (les Idées)[52]: dans ces conditions, il n'est pas nécessaire que notre intelligence se tourne vers les phantasmes pour comprendre[53]. Malebranche entre parfaitement dans une telle problématique, seulement il choisit le camp des platoniciens et augustiniens, et tire avec vigueur de cette option les conséquences mêmes qu'en tirait hypothétiquement saint Thomas: "Il n'est pas concevable que l'esprit reçoive quelque chose du corps, et qu'il devienne plus éclairé qu'il n'est en se tournant vers lui, ainsi que les philosophes le prétendent, qui veulent que ce soit par *conversion* aux fantômes, ou aux traces du cerveau, *per conversionem ad phantasmata*, que l'esprit aperçoive toute choses"[54]. On retrouve donc bien au XVIIᵉ siècle les deux filiations qui partagent sur sa longue durée

---

[49] IVᵉ part., *AT*, VI, 97. Dans son *editio minor* du *Discours* (p. 97, n. 3), Gilson élucide l'allusion à "ceux qui veulent user de leur imagination pour les comprendre": "critique dirigée contre la doctrine de saint Thomas d'Aquin, selon qui notre pensée ne peut rien concevoir, touchant la nature de Dieu et de l'âme, au delà de ce que nous pouvons en conclure à partir de la connaissance sensible". Cf. ci-dessus, p. 129, n. 25 et 26.

[50] Cf. *De la recherche de la vérité*, liv. III, IIᵉ part., chap. 3, 4 et 6.

[51] *Sum. theol.*, Ia, q. 84, a. 6. Saint Thomas répète *ibid.*, après la *Métaphysique* (A, 1, 981 *a*) et les *Seconds Analytiques* (II, 15, 100 *a*) d'Aristote, que *principium nostrae cognitionis est a sensu.*

[52] Cf. *ibid.* Saint Thomas cite deux passages du *De Genesi ad litteram* d'Augustin pour illustrer cette thèse: *Non est putandum facere aliquid corpus in spiritum, tanquam spiritus corpori facienti materiae vice subdatur* (XII, 16) et: *Corpus non sentit, sed anima per corpus* (XII, 24).

[53] Cf. q. 84, a. 7.

[54] *De la recherche de la vérité*, liv. II, Iᵉʳᵉ part., chap. 5, § 1 (éd. citée, t. I, p. 216).

l'histoire du concept d'imagination: la tradition aristotélicienne en position de doctrine officielle, mais investie et minée par les rejetons nouveaux du platonisme. L'imagination prétendue par la *doxa* dominante faculté de connaissance est dénoncée comme fabricatrice d'illusions par les forces vives de la philosophie — en attendant de se voir réhabilitée dans sa fonction intellectuelle par le sensualisme du XVIIIe siècle[55].

Si augustinisme et cartésianisme convergent dans la critique, la place de Port-Royal en ce débat est comme marquée d'avance. De fait, la double empreinte s'observe en une seule phrase dès le premier chapitre de la *Logique*: "Comme saint Augustin remarque souvent, (...) la plupart croient ne pouvoir concevoir une chose quand ils ne se la peuvent imaginer"[56]. Arnauld et Nicole reprennent l'exemple du chiliogone pour montrer la différence de l'imagination à la conception et refusent d'appeler du nom d'*idées* "les images qui sont peintes en la fantaisie"[57]. Conséquemment, la *Logique* enveloppe dans le même discrédit les

---

[55] *L'Essai sur l'origine des connaissances humaines* (1746) de Condillac fait dépendre la qualité de la raison de rapports équilibrés entre l'imagination et l'analyse; dans le *Prospectus de l'Encyclopédie* (1750), Diderot, revenant à la tripartition baconienne, divise l'entendement en trois facultés — mémoire, raison et *imagination* — dont relèvent respectivement les disciplines du savoir humain; même perspective dans le *Discours préliminaire de l'Encyclopédie* (1751), où d'Alembert se ressent de l'influence de Condillac et se livre à un vibrant plaidoyer en faveur de l'imagination: "L'imagination est une faculté créatrice. (...) La métaphysique et la géométrie sont, de toutes les créations qui appartiennent à la raison, celles où l'imagination a le plus de part. (...) De tous les grands hommes de l'Antiquité, Archimède est peut-être celui qui mérite le plus d'être placé à côté d'Homère" (éd. Gonthier, 1965, p. 63-64). Si le rôle de l'imagination en métaphysique peut prêter à ironie, d'Alembert entend être pris au sérieux quand il parle de géométrie. Rappellera-t-on aussi que, dans le corps même de l'*Encyclopédie*, l'article "Imagination" — dû à Voltaire — critique la distinction cartésienne entre imagination et intellection et ajoute: "Peut-être ce don de Dieu, l'imagination, est-il le seul instrument avec lequel nous composons des idées" (t. VIII, p. 560)? Dans la mesure où le XVIIIe siècle rejette l'innéisme cartésien au profit de l'empirisme de Locke (voire du matérialisme), on comprend qu'un pont soit jeté entre les philosophes des Lumières et l'anticartésianisme aristotélicien ou gassendiste du XVIIe siècle. Ajoutons enfin que cette réhabilitation épistémologique de l'imagination prépare les voies à sa réhabilitation esthétique au XIXe siècle, les *Réflexions critiques* de l'abbé Du Bos *sur la poésie et sur la peinture* ayant dès longtemps (1719) joué un rôle pionnier à cet égard.

[56] Ed. citée, p. 40. A rapprocher de la citation du *Discours de la méthode* à l'appel de note 49, p. 134. La fin de cette citation est paraphrasée un peu plus loin dans le même chapitre de la *Logique*: "Il est aussi absurde de se vouloir imaginer ce qui n'est point corporel, que de vouloir ouïr des couleurs et voir des sons" (p. 45).

[57] *Ibid.*, p. 41.

philosophes de l'Ecole et leur adversaire Gassendi pource qu'ils s'accordent à soutenir que "toute idée tire son origine des sens"[58]. Saint Augustin, Descartes, Port-Royal solidaires pour discréditer l'imagination: Pascal *a priori* peut-il avoir d'autre choix que de faire chorus? Ce mouvement critique trouve sa cohérence épistémologique dans le rejet de l'empirisme; il semble que Pascal, avec l'expression devenue quasi proverbiale: "maîtresse d'erreur et de fausseté", ait parachevé rhétoriquement son unité. C'est à coup sûr cette formule qui résume et symbolise, pour les historiens de l'imagination, la signification du moment rationaliste[59] qui affecte le devenir de leur concept entre sa respectabilité, voire son omnipotence[60], gnoséologique au Moyen Age et à la Renaissance, et son exaltation esthétique au déclin du classicisme. Mais une pensée ne se réduit pas aux slogans qu'elle-même a pu fournir et leur auteur ne se plie pas nécessairement au rôle qu'on lui a taillé sur mesure pour la scène du *theatrum philosophicum*. Nous essaierons, sur le sujet de l'imagination aussi, d'entendre Pascal dans toutes ses voix[61].

---

[58] *Ibid.*, p. 44.

[59] On le mesure par l'usage récurrent qui en est fait dans le recueil cité *Phantasia/Imaginatio*. Même appréciation, et en des termes qui ne sont pas simplement descriptifs, de la part du philosophe allemand Rudolph Kassner, qui parle à propos de Pascal de "sa conception erronée de l'imagination comme d'une faculté incompatible avec la raison ou avec la nature. Pascal, toutefois, partageait cela avec son siècle; à cet égard, Pascal était lui aussi un rationaliste" ("Pascal", article de 1925 traduit dans *Le Nouveau Commerce*, cahier 79/80, printemps 1991, p. 82).

[60] L'*imaginatio* ou la *phantasia* débordent parfois, surtout à la Renaissance, leur rôle de facultés nettement circonscrites. Chez saint Albert le Grand, la *phantasia* est *tota formalitas sensibilis virtutis* (*De anima*, II, 4, 7); chez Giodarno Bruno, l'*imaginatio* couvre l'ensemble des sens intérieurs, et le *spiritus phantasticus* apparaît *mundus quidam et sinus inexplebilis formarum et specierum* (cité par E. Garin, "*Phantasia e imaginatio* fra Ficino e Pomponazzi", dans le recueil *Phantasia/Imaginatio*, p. 7); Ficin écrit dans sa *Theologia platonica* (XIII, 4): *Phantasia instar virtutis vivificae format et ipsa proprium corpus*.

[61] L'objet de cette étude est la fonction de l'imagination chez Pascal, et non point l'imaginaire pascalien. Ce dernier thème a été traité par Ph. Sellier dans plusieurs articles: "De Pascal à Baudelaire", *NRF*, n°181, janv. 1968, p. 98-104; "L'ascension et la chute", *Chroniques de Port-Royal*, Paris, Vrin, 1972, p. 116-126; "Imaginaire et rhétorique dans les *Pensées*" in *Pascal. Thématique des "Pensées"*, Vrin, 1988, p. 115-135; "Imaginaire et théologie: le «cœur» chez Pascal", *Cahiers de l'Association Internationale des Etudes Françaises*, n°40, mai 1988, p. 285-295.

CHAPITRE PREMIER

"MAÎTRESSE D'ERREUR ET DE FAUSSETÉ"

Pascal apparaît étranger à la problématique dans laquelle se propose à son temps le concept d'imagination. A coup sûr, il ne voit pas en elle une faculté de connaissance puisqu'il la dénonce dans la liasse *Vanité* comme "maîtresse d'erreur et de fausseté" (fr. 44-78), et il n'entre pas dans le jeu d'une permanente redistribution des fonctions entre le sens commun, l'*imaginatio*, la *vis imaginativa*, la *phantasia* et la cogitative — qui tient à la fois du puzzle, du château de cartes et des chaises musicales. La question de savoir si toutes nos connaissances tirent leur origine des sens n'est jamais posée explicitement chez lui, et le *sensus communis* en son acception technique a disparu: il n'est plus, conformément à l'usage moderne, que l'équivalent du bon sens[1]. Mais en symétrie, la solution de l'innéisme n'est pas davantage dans son œuvre examinée pour elle-même, encore moins posée comme fondement épistémologique d'un système. Pascal, certes, travaille de conserve avec Descartes à déprécier l'imagination, mais pour Descartes le pouvoir de cette trompeuse est fermement borné et il suffit de suivre la méthode pour échapper à ses prises. "Ni notre imagination ni nos sens ne nous sauraient jamais assurer d'aucune chose"[2] — voilà pour la critique disqualifiante, mais en ajoutant la condition: "si notre entendement n'y intervient", Descartes place au-dessus des facultés sensibles une juridiction discriminante infaillible. Chez Pascal, l'imagination ne voit rien au-dessus d'elle: elle n'est pas la compagne des sens mais leur dominatrice ("elle suspend les sens, elle les fait sentir", fr. 44-78), elle n'est pas la sujette de la raison mais sa maîtresse ("elle fait croire, douter, nier la raison", *ibid.*). Que l'imagination soit reine et que

---

[1] Cf. fr. 432-662: "Cela montre qu'il n'y a rien à leur dire non par mépris, mais parce qu'ils n'ont pas le sens commun. Il faut que Dieu les touche" (passage rayé). Il s'agit de l'aveuglement et de la folie des libertins qui vivent sans se soucier de ce qui les attend après leur mort. Même signification dans les autres occurrences: fr. 44-78, 284-316, 425-680, 428-682 et 840-428.

[2] *Discours de la méthode*, IVᵉ part., AT, VI, 37.

son empire soit universel, Pascal ne l'a appris ni d'Aristote ni de Descartes, il l'a déduit des exemples de Montaigne — que les *Essais* aient attribué les effets qu'ils rapportent à l'imagination elle-même (dans le chapitre *De la force de l'imagination*)[3], à l'opinion ("notre opinion donne prix aux choses")[4] ou à la fortune ("on s'aperçoit ordinairement aux actions du monde que la fortune, pour nous apprendre combien elle peut en toutes choses, [...] n'ayant pu faire les malhabiles sages, elle les fait heureux")[5]. Pascal unifie sous une seule puissance les observations dispersées de Montaigne et il rassemble par avance dans le premier *exemplum* qu'il développe, à partir d'une confidence recueillie dans les *Essais*, les leçons démystificatrices qu'il s'apprête à tirer de tous les autres. "Je hais toute sorte de tyrannie — écrivait Montaigne — , et la parlière, et l'effectuelle. Je me bande volontiers contre *ces vaines circonstances* qui pipent notre jugement par les sens: et me tenant au guet de ces grandeurs extraordinaires, ai trouvé que ce sont pour le plus des hommes comme les autres"[6]. Pascal illustre cette notation par la scène fameuse du magistrat au sermon, dans le fragment intitulé *Imagination*: "Ne diriez-vous pas que ce magistrat dont la vieillesse vénérable impose le respect à tout un peuple se gouverne par une raison pure et sublime, et qu'il juge des choses par leur nature sans s'arrêter à *ces vaines circonstan-*

---

[3] I, 21.

[4] I, 14, p. 62. Dans le fr. 44-78, Pascal écrit: "(...) l'imagination a le grand droit de persuader les hommes. La raison a beau crier, elle ne peut mettre le prix aux choses. (*Elle juge souverainement du bien, du vrai, du juste*)". La dernière phrase est rayée. Pour les rapprochements entre Pascal et Montaigne, nous nous appuyons sur l'étude de B. Croquette, *Pascal et Montaigne*, Genève, Droz, 1974.

[5] III, 8, p. 933. Cf. fr. 44-78: "Cette superbe puissance [l'imagination] ennemie de la raison, qui se plaît à la contrôler et à la dominer, pour montrer combien elle peut en toutes choses(...)" et: "Elle ne peut rendre sages les fous mais elle les rend heureux". J. Mesnard a remarqué la substitution dans son *Pascal* (5ᵉ éd., Hatier, 1967): "Les passages des *Essais* qui ont inspiré ce fragment ne contiennent même pas le mot imagination. Les effets attribués par Pascal à cette puissance trompeuse, Montaigne les attribuait à la fortune. Ce que Montaigne plaçait hors de l'homme, Pascal le place en l'homme" (p. 170-171). Relevons cependant, avec B. Croquette (*op. cit.*, p. 126, n. 51), que les deux dernières phrases de J. Mesnard ne sont valables que pour la citation de Montaigne visée dans cette note. Sur de moindres fondements, ne pourrait-on voir dans l'expression "*maîtresse* d'erreur et de fausseté" le déplacement vers l'imagination d'une métaphore utilisée par Montaigne à propos d'une autre puissance trompeuse, la coutume, désignée comme "une violente et traîtresse *maîtresse* d'école" (*Essais*, I, 23, p. 109)?

[6] *Essais*, III, 8, p. 931.

ces qui ne blessent que l'imagination des faibles. Voyez le entrer dans un sermon, où il apporte un zèle tout dévot renforçant la solidité de sa raison par l'ardeur de sa charité" (fr. 44-78). On connaît la suite: au lieu d'un Chrysostome foudroyant l'auditoire depuis la chaire de Vérité, c'est une sorte de clown prêchant qui surgit et balaie par l'hilarité qu'il suscite les pieuses résolutions de notre sénateur. Dans cette défaite, le triple *dominium* de l'imagination nous est révélé: elle est maîtresse dans l'ordre des corps, puisqu'elle inspire "à tout un peuple" de vénérer dans le magistrat une supériorité chimérique; elle est maîtresse dans l'ordre des esprits, puisqu'elle abat d'un souffle le solide appareil de sa raison; elle est enfin maîtresse dans l'ordre de la charité, puisqu'elle dissipe en un instant toute l'ardeur de son zèle. L'éminence du juge dans les grandeurs charnelles, intellectuelles et spirituelles signale par son renversement la suréminence de l'imagination en tout homme et sur toutes les provinces de son humanité.

1 — PHYSIQUE DE LA FANTAISIE

L'imagination se meut d'abord — essentiellement, peut-être — dans le monde des corps. C'est d'eux qu'elle reçoit son ébranlement premier. Le juge perd son sérieux pour avoir vu le "tour de visage bizarre" (fr. 44-78) du prédicateur, sa barbe à moitié faite, agrémentée de surcroît par quelque barbouillage dont on nous laisse à deviner s'il emprunte davantage à l'encre ou au jaune d'œuf. C'est la vue encore "des chats, des rats" qui emporte "la raison hors des gonds" (*ibid.*), celle des médecins en soutane et des docteurs au bonnet carré qui transit le peuple de déférence, celle des souverains environnés d'armes étincelantes qui imprime la terreur dans les sujets. Et qu'on ne s'illusionne pas: nous sommes tous peuple à cet égard, si même "le plus grand philosophe du monde" (*ibid.*) tremble des jarrets sur sa planche quand il mesure du regard le précipice où il n'a aucune chance de tomber, ce "qui est une évidente imposture de la vue"[7]. L'imposture se perpètre aussi par l'ouïe, puisque le magistrat indifférent aux "grandes vérités" qu'annonce le sermonnaire d'"une voix enrouée" (fr. 44-78) se laissera entraîner par la plaidoirie sonore d'un avocat dont la cause pour autant n'est pas rendue meilleure — "le ton de voix *impose* aux plus sages"(*ibid.*), ce qui constitue la propre désignation de l'imposture. Les phobies visuelles, comme la vue des chats et des rats,

---

[7] Montaigne, *Essais*, II, 12, p. 595.

ont leur répondant auditif avec "le son d'une vis" ou "l'écrasement d'un charbon"[8]. Enfin, les cortèges royaux auront infailliblement leur effet avant même l'apparition des soldats en armes, pourvu qu'ils soient précédés de trompettes et de tambours[9]. A toutes les sollicitations extérieures, on verrait de même l'imagination obtempérer. L'opposition pascalienne du fragment 44-78 entre la "nature" des choses et les "vaines circonstances" qui blessent l'imagination définit assez le lieu de son appartenance: elle est une faculté des accidents sensibles.

Et ce qui achève de la lier à la matière est qu'une fois touchée par les sens, elle réagit sur eux et répercute dans le corps les mouvements qui l'agitent. Pâleurs, rougeurs, suées et tremblements, voire vertiges et évanouissements suivent pour nous la perception de tel spectacle enthousiasmant ou insupportable[10]. La santé en peut être troublée — ou rétablie: "Combien de maladies guéries, combien de santés altérées, de malades lui [à l'imagination] sont redevables de leur santé, et combien de sains de leurs maladies"[11]. Le Père jésuite Binet, qu'épingle la IXe *Provinciale*, avait dans sa *Consolation et réjouissance pour les malades et personnes affligées* réveillé ses dolents lecteurs par de pittoresques anecdotes sur l'influence curative, ou fatale, de l'imagination: c'était un malade à qui il suffisait de voir le gobelet pour éprouver dans son corps

---

[8] Fr. 44-78. "Le son d'une vis" est un passage rayé.

[9] Cf. *ibid.*: "Ces troupes armées qui n'ont de mains et de force que pour eux [les rois], les trompettes et les tambours qui marchent au-devant et ces légions qui les environnent font trembler les plus fermes". B. Croquette ne signale aucun passage parallèle chez Montaigne. On lit pourtant dans l'*Apologie de Raimond Sebond*, quelques lignes avant l'exemple du philosophe: "Il n'est cœur si mol que le son de nos tambourins et de nos trompettes n'échauffe" (*Essais*, II, 12, p. 593). Il est vrai que l'effet de ces musiques martiales est contraire chez Pascal et chez Montaigne: excitant ici, paralysant là. Nous suggérerions un autre rapprochement, avec Lucrèce: "Quand des légions nombreuses emplissent de leur course l'emplacement du Champ de Mars et nous donnent une image de la guerre, là l'éclat des armes s'élève jusqu'au ciel, toute la terre à l'entour s'illumine de leur reflets, le pas robuste des hommes fait résonner le sol, et l'écho des monts ému par leurs clameurs rejette leurs voix jusqu'aux astres du ciel; les cavaliers voltigent autour des armées, et soudain traversent la plaine qui tremble sous leur charge vigoureuse" (*De natura rerum*, II, v. 323-330). On retrouve en effet la série: légions (*magnae legiones*) — armes (*aere*) — bruit (*excitur sonitus, clamore, voces*) — tremblements (*quatientes*).

[10] Cf. fr. 44-78, *passim*, et Montaigne, *Essais*, I, 21: "Nous tressuons, nous tremblons, nous pâlissons et rougissons aux secousses de nos imaginations et renversés dans la plume sentons notre corps agité à leur branle, quelquefois jusques à en expirer" (éd. citée, p. 98).

[11] Fr. 44-78, passage rayé.

l'heureuse vertu du médicament qu'il contenait ou — dans le registre, cette fois, de l'humour noir — un condamné à mort dont le cœur cédait à l'arrivée du bourreau, alors que celui-ci venait lui porter la nouvelle de sa grâce[12]. Mais Binet n'ajoute rien à Montaigne, que souvent il recopie sans vergogne, et il n'est pas besoin de supputer sur ce point un intermédiaire entre le fragment 44-78 et l'*Apologie de Raimond Sebond* ("combien en a rendu de malades la seule force de l'imagination?")[13] ou l'essai *De la force de l'imagination* ("Malades guéris à la seule vue de la médecine")[14]. Cette indiscutable filiation mérite de retenir l'attention à un double titre, historique et philosophique.

Du point de vue historique, Pascal, en reprenant à Montaigne l'idée d'un pouvoir de l'imagination sur la santé ou la maladie, se fait l'écho d'une tradition médicale florissante au XVIe siècle et dont l'origine remonte à Hippocrate en personne[15]. Le médecin Rabelais, par exemple, se propose de soulager les malades à distance grâce à la lecture de son *Quart Livre* comme un médecin à la face réjouie guérit par sa seule vue ses clients; et le père de Panurge loue le père de la médecine d'avoir, au sixième livre de ses *Epidémies,* réglé de telle sorte l'extérieur du praticien que son simple abord impressionnât (au sens physique) favorablement le malade: "De fait, la pratique de médecine bien proprement est par Hippocrate comparée à un combat et farce jouée à trois personnages: le malade, le médecin, la maladie"[16] — farce dans laquelle le personnage central est sûr de triompher lorsqu'il s'exhibe "revêtu de riche et plaisante

---

[12] V. Binet, *Consolation et réjouissance*..., 2e éd., Rouen, 1617 (la 1ère est de 1616), p. 284 et 285. Ces anecdotes appartiennent au chap. IX, "Que l'imagination est la source, ou bien le renfort de tous nos maux". Pascal juge qu'il y a manière plus chrétienne de consoler "ceux que Dieu afflige" (IXe *Prov.*, p. 207).

[13] *Essais*, II, 12, p. 491.

[14] Indication portée en marge de cet essai dans l'édition de 1652, p. 56.

[15] Cf. Montaigne, *Essais*, I, 21: "Pourquoi pratiquent les médecins avant main la créance de leur patient avec tant de fausses promesses de sa guérison, si ce n'est afin que l'effet de l'imagination supplisse l'imposture de leur aposème? Ils savent qu'un des maîtres de ce métier leur a laissé par écrit, qu'il s'est trouvé des hommes à qui la seule vue de la médecine faisait l'opération" (éd. cit., p. 103).

[16] Epître dédicatoire du *Quart Livre*, dans *Œuvres complètes* de Rabelais, éd. P. Jourda, Garnier, 1962, t. II, p. 4. Que le médecin doive être "déguisé en face et habits" (*ibid.*) est un précepte qu'après Hippocrate, Rabelais trouve amplifié et particularisé chez Soranus d'Ephèse, Oribase de Pergame, Galien, Hali Abbas et Averroès.

robe à quatre manches, comme jadis était l'état"[17]. Si une pareille efficace a de quoi satisfaire les malades, elle trouble en revanche les philosophes, à tout le moins leurs lecteurs. C'est à partir des réflexions de Montaigne sur l'impuissance où nous sommes d'expliquer la puissance de l'imagination que Pascal disqualifie de la façon la plus humiliante le discours des dogmatistes. Nous observons bien, écrit Montaigne, que "telle imagination agit en la rate seulement, telle autre au cerveau", que l'une engendre la rougeur et l'autre la pâleur, que tantôt par la fantaisie le mouvement de nos membres est provoqué et tantôt arrêté, "mais comme une impression spirituelle fasse une telle faussée dans un sujet massif et solide, et la nature de la liaison et couture de ces admirables ressorts, jamais homme ne l'a su"[18]. L'imagination pose de manière cruciale la question des rapports entre l'âme et le corps, et sur cette question se juge décisivement la compétence des philosophes. Pascal s'empare du texte de Montaigne pour montrer que les philosophes, bien loin de connaître l'âme qui philosophe en eux, ne savent "de quoi est fait le propre corps qu'elle anime, et les autres qu'elle contemple et qu'elle remue à son gré"[19]. Ignorant ce qu'est le corps, ignorant plus encore ce qu'est l'esprit, ils ignorent par-dessus tout "comment un corps peut être uni avec un esprit"[20], ce qui constitue pourtant la définition même de leur être. Le dilemme que, dans l'*Entretien avec M. de Sacy*, Pascal prête à Montaigne à propos de l'union de l'âme et du corps (si l'âme est matérielle, comment peut-elle raisonner? si elle est spirituelle, comment peut-elle pâtir avec le corps?)[21] est implicitement posé dans le fragment consacré à l'imagination: "Quel pouvoir exerce-t-elle sur les âmes, sur les corps"[22]. Comment

---

[17] *Ibid.* Cf. fr. 44-78: "(*Ils ne peuvent pas croire qu'un homme qui n'a pas de soutane soit aussi grand médecin*) [...] et si les médecins n'avaient des soutanes et des mules, et que les docteurs n'eussent des bonnets carrés et des robes trop amples de quatre parties, jamais ils n'auraient dupé le monde qui ne peut résister à cette montre si authentique". Ce qui est entre parenthèses est rayé.

[18] *Essais*, II, 12, p. 539.

[19] Fr. (rayé) 76-111.

[20] Fr. 199-230. Pascal fait aussitôt référence à une phrase de saint Augustin que Montaigne avait citée à la suite de l'extrait visé à la note 18: *Modus quo corporibus adhaerent spiritus comprehendi ab homine non potest, et hoc tamen homo est* (*De civ. Dei*, XXI, 10).

[21] Cf. *OC*, III, 140-141. J. Mesnard éclaire ce passage en renvoyant précisément au fr. 76-111 des *Pensées* et au texte des *Essais* dont part ce fragment.

[22] Fr. 44-78. Passage rayé, comme celui qui le suit immédiatement: "Combien de maladies guéries(...)".

l'imagination peut-elle s'asservir l'âme, si elle est matérielle? Mais, si elle est spirituelle, comment peut-elle avoir effet sur un corps? Faudra-t-il qu'elle ne soit ni corps ni âme pour s'imposer à l'un comme à l'autre? Faudra-t-il qu'elle soit les deux? De toutes parts, ce ne sont que ténèbres. A la croisée de l'âme et du corps, l'imagination est la croix des philosophes. En elle, l'âme pâtit du corps et, par elle, agit sur lui. L'ignorance bavarde des dogmatistes sur la nature de l'âme éclate justement dans le traité qui fonde pour eux la doctrine de l'imagination, le Περὶ ψυχῆς d'Aristote[23]. De l'imagination comme de l'âme, il faut dire que sa nature nous est aussi inconnue que ses effets sont manifestes.

Ils le sont en ce qu'ils tombent sous les sens, et cette traduction au-dehors les multiplie indéfiniment. L'apparence appréhendée impressionne en effet l'imagination qui communique en retour son ébranlement au corps; un autre corps le perçoit et, par l'intermédiaire de l'imagination qui l'habite, s'en trouve à son tour affecté: ainsi débute une séquence dont le terme n'est pas toujours assignable. Un des propres traits de l'imagination se dévoile ici, à savoir sa contagiosité. Il est inapparent encore dans l'*exemplum* du juge au sermon, mais si le plus austère personnage de l'assistance perd son sérieux devant le prédicateur grimacier, *a fortiori* le peuple — qui s'arrête par définition aux "vaines circonstances" (fr. 44-78) — était hilare avant lui, et la vue du magistrat pouffant n'a pu que déchaîner davantage le rire libérateur, jusqu'à possiblement gagner celui-là même qui en était la source. Contagion du rire, en la circonstance; mais, aussitôt après, contagion de la peur, produite pourtant par le vecteur sensible le plus ténu: la perception d'un texte écrit. Le philosophe sur sa planche, s'imaginant tomber, commence à trembler des jarrets et des cuisses, mais l'horreur physique qu'il ressent n'est pas pour lui seul, car un grand nombre de ceux qui lisent ce récit se mettent incontinent, sans avoir même besoin de voir la scène de leurs yeux, à "pâlir et suer"[24]. Que sera-ce, si le spectacle agit sur nos sens sans médiation? Toute licence est alors donnée à l'illusion pour se communiquer. Ainsi, les "habiles par imagination (...) disputent avec hardiesse et confiance — les

---

[23] Cf. Pascal, *Textes inédits* découverts par J. Mesnard, Desclée de Brouwer, 1962, p. 31: "Aristote, qui a fait un *Traité de l'âme*, ne parle, selon Montaigne, que des effets de l'âme, ce qui n'est ignoré de personne; et ne dit rien de son essence, ni de son origine, ni de sa nature, et c'est ce qu'on en veut savoir". La référence dans les *Essais* est II, 12, p. 543.

[24] *Ibid.* Conformément à l'usage classique, nous comprenons *plusieurs* employé absolument ("plusieurs n'en sauraient soutenir la pensée sans pâlir et suer") comme équivalant à "un grand nombre de personnes".

autres avec crainte et défiance — et cette gaieté de visage leur donne souvent l'avantage dans l'opinion des écoutants"[25]. L'assurance, tout imaginaire, qu'ils se sont forgée de leurs capacités se transmet telle quelle à un auditoire qui *a priori* n'en a cure, voire en pourrait nourrir du dépit — et sur quels garants? L'air du visage, le ton de la voix, l'énergie du geste. Ce ne sont pas les raisons qui appellent la conviction, ni l'amour-propre qui entraîne l'amour-propre, mais l'imagination qui aimante l'imagination[26]. Le mal n'est pas grand encore s'il ne s'agit que de juger un poème, mais quand du discours prononcé dépendent l'honneur, la liberté, la vie d'un homme, on mesure qu'à l'imagination sont déléguées des prérogatives royales. Non seulement elle "a le grand droit de persuader les hommes", mais "elle juge souverainement du bien, du vrai, du juste"[27]: elle est l'avocate des avocats[28] et ce qui, dans les juges, exerce le jugement. De cette communion dans l'imagination découle la facilité avec laquelle l'illusion se propage des premiers aux seconds. L'avocat "bien payé par avance" (fr. 44-78) trouve sa cause meilleure et cette conviction nouvelle, acquise à l'évidence de l'or, irradie de son corps en vibrations irrésistibles. Il persuade les juges comme il s'est persuadé lui-même — par des arguments sonnants. Parmi ces juges, les présidant sans doute, celui que nous avons vu entrer au sermon: comment ne serait-il pas vaincu par la voix véhémente de l'avocat, lui dont la raison a plié sous la voix enroué du prédicateur? Son rire condamnait l'innocent sermonnaire, la fougue de l'avocat lui fera aussi aisément absoudre un vrai coupable. Les effets de l'imagination peuvent être contraires[29], mais ils résultent toujours d'une contagion physique: le sens

---

[25] *Ibid.*

[26] Cf. J. Mesnard, *Les "Pensées" de Pascal*: "A l'imagination répond l'imagination" (p. 194).

[27] Fr. 44-78. La seconde citation est un passage rayé.

[28] Charron, lorsqu'il veut faire entendre la distinction des trois facultés de l'âme raisonnable (jugement, imagination, mémoire), compare l'imagination aux "avocats et procureurs". Au plus haut étage d'une cour de justice siègent les juges: "C'est l'image du jugement"; tout en bas, le "greffe et registre" représente la mémoire; entre les deux, l'étage "des avocats et procureurs, auquel y a grande agitation et bruit sans action: car ils ne peuvent rien vuider, ni ordonner, mais seulement secouer les affaires; c'est la peinture de l'imagination, faculté remuante, inquiétée, qui ne s'arrête jamais, non pas pour le dormir profond, et fait un bruit au cerveau comme un pot qui bout, mais qui ne résout et n'arrête rien" (*De la sagesse*, éd. citée, I, 13, p. 127). La seule erreur de Charron est de croire le jugement souverain sur l'imagination: magistrats et avocats logent en fait de plain-pied.

[29] Cf. Charron, *De la sagesse* (I, 16, p. 147): l'imagination "produit effets contraires". On

des paroles est ce qui compte le moins, au rebours de la personne qui les prononce et de la façon dont elles sont prononcées: "Qu'il est difficile de proposer une chose au jugement d'un autre sans corrompre son jugement par la manière de la lui proposer. Si on dit: je le trouve beau, je le trouve obscur ou autre chose semblable, on entraîne l'imagination à ce jugement, ou on l'irrite au contraire" — là encore, tout dépend "des mouvements et air du visage, ou du ton de voix" (fr. 529-454). La contagion du discours se prouve enfin elle-même dans le discours de la contagion, car c'est une chaîne d'auteurs qui le fait retentir, de Pomponazzi à Montaigne, de Montaigne à Pascal, de Pascal à Malebranche[30], et en deçà comme au-delà.

Ainsi se tissent des liens entre ceux qui détiennent la parole ou l'apparence et d'autres qui en sont frappés et qui, imitant les premiers, font impression à leur tour sur des troisièmes encore. Ces liens, Pascal les appelle des cordes; précisément, "des cordes d'imagination" (fr. 828-668). Elles attachent "le respect à tel et tel en particulier" (*ibid.*) et finissent par enserrer chaque individu dans le réseau d'une société. Le fragment *Imagination* en avait prévenu: "Qui dispense la réputation, qui donne le

---

le vérifie dans le fr. 529-454, cité ci-après.

[30] Pomponazzi: *De incantationibus*, trad. Busson, Rieder, 1930, p. 70. Montaigne, *Essais*, II, 12, p. 593 ("on m'a voulu faire accroire qu'un homme que tous nous autres Français connaissons m'avait imposé en me récitant des vers qu'il avait faits [...], tant la prononciation a de crédit à donner prix et façon aux ouvrages") et III, 4, p. 838 ("l'Orateur, dit la rhétorique, en cette farce de son plaidoyer s'émouvra par le son de sa voix et par ses agitations feintes [...]. Il s'imprimera un vrai deuil et essentiel, par le moyen de ce batelage qu'il joue, pour le transmettre aux juges, à qui il touche encore moins"). Pascal, fr. 44-78 (en particulier: "Le ton de voix impose aux plus sages et change un discours et un poème de force"). Malebranche, *De la recherche de la vérité*, liv. II, III\e part., chap. 1, § 6 (titre: "Que ceux qui ont l'imagination forte persuadent facilement", p. 328; "l'air de leur visage, le ton de leur voix et le tour de leurs paroles animant leurs expressions préparent ceux qui les écoutent et qui les regardent à se rendre attentifs et à recevoir machinalement l'impression de l'image qui les agite", p. 329; "l'air et la manière se font sentir et agissent ainsi dans l'imagination des hommes plus vivement que les discours les plus forts qui sont prononcés de sang-froid: à cause que ces discours ne flattent point leurs sens, et ne frappent point leur imagination", *ibid.*). Le thème appartient à l'histoire de la rhétorique, comme l'indique Montaigne et comme le confirme Murray W. Bundy, *The Theory of imagination...*, p. 261: "It appears from the language of Plutarch, Longinus and Quintilian, that the word [phantasy] was part of the terminology of rhetoricians, both Greek and Roman, and that it was used to denote vivid mental pictures in the mind of the poet and orator dependent upon their emotional states, and, in turn, when properly communicated, capable of arousing the emotions of the hearers".

respect et la vénération aux personnes, aux ouvrages, aux lois, aux grands sinon cette faculté imaginante" (fr. 44-78). Les lois? Entre un nombre indéfini de prescriptions indifférentes, il en est choisi une qui se voit conférer les honneurs dus à la justice — mais qui a choisi en ceux qui choisissent? La fantaisie. Les nomothètes auraient pu décider qu'à la mort des sujets leurs biens reviendraient à l'Etat, ou seraient également répartis entre leurs enfants. Point: en France, il leur a "plu d'ordonner"[31] que les aînés auraient tout, ou presque. Pascal peut donc révéler au marquis d'Albert: "Un autre tour d'imagination dans ceux qui ont fait les lois vous aurait rendu pauvre; et ce n'est que cette rencontre du hasard qui vous a fait naître, avec la fantaisie des lois favorable à votre égard, qui vous met en possession de tous ces biens"[32]. La contagion joue ici deux fois. Horizontalement, entre les législateurs des différents pays qui se copient les uns les autres — raison pour laquelle on voit régner en France "les fantaisies et les caprices des Perses et Allemands"[33]; verticalement, entre les lois et ceux qui y sont soumis — la coutume éblouissant les hommes de son antiquité, qu'ils prennent pour justice[34]. La majesté que rayonne la loi lui vient en fait de ceux qui la révèrent et sont ainsi leurs propres dupes: par "les prodiges de l'imagination humaine" (fr. 60-94), ils lui ont prêté l'éclat qu'ils adorent en elle. De sorte que, pour l'homme, obéir aux lois parce qu'elles sont justes, c'est très exactement obéir "à la justice qu'il imagine"[35].

---

[31] Ier *Discours sur la condition des grands*, OC, IV, 1030.

[32] *Ibid.* Cf. fr. 28-62: "Toutes les occupations des hommes sont à avoir du bien, et ils ne sauraient avoir de titre pour montrer qu'ils le possèdent par justice, car ils n'ont que la fantaisie des hommes". La rencontre du hasard avec la fantaisie des lois est une rencontre du hasard avec le hasard. Que l'imagination, et particulièrement l'imagination législative, fonctionne au hasard, cela ressort de l'emploi cooccurrent du lexique de la témérité (du latin *temere*, "au hasard"): fr. 44-78 (les principes "que l'imagination des hommes a témérairement introduits en chaque lieu"), fr. 60-94 ("la témérité du hasard qui a semé les lois humaines"), fr. 551-461 ("par une insolence téméraire elle [l'imagination] amoindrit les grandes" choses). Ce lien de l'imagination et du hasard explique que Pascal ait pu mettre au compte de l'imagination ce que Montaigne attribuait à la fortune (cf. p. 140, n. 5).

[33] Fr. 60-94. La fantaisie, censée être un principe d'originalité, appelle l'imitation et génère la ressemblance. Un double essaimage législatif est particulièrement remarquable dans l'histoire du droit: celui d'Athènes à Rome, et celui de Rome à l'ensemble de l'Occident (cf. fr. 451-691 et 454-694) — mais il y a là plus que la simple fantaisie.

[34] Cf. fr. 525-454: "Le peuple prend leur antiquité [celle des lois et coutumes] comme une preuve de leur vérité".

[35] Fr. 60-94. L'homme, en quelque sorte, se contagionne ici lui-même par l'intermédiaire

Les plus respectées d'entre elles sont les lois qui fixent la constitution du pays. Mais là encore, comment le choix s'opère-t-il entre monarchie, oligarchie et démocratie? Il part, dira-t-on, de la force: "Les maîtres qui ne veulent pas que la guerre continue ordonnent que la force qui est entre leurs mains succédera comme il leur plaît" (fr. 828-668). Mais qui décide dans le maître? Ce sera, comme chez les nomothètes, la fantaisie[36], car entre des institutions indifférentes du point de vue de la véritable justice, il prendra celle qui lui "plaît" davantage: il choisira par exemple une succession élective alors que lui-même n'a pas été élu. L'imagination du peuple entre alors en action, mais elle est elle-même suspendue à la fantaisie première de qui a la force en mains[37]. La force en l'occurrence "fait l'opinion" (fr. 554-463) des sujets: dans le maître toutefois, c'est l'opinion "qui use de la force"[38]. La force apparaît donc comme le relais entre deux imaginations — celle du maître et celle des sujets —, mais puisque l'imagination et la force sont homogènes par leur commune participation à l'ordre du sensible, la contagion ne laissera pas de courir et l'imagination du peuple va faire à son tour la force de l'ordre instauré par la force: la force "se tient *par l'imagination* en un certain parti, en France des gentilshommes, en Suisse des roturiers, etc." (fr. 828-668). Les grandeurs d'établissement dépendent donc doublement de la fantaisie des hommes: en celui qui les institue et en ceux pour qui elles sont instituées.

Dans ces conditions, l'art de dominer consistera moins, comme presque tous disent, à gagner le cœur des assujettis qu'à tenir leur imagination. L'exercice du pouvoir requiert, sauf à sombrer dans la brutalité, ce que l'on dénommerait aujourd'hui la manipulation. "Nos magistrats ont bien connu ce mystère" (fr. 44-78): les lois, dont le motif

---

de la loi.

[36] Cf. fr. 767-632: "Comme les duchés, et royautés, et magistratures sont réelles et nécessaires (à cause de ce que la force règle tout) il y en a partout et toujours, mais parce que *ce n'est que fantaisie qui fait qu'un tel ou telle le soit,* cela n'est pas constant, cela est sujet à varier, etc."

[37] Malebranche remarque que la "communication d'imagination" (*De la recherche...*, liv. II, IIIᵉ part., chap. 2; t. I, p. 331) se fait le plus souvent du supérieur à l'inférieur: du roi aux courtisans, des parents aux enfants, des maîtres aux serviteurs. L'imagination des princes crée la mode, qui peut ensuite "passer en coutume et en loi" (*ibid.*, p. 337).

[38] Fr. 554-463. Comment comprendre la phrase du fr. 828-668: "C'est là où l'imagination commence à jouer son rôle"? Elle commence à jouer son rôle dans le peuple dès l'instant que l'imagination du maître est officiellement proclamée, mais l'observation pascalienne peut renvoyer au moment où le résultat des conflits de "pure force" étant acquis, le maître songe à pérenniser sa victoire.

est frivole au principe, voient leur prestige s'accroître avec le temps —
et cela est déjà un effet de l'imagination enclenché par la coutume — ,
mais seraient-elles aussi révérées si l'autorité judiciaire n'en solennisait
l'application en se solennisant elle-même? Les juges, qu'on a vus (sur
l'exemple du plus vénérable d'entre eux) fort sensibles aux sollicitations
de l'imagination, s'ingénient en revanche à impressionner celle des
juridiciés — c'est-à-dire, virtuellement, tout le monde. "Leurs robes
rouges, leurs hermines dont ils s'emmaillotent en chaffourés, les palais où
ils jugent, les fleurs de lys, tout cet appareil auguste était fort nécessaire"
(*ibid.*) pour suppléer aux yeux des populations ainsi subjuguées le néant
de leur justice. D'autres types d'autorité s'exercent dans la vie sociale —
celle des intellectuels (les "docteurs" qui persuadent les esprits) ou celle
des magiciens de l'art (les médecins, respectés à proportion qu'on a peur
de la mort) — , mais sur le même fondement d'imagination. Au lieu de
robes, ceux-ci "s'emmaillotent" de toges et de soutanes, tous "vains
instruments qui frappent l'imagination à laquelle ils ont affaire" (*ibid.*).
Par là d'ailleurs, ils se dupent les uns les autres, puisque la raison d'un
grave sénateur est mise en déroute par les mêmes "vaines circonstances
qui ne blessent que l'imagination des faibles" (*ibid.*). *Circonstances* dit
tout: les notables ne brillent point de leur propre éclat, ils l'empruntent à
ce qui les entoure et enveloppe.

Au moins le pouvoir du roi semble échapper à la mascarade, appuyé
qu'il est non sur un faux savoir, mais sur la réalité de la force: "Nos rois
n'ont pas recherché ces déguisements. Ils ne se sont pas masqués d'habits
extraordinaires pour paraître tels. Mais ils se sont accompagnés de gardes,
de hallebardes" (*ibid.*). Le roi se distingue de tous ceux qui sous lui
exercent une autorité en ce qu'il peut se dispenser d'un habit de fonction.
Il peut sourire aussi, et ne paraître pas toujours pénétré de l'importance
de sa charge. Cela est interdit aux magistrats, qui sont graves par
définition[39], exemplairement le premier d'entre eux: "Le chancelier est
grave et revêtu d'ornements. Car son poste est faux et non le roi. Il a la
force, il n'a que faire de l'imagination. Les juges, médecins, etc., n'ont
que l'imagination" (fr. 87-121). Est-ce à dire que la force du roi soit sans
effet sur l'imagination? C'est le contraire qui est vrai. Seulement, alors
que chancelier, magistrats et autres notabilités n'ont que l'imagination, le
roi a la force et l'imagination. Dans l'absolu, il pourrait se contenter de
la première, car la force peut tout dans son ordre, mais en agissant ainsi,

---

[39] Cf. fr. 44-78, à propos du magistrat au sermon: "la gravité de notre sénateur".

il cesserait d'être roi pour devenir tyran. Le vrai roi est celui qui a la force mais ne domine pas par la force[40]. Par quoi domine-t-il alors? Par la concupiscence, comme on l'a dit ailleurs[41], et par l'imagination. L'effet du cortège royal est exactement le même que celui de la pompe judiciaire: on tremble[42]. Et cet effet vient d'imagination, deux fois: on s'imagine cette force se déchaînant sur nous, alors qu'elle défile pour la parade; on s'imagine aussi qu'elle est la force du roi, alors qu'elle est uniquement celle des soldats qui l'entourent — autrement dit, des *circumstantes*. Dans le cas des magistrats, l'imagination est frappée par de vaines circonstances; dans le cas du roi, par des circonstances effectives, mais ce sont toujours des accidents que l'imagination, appuyée sur la coutume, transforme en substance. Le roi n'a pas la force seulement, il *est* fort, la force lui est naturelle[43]. Illusion à peu près invincible, que l'on vérifie à propos du Grand Seigneur des Turcs ("il faudrait avoir une raison bien épurée pour regarder comme un autre homme le grand seigneur environné dans son superbe sérail de quarante mille janissaires", fr. 44-78) ou des moindres seigneurs de France, dont l'habit (comme celui du chancelier) "est une force"[44]: l'imagination métamorphose le premier en Jupiter tonnant et les seconds, avec leurs bras multiples[45], en monstres mythologiques. Inutile, donc, de se servir de la force, il suffit de l'exhiber, voire d'en exhiber les signes — l'imagination des regardants fera le reste. A la limite, les signes peuvent ne plus renvoyer à aucun signifié, ils créent

---

[40] Cf. IIIe *Discours*: "Ne prétendez donc point les dominer par la force, ni les traiter avec dureté" (*OC*, IV, 1034).

[41] Dans notre *Pascal et la raison du politique*, PUF, 1984, chap. III, "La concupiscence collective".

[42] Fr. 44-78: "...ces légions qui les environnent [les rois] *font trembler* les plus fermes"; sur les magistrats, *ibid.*: "Leurs robes rouges (...) *font trembler* le peuple en qui l'imagination abonde" (la deuxième partie de la phrase est rayée).

[43] Cf. fr. 25-59: le monde croit que le respect terrorisé au passage du roi "vient d'une force naturelle" en lui. Le IIIe *Discours* rétablit la vérité: "Ce n'est point votre force et votre puissance naturelle qui vous assujettit toutes ces personnes" (*OC*, IV, 1034). La *Logique de Port-Royal* dénonce un préjugé substantialiste analogue chez ceux qui "entendent par chaud ce qui a en soi une qualité semblable à ce que nous nous imaginons quand nous sentons de la chaleur" (Ière part., chap. 12, p. 89). La force est aussi peu dans le roi que la chaleur dans le feu.

[44] Fr. 89-123. "Cette pompe extérieure qui les environne [les grands] en impose toujours un peu, et fait quelque impression sur les âmes les plus fortes" (*Logique de Port-Royal*, IIIe part., chap. 20, p. 285).

[45] Cf. fr. 95-129.

eux-mêmes leur signifié dans l'imagination qui les accueille, comme l'extérieur du médecin redonne la santé sans qu'il manifeste pourtant un réel pouvoir de guérir. L'imagination marque bien "du même caractère" (fr. 44-78) le vrai pouvoir et le vain pouvoir, leur donnant à tous deux de s'exercer réellement. La force qui régit les royaumes, comme d'ailleurs les duchés et les républiques, c'est la force de l'imagination, qui fait le pouvoir du pouvoir et celui même de l'impuissance.

Ce n'est pas uniquement le pouvoir des grands, mais toute la vie de la société qui roule sur l'imagination. L'existence de chacun est orientée vers la recherche de "biens reconnus imaginaires"[46], comme la domination ou la richesse. Et au premier rang de ces biens, celui qui fait l'essence des autres: l'honneur, car pourquoi rechercher le pouvoir ou la fortune, sinon parce qu'ils permettent de se faire honorer de ses égaux en nature et de se distinguer de ses semblables? Les sociologues depuis ont intégré ce facteur: alors que les sociétés de castes sont fondées sur une hypothétique pureté du sang, les sociétés de classes sur la production des biens matériels, les sociétés d'ordres — comme l'Ancien Régime — ont pour principe l'honneur[47]. Pour Pascal, ce principe gouverne en fait toutes les sociétés parce qu'il gouverne l'homme lui-même. "Nous ne nous contentons pas", lit-on au fragment 806-653, "de la vie que nous avons en nous et en notre propre être. Nous voulons vivre dans l'idée des autres d'une vie imaginaire et nous nous efforçons pour cela de paraître. Nous travaillons incessamment à embellir et conserver notre être imaginaire et négligeons le véritable". Voilà exactement ce qu'est l'honneur: "Vivre dans l'idée des autres d'une vie imaginaire"[48]. Le lieu de l'honneur, c'est l'imagination des autres. Ainsi, ce qui nous est le plus propre, ce pour quoi nous donnerions au besoin notre vie — "cet honneur qui a toujours été l'idole des hommes possédés par l'esprit du mon-

---

[46] Fr. 44-78, passage rayé.

[47] Cf. P. Chaunu, *La Civilisation de l'Europe classique*, Arthaud, 1966, IIe part., chap. X ("La société. Ordres et classes"). V. aussi les travaux de R. Mousnier.

[48] Etre honorable, c'est *passer pour* digne d'être honoré. Le *Factum pour les curés de Paris* cite, pour le réprouver, un texte qui le dit sans ambages: "On peut aller au lieu assigné pour se battre en duel, pourvu que ce soit dans le dessein de ne pas passer pour une poule, mais de passer pour un homme de cœur" (p. 406). Le lien le plus net entre honneur et imagination apparaît dans l'expression: "ce fantôme d'honneur" (XIVe *Prov.*, p. 273) — si l'on se rappelle que *fantôme* vient de φαντασία par φάντασμα. Corneille avait écrit dans *L'Illusion comique*: "Ces fantômes d'honneur et ces vaines chimères".

de"[49] — est à la merci du caprice d'autrui, soit qu'il lui prenne fantaisie de nous le ravir, soit qu'il imagine que telle parole ou tel geste suffise pour nous le ravir ("celui qui a reçu un soufflet *est réputé* sans honneur, jusqu'à ce qu'il ait tué son ennemi")[50]. Notre honneur nous est extérieur: sur cette aliénation radicale fonctionnent les rapports humains en quelque société qu'on envisage, car ce ne sont pas seulement les grands qui s'émeuvent "pour quelque offense imaginaire à [*leur*] honneur"[51], mais les savants eux-mêmes en leur royaume se lacéreront par la plume pour un de "ces fantasques points d'honneur"[52] qui leur interdisent par exemple de laisser à un rival le dernier mot dans une controverse, et il n'est pas jusqu'aux goujats et aux cuisiniers qui n'entendent se faire respecter et admirer[53]: seul un miracle de la grâce a pu sauver le P. Borin après le soufflet administré au cuisinier Guille[54], et la mort de Vatel, quelques années plus tard[55], viendra confirmer qu'un maître d'hôtel est prêt autant qu'un haut seigneur à la folie d'échanger son être véritable contre son "être imaginaire" (fr. 806-653). Pour tous, du premier au dernier, du prince au crocheteur, il importe d'abord de "vivre dans l'idée des autres d'une vie imaginaire": par là, chacun se révèle "manipulateur", même les petits. Et réciproquement, chacun est "manipulé", même les grands — qui ne connaissent pas de pire piège que de se laisser prendre à l'image que les autres se font d'eux[56]: il faut, ou malheureuse-

---

[49] XIVe *Prov.*, p. 273.

[50] Citation de casuiste rapportée à la VIIe *Prov.*, p. 122.

[51] Fr. 427-681. L'offense ne peut être qu'imaginaire, s'agissant de l'atteinte à un bien lui-même imaginaire.

[52] *Lettre à Le Pailleur*, *OC*, II, 576. Cf., dans la *Suite de l'histoire de la Roulette*: "cette fantaisie de l'honneur des sciences" (*OC*, IV, 240).

[53] Cf. fr. 627-520: "La vanité est si ancrée dans le cœur de l'homme qu'un soldat, un goujat, un cuisinier, un crocheteur se vante et veut avoir ses admirateurs". Le grand fragment qui porte le titre *Imagination* appartient à la liane *Vanité*.

[54] C'est l'affaire du soufflet de Compiègne. V. XIIIe *Prov.*, p. 241, et la n. 3.

[55] En 1671. On sait que ce maître d'hôtel du Grand Condé, voyant que la marée n'arrivait point à temps, se suicida de trois (!) coups d'épée. "Je ne survivrai pas à cet affront-ci; j'ai de l'honneur et de la réputation à perdre", avait-il averti (cf. lettre de Mme de Sévigné à Mme de Grignan du 26 avril 1671, éd. Duchêne de la *Correspondance*, Pléiade, t. I, 1977, p. 235-236).

[56] Cf. Ier *Discours*: Le peuple "croit que la noblesse est une grandeur réelle et il considère presque les grands comme étant d'une autre nature que les autres. (...) Surtout ne vous méconnaissez pas vous-même en croyant que votre être a quelque chose de plus élevé que celui des autres" (*OC*, IV, 1031). Pascal continue: "Que diriez-vous de cet homme qui aurait

ment il faudrait au Grand Turc une raison bien épurée pour qu'environné dans son superbe sérail de quarante mille janissaires il se regarde lui-même "comme un autre homme" (fr. 44-78). La piperie que les grands apportent à l'imagination de leurs inférieurs, ils la reçoivent d'eux en retour, de sorte que tout le monde est dans l'illusion. Reine des rois aussi bien que reine des peuples, l'*opinione* peut à bon droit être dite *regina del mondo*[57].

2 — IMAGINATION ET OPINION

Par l'impression qu'elle fait sur les corps, l'imagination corrompt les esprits, où elle enfante précisément l'opinion. L'opinion est la modalité selon laquelle l'imagination passe du premier au second "ordre de choses" (fr. 933-761), des réalités charnelles aux réalités intellectuelles: "Nous ne pouvons pas seulement *voir* un avocat en soutane et le bonnet en tête sans une *opinion* avantageuse de sa suffisance"(fr. 44-78). Ce "nous" englobe virtuellement l'humanité entière, le monde dont l'opinion est reine et dont on pourrait dire équivalemment que l'imagination est reine, puisque c'est un seul et même empire qui est "fondé sur l'opinion et l'imagination" (fr. 665-546). Que l'imagination soit présentée comme imprimant sa marque sur les différentes opinions, ou en symétrie l'opinion comme le réceptacle des impressions de l'imagination[58], pratiquement elles sont interchangea-bles et dans leur contenu — l'imagination, affirmera Arnauld, peut "signifier une opinion et même souvent une fausse opinion"[59] — et dans

---

été fait roi par l'erreur du peuple, s'il venait à oublier tellement sa condition naturelle, qu'il *s'imaginât* que ce royaume lui était dû, qu'il le méritait et qu'il lui appartenait de droit? Vous admireriez sa sottise et sa folie. Mais y en a-t-il moins dans les personnes de condition qui vivent dans un si étrange oubli de leur état naturel?"

[57] Fr. 44-78. Titre d'un livre (peut-être une déformation de *La Forza dell'opinione* de Francesco Sbarra, paru en 1658) que Pascal déclare de toute façon n'avoir pas lu. Le manuscrit autographe porte *opinone* au lieu d'*opinione*.

[58] Ière forme: l'imagination imprime "avec la même marque les opinions vraies et fausses" (fr. 44-78, première rédaction); 2e forme: "... et cette gaieté de visage leur donne souvent l'avantage dans l'opinion des écoutants, tant les sages imaginaires ont de faveur auprès des juges de même nature" (*ibid.*).

[59] *Réflexions sur l'éloquence des prédicateurs* (1695), t. XLII des *Œuvres* d'Arnauld, p. 383. Il est évident chez Pascal que les "opinions" du peuple (fr. 93-127) par exemple, qui prêtent aux grands une supériorité effective, ne sont qu'imaginations; ou que la liberté laissée aux peuples de "suivre leurs imaginations" (fr. 769-634) est celle de se laisser guider par leur opinions.

leur statut de faculté — c'est tout un de poser que "l'imagination dispose de tout" et que l'opinion "use de la force" ou régente le monde[60].

A la différence pourtant de l'assimilation fantaisie/imagination, le rapprochement entre imagination (ou fantaisie) et opinion effectué par Pascal et ses amis de Port-Royal — qui ont à plusieurs reprises remplacé dans leur édition des *Pensées* "imagination" par "fantaisie et opinion" ou par "opinion" tout court[61] — ne s'autorise ni de la lexicographie ni de l'usage philosophique contemporain. En revanche, il n'est pas rare chez Montaigne, qui parle par exemple de la prérogative que l'homme se donne sur les animaux "par opinion et par fantaisie" de posséder la "liberté de l'imagination"[62]. Il est revenu à un chercheur japonais, T. Shiokawa, de montrer que cette association intervenait chez Montaigne en contexte stoïcien[63]. Le mot d'"opinion", conjoint à la fantaisie, voire à la fantaisie et à l'imagination, traduit en effet la φαντασία d'Epictète, comme dans la phrase: "L'homme n'a rien proprement sien que l'usage de ses opinions"[64], où la dernière expression rend la formule χρῆσις φαντασιῶν du chapitre 11 (6 dans les éditions courantes) de l'*Enchiridion*. Le même terme, pris dans la même association, traduit aussi le δόγμα du philosophe stoïcien, qui est un concept voisin de celui de φαντασία, au point d'être souvent confondu avec lui[65]. La parenté ou la quasi-équivalence, chez Pascal, de l'opinion et de l'imagination se fonderait donc sur la traduction en français de notions d'origine stoïcienne. Il est facile de le vérifier en

---

[60] Cf. fr. 44-78 et 554-463.

[61] Par exemple, le début du fr. 44-78 ("Imagination. C'est cette partie dominante de l'homme[...]") devient, dans l'édition de Port-Royal: "Cette maîtresse d'erreur que l'on appelle fantaisie et opinion"; un peu plus loin, "l'imagination dispose de tout" est transformé en: "l'opinion dispose de tout" (chap. XXV, *Faiblesse de l'homme*).

[62] *Essais*, II, 12, p. 459-460. On notera que, dans *De la sagesse*, Charron intitule le chapitre 16 du Ier livre: *De l'imagination et opinion*.

[63] Dans son article "Imagination, fantaisie et opinion: pourquoi Pascal prend-il pour thème l'*imagination* dans le fragment 44-78 des *Pensées*?", Revue *Equinoxe*, n°6, été 1990, p. 69-82.

[64] *Essais*, II, 12, p. 489. Montaigne ajoute, deux lignes plus loin, que l'homme "possède ses biens par fantaisie" et, ironiquement, que "nous avons eu raison de faire valoir les forces de notre imagination".

[65] Ainsi dans *Essais*, I, 14, p. 50: "Les hommes (dit une sentence grecque ancienne) sont tourmentés par les *opinions* (τὰ δόγματα) qu'ils ont des choses, non par les choses mêmes". Cette sentence provient de l'*Enchiridion* (ou *Manuel*) d'Epictète, chap. 10 (5 dans les éditions courantes). Cf. fr. 638-529 des *Pensées*: "Il n'y a que les craintes que nous nous donnons nous-mêmes, et non pas la nature, qui nous troublent".

consultant la traduction d'Epictète qu'on sait, par les citations de
l'*Entretien avec M. de Sacy*, avoir été pratiquée par Pascal: *Les Propos
d'Epictète recueillis par Arrian auteur grec son disciple, translatés du
grec en français par Fr. I. D. S. F.* [Jean de Saint-François], Paris, Jean
de Heuqueville, 1609. On y constate, de fait, que l'opinion et l'imagination se substituent couramment l'une à l'autre, pour "translater"
φαντασία aussi bien que δόγμα [66]. La χρῆσις φαντασιῶν est traduite
ici par "usage des opinions"[67] et là par "usage des imaginations"[68]. Un
peu plus loin, Epictète s'interroge sur ce qui nous fait appréhender
particulièrement la mort par noyade: "Qu'est-ce donc qui me trouble? la
mer? Nenni, mais c'est mon *imagination* (το δόγμα)" et, à la même page:
"Qu'est-ce donc qui nous afflige et qui nous fait sortir hors de nous-
même? qu'est-ce sinon nos *opinions* (τὰ δόγματα)?"[69]. L'emploi jumelé
ou indifférencié des termes "imagination" et "opinion" par Pascal a bien
sa source dans les traductions d'Epictète, qui pour autant ne sont pas des
trahisons mais reflètent à leur manière une partielle synonymie dans
l'original[70]: la φαντασία du stoïcien est une représentation qui emporte
un δόγμα, un jugement de valeur; elle rejoint ainsi l'imagination
pascalienne, que T. Shiokawa définit avec bonheur comme une "opinion
affective et valorisante"[71].

On ne sera donc pas surpris de trouver sur plusieurs points une
critique de l'imagination qui soit commune à Pascal et au stoïcisme. Là
même où l'on n'aperçoit que l'influence de Montaigne, Epictète peut être
présent. Ainsi, au fragment *Imagination*, la phrase: "Qui ne sait que la vue
des chats, des rats, l'écrasement d'un charbon, etc. emportent la raison
hors des gonds" est dans toutes les éditions des *Pensées* référée (légitime-
ment, d'ailleurs) à un passage de l'*Apologie de Raimond Sebond*[72], mais

---

[66] *Fantasie* joue également sa partie: "L'Iliade n'est autre chose qu'une fantasie (φαντασία)", liv. I, chap. 28, p. 132.

[67] II, 1, p. 154.

[68] II, 8, p. 189. La même expression peut aussi être traduite par "usage de fantasies" (I, 28,
p. 132).

[69] II, 16, p. 239.

[70] Cf. Murray W. Bundy, *The Theory of imagination*..., p. 260: "Epictetus (...) confusing
phantasy with opinion (...)".

[71] Art. cité, p. 71.

[72] *Essais*, II, 12, p. 595: "J'en ai vu qui ne pouvaient ouïr ronger un os sous leur table sans
perdre patience; et n'est guère homme qui ne se trouble à ce bruit aigre et poignant que font

ce renvoi ne rend pas compte de la métaphore qui donne toute sa force à l'évocation du pouvoir de l'imagination. Or elle se rencontre dans la traduction citée des *Propos*, et sur le sujet de l'imagination déjà: "Bien souvent vos pensées (φαντασίαι) vous mettent hors des gonds"[73]. La mise en cause pascalienne de la notion d'honneur se situe dans le droit fil des prescriptions d'Epictète qui, au nom de la distinction fondamentale en stoïcisme entre ce qui dépend de nous et ce qui n'en dépend pas, enjoint de ne point faire cas de l'opinion d'autrui sur nous[74]: la vie dans l'imagination des autres sera le dernier souci du sage, qui n'estime rien si stupide que de gâter l'être pour le paraître[75]. Il faut se tenir sur ses gardes devant l'imagination, que ce soit celle des autres sur nous, ou la nôtre sur le monde et nous-même: un chapitre entier des *Propos* est consacré à montrer *Comment il faut combattre contre les imaginations*[76]. Epictète et Pascal s'accordent à considérer que l'imagination engendre ou décuple les craintes qui nous habitent, celle de la mort en particulier — moins redoutable en elle-même que dans l'idée que nous nous en faisons[77] — ou, plus significativement, celle du dénuement. On sait que Pascal rapporte à l'imagination la honte d'être découvert pauvre ("ces choses qui nous tiennent le plus, comme de cacher son peu de bien, ce n'est souvent presque rien. C'est un néant que notre imagination grossit en montagne", fr. 531-456), mais on sait moins qu'Epictète passe un

---

les limes en raclant le fer; comme, à ouïr mâcher près de nous, ou ouïr parler quelqu'un qui ait le passage du gosier ou du nez empêché, plusieurs s'en émeuvent jusques à la colère et la haine". L'exemple du chat vient, lui, de Descartes (*Les Passions de l'âme*, II⁰ part., art. 136, *AT*, XI, 429).

[73] II, 22, p. 286. Au chap. 18, Epictète interrogeait: "Quelle plus grande tempête pourrait advenir que celle qu'excitent *les pensées et les imaginations* [ces deux mots n'en traduisent qu'un: ἐκ φαντασιῶν] fortes et puissantes qui ébranlent la raison?" (p. 260).

[74] Pascal le sait fort bien, qui transcrit dans l'*Entretien avec M. de Sacy* un passage du premier chapitre du *Manuel* (même éd. que les *Propos*, 1609, p. 637): "Les biens, la vie, *l'estime* ne sont pas en notre puissance" (Pascal, *OC*, III, 133-134).

[75] V. là-dessus les chap. 48 et 50 (dans les éd. courantes) du *Manuel*. Cf. aussi *Propos*, IV, 5, p. 566: "Toutes les choses extérieures sont de nulle valeur et appartiennent à autrui".

[76] Le chap. 18 du liv. II.

[77] Cf. *Propos*, II, 1, p. 156-157: "La mort ni le travail ne sont pas à craindre, mais la crainte de la mort ou du travail est à craindre" et *Pensées*, fr. 138-170: "La mort est plus aisée à supporter sans y penser que la pensée de la mort sans péril". L'imagination "grossit" son objet (fr. 432-684, 531-456, 551-461), affirme Pascal et, pour Epictète, à cause d'elle "nous ajoutons toujours et feignons les choses plus grandes et terribles qu'elles ne sont" (*Propos*, II, 16, p. 239).

chapitre de ses *Propos* encore à dénoncer l'aveuglement de "ceux qui appréhendent la pauvreté"[78]: rien n'est une honte de ce qui ne dépend pas de nous. Le stoïcien donne sur ce point Ulysse en exemple, qui ne perdit pas cœur lorsqu'il fut jeté nu sur le rivage des Phéaciens: "N'alla-t-il pas vers les filles pour demander ses nécessités, qu'on estime vilain de demander aux autres?"[79]. Il ne s'assura point, certes, "sur l'honneur, l'argent ni les Etats, mais sur sa propre force, c'est-à-dire sur les opinions (δόγματα) des choses qui sont en nous, ou n'y sont pas"[80]. On bute ici sur la superbe stoïcienne[81] et du même coup sur la limite de l'accord entre Pascal et Epictète contre l'imagination, car le sage des "dogmatistes", dont Ulysse est la figure, se fait fort de distinguer parmi les imaginations celle à qui il doit donner son assentiment (l'imagination compréhensive ou φαντασία καταληπτική, adéquate à son objet) et celle à qui il doit le refuser (la φαντασία ἀκαταληπτική)[82]. Pour Pascal au contraire, l'imagination scelle du même sceau le vrai et le faux: puisqu'elle "ne donne aucune marque de sa qualité" (fr. 44-78), il ne saurait exister d'imagination compréhensive, entendue comme "représentation privilégiée qui porte en elle-même la marque de sa propre vérité"[83]. Loin de reconnaître une "partie maîtresse de notre âme" (τὸ ἡγεμονικόν)[84] au-dessus de l'imagination, Pascal attribue à l'imagination la maîtrise de ce qui en nous devrait dominer. Le δόγμα-jugement est

---

[78] Le chap. 26 du liv. III. Cf. III, 17: "Il ne faut pas rejeter la pauvreté, mais l'opinion qu'on a d'elle" (p. 395).

[79] III, 26, p. 488.

[80] *Ibid.* Comprenons qu'Ulysse se confia à ses jugements sur ce qui dépend ou ne dépend pas de nous.

[81] Il n'y a que ces "opinions", poursuit le texte, "qui nous puissent rendre libres et sans être empêchés ni contraints, qui font lever le col à ceux qui l'avaient abaissé". Cf. fr. 430-683: "«Haussez la tête, hommes libres», dit Epictète".

[82] Prendre l'habitude, en face de chaque φαντασία, de juger si ce qu'elle nous propose dépend ou non de nous, c'est pour Epictète (*Propos*, III, 8) s'exercer à ne donner jamais notre assentiment que dans le cas d'une imagination compréhensive. "L'imagination donc a bien la force de comprendre la chose" (*ibid.*, p. 358). Diogène Laërce définit ainsi la φαντασία καταληπτική: "celle qui vient de la chose existant réellement et par soi, qui laisse une empreinte et une marque dans l'esprit" (*Vies, doctrines et sentences des philosophes illustres*, VII, 46).

[83] Définition de la φαντασία καταληπτική en commentaire à *Propos* (*Entretiens*) III, 8 dans *Les Stoïciens*, "Bibliothèque de la Pléiade", Paris, Gallimard, 1962, p. 1349.

[84] *Propos*, II, 18.

décidément ravalé au δόγμα-opinion, issu de l'imagination au lieu de s'imposer à elle.

Mais le couple opinion-imagination vient de plus loin que le stoïcisme et sa globale disqualification chez Pascal répète une exclusion fondatrice de la philosophie elle-même. Car non seulement Platon relègue l'εἰκασία (imagination) au dernier rang des facultés humaines derrière la νόησις (pensée intuitive), la διάνοια (pensée discursive) et la πίστις (croyance), mais il lui assigne pour domaine le champ du non-savoir: l'opinable (τὸ δοξαστόν) par opposition au connaissable (τὸ γνωστόν)[85]. Dès l'origine, il revient donc à l'imagination de ne vivre que d'opinions. "Quand ce n'est pas en elle-même que la pensée se produit chez quelqu'un, mais par l'entremise d'une sensation, est-il possible cette fois — interroge l'Etranger du *Sophiste* — de donner à un tel état un autre nom qui se justifie, sinon celui de «représentation imaginative»?"[86]. C'est un seul et même travail pour Socrate que de réfuter les φαντασίαι et les δόξαι de ses adversaires[87], et Aristote ne s'y est pas trompé, qui résume ainsi la position de Platon avant de la critiquer: "Imaginer serait donc se former une opinion sur l'objet même de la sensation, et cela non pas par accident"[88]. Le discrédit de l'imagination ne fait que suivre celui de son objet — l'image (εἰκών), qui toujours chez Platon dégrade un original dont elle n'est que l'ombre portée ou un phantasme, reflet jouant à la surface des eaux et des corps polis[89]. "Les choses valent toujours mieux dans leur source", dit Pascal[90]: cette remarque de circonstance engage une onto-épistémologie typiquement platonicienne pour laquelle le rapport de la copie au modèle est identiquement rapport de l'opinion à la connaissance, et du devenir à l'être[91]. Produire des images, c'est au

---

[85] Cf. *République*, VI, 510 *a*. La quadripartition des facultés s'effectue selon le schéma d'une ligne divisée en segments inégaux, *ibid.*, 509 *d*.

[86] *Sophiste*, 264 *a*; cf. *Philèbe*, 38 *b*-39 *c*. La traduction des textes platoniciens cités est celle de L. Robin (*Œuvres complètes* de Platon, "Bibliothèque de la Pléiade", Paris, Gallimard, 2 vol., 1950).

[87] Cf. *Théétète*, 161 *e*.

[88] *De l'âme*, III, 3, 428 *b*.

[89] Les εἰκόνες, en effet, sont de deux types: σκιαί ou φαντάσματα. Cf. *République*, VI, 509 *e*-510 *a*.

[90] IVᵉ *Prov.*, p. 53. La source, en l'occurrence, ce sont les jésuites: "Les autres ne font que les copier" (*ibid.*).

[91] Cf. *République*, VII, 534 *a*. Sur la déficience ontologique de l'image, v. par ex. *Cratyle*, 432 *d*: "N'as-tu pas le sentiment de tout ce qui manque aux images pour être les choses

mieux produire de la ressemblance, c'est-à-dire un simulacre: la copie d'un objet matériel lui-même copie d'une Idée transcendante. De là, l'accusation portée contre les artistes de se situer "à la troisième génération à partir de la nature"[92], puisque (pour reprendre un exemple fameux) le lit dont le peintre est l'artisan est l'image du lit dont l'artisan est menuisier, lui-même image du Lit en soi dont l'artisan est Dieu[93]. Ne résonne-t-il pas comme un écho platonicien dans les jugements de Pascal sur la vanité de la ressemblance, qui ressortit au risible[94] ou provoque au contraire une admiration indue, car fondée sur l'imitation de ce qui ne devait pas être imité[95]? Mais il est une autre façon de produire des images: plus blâmable que l'art des simulacres ou εἰκαστική, l'art des apparences illusoires ou φανταστική[96]. Alors qu'au moins le premier se conforme aux proportions du modèle, le second les déforme pour les adapter à notre point de vue[97]. En effet, "dans le cas de la vision, le fait de voir la grandeur des objets à longue ou à courte distance" est "fatal à la vérité de l'appréciation que nous faisons de cette grandeur"[98]: pour contrebalancer l'erreur, on va provoquer l'illusion, rendre inégal ce qui était égal, faire grand ce qui était petit et petit ce qui était grand — en un mot, subvertir le réel. C'est pour s'être "attachée à ce fâcheux état de notre nature" que la peinture en trompe-l'œil ou en perspective est anathématisée par Platon sous le vocable infamant de "sorcellerie"[99].

---

mêmes dont elles sont les images?"

[92] *République*, X, 597 *e*.

[93] Cf. *ibid.*, 597 *b*.

[94] *Pensées*, fr. 13-47: "Deux visages semblables, dont aucun ne fait rire en particulier, font rire ensemble par leur ressemblance". Ce fragment appartient à la liasse *Vanité*.

[95] Fr. 40-74: "Quelle vanité que la peinture, qui attire l'admiration par la ressemblance des choses dont on n'admire pas les originaux!". Vanité aussi, pour Platon, de l'imitation, qui est "un jeu et non pas une affaire sérieuse" (*République*, X, 602 *b*) — qui plus est un jeu dangereux lorsqu'elle porte sur d'indignes originaux (*République*, III, 395 *d* - 396 *b*): c'est pourquoi les poètes sont bannis de la *Callipolis* (*ibid.*, 398 *a*).

[96] *Sophiste*, 236 *c*.

[97] Cf. *ibid.*, 235 *e* - 236 *a*: ceux "qui ont occasion de modeler ou de peindre quelque ouvrage de grandes dimensions, si en effet ils rendaient la proportion véritable propre à la beauté des choses, tu sais fort bien que les parties supérieures de l'ouvrage apparaîtraient plus petites qu'il ne faut, et les parties inférieures, de leur côté, plus grandes pour la raison que les premières sont par nous vues de loin tandis que les secondes le sont de près". Cf. *République*, X, 602 *b* - *d*.

[98] *Philèbe*, 41 *e* - 42 *a*.

[99] *République*, X, 602 *d*.

L'art *fantastique* ici dénoncé tombe sous l'exact reproche formulé par Pascal à l'encontre de l'imagination, qui "grossit les petits objets" et "amoindrit les grands" selon une estimation précisément *fantasque*[100]. La perspective a beau assigner "le véritable lieu" (fr. 21-55) d'où il faut regarder un tableau, ce lieu est celui d'une illusion mathématiquement construite et sa vérité, la vérité d'un mensonge[101]. Plus que jamais, avec la déformation subreptice qu'elle fait subir au réel, l'imagination s'ancre dans le domaine de l'opinion: et il ne s'agit pas seulement de l'art — qui, d'ailleurs, relève chez Pascal du second ordre[102] — mais de la sphère strictement intellectuelle, puisque "l'imitation opinante" ou *doxomimétique* du peintre caractérise aussi l'activité du sophiste[103]. Tout indique que pour Pascal l'imagination, qui "procure l'opinion du vrai"[104], est le sophiste de l'âme.

Elle est tout d'abord, contre la tradition aristotélicienne, éliminée des facultés de connaissance. Plusieurs silences sont, à cet égard, éloquents. Lorsque Pascal entreprend de classer les différents domaines du savoir humain selon leurs fondements, dans sa Préface sur le *Traité du vide*, il est établi que sa source principale est Bacon, et particulièrement le *De augmentis et dignitate scientiarum* traduit en 1632 par l'Auvergnat Golefer. Bacon relie sa division de "la doctrine humaine" à "la triple faculté de l'âme raisonnable où est le siège de la science. L'histoire se

---

[100] Fr. 551-461. L'éd. Sellier porte "fantastique" au lieu de "fantasque". Pour "les grands", Pascal a écrit "les grandes", faisant l'accord avec le substantif "choses" sous-entendu, et non avec le substantif "objets" déjà exprimé.

[101] Un "platonicien" comme Malebranche se défie de l'optique: "Cette science (...) n'apprend que la manière de tromper les yeux" (*De la recherche...*, liv. I, chap. 7, § 5 ; t. I, p. 100). A l'inverse, les jésuites — maîtres, en esthétique, du trompe-l'œil — louent dans la peinture un art de tromperie: "Le plus grand trompeur du monde, c'est le meilleur peintre de l'univers, et le plus excellent ouvrier; car à vrai dire, l'éminence de ce métier ne consiste qu'en une tromperie innocente, et toute pleine d'enthousiasme et de divin esprit. (...) Il faut tromper l'œil ou tout n'y vaut rien" (E. Binet, *Essai des merveilles de nature et des plus nobles artifices*, Rouen, 1621, chap. X: *De la peinture*, Préface au lecteur de la Peinture).

[102] Cf. J. Mesnard, "Le thème des trois ordres dans l'organisation des *Pensées*", art. cité, p. 37: "Dans le même ordre des esprits, Pascal range très certainement les arts, d'autant qu'ils se fondent pour lui sur l'imitation, qui suppose conscience et connaissance, saisie par l'esprit soit du corps, soit de l'esprit lui-même, soit de l'un et de l'autre".

[103] Cf. *Sophiste*, 267 *d* - 268 *d*. Le discours du sophiste, lit-on dans le *Phèdre* (267 *a*), "fait paraître grand ce qui est petit et petit ce qui est grand" (cité par J.A. Gallucci, "Pascal *poeta-theologus*", PFSCL, vol. XVII, 1990, n°32, p. 155 — et note 19, p. 165).

[104] J. Mesnard, *Les "Pensées" de Pascal*, p. 193.

rapporte à la mémoire, la poésie à la phantasie, la philosophie à la raison"[105]. Or, si l'autorité recueille dans la classification pascalienne l'héritage de la mémoire, si la raison garde sa juridiction sur les sciences théoriques et expérimentales, l'imagination, elle, a disparu. La tripartition est devenue bipartition. Même absence remarquable, quelques années plus tard, dans l'*Art de persuader,* où l'entendement et la volonté suffisent à introduire en l'âme — dont elles sont les "deux principales puissances"[106] — toutes ses convictions. La bipartition peut redevenir tripartition, elle n'intègre pas davantage l'imagination: nulle trace d'elle à la XVIIIe *Provinciale,* quand Pascal dénombre les "principes de nos connaissances"[107]: le jugement des faits revient aux sens, celui des intelligibles à la raison, celui du surnaturel à la foi. Enfin, le célèbre fragment des *trois ordres* (fr. 308-339) non seulement ne mentionne pas l'imagination mais lui ôte même tout lieu en instaurant une radicale discontinuité entre les corps et les esprits, alors que l'histoire de ce concept ne cesse à partir d'Aristote de lui reconnaître une fonction médiatrice entre les sens et l'intellect. L'imagination pascalienne, telle le monde chez Sartre, est "en trop". Elle ne constitue pas un sixième sens et ne s'identifie ni comme raison ni comme volonté, mais elle hébète les sens ou leur fait sentir ce qui n'est point, imite perversement la raison son "ennemie" (fr. 44-78) — de sorte qu'il se trouve des axiomes "que les uns reçoivent et non pas d'autres"[108] — et joue sa partie dans "les caprices téméraires de la volonté"[109]. L'imagination apparaît moins une faculté que le parasite de toutes les facultés. Dans l'ordre intellectuel, ses effets, ou plutôt ses méfaits, peuvent se ramener à trois.

En premier lieu, l'imagination rend indiscernables le vrai et le faux. Il est, de fait, aussi facile d'imaginer l'erreur que la vérité, et rien dans les images que nous nous formons ne vient discriminer l'objectivité de leur contenu. On se représente ce qui fut mais tout autant ce qui jamais ne sera: "Nous pouvons bien imaginer distinctement une tête de lion entée sur le corps d'une chèvre" — c'est-à-dire une chimère — , affirme

---

[105] *Neuf livres de la dignité et de l'accroissement des sciences,* par F. Bacon, trad. Golefer, Paris, 1632, liv. II, chap. 1, p. 110.

[106] *OC,* III, 413.

[107] P. 374.

[108] *De l'esprit géométrique* (2e fragment), *OC,* III, 415.

[109] *Ibid,* p. 414. On a vu plus haut (p. 148, n. 32) le lien de l'imagination avec la témérité.

Descartes[110]. Inversement, imaginer sur la terre en train de tourner le Saint-Office délibérant contre ceux qui prétendent qu'elle tourne pourrait être une représentation de la réalité[111]. Le piège de l'imagination est qu'elle ne trompe pas toujours et qu'elle ne permet pas de savoir quand elle trompe: "Etant le plus souvent fausse elle ne donne aucune marque de sa qualité marquant du même caractère le vrai et le faux" (fr. 44-78). Impossible donc, pour reprendre une comparaison d'Epictète, de lui demander "le mot du guet"[112] comme font les sentinelles de nuit pour arrêter les uns et laisser passer les autres: l'imagination abuse les gardes — entendement et volonté à l'entrée de notre âme — et fait entrer l'ennemi dans la place. Ainsi s'évanouit, on l'a vu, le mirage stoïcien d'une "imagination compréhensive" qui se distinguerait par nature de ses contrefaçons fantaisistes. Mais au delà de la péripétie doctrinale se trouve mis en cause le critère de l'évidence, ce lieu où la vérité se fait *index sui*. Il est des évidences qui ne reposent que sur l'illusion et engendrent une force de conviction égale à celle que produit l'évidence du vrai: qui fera comprendre qu'une ligne est divisible infiniment au chevalier de Méré qui "croit fort bien entendre qu'elle est composée de points en nombre fini"[113]? Le dialogue qu'on pourrait reconstituer entre Pascal et Méré sur ce sujet illustrerait l'aporie du fragment 530-455: "L'un dit que mon sentiment est fantaisie, l'autre que sa fantaisie est sentiment". En l'occurrence, Pascal se prévaut de la supériorité du géomètre, mais il est une circonstance quotidienne où la fantaisie du géomètre est prise par lui-même pour sentiment — le rêve. Dans le rêve assurément, l'imagination ne donne "aucune marque de sa qualité", ne se dénonce pas comme imagination: elle me laisse devant l'irrécusable présence du "réel". Si elle se révélait pour ce qu'elle est, je pourrais suspendre mon jugement, mais là je suis obligé de me prononcer sans moyen de discerner, ou plutôt j'adhère de tout mon être à la lumineuse certitude des ténèbres. Ce qui est le plus certain dans le monde diurne — les principes de la géométrie — se résout dans l'inconsistance des "vains fantômes [Pascal avait d'abord

---

[110] *Discours de la méthode*, IVᵉ part., *AT*, VI, 40.

[111] Cf. XVIIIᵉ *Prov.*, p. 377.

[112] Cf. *Propos* d'Epictète, liv. III, chap. 12, éd. citée, p. 376: il ne faut "point admettre ni recevoir d'imagination qui ne soit bien examinée. Mais faut lui dire demeurez, attendez que je voie qui vous êtes, et d'où vous venez, comme font les sentinelles de nuit, dites le mot du guet, avez-vous le mot du guet de nature que doit avoir l'imagination qui veut passer?"

[113] Lettre de Pascal à Fermat du 29 juillet 1654, *OC*, II, 1142.

écrit: *imaginations*] de nos songes" puisqu'alors "on croit voir les espaces, les figures, les mouvements" (fr. 131-164) et qu'il n'en est rien. L'évidence est entière, comme notre erreur, en arithmétique aussi, où l'âme "dans ses obscurcissements" qu'elle prend pour le jour, juge "aussi fermement que deux et trois font six qu'elle sait ensuite que c'est cinq"[114]. Le rêve montre à l'évidence que l'évidence peut tromper: "Tous nos sentiments" y sont des "illusions" (fr. 131-164). Et comme entre le rêve et la réalité, la différence est si peu marquée que le sommeil passe à bon droit pour "l'image de la vie"[115], l'éveil ne signifiera pas le retour à la clarté, mais l'emprise maintenue de l'imagination, car c'est elle — malgré Descartes — qui décide de la clarté ou de l'obscurité: "Quand on propose une chose à prouver, d'abord on se remplit de cette imagination qu'elle est donc obscure, et au contraire que celle qui la doit prouver est claire, et ainsi on l'entend aisément"[116]. Pas plus que l'idée distincte (celle de la chimère), l'idée claire ne permet de trancher entre vérité et imagination, parce qu'elle est elle-même un effet d'imagination. L'évidence d'un "sentiment" ne lui est donc pas intrinsèque, mais vient de fantaisie[117], et par là le doute est jeté au cœur du savoir — sur le savoir du cœur: si "tout notre raisonnement se réduit à céder au sentiment" (fr. 530-455), que pouvons-nous connaître dès lors que notre sentiment se réduit à céder à l'imagination?

Au moins saura-t-on gré à l'imagination d'ouvrir la voie à l'invention. Mais n'est-ce pas là encore une chimère? L'imagination entretient un rapport privilégié avec la coutume, qui la tourne vers le passé. On se souvient que "la coutume de voir les rois accompagnés de gardes" (fr. 25-59) nous leur fait prêter des qualités imaginaires approchant les attributs divins. L'imagination mise en branle par les stimuli sensibles reçoit des traces plus profondes de leur répétition, au long de laquelle naissent des

---

[114] *Entretien avec M. de Sacy*, *OC*, III, 141.

[115] B. Pascal, *Textes inédits*, éd. citée, p. 31. La différence n'est que de degré: "La vie est un songe *un peu moins* inconstant" (fr. 803-653).

[116] Fr. 527-454. D'où la réversibilité de l'exemple qui, de preuve, peut à volonté devenir objet de preuve.

[117] Dans ce qui apparaît comme une critique de l'intuition cartésienne au nom de la fantaisie, la position de Pascal peut être rapprochée des objections formulées par Gassendi et Hobbes aux *Méditations métaphysiques*: v. la thèse d'A. McKenna (*De Pascal à Voltaire*, Oxford, 1990, t. I, p. 26-28) pour le rapport à Gassendi, et, du même auteur, l'article "Pascal et Hobbes: les opinions du peuple" (à paraître dans *Justice et force. Politiques au temps de Pascal*, chez Klincksieck) pour le rapport à Hobbes.

opinions fantastiques: ce n'est pas coïncidence si Pascal traite des "impressions anciennes (...) capables de nous abuser" au sein du fragment *Imagination*. La justice qu'on imagine est la justice à quoi on est accoutumé[118]. Et cette opinion, sacralisant le donné, que la coutume engendre dans l'imagination n'est autre que ce que l'on dénomme préjugé. Aussi définirions-nous le préjugé comme une coutume de l'imagination[119]. Par lui se trouve évidemment bridé le pouvoir innovateur accordé à l'imagination, mais celle-ci en l'occurrence se trouve bridée par elle-même. C'est l'imagination qui bloque l'invention, soit parce qu'elle considère — premier préjugé — que l'objet de notre recherche a déjà été atteint par d'autres, les anciens (Pascal doit batailler pour établir que la nature ne fuit pas le vide "avec tant d'horreur que plusieurs se l'imaginent")[120], soit parce qu'elle considère que ledit objet ne saurait être atteint, et c'est là un second préjugé contre lequel s'élève l'inventeur de la machine arithmétique: "Par un injuste préjugé, la difficulté que l'on s'imagine aux choses extraordinaires fait qu'au lieu de les considérer pour les estimer, on les accuse d'impossibilité, afin de les rejeter ensuite comme impertinentes"[121]. Dans un cas comme dans l'autre, l'imagination travaille au triomphe du préjugé: tel apparaît son second effet dans l'ordre intellectuel.

---

[118] Le peuple suit la coutume "par cette seule raison qu'il la croit juste" (fr. 525-454), mais il la croit juste par cette seule raison qu'il est accoutumé à la suivre: c'est "la justice qu'il imagine" du fr. 60-94.

[119] Préjugé, ce que l'on s'habitue à croire sans l'avoir jugé: "Qui s'accoutume à la foi la croit, et ne peut plus ne pas craindre l'enfer, et ne croit autre chose. Qui s'accoutume à croire que le roi est terrible, etc." (fr. 419-680). N'étant pas jugées, ces opinions sont des imaginations, et comme telles peuvent être indifféremment vraies ou fausses (la vérité peut exister en nous sous forme de préjugé: c'est le cas de la première opinion — et il en est de même de l'erreur: seconde opinion). L'imagination est, de surcroît, contagieuse: mon préjugé sera d'abord un pli reçu de l'imagination d'autrui. Cf. Malebranche, *De la recherche...* (liv. II, IIIe part., chap. 2; t. I, p. 332): "Un homme qui n'est jamais sorti de son pays s'imagine ordinairement que les mœurs et les coutumes des étrangers sont tout à fait contraires à la raison, parce qu'elles sont contraires à la coutume de sa ville, au torrent de laquelle il se laisse emporter: ainsi un enfant qui n'est jamais sorti de la maison paternelle s'imagine que les sentiments et les manières de ses parents sont la raison universelle".

[120] *Expériences nouvelles touchant le vide*, Au lecteur, *OC*, II, 499.

[121] *Lettre dédicatoire à Monseigneur le Chancelier*, *OC*, II, 331. C'est une suite du pouvoir que l'on vient de reconnaître à l'imagination de décider du clair ou de l'obscur: elle tranche conséquemment entre ce qui est facile (ou simplement possible) et ce qui est difficile (voire impossible).

Le dernier vient en symétrie du précédent, car la même imagination qui se complaît aux "impressions anciennes" s'entiche volontiers aussi des "charmes de la nouveauté"[122]. Lorsqu'elle ne décourage pas l'esprit inventif, elle le fait délirer. S'agit-il d'examiner les "inventions" de la raison "sur les choses de sa force"[123] en déterminant quel est pour l'homme le souverain bien? L'imagination lui en fait produire 280 sortes[124]. A quoi d'ailleurs ne pourrait-on s'attendre de la part des philosophes, puisqu'il n'est point de rêve si absurde qui n'ait passé en syllogismes chez quelqu'un d'entre eux[125]? Le domaine de la métaphysique, en particulier, est si bien tombé sous la coupe de l'imagination que l'adjectif "métaphysique" appliqué à une considération la rejette *ipso facto* hors de la réalité[126]. Mais la physique n'est pas exempte des caprices de la fantaisie: comme nous ne connaissons qu'une infime partie de l'univers qui nous entoure, nous compensons cette ignorance par le déluge de nos explications. Il faut à toute force rendre raison des phénomènes, et c'est où la déraison imaginante fait merveille: on a par exemple "inventé exprès cette horreur imaginaire du vide"[127] pour justifier l'élévation de l'eau dans les pompes ou siphons. "Ce n'est pas en cette seule rencontre — ajoute Pascal — que, quand la faiblesse des hommes n'a pu trouver les véritables causes, leur subtilité en a substitué d'imaginaires, qu'ils ont exprimées par des noms spécieux qui remplissent les oreilles et non pas l'esprit"[128]. Ces causes, qu'il qualifie de "chimériques"[129] — comme

---

[122] Fr. 44-78. Les deux attitudes ne sont d'ailleurs nullement exclusives l'une de l'autre, car on peut fort bien justifier les anciennes opinions par de nouvelles raisons imaginaires: l'exemple du P. Noël en fait foi.

[123] Fr. 76-111 (notes rayées).

[124] Cf. fr. 408-27.

[125] Pascal cite au fr. 507-675 la formule du *De divinatione* (II, 58): *Nihil tam absurde dici potest quod non dicatur ab aliquo philosophorum*. Il l'a trouvée dans les *Essais* (II, 12, p. 546), où elle vient illustrer ces réflexions de Montaigne: la philosophie "a tant de visages et de variété, et a tant dit, que tous nos songes et rêveries s'y trouvent. L'humaine fantaisie ne peut rien concevoir en bien et en mal qui n'y soit".

[126] Cf. *Ecrits sur la grâce, Lettre, OC*, III, 705: "Si nous voulons nous arrêter sur cette considération métaphysique, et qui n'arrive jamais en effet(...)". Il s'agit de la "supposition métaphysique" (*ibid.*, p. 706) dans laquelle l'homme reçoit une délectation égale de la part de l'esprit et de la part de la chair.

[127] *Récit de la grande expérience de l'équilibre des liqueurs*, Au lecteur, *OC*, II, 688.

[128] *Ibid.*

[129] *Ibid.*

la sympathie ou l'antipathie des corps, leur amour pour les lieux bas ou leur crainte de la destruction — , semblent avoir en commun la note d'anthropomorphisme: la nature, inanimée, ne saurait éprouver d'inclination ou d'horreur, mais c'est en nous que résident l'inclination à la connaître et l'horreur de la trouver vide de sens. Alors que la raison est censée découvrir les choses telles qu'elles sont, l'imagination se mêle imperceptiblement à elle pour les ramener à nous ou nous projeter en elles. Nous "comprenons" la nature en l'assimilant à notre propre nature qui nous est incompréhensible[130]. Parce qu'elle participe à la fois du corps et de l'âme, l'imagination est responsable de la confusion qui fait parler "des choses corporelles spirituellement et des spirituelles corporellement"[131]. Le discours philosophique sera donc "le roman de la nature"[132]: le P. Noël fait surgir du néant sa matière subtile et l'y replonge avec autant de facilité[133] qu'un romancier donne la vie ou la retire à ses personnages — "le pouvoir avec lequel il dispose de cette matière témoigne assez qu'il en est l'auteur, et partant qu'elle ne subsiste que dans son imagination"[134]. Mais la différence entre les romanciers et les philosophes est que les premiers ne croient pas à la véracité des histoires qu'ils inventent, tandis que les seconds prennent leurs imaginations pour la réalité. Descartes, le plus grand, quitte exemplairement le statut quasi divin du romancier pour le statut déchu de personnage de roman, et pour le personnage même à qui l'imagination romanesque a fait perdre le sens:

---

[130] Cf. la fin du fr. 199-230: "Au lieu de recevoir les idées de ces choses pures, nous les teignons de nos qualités et empreignons (de) notre être composé toutes les choses simples que nous contemplons. Qui ne croirait à nous voir composer toutes choses d'esprit et de corps, que ce mélange-là nous serait bien compréhensible. C'est néanmoins la chose qu'on comprend le moins".

[131] *Ibid.*

[132] Propos attribué à Pascal dans les *Opuscules posthumes* de Menjot (*OC*, I, 831) et classé par Lafuma comme fr. 1008 des *Pensées*. Pascal a suivi apparemment un conseil de Descartes lui-même dans sa lettre au traducteur des *Principia philosophiae*: "Je voudrais qu'on le [ce livre] parcourût d'abord tout entier ainsi qu'un roman" (*AT*, IX-2,11). Cf. V. Carraud, *Pascal et la philosophie*, coll. "Epiméthée", PUF, 1992, p. 218-219.

[133] Cf. *Lettre à Le Pailleur*, *OC*, II, 571: "Je ne comprends pas (...) comment on peut donner quelque créance à des choses que l'on fait naître et que l'on détruit avec une pareille facilité".

[134] *Ibid.*, p. 575.

Descartes n'est pas le Cervantès de la philosophie, il en est le Don Quichotte[135].

Dans l'ordre intellectuel, l'imagination engendre donc trois grands maux: elle empêche de distinguer le vrai du faux, la fantaisie se faisant avec succès passer pour le sentiment; elle assure la victoire du préjugé sur la pensée rationnelle et au sein même de cette pensée réussit à rendre compte, par des causes chimériques, du réel observable. Les deux modes du savoir humain sont atteints: le cœur, puisque l'évidence ne permet plus de garantir la vérité — ce qui remet en cause les mathématiques, modèle de toute science — ; et la raison par voie de conséquence, puisque la certitude de ses déductions repose sur l'évidence du sentiment — ce qui remet en cause la philosophie au sens le plus large de connaissance de la nature. Maîtresse d'erreur dans les domaines où l'homme pouvait prétendre à la vérité, de quoi l'imagination servira-t-elle pour faire connaître à l'homme ce qui est au-dessus de lui?

3 — *FIGMENTA MALA*

Dans les grandeurs du troisième ordre, l'imagination n'exerce pas moins de ravages, car elle oriente la volonté[136] vers des leurres qui la détournent de sa fin surnaturelle. L'affinité est patente entre l'imagination et les diverses formes de concupiscence.

De par son origine sensible, l'imagination a partie liée avec la *libido sentiendi*, qu'elle soit frappée immédiatement par tel spectacle réel ou qu'elle s'émeuve après coup devant les traces qu'il aura laissées dans notre souvenir: "Le temps nous dérobe ce que nous aimons, ne laissant dans l'âme qu'une foule d'images qui excitent en tous sens la convoitise"[137]. L'imagination prolonge la tentation que font naître les sens au delà de l'actuelle présence de l'objet tentateur, voire — dans le rêve — de tout objet sensible. Comme l'âme, dit saint Augustin, ne peut emporter

---

[135] Cf. le propos visé à la note 132, p. 167: "Feu M. Pascal appelait la philosophie cartésienne le roman de la nature, semblable à peu près à l'histoire de Don Quichotte". Il n'est guère difficile de trouver quel personnage joue le P. Noël: puisque Pascal le range dans la même catégorie que "ceux qui pensent qu'il y a des habitants dans la lune" (*Lettre à Le Pailleur*, OC, II, 571), nous l'identifierons par avance au héros-narrateur des *Etats et Empires de la Lune* de Cyrano de Bergerac (1657).

[136] La volonté appartient au troisième "ordre de choses" (fr. 933-761), comme la chair et l'esprit aux deux premiers.

[137] Saint Augustin, *De vera religione*, XXXV, 65 (trad. Pegon, *BA*, 1951).

en elle-même les corps qu'elle a aimés à l'extérieur d'elle-même, "elle roule en elle leurs images" et "se souille honteusement par cette fornication de l'imagination (*phantastica fornicatione*)"[138]. La fonction d'intermédiaire que remplit l'imagination la dispose ainsi à la fonction d'entremetteuse: c'est elle qui introduit le corps dans l'esprit. Pascal l'augustinien apparaît fort en garde contre les sollicitations sensuelles de l'imagination, puisqu'il a soin de faire éviter autour de lui les occasions d'où elles pourraient surgir. Gilberte Périer raconte que lorsqu'elle disait avoir vu une belle femme, son frère "se fâchait" et lui remontrait "qu'il ne fallait jamais tenir ces discours-là devant des laquais et de jeunes gens, parce qu'[on] ne savai[t] pas quelles pensées [on] pouvai[t] par là exciter en eux"[139]. Plus encore que provoquer le désir du plaisir, le phantasme a ceci de propre qu'il suscite le plaisir du désir, satisfaction inane qui n'est point néant de péché. Cette inflammabilité érotique de l'imagination explique pour une bonne part la défiance pascalienne à l'égard des romans et des pièces de théâtre, qui roulent presque toujours sur des intrigues amoureuses[140]. Entre le "je ne sais quoi" d'où naît l'amour et les conséquences parfois "effroyables"[141] qui le suivent, nulle autre responsabilité n'est à chercher que celle de l'imagination, car, aussi bien que la

---

[138] *De Trinitate*, X, 5 et XII, 9 (trad. Agaësse et Moingt, *BA*, 1955).

[139] *Vie* de Pascal (1ère version), *OC*, I, 590.

[140] Cf. dans le *Recueil de choses diverses:* "Il aimait les livres plaisants, comme Scarron, son roman. Mais il les quitta ensuite et se donna tout à Dieu" (cité dans *OC*, I, 892; dans l'éd. critique que J. Lesaulnier a donné de ce *Recueil* chez Klincksieck en 1992, l'extrait se trouve p. 310). Les romans? interroge le narrateur des *Provinciales*: je "n'en ai jamais lu aucun" (XVe *Prov.*, p. 295). On sait que le fr. 764-630 des *Pensées*, dirigé contre la comédie, n'est pas de Pascal, mais il est "en encadré" dans la seconde Copie: Pascal a sans doute corrigé une maxime de Mme de Sablé que celle-ci lui avait adressée pour avis. On connaît au reste la position de Port-Royal: "Un faiseur de romans et un poète de théâtre est un empoisonneur public, non des corps mais des âmes des fidèles" (Nicole, Ière *Visionnaire*, 1665).

[141] Fr. 413-32, sur le nez de Cléopâtre. L'exemple de Cléopâtre a sa place marquée dans la liasse *Vanité* (fr. 46-79), juste après le fragment sur l'imagination (44-78). On peut remarquer que les *Propos* d'Epictète montrent eux aussi sur un exemple antique les conséquences destructrices de l'imagination dans le domaine sentimental: "Il prit fantaisie à Pâris d'enlever la femme de Ménélaüs: Hélène eut fantaisie de le suivre. Que si Ménélaüs eût eu cette fantaisie de penser que le gain était de son côté, de ce qu'il était privé d'une telle femme, que fût-il arrivé? Non seulement l'Iliade était perdue, mais aussi l'Odyssée. *Quoi, d'une si petite chose dépendent tant de grandes?* Qu'appelez-vous si grandes choses? des guerres, des séditions, des pertes de tant d'hommes, des ruines et destructions de ville" (liv. I, chap. 28, éd. citée, p. 132).

justice ou le bonheur, c'est elle qui "fait la beauté" (fr. 44-78) et transforme, par le pouvoir de renversement qui la caractérise, le quasi-néant d'une impression de hasard[142] en un absolu digne de tous les sacrifices[143]. Dans la mesure où elle est une sensation continuée, amplifiée et transfigurée, l'imagination est le lieu naturel des passions[144].

Même la *libido sciendi*, qui ne vient pas du corps, a besoin de l'imagination pour se satisfaire. C'est en effet "l'avidité qu'ont les hommes de connaître les vérités cachées"[145] qui leur fait concevoir en physique les "causes chimériques" précédemment évoquées, d'où notre désir de savoir tire à bon compte un assouvissement au moins temporaire. Mais l'imagination fait ici coup double, en contentant par la même occasion la *libido dominandi*: ces inventions remplissent leurs auteurs de "vaine complaisance"[146] et leur sont un sujet de prétendre à la gloire[147]. L'habile par imagination se plaît à lui-même et cherche à plaire

---

[142] Cf. Ier *Discours*: "Votre naissance dépend d'un mariage, ou plutôt de tous les mariages de ceux dont vous descendez. Mais ces mariages, d'où dépendent-ils? D'une visite faite par rencontre, d'un discours en l'air, de mille occasions imprévues" (*OC*, IV, 1030).

[143] L'idée que dans l'amour s'exerce une tyrannie de l'imagination se trouve dans les vers de Jacqueline Pascal (auteur en 1642 de *Stances contre l'amour*, *OC*, II, 273-274): "Imprudente divinité,/Injuste et fâcheuse chimère,/Dont le pouvoir imaginaire/Tourmente une jeune beauté,/Amour, que ton trait est nuisible" (*Stances pour une dame amoureuse d'un homme qui n'en savait rien*, septembre 1643, v. 1 - 5, *OC*, II, 290).

[144] Cf. Bossuet, *De la connaissance de Dieu et de soi-même*: les gens d'imagination "sont passionnés et emportés, parce que l'imagination, qui prévaut en eux, excite naturellement et nourrit les passions" (I, 11, éd. citée, p. 32).

[145] *Récit de la grande expérience...*, Au lecteur, *OC*, II, 689.

[146] Lettre de Pascal au P. Noël: "Ce n'est pas une chose bien difficile d'expliquer comment un effet peut être produit, en supposant la matière, la nature et les qualités de sa cause. Cependant il est difficile que ceux qui se les figurent se défendent d'une vaine complaisance, et d'un charme secret qu'ils trouvent dans leurs inventions, principalement quand ils les ont si bien ajustées que, des *imaginations* qu'ils ont supposées, ils concluent nécessairement des vérités déjà évidentes" (*OC*, II, 523). Cf. les *Traités de l'équilibre des liqueurs...*, Conclusion: "On s'est imaginé que les éléments ne pèsent point dans eux-mêmes (...). Etranges moyens que les hommes cherchent pour couvrir leur ignorance (...), pour satisfaire leur vanité, par la ruine de la vérité; et on l'a reçu de la sorte" (*OC*, II, 1097-1098). Cette "réception" est une marque supplémentaire de la contagiosité de l'imagination.

[147] Cf. fr. 88-122: "Les plus forts en nombre ne veulent que suivre et refusent la gloire à ces inventeurs qui la cherchent par leurs inventions". Ici, l'invention est mal accueillie, parce qu'à la différence de la précédente elle s'accompagne de mépris pour "ceux qui n'inventent pas", alors que les théories physiques imaginaires permettent à tout un chacun (au moins dans le public cultivé) de se croire savant.

aux autres, sur lesquels il exerce la royauté de sa persuasion[148]. L'orgueil est chez soi, avec cette "superbe puissance" qui jouit de "dominer" (fr. 44-78) la raison. A elle se rapportent les "grands desseins"[149] utopiques, maquillés de piété, par lesquels on se flatte d'extirper la misère: l'imagination consent — de façon platonique — à servir les pauvres, pourvu que ce ne soit pas pauvrement. A elle, à la "fantaisie", est rapportée enfin la volonté d'"exceller en tout"[150], qui est le chapitre sur quoi Pascal pénitent s'examinait le plus. Il avait évidemment conscience qu'en fomentant ce désir de primauté universelle, l'imagination poussait l'homme à reproduire le péché des origines. Elle y avait sa part de responsabilité, puisqu'Adam et Eve se laissèrent séduire au phantasme de leur toute-puissance. Le forfait accompli, l'imagination devint un symptôme de notre déchéance en même temps qu'elle en perpétuait les conséquences. "La sensibilité de l'homme aux petites choses, écrit Pascal, et l'insensibilité (aux) plus grandes choses, marque d'un étrange renversement"[151]: comment ne pas reconnaître là le travail de l'imagination, qui "grossit en montagne" (fr. 531-456) les plus légères atteintes à un fantasque point d'honneur et "amoindrit" (fr. 551-461) au contraire les considérations décisives de Dieu et de l'éternité? Le renversement d'appréciation qu'induit l'imagination est donc à la fois l'indice et l'effet du renversement originel, par lequel la raison s'est trouvée soumise au magistère des facultés inférieures que sont les sens et l'imagination. Port-

---

[148] Cf. fr. 44-78: "Les habiles par imagination se plaisent tout autrement à eux-mêmes que les prudents ne se peuvent raisonnablement plaire", et cette confiance en soi "leur donne souvent l'avantage dans l'opinion des écoutants". N'oublions pas que "l'imagination a le grand droit de persuader les hommes" (*ibid.*). Sur les satisfactions de vanité que l'imagination procure aux intellectuels, nul n'a été plus sévère, dans une ligne qui prolonge Pascal, que l'auteur de *La Recherche de la vérité*. Ainsi, au livre II (*De l'imagination*): "Combien de savants ont sué pour éclaircir des passages obscurs des philosophes et même de quelques poètes de l'antiquité" (chap. 5; t. I, p. 289. Cf. fr. 136-168): c'est qu'ils "ne parlent pas tant pour se faire entendre ni pour faire entendre leur auteur que pour le faire admirer et pour se faire admirer eux-mêmes avec lui" (chap. 6; t. I, p. 301). Les inventeurs de nouveaux systèmes "ont d'ordinaire l'imagination assez forte (...). Ils se plaisent intérieurement dans la vue de leur ouvrage, et de l'estime qu'ils espèrent en recevoir" (chap. 7, §1; t. I, p. 304-305). Ces intellectuels sont doublement inféodés à l'imagination, et pour édifier leur système, et pour vivre dans l'idée des autres.

[149] *Vie de Pascal* (1ère version), *OC*, I, 590.

[150] *Ibid.*, p. 588.

[151] Fr. 632-525. Cette sensibilité à contretemps est explicitement référée, au fr. 427-681, à la rage ressentie "pour quelque offense imaginaire à [l']honneur".

Royal suit particulièrement sur ce thème l'auteur du *De vera religione*: "Comme saint Augustin remarque souvent, l'homme depuis le péché s'est tellement accoutumé à ne considérer que les choses corporelles, dont les images entrent par les sens dans notre cerveau, que la plupart croient ne pouvoir concevoir une chose quand ils ne se la peuvent imaginer"[152]. Malheureux l'homme — et c'est tout homme — *cui sua figmenta dominantur*[153]: n'est-il pas révélateur que le même mot de *figmentum* qui désigne la fiction, produit de l'imagination, serve aussi à nommer le "vilain fond de l'homme"[154]? L'imagination établit bien en nous "une seconde nature" (fr. 44-78) — la nature déchue. C'est pourquoi le philosophe vertigineux dont la raison bat en retraite devant l'imagination de son corps précipité représente toute l'humanité: l'appréhension (aux deux sens) de sa chute physique métaphorise la chute métaphysique de l'espèce, car s'il a sans raison peur de tomber, c'est qu'il est déjà, en tant qu'homme, "tombé de sa place" (fr. 430-683).

Chaque homme étant ainsi soumis à l'empire de l'imagination, le chrétien même n'en sera pas totalement libéré. La seconde nature subsiste en lui et le baptême, en effaçant la faute originelle, n'en supprime pas toutes les conséquences. S'il faut une preuve, outre l'exemple fictif du magistrat au sermon, que l'imagination dans ses dévoiements reste active à l'intérieur du christianisme, une illustre Compagnie s'offre, sous la plume de Pascal, à l'administrer. On l'a croisée déjà en la personne du P. Noël qui, avec Descartes, fait partie de ces physiciens auxquels l'imagination a suggéré une matière susceptible de remplir le moindre vide apparu sur la terre: "Quelques-uns l'on faite de même substance que le ciel et les éléments; et les autres d'une substance différente, suivant leur fantaisie,

---

[152] *Logique de Port-Royal*, Ière part., chap. 1, p. 40. On peut là-dessus renvoyer au *De vera religione*, X, 18-19 et XXI, 41. Le thème se retrouve dans l'anonyme *Nuage d'inconnaissance*, ouvrage mystique du XIVe siècle qui participe de la tradition dionysienne: la désobéissance de l'imagination "est la peine reçue du péché originel" (chap. 65, coll "Points", éd. du Seuil, 1977, p. 199).

[153] Citation de Pline que Pascal (fr. 506-674) a prise chez Montaigne (*Essais*, II, 12, p. 530): l'homme "soumis à ses chimères".

[154] Fr. 211-244: "Ce vilain fond de l'homme, ce *figmentum malum* n'est que couvert, il n'est pas ôté". *Figmentum* vient du verber *fingo*, "créer", et peut donc désigner ce de quoi nous sommes faits (la poussière qui a servi à nous façonner: *ipse cognovit figmentum nostrum*, Psaume CII, 14) aussi bien que les créations "feintes" de l'imagination (saint Augustin emploie le mot pour parler des fictions poétiques dans *Confessions*, I, 13).

parce qu'ils en disposaient comme de leur ouvrage"[155]. Ils en disposent si bien que lorsqu'une de ces matières chimériques devient embarrassante par la contradiction de l'expérience, ils en inventent incontinent une autre tout aussi irréelle: le P. Noël abandonne sans vergogne son "air subtil" pour "la légèreté mouvante de l'éther"[156] qui ne vivra guère davantage. Le procédé prêterait surtout à sourire si les confrères du jésuite ne l'employaient à l'identique dans le domaine de la science sacrée, en particulier sur le sujet de la grâce: "Si peu qu'elle incommode, note Pascal, ils en font d'autres, car ils en disposent comme de leur ouvrage"[157]. La seigneurie imaginaire que Noël s'était arrogé sur la nature[158], les disciples de Molina (c'est-à-dire toute la Compagnie) l'usurpent sur la religion, dont ils "dispose[nt] à [leur] gré" (fr. 836-423). D'un jésuite à l'autre, on passe scandaleusement d'une physique fantastique à une théologie-fiction, et, à l'intérieur de celle-ci, des "imaginations"[159] sur le dogme aux "décisions fantasques"[160] en matière de morale.

Pour ce qui est de la foi, Pascal stigmatise par exemple l'explication métaphorique que le P. Garasse donne de l'Incarnation: "La personnalité humaine a été comme entée ou *mise à cheval* sur la personnalité du Verbe"[161]. Sans compter que le passage est suspect de nestorianisme, pource qu'il évoque la conjonction autant que l'union de deux natures, il oblige à se représenter un "mystère sacré"[162] sur le mode d'une action

---

[155] Lettre au P. Noël, *OC*, II, 522. Cf. *Lettre à Le Pailleur, ibid.*, p. 575, citée ci-dessus à l'appel de note 134, p. 167.

[156] *Lettre à Le Pailleur*, *OC*, II, 572 et 575.

[157] Fr. 956-791. Pascal énumère *ibid.*, dans un passage rayé, ces grâces imaginaires qui jouent le même rôle que l'éther, l'air subtil, l'air de l'air, la matière subtile, etc.: "A chaque occasion chaque grâce; à chaque personne, grâce pour les grands, grâce pour les coquins". Le parallélisme peut être poursuivi, puisqu'à l'instar des partisans du plein qui "composent un corps divisé, dont les membres contraires les uns aux autres se déchirent intérieurement" (*Lettre à Le Pailleur*, *OC*, II, 575), on verra au dernier jour les auteurs jésuites, membres du même corps, s'élever "en jugement les uns contre les autres pour se condamner réciproquement" (XIIIe *Prov.*, p. 254).

[158] Cf. *Lettre à Le Pailleur*, *OC*, II, 571: "Je voudrais bien savoir de ce Père d'où lui vient cet ascendant qu'il a sur la nature, et cet empire qu'il exerce si absolument sur les éléments, qui lui servent avec tant de dépendance qu'ils changent de propriétés à mesure qu'il change de pensées".

[159] XIe *Prov.*, p. 194.

[160] *Ibid.*

[161] *Ibid.*, p. 209.

[162] *Ibid.*

humaine des plus triviales. En religion, cela s'appelle un blasphème; esthétiquement, une telle imagination, qui dégrade et avilit la noblesse de son sujet, ressortit au burlesque: Garasse est le Scarron de la théologie et sa *Somme des Vérités* s'intitulerait plus justement *L'Evangile travesti*. Mais c'est en morale que la fantaisie des jésuites se donne le plus libre cours: "Qu'y a-t-il, interpelle Montalte, de plus propre à exciter à rire que de voir une chose aussi grave que la morale chrétienne remplie d'imaginations aussi grotesques que les vôtres?"[163]. Et le narrateur de citer la permission accordée par Escobar d'entendre quatre messes à la fois dont l'une serait à l'Evangile quand l'autre commencerait, la troisième et la quatrième se trouvant respectivement à la consécration et à la communion[164]. On comprend sur ce spécimen que l'imagination des jésuites s'ébroue dans deux directions: l'invention des cas et celle de leur résolution. Les scénarios élaborés par les casuistes auraient facilement leur place dans l'intrigue d'une farce, d'une comédie ou d'un roman: ce serait un spectacle assez réjouissant pour les tréteaux populaires que celui d'un homme ayant vingt et un ans une heure après minuit le premier jour du carême et mettant goulûment à profit cet intervalle pour compenser le jeûne prochain[165]; et lorsqu'ils représentent un valet morigéné tenant l'échelle pendant que son maître monte à la fenêtre d'une belle[166], les bons Pères savent-ils qu'ils font concurrence au Mairet des *Galanteries du duc d'Ossonne*? Ce n'est plus la société des cinq auteurs, mais la Société des vingt-quatre auteurs[167]. "Il fait de si jolies questions!" s'exclame le jésuite des *Provinciales* à propos d'Escobar: "On ne s'en peut tirer (...); je passe les jours et les nuits à le lire"[168]. Peut-on dire plus clairement que les traités des casuistes se lisent comme des romans? Non sans raison: comme Descartes a écrit le roman de la nature, ses maîtres jésuites ont écrit "le roman de la théologie morale"[169] — roman comique le plus

---

[163] *Ibid.*, p. 199.

[164] *Ibid.*, p. 200 et IXe *Prov.*, p. 169.

[165] Cf. Ve *Prov.*, p. 82.

[166] Cf. VIe *Prov.*, p. 109.

[167] La société des cinq auteurs (Rotrou, l'Estoille, Corneille, Boisrobert et Colletet) était une équipe réunie par Richelieu pour lui fournir des pièces sur commande. Les vingt-quatre auteurs sont les jésuites dont Escobar a compilé les avis: "Je n'attendais rien moins, lui dis-je, d'un livre tiré de vingt-quatre Jésuites" (VIe Prov., p. 110).

[168] Ve *Prov.*, p. 82.

[169] M. Fumaroli (*L'Age de l'éloquence. Rhétorique et "res literaria" de la Renaissance au*

souvent, roman érotique ou même pornographique quand les auteurs, suppléant l'imagination des lecteurs, tentent d'épuiser la mesure des licences concédées aux fiancés et mariés[170] ou celle des perversions concevables[171]. Et à l'extravagance des cas répond celle des justifications: on croit rêver en entendant les maximes jésuites[172]. Alors se livrent entre casuistes des concours de subtilité — qualité que l'on a vue en physique présider aux raisons chimériques[173] — pour légitimer l'inacceptable. Leurs deux principales méthodes institutionnalisent le pouvoir de la fantaisie dans la résolution des questions de conscience, car la probabilité fait une loi en morale de l'imagination du casuiste ("un seul casuiste peut à son gré faire de nouvelles règles de morale, et disposer, selon sa fantaisie, de tout ce qui regarde la conduite des mœurs")[174] et la direction d'intention laisse au client toute liberté de s'inventer un motif permis d'agir contre la justice ou la charité. Chacun décide à la mesure de son imagination: les bons Pères, en pratiquant le délire herméneutique sur les textes canoniques qu'ils font parler comme bon leur semble[175]; leurs dirigés, en se dirigeant eux-mêmes d'après les principes qu'on leur donne — c'est ainsi que les valets mécontents de leurs gages peuvent se garnir les mains "d'autant de bien appartenant à leurs maîtres, comme ils s'imaginent en être nécessaire pour égaler les dits gages à leur peine"[176].

---

seuil de l'époque classique, Droz, 1980, p. 387), à propos des *Peintures morales* du P. Le Moyne — une des victimes des *Provinciales*. *Ibid.*: "Ces *Peintures* mettent en effet toutes les techniques du roman hellénistique au service de la théologie morale".

[170] Cf. IXe *Prov.*, p. 166: "J'appris sur cela les questions les plus extraordinaires qu'on puisse s'imaginer".

[171] Cf. l'interprétation donnée par les vingt-quatre jésuites de la constitution *Horrendum* de Pie V contre les clercs sodomites: "C'est une chose effroyable" (VIe *Prov.*, p. 99).

[172] Cf. Ve *Prov.*, p. 84: "Il me semble que je rêve, quand j'entends des religieux parler de cette sorte!"

[173] Cf. ci-dessus, p. 166, appel de note 128.

[174] VIe *Prov.*, p. 101.

[175] C'est la méthode de l'interprétation des termes, exposée à la VIe *Prov.*, p. 96-97. Au fr. 955-790, Pascal reprend contre les jésuites un reproche tiré de la lettre XVI d'Aquaviva (général de la Compagnie mort en 1615): "Lire les Pères pour les conformer à son imagination au lieu de former sa pensée sur celle des Pères". Ce délire herméneutique guette, plus généralement, "les trop grands figuratifs" (fr. 254-286) dans leur lecture de l'Ancien Testament.

[176] Décision de Bauny, citée à la VIe *Prov.*, p. 110. Les jésuites imaginent même pour ceux qui n'ont pas d'imagination: il suffit à ces derniers "pour ne point mentir, de dire simplement *qu'ils n'ont point fait* ce qu'ils ont fait, pourvu *qu'ils aient en général l'intention de donner*

Rien d'étonnant si l'application de telles maximes introduit dans le réel la dimension fictive du "conte"[177].

Le pouvoir des jésuites, sans être le moins du monde imaginaire, repose sur l'imagination. Ils ont le soutien des grands parce qu'ils leur dispensent la réputation de piété[178], en d'autres termes parce qu'ils leur permettent de "vivre dans l'idée des autres d'une vie imaginaire" (fr. 806-653). Inversement, ils noircissent la réputation de leurs ennemis en leur attribuant des crimes imaginaires[179], en dressant comme un épouvantail le "fantôme du jansénisme"[180]. Ils soignent enfin leur propre *Imago*[181], où ils se donnent à admirer en fabuleux phénix[182]. Ce titre dévoile à la fois le narcissisme d'une Compagnie qui se prétend miroir de Dieu alors qu'elle meurt spirituellement d'être fascinée par soi[183], et son exploitation systématique de la puissance de l'imagination sur l'humanité

à leurs discours le sens qu'un habile homme y donnerait" (IXe *Prov.*, p. 165; ce qui est en italique est une citation de Filliucci).

[177] Après le récit de l'affaire Jean d'Alba, le narrateur note: "Nous prîmes plaisir à ce conte" (VIe *Prov.*, p. 112). Le P. Binet, dans sa *Consolation des malades*, entasse les "contes ridicules" (XIe *Prov.* p. 206).

[178] Cf. fr. 909-451: "Il importe aux rois et princes d'être en estime de piété et pour cela il faut qu'ils se confessent à vous".

[179] Cf. XVe *Prov.*: "Le P. Brisacier dit *que ses ennemis commettent des crimes abominables, mais qu'il ne les veut pas rapporter*" (p. 291; en italique, le résumé du texte de Brisacier déjà cité à la XIe *Prov.*, p. 210-211). Maîtres de l'imagination justifiante, les jésuites sont logiquement maîtres aussi de l'imagination calomniatrice. Ce n'est d'ailleurs que par la première qu'ils peuvent légitimer la seconde ("les fantaisies de vos Pères Dicastillus, Gans et Pennalossa qui les excusent [les calomnies]", XVIe *Prov.*, p. 322).

[180] L'expression est d'Arnauld. Les jésuites "forge[nt]" des écrits pour rendre [*leurs*] ennemis odieux, comme la *Lettre d'un ministre à M. Arnauld*" (XVe *Prov.*, p. 289-290); ils construisent le mythe de Bourgfontaine (cf. XVIe *Prov.*, p. 319-320), etc. Avec les libelles jésuites sur le prétendu jansénisme, on ne risque pas de quitter le domaine de l'imaginaire: ce ne sont que "fables" (XVe *Prov.*, p. 295) et "contes en l'air" (XVIe *Prov.*, p. 319).

[181] *Imago primi saeculi Societatis Jesu*, Anvers, 1640, ridiculisée au début de la Ve *Prov.*, p. 72-73.

[182] "*C'est une troupe de phénix, un auteur ayant montré depuis peu qu'il y en a plusieurs*" (citation de l'*Imago*, Ve *Prov.*, p. 73).

[183] Cf. l'exclamation ironique du fr. 799 (éd. Sellier): "Un casuiste, miroir!". Parmi les "objets de curiosité" qui attirent les jésuites au sensible et l'y retiennent, le miroir a une place privilégiée: on le constate dans l'*Imago* elle-même, auparavant dans le *Miroir pour consoler les affligés* du P. Binet (1617) et par-dessus tout dans l'obsession catoptrique d'un P. Filère, auteur en 1636 d'une énorme encyclopédie physico-mystique: *Le Miroir sans tache enrichi des merveilles de la nature dans les miroirs* (v. Fumaroli, *op. cit.*, p. 370-379).

postlapsaire: la rhétorique jésuite des peintures, avec ses livres-galeries luxuriants d'ekphraseis, d'hyperboles et d'hypotyposes, est fondamentalement (Marc Fumaroli l'a montré)[184] une rhétorique de l'imagination où le souci de la vérité a fait naufrage[185]. "Il faut de l'agréable et du réel, reconnaît Pascal, mais il faut que cet agréable soit lui-même pris du vrai"[186]. Pour les jésuites mondains comme pour les jésuites savants, qui aussi bien s'enivrent d'une rhétorique libérée de l'obligation de signifier[187], l'imagination a ses droits séparés de ceux de la vérité — "la Sorbonne n'a point de juridiction sur le Parnasse"[188]. La Compagnie a mis sa confiance au phantasme. Là est l'assurance de sa perte, en même temps que de ses succès temporels: si les jésuites "gouvern[ent] au-

---

[184] V. en particulier, dans *L'Age de l'éloquence*, le chap. II de la 2ᵉ partie ("Apogée et crépuscule de la sophistique sacrée", p. 343-391) et la 1ᵉʳᵉ partie de la Conclusion ("La rhétorique jésuite des peintures", p. 673-685). Les *Peintures morales* du P. Le Moyne — qui, dès leur titre, sont aux yeux de Pascal entachées de vanité — font l'objet d'une analyse aux p. 379-391. A titre emblématique, relevons l'éloge de l'imagination entonné par le P. Pelletier dans son *Palatium Reginae Eloquentiae* (Paris, 1641, p. 4): "Quelle admirable fécondité et force créatrice, que celle qui fabrique l'image des choses!"

[185] Cf. M. Fumaroli, *op. cit.*, p. 679: "La question de la vérité est étrangère à la rhétorique des peintures".

[186] Fr. 667-547. J. Mesnard, dans son article "Baroque, science et religion chez Pascal"(*Baroque*, 1974, p. 71-83; reprise, avec de légères retouches, dans *La Culture du XVIIᵉ siècle*, PUF, 1992, p. 327-345), oppose la conception pascalienne de la rhétorique et de l'art, et plus encore de la science et de la religion — qui en exclut "tout ce qui est fantaisie, tout ce qui échappe au strict critère du vrai" (*Baroque*, p. 80; *Culture*, p. 340) — à celle des jésuites, marquée en tous ces domaines d'"une évidente complaisance pour tout ce qui touche les sens ou l'imagination" (*ibid.*). La polémique religieuse de Pascal avec le P. Le Moyne (IXᵉ *Prov.*, p. 158-160; XIᵉ, p. 207-208) se situe à cet égard dans le droit fil de la polémique scientifique avec le P. Noël (avec l'intervention d'Etienne Pascal, *OC*, II, 584-602).

[187] Cf. *Lettre à Le Pailleur*, *OC*, II: le P. Noël "s'est bien plus étudié à rendre ses termes contraires les uns aux autres que conformes à la raison et à la vérité" (p. 564); ses antithèses ont "autant ébloui son esprit que charmé son imagination" (p. 566). Nulle solution de continuité entre science jésuite et littérature jésuite: "Les pointes du P. Noël décorent la pensée d'Aristote, elles ne jaillissent pas d'une pensée tendue vers la vérité, et en progrès sur celle d'Aristote. C'est que la science jésuite n'est qu'un aspect de l'apologétique de la Compagnie: comme la littérature morale émanée de celle-ci, elle est une mise en œuvre éloquente d'une mémoire compilée sans véritable érudition, c'est-à-dire sans esprit critique ni scientifique" (M. Fumaroli, "Pascal et la tradition rhétorique gallicane", dans *Méthodes chez Pascal*, PUF, 1979, p. 363-364).

[188] Phrase tirée des *Peintures morales* de Le Moyne, et stigmatisée à la XIᵉ *Prov.*, p. 208.

jourd'hui la chrétienté"[189], c'est qu'ils sont maîtres de l'imagination qui est elle-même maîtresse des peuples.

A travers l'exemple des jésuites se révèlent les périls que l'imagination fait courir au croyant. En premier lieu, elle lui donne licence de s'éloigner de Dieu. Selon les jésuites en effet, personne ne pèche qu'il n'ait eu auparavant connaissance de la malice de son action[190]. Seront donc exempts de faute "ceux qui se portent avec ardeur à des choses effectivement mauvaises parce qu'ils les croient effectivement bonnes"[191]. Le mensonge de l'imagination qui, selon son habituel pouvoir d'inverser, nous fait prendre le mal pour le bien, loin de nous rendre coupables, nous délie de toute responsabilité: τῆς δὲ φαντασίας οὐ κύριοι[192], pourrions-nous dire sur le modèle du jésuite de la IVᵉ *Provinciale* qui cherche dans l'*Ethique à Nicomaque* des excuses frelatées[193]. L'imagination, en somme, nous protège de Dieu. Et elle nous détourne de penser à lui: "Quand on a pu gagner une fois sur soi de n'y plus penser du tout, toutes choses deviennent pures pour l'avenir"[194]. Chassons la pensée de Dieu pour nous remplir l'esprit d'imaginations profanes, voilà le mot d'ordre qui garantit l'impunité — comme si on anéantissait Sa justice en s'empêchant d'y songer! Tel est le mécanisme du divertissement, dont les adeptes se persuadent qu'ils peuvent "anéantir l'éternité en en détournant leur pensée" (fr. 428-682). L'action perverse, au sens propre, de l'imagination est ici parfaitement lisible: l'éternité s'amoindrit jusqu'au néant tandis que le mirage d'un radieux avenir

---

[189] Vᵉ *Prov.*, p. 93. Cf. VIᵉ *Prov.*, p. 101: "Que le monde est heureux de vous avoir pour maîtres!". Pourquoi "heureux", sinon parce que "l'empire fondé sur l'opinion et l'imagination (...) est doux et volontaire" (fr. 665-546)? Par les jésuites, et en eux, l'*opinione* est effectivement *regina del mondo* (cf. fr. 44-78).

[190] Proposition discutée tout au long de la IVᵉ *Prov.*

[191] IVᵉ *Prov.*, p. 65.

[192] Aristote, *Eth. à Nicomaque*, III, 7: "Ce n'est pas de leur faute", paraphrase le traducteur (J. Tricot, éd. cit., p. 144, n. 1), "si les hommes se trompent sur ce qui leur paraît bon". Il s'agit d'une opinion discutée par Aristote, dont la réponse est que les hommes sont en un sens responsables de leur méprise.

[193] Il s'appuie sur le P. Bauny qui interprète à contresens le livre III de l'*Ethique* (IVᵉ *Prov.*, p. 67-70) pour déclarer involontaires, donc non imputables à péché, les actions commises dans l'ignorance du droit. En réalité, selon Aristote cité par Pascal (*ibid.*, p. 70), l'"ignorance dans le choix du bien et du mal ne fait pas qu'une action soit involontaire, mais seulement qu'elle est vicieuse".

[194] IVᵉ *Prov.*, p. 60.

humain envahit tout le champ de la conscience[195]: "Ils s'imaginent que s'ils avaient obtenu cette charge, ils se reposeraient ensuite avec plaisir" (fr. 136-168). L'imagination ainsi nous détourne et de notre sort éternel et de l'instant présent, qui est le seul temps "dont nous devons user selon Dieu"[196], pour nous faire vivre d'une vie fantasmatique non point, cette fois, dans l'idée d'autrui, mais dans la nôtre propre. "Nos désirs nous figurent un état heureux" (fr. 639-529) auquel nous n'arrivons jamais, ni en ce monde, ni en l'autre: l'imagination, maîtresse d'erreur, est aussi par "la piperie de l'espérance"[197] maîtresse de malheur.

L'imagination est encore un péril pour le croyant en ce qu'elle lui donne de "fausses images"[198] de lui-même et de Dieu. De lui-même, parce qu'il est bien facile de confondre le témoignage que nous nous rendons de l'ardeur de notre zèle avec les motions authentiquement surnaturelles de la grâce. Comme, dans l'ordre intellectuel, la fantaisie est indiscernable du sentiment[199], dans l'ordre spirituel, l'imagination tente toujours de se faire passer pour le cœur: "Les hommes prennent souvent leur imagination pour leur cœur; et ils croient être convertis dès qu'ils pensent à se convertir"[200]. Mais l'imagination déforme aussi l'idée que

---

[195] Cf. fr. 432-684. Lorsque Pascal écrit que nous substituons à la vue de l'éternité l'exclusive considération de "cet instant" (fr. 428-682) ou du "temps présent" (fr. 432-684), il n'entend pas parler du moment immédiat mais de la durée quasi nulle de notre vie terrestre, opposée à la vie sans fin de l'au-delà. Pascal a précisément dénoncé l'incapacité de l'homme déchu à vivre dans l'instant présent: "Nous ne nous tenons jamais au temps présent. (...) Nous anticipons l'avenir comme trop lent à venir, comme pour hâter son cours" (fr. 47-80). Et cette projection dans l'avenir doit être attribuée, comme l'indique le passage source en Montaigne, à l'imagination (*Essais*, I, 3, p. 15). Cf. *Essais*, III, 13, p. 1112: "Ils outrepassent le présent (...) pour des ombrages et vaines images que la fantaisie leur met au devant. (...) Le fruit et but de leur poursuite, c'est poursuivre".

[196] Lettre 8 à Melle de Roannez, *OC*, III, 1044.

[197] Expression de Montaigne (*Essais*, II, 13, p. 605), à propos de tous ceux qui, sur le point de mourir, se font encore des illusions sur leur état (cf. fr. 709-587: "Plusieurs pensent se porter bien quand ils sont proches de mourir").

[198] *Lettre* de Pascal *sur la mort de son père*: "La nature corrompue et déçue qui n'a que les fausses images (...)" (*OC*, II, 856).

[199] Cf. fr. 530-455. V. ci-dessus p. 163.

[200] Fr. 975-739. Jacqueline Pascal se met en garde contre ce genre d'illusions au début de sa méditation sur *Le Mystère de la mort de Notre-Seigneur Jésus-Christ*: "Il faut mourir effectivement au monde, et ne pas me contenter en cela d'imaginations et de belles spéculations" (*OC*, II, 749). Même précaution, à l'égard des pensionnaires de Port-Royal, dans son *Règlement pour les enfants*: il faut craindre qu'ils "ne se fatiguent l'esprit et l'imagination, au lieu d'unir leur cœur à Dieu" (*OC*, III, 1143).

nous devrions nous faire de Dieu. On l'a constaté chez les jésuites, qui transforment leurs fantaisies en dogmes en multipliant les interprétations subjectives de l'Ecriture. Ce faisant, ils sont l'image de tous les hérétiques du monde[201], et même de tous les peuples en tant qu'ils ont été abandonnés de Dieu à leur imagination: les bons Pères veulent avoir "comme les autres" (fr. 769-634) la liberté de suivre leur esprit propre. Ils reprennent sans en avoir conscience la revendication des Juifs charnels: *Post cogitationes nostras ibimus*[202]. Leur extravagance est celle que saint Augustin déjà dénonçait chez Manichaeus[203] et que Pascal reproche aux apocalyptiques et préadamites[204]. Les protestants n'ont plus à "chercher *dans leur propre invention* de quoi combattre les catholiques"[205], ils n'ont qu'à ouvrir les livres de ces Pères. Toutes les erreurs religieuses ont en commun, par définition, d'avoir été *inventées* par des hommes: c'est dire qu'elles sont toutes le produit de l'imagination, fonctionnant sur le double mode de la "subtilité"[206] et de la "singularité"[207]. Et l'imagination accoucheuse d'hérésies achève son ouvrage en faisant passer aux yeux des croyants abusés ces nouveautés "pour l'ancienne foi de l'Eglise"[208].

---

[201] Les hérétiques, lit-on dans les *Ecrits sur la grâce* (*Traité*), sont ceux qui donnent "aux textes sacrés des interprétations particulières" (*OC*, III, 791). Pascal exempte ici expressément les jésuites de cette faute, mais il affirme à la fin de la Vᵉ *Prov.* et au début de la VIᵉ (p. 94-97) que les casuistes n'hésitent pas à appliquer leur méthode de "l'interprétation des termes" à l'Ecriture elle-même.

[202] Jérémie, XVIII, 12, cité au fr. 769-634.

[203] "Il est misérablement extravagant (...)", cité dans *Ecrits sur la grâce, Discours, OC*, III, 761.

[204] Fr. 575-478: "Extravagances des apocalyptiques et préadamites, millénaires, etc. Qui voudra fonder des opinions extravagantes sur l'Ecriture en fondera, par exemple, sur cela".

[205] Vᵉ *Ecrit des curés*, p. 433.

[206] Pascal était fort animé "contre les hérésies qui ont été inventées par la subtilité de l'esprit" (allusion à l'affaire Saint-Ange, *Vie* de Pascal, 1ᵉʳᵉ version, *OC*, I, 578).

[207] "L'esprit de singularité a conduit ces hommes infirmes qui les [ces hérésies] ont inventées" (allusion aux molinistes et calvinistes, *Ecrits sur la grâce, Traité, OC*, III, 768). L'opposé de l'esprit de singularité est "la tradition" s'enracinant en Jésus-Christ "qui est la vérité" (*ibid.*, p. 769).

[208] IIIᵉ *Prov.*, p. 51. Cf. Xᵉ *Prov.*, p. 184: "Hors les théologiens, il n'y a presque personne qui ne s'imagine que ce que nous tenons maintenant de l'attrition n'ait été de tout temps l'unique créance des fidèles". Et si les catholiques s'illusionnent sur leur propre foi, que sera-ce des incroyants sur la religion chrétienne? "Ils s'imaginent qu'elle consiste simplement en l'adoration d'un Dieu considéré comme grand, puissant et éternel; ce qui est proprement le

Mais ce n'est pas là encore le dernier ravage de l'imagination. On a vu qu'elle éloignait de nous l'image de Dieu, puis qu'elle la déformait: elle finit par s'y substituer. L'imagination se crée un Dieu en adorant les images qu'il a laissées de soi ou celles qu'elle tire de son propre fonds. Dans le premier cas se trouvent les Juifs charnels, qui s'attachent et s'arrêtent[209] aux figures prises pour la vérité, mais aussi tous ceux — philosophes, savants, prétendus amants de la raison — qui ne voient pas que la vérité est elle-même figure: "On se fait une idole de la vérité même, car la vérité hors de la charité n'est pas Dieu, et est son image et une idole qu'il ne faut point aimer ni adorer" (fr. 926-755). En appariant l'image à l'idole, Pascal se conforme à l'étymologie (εἴδωλον signifie "image" en grec)[210] et dévoile la malice suprême de l'imagination dans son lien avec l'idolâtrie[211]. N'est-ce pas l'imagination qui fait parler des corps spirituellement et des esprits corporellement[212]? Si la première confusion entache la physique, la seconde corrompt la religion[213]. Le Dieu que nous adorons n'est plus alors celui dont nous sommes l'image,

---

déisme" (fr. 449-690).

[209] Cf. fr. 270-301: Dieu a exprimé ses desseins "abondamment en figures afin que ceux qui aimaient les choses figurantes s'y arrêtassent".

[210] Et *idolum* de même en latin. Cf. saint Thomas, *Sum. theol.*, *Ia*, q. 85, a. 2: l'imagination *format sibi aliquod idolum rei absentis*.

[211] Cf. saint Augustin, *De vera religione*, X, 19: "Gardons-nous donc de servir la créature de préférence au Créateur et de nous perdre en nos imaginations". Le mot *figmentum* (cf. ci-dessus, p. 172, n. 154), qui signifie une "chimère", une "imagination", désigne aussi "la représentation, l'image, la statue" — comme dans Habacuc, II, 18 (Vulgate): *Quid prodest sculptile, quia sculpsit illud fictor suus, conflatile, et imaginem falsam? Quia speravit in figmento fictor ejus, ut faceret simulacra muta*. Le mot *image* signifie couramment "statue" au XVIIᵉ siècle: "Les martyrs ont renversé les images des faux dieux que les païens adoraient" (exemple donné par Furetière à l'entrée "image" de son dictionnaire).

[212] Cf. fr. 199-230 et ci-dessus, p. 167. Dans le traité mystique cité plus haut (p. 172, n. 152), *Le Nuage d'inconnaissance*, il est dit que l'imagination ne cesse jamais, "dans la veille comme dans le sommeil, de représenter des images contrefaites des créatures corporelles, ou autrement des fantasmes, lesquels ne sont rien d'autre que des représentations corporelles de choses spirituelles, ou encore des représentations spirituelles de choses corporelles. Ce qui est toujours feinte et fausseté" (chap. 65, éd. citée, p. 198-199). Cf. saint Augustin, *De vera religione*, XXXIII, 62.

[213] Cf. saint Augustin, *De Trinitate*, XII, 10: "Emportant au-dedans de soi les images mensongères des choses corporelles (*corporearum rerum fallacia simulacra introrsus rapiens*), les assemblant en de vaines rêveries, elle [l'âme] en vient au point de ne plus pouvoir trouver le divin qu'en de telles choses".

mais un dieu que nous forgeons à notre image[214]: non seulement il tiendra de nous ses sentiments de colère ou de jalousie, mais on lui prêtera un bras, des yeux, l'odorat[215]. L'imagination anthropomorphique[216] rend par définition Dieu représentable et ouvre ainsi la voie simultanément à la vanité de l'art et au péché d'idolâtrie — *unusquisque sibi deum fingit*[217]. Cette genèse jumelle, Pascal l'a connue dans le livre de la Sagesse, où est stigmatisé le culte aussitôt rendu aux images sculptées d'hommes ou d'animaux: c'est bien là qu'on voit la représentation esthétique attirer sur elle une "admiration" que ne mérite point (ou rarement) l'original[218], et même une adoration dont il est absolument indigne[219]. Aussi l'auteur atteste-t-il au nom de son peuple: "Nous n'avons pas été séduits par les inventions de l'art corrupteur des hommes, ni par le vain travail des peintres, figure barbouillée de couleurs mélangées, dont la vue donne de la passion à un insensé et lui fait aimer le fantôme d'une image morte"[220]. La passion qui s'empare de l'homme créateur devant sa créature divinisée peut être celle de l'amour (c'est le

---

[214] Au fr. 956-791, Pascal a commencé de noter un passage de Montaigne qu'il est aisé de compléter par l'original: "L'homme est bien insensé. Il ne peut faire un ciron". La suite se trouve dans l'*Apologie de Raimond Sebond*: "et forge des dieux à douzaines" (*Essais*, II, 12, p. 530). Par l'anthropocentrisme de l'imagination, ces dieux se trouvent revêtus "de l'humaine figure" (*ibid.*, p. 532). C'est pourquoi Xénophane disait plaisamment "que, si les animaux se forgent des dieux, comme il est vraisemblable qu'ils fassent, ils les forgent certainement de même eux, et se glorifient, comme nous" (*ibid.*).

[215] Cf. fr. 272-303, où Pascal cite des expressions bibliques (*Sede a dextris meis*, "Dieu a reçu l'odeur de vos parfums", *iratus est*) par lesquelles "il est parlé de Dieu à la manière des hommes".

[216] "L'imagination (...) amoindrit les grandes [choses] jusqu'à sa mesure, comme en parlant de Dieu" (fr. 551-461). Ainsi, les hommes se représentent leur relation à Dieu sur le modèle de celle qu'ils ont entre eux, rabaissant la *conversion* à la *conversation*: "Ils s'imaginent que cette conversion consiste en une adoration qui se fait de Dieu comme un commerce et une conversation telle qu'ils se la figurent" (fr. 378-410).

[217] Fr. 755-626, citation formée d'après Sagesse, XV, 8 (*cum labore vano deum fingit de eodem luto*) et XV, 16 (*nemo enim sibi similem homo poterit deum fingere*).

[218] Cf. fr. 40-74.

[219] Cf. Sagesse, XIV, 19-21: L'artiste "épuisa son art à faire plus beau que nature, et la foule, attirée par le charme de l'œuvre, considéra désormais comme un objet d'adoration celui que naguère on honorait comme un homme. Et voilà qui devint un piège pour la vie: que des hommes, asservis au malheur ou au pouvoir, eussent conféré à des pierres et à des morceaux de bois le Nom incommunicable".

[220] Sagesse, XV, 4-5.

mythe de Pygmalion) mais aussi bien celle de la crainte (*Quod finxere timent*)[221]: dans les deux cas l'imagination idolâtre succombe à ses propres fictions. Or on lit parfaitement chez Pascal, via Montaigne, le mythe symétrique de celui de Pygmalion[222]: l'homme du divertissement "se pipe lui-même en s'imaginant qu'il serait heureux de gagner ce qu'il ne voudrait pas qu'on lui donnât à condition de ne point jouer, afin qu'il se forme un sujet de passion et qu'il excite sur cela son désir, sa colère, sa crainte pour cet objet qu'il s'est formé *comme les enfants qui s'effrayent du visage qu'ils ont barbouillé*"[223]. L'exemple du divertisse-

---

[221] Lucain (*Pharsale*, I, 486) cité par Montaigne (*Essais*, II, p. 530).

[222] Pygmalion est évoqué par Montaigne dans l'*Apologie de Raimond Sebond*, au milieu d'exemples repris dans le fr. 44-78: les poètes font "l'entendement de Pygmalion si troublé par l'impression de la vue de sa statue d'ivoire, qu'il l'aime et la serve pour vive!" (*Essais*, II, 12, p. 594). Suit l'histoire du philosophe suspendu en haut des tours de Notre-Dame.

[223] Fr. 136-168. Cf. fr. 779-643: "Les enfants qui s'effrayent du visage qu'ils ont barbouillé. Ce sont des enfants; mais le moyen que ce qui est si faible étant enfant soit bien fort étant plus âgé! On ne fait que changer de fantaisie". De même que les enfants du fr. 64-98 représentaient par leur dispute "le commencement et l'image de l'usurpation de toute la terre", nos enfants barbouilleurs représentent par leur jeu le commencement et l'image de l'idolâtrie — une idolâtrie chaque fois référée à l'imagination. Ils proviennent de Montaigne, qui les associe explicitement à l'idolâtrie: "Voyez un peu ce batelage des déifications anciennes (...). C'est pitié que nous nous pipons de nos propres singeries et inventions, *Quod finxere, timent*: comme les enfants qui s'effraient de ce même visage qu'ils ont barbouillé et noirci à leur compagnon" (*Essais*, II, 12, p. 529-530). Signalons que l'idole, si elle est trop ou mal "barbouillée", peut provoquer le rire au lieu de la crainte, et cela est encore un effet de l'imagination, comme on le voit au fr. 44-78 lorsque paraît le prédicateur que le hasard a malencontreusement "barbouillé". Comment, en tout cas, ne pas citer ici *Le Statuaire et la Statue de Jupiter* (La Fontaine, *Fables*, IX, 6), où, conformément au livre de la Sagesse, la naissance de "l'erreur païenne" (v. 27) est attribuée à l'imagination des artistes prise à son propre piège:
> "Même l'on dit que l'ouvrier
> Eut à peine achevé l'image,
> Qu'on le vit frémir le premier,
> Et redouter son propre ouvrage.
>
> A la faiblesse du sculpteur
> Le Poète autrefois n'en dut guère,
> Des dieux dont il fut l'inventeur
> Craignant la haine et la colère" (v. 13-20)?

La fable se relie même directement aux fragments pascaliens cités en ce qu'elle présente l'attitude de l'artiste idolâtre comme une attitude enfantine (cf. Sagesse, XV, 14):
> "Il était enfant en ceci:
> Les enfants n'ont l'âme occupée

ment montre que le jeu de l'enfant est devenu la vie de l'adulte. "On ne fait que changer de fantaisie" (fr. 779-643), avec cette aggravation que l'enfant arrête son jeu à volonté tandis que l'adulte reste prisonnier du sien jusqu'à la mort[224]. L'épouvantail est devenu l'idole, dans l'unité du *simulachrum*[225], mais toujours l'homme place au-dessus de soi ce qu'il a lui-même conçu par imagination, se fait l'esclave de ses songes et la cause de son malheur — *quasi quicquam infelicius sit homine cui sua figmenta dominantur*[226]. L'idole n'est pas toujours de marbre, et traduit mieux encore sa nature chimérique quand elle est impalpable, quand l'âme

---

Que du continuel souci
Qu'on ne fâche point leur poupée" (v. 21-24).
La poupée lafontainienne (qui deviendra claudélienne dans les *Cinq Grandes Odes*: "Soyez béni, mon Dieu, qui m'avez délivré des idoles (...). Je n'honorerai point les fantômes et les poupées" — *Troisième Ode*) est une modulation du visage barbouillé des *Pensées*, lui-même possible modulation du μορμολυκεῖον d'Epictète — mannequin pour faire peur aux enfants, épouvantail — au livre II, chapitre Ier, de ses *Propos* (les craintes de la mort, de l'exil et du mépris, "Socrate faisait bien de les appeler *masques*: car comme les masques font peur aux petits enfants, à cause qu'ils ne savent que c'est, il nous en prend tout de même en ces choses: non pour autre raison que celle qui meut les petits enfants d'avoir peur des *masques*", éd. citée, p. 157; le thème semble récurrent dans le stoïcisme puisqu'on le retrouve dans Sénèque, *Lettres à Lucilius*, XXIV, 12-13). Nous avancerons, pour terminer, l'idée que ce visage barbouillé pourrait bien être non seulement l'archétype de l'idole, mais le prototype du masque de théâtre. L'homme qui fréquente la comédie n'y va point pour se purger de ses passions (cf. fr. 764-630), mais pour "se forme[r] un sujet de passion" et "excite[r] sur cela son désir, sa colère, sa crainte" (fr. 136-168) pour un objet imaginaire qu'il joue à considérer comme vrai. Dernier avatar de notre barbouillage: *La Jalousie du Barbouillé*.

[224] Cf. fr. 414-33: "Le divertissement (...) nous fait arriver insensiblement à la mort". La différence avec Epictète est que l'homme ne peut, chez Pascal, rompre de lui-même avec la faiblesse de l'enfance. Il ne suffit pas, pour le libérer, de lui dire: "Qu'est-ce que la mort? un masque: tournez, vous le verrez. Voyez comme elle ne mord pas" (*Propos*, II, 1, p. 157). Il y a en l'homme une complicité avec sa peur: c'est lui qui, dès l'enfance, a barbouillé le masque qui l'effraie. La pensée démystificatrice — celle qui veut ôter les masques — n'est qu'une demi-habileté. Combien plus profond Malebranche, lorsqu'il remarque que les hommes "se font *un plaisir bizarre de* raconter ces histoires surprenantes et prodigieuses de la puissance et de la malice des sorciers, à épouvanter les autres, et à *s'épouvanter eux-mêmes*.(...) Je sais que les hommes aiment qu'on leur donne de la crainte, ils se fâchent contre ceux qui les veulent désabuser" (*De la Recherche...*, liv. II, IIIe part., chap. 6, § 1; t. I, p. 370-371).

[225] Cf. fr. 857-437: "Portentum signifie simulachrum. Jer. 50.38" — c'est-à-dire "les idoles ou épouvantails" (T. Shiokawa, *Pascal et les miracles*, Nizet, 1977, p. 154).

[226] "Comme s'il y avait plus malheureux qu'un homme soumis à ses chimères", phrase de Pline citée dans les *Essais* (II, 12, p. 530), puis dans les *Pensées* (fr. 506-674).

égarée adore à la place de son Dieu non plus un autre homme ou son image de pierre mais, comme dit saint Augustin, *phantasmata sua*[227]. Lorsque l'idée est promue idole, elle entraîne sous le nom de raison naturelle "toutes les religions et les sectes du monde" à "suivre leurs imaginations" (fr. 769-634) et l'on sait où mène ce chemin, à la "ruine commune"[228] des idoles et des idolâtres. L'avertissement pascalien rejoint finalement celui de saint Augustin — "Gardons-nous d'une religion faite de nos imaginations"[229] —, qui lui-même s'origine dans l'oracle johannique: *Cavete a simulacris*[230].

Parvenu à ce stade ultime, on peut dire que l'imagination a révélé, dans le mythe des enfants barbouilleurs, le ressort de son action et la quintessence de sa perversité. Elle n'est pas simplement une puissance qui trompe l'homme, elle est la puissance par quoi l'homme se trompe lui-même — et en ce sens, les autres puissances trompeuses n'ont d'efficace que par elle. Dans la vie sociale, nous nous proposons, certes, de tromper les autres sur notre compte en vivant dans leur idée d'une vie imaginaire, mais il ne s'agit là que d'un détour pour nous abuser nous-mêmes et croire à l'image flatteuse que nous aurons réussi à leur imposer de nous[231]. Dans la vie intellectuelle, l'imagination n'est pas purement l'erreur qui vient du dehors, elle est surtout sa complice sur le trône de la raison: plût au ciel que l'avocat "bien payé par avance" (fr. 44-78) ait été la victime des sophismes de son client! Hélas, il n'a besoin que de lui-même pour se convaincre de la justice de sa cause. Mieux aurait valu, pour l'honneur de notre entendement, avoir affaire à un tartuffe[232]. Dans

---

[227] *De vera religione*, X, 18.

[228] *Prière pour demander à Dieu...*, *OC*, IV, 1003. Cf. Psaume CV, 39-40: *Et fornicati sunt in adinventionibus suis. Et iratus est furore Dominus in populum suum, Et abominatus est haereditatem suam*, et surtout Sagesse, XIV, 10: *Etenim quod factum est, cum illo qui fecit tormenta patietur.*

[229] *De vera religione*, LV, 108 (*non sit nobis religio in phantasmatibus nostris*).

[230] I Jean, V, 21.

[231] Cf. fr. 978-743: l'homme "met tout son soin à couvrir ses défauts et aux autres *et à soi-même*. (...) Nous voulons être flattés, on nous flatte; nous aimons à être trompés, on nous trompe". Le risque est plus patent chez les grands: si Pascal consent à ce que le grand ne révèle pas aux autres sa vraie nature, il doit impérativement ne pas se la dissimuler à ses propres yeux ("surtout ne vous méconnaissez pas vous-même", Ier *Discours*, *OC*, IV, 1031) — il y va de son salut, et de la tranquillité de ses inférieurs.

[232] Pour reprendre une distinction que nous avions proposée dans une étude du *Tartuffe*

le domaine moral et religieux, les bonnes raisons ne manquent jamais non plus de perdre la raison — et la charité. L'imagination est le moyen de se damner en toute bonne conscience, parce qu'elle est le moyen d'anesthésier la conscience: l'homme, par elle, se rue à sa perte en *se* proposant pour fin de ses actions un objet permis, en *se* figurant le repos après l'acquisition de telle charge, en prenant *sur soi* de ne point penser à Dieu, en *se* forgeant une idole au-dessus de soi. Cette auto-piperie, un seul adjectif suffit à la décrire: elle est un acte magique. L'imagination substitue aux causalités objectives de la nature ou de la grâce les causalités subjectives de la parole ou de la pensée[233]. Par elle, l'homme peut se croire maître de la réalité, maître en particulier d'anéantir ce qu'elle lui présente d'inévitable ou de redoutable, en falsifiant volontairement la conscience qu'il en prend[234]. Dans l'acte de *s*'imaginer, il entre bien davantage que la gratuité du ludique: l'imprescriptible responsabilité de se rendre irresponsable.

(PUF, 1987, p. 88-93), nous dirions que cet avocat n'est pas un hypocrite (qui travaille à tromper les autres), mais un duplice (qui travaille à se tromper soi-même).

[233] "Les hommes ont pris par erreur l'ordre de leurs idées pour l'ordre de la nature et *se sont imaginé* que puisqu'ils sont capables d'exercer un contrôle sur leurs idées, ils doivent également être en mesure de contrôler les choses": telle est la généalogie de la magie selon Frazer (*The Magic Art and the Evolution of Kings*, London, 1911, t. I, p. 420). C'est reprendre la définition classique de E.B. Tylor (la magie consiste à prendre "un rapport idéal pour un rapport réel", *Primitive Culture*, London, 4ᵉ éd., 1903, t. I, p. 116) et annoncer celle de Freud: "Le principe qui régit la magie, la technique du mode de pensée animiste, est celui de la toute-puissance des idées" (*Totem et tabou*, trad. S. Jankélévitch revue, Payot, 1968, p. 101).

[234] La puissance de produire un événement par la pensée implique celle de l'empêcher en n'y pensant pas: ce sont les deux faces de l'imagination magique. Pascal décrit parfaitement l'attitude magique lorsqu'il s'exclame à propos des libertins qui choisissent de se divertir: "Comme s'ils pouvaient anéantir l'éternité en en détournant leur pensée"! (fr. 428-682). Un équivalent dans le lexique du XVIIᵉ siècle pourrait être le concept d'*amusement*, au sens où Pascal écrit que "le divertissement nous amuse" (fr. 414-33): il est le leurre que nous nous présentons à nous-mêmes ou le bandeau que nous plaçons sur nos yeux "pour nous empêcher" (fr. 166-198) de voir le précipice. Même régime d'"illusion volontaire" (fr. 978-743) lorsque nous refusons de reconnaître la vérité de notre misère: l'homme "désirerait de l'anéantir, et, ne pouvant la détruire en elle-même il la détruit, autant qu'il peut, *dans sa connaissance* et dans celle des autres" (*ibid.*). Pour une analyse philosophique de l'attitude magique, on se reportera à M. Foucault, *Maladie mentale et psychologie* (PUF, 1966) et surtout à Sartre, *Esquisse d'une théorie phénoménologique des émotions* (Herman, 1939). Nous avons, pour notre part, tenté une application de ladite analyse à une œuvre littéraire, *La Princesse de Clèves*, dans "La princesse et le tabou" (*Lectures*, Dedalo libri, Bari, 1979, n° 1, p. 61-86).

CHAPITRE II

L'IMAGINATION RATIONNELLE

L'imagination vient de se découvrir amplement comme "maîtresse d'erreur et de fausseté". Mais ce qui comble la mesure de sa malice pourrait être aussi ce qui l'exempte de malice, car si elle est "d'autant plus fourbe qu'elle ne l'est pas toujours" (fr. 44-78), il faut par définition qu'elle dise quelquefois la vérité. Dès lors, elle n'est point intrinsèquement perverse et quand méprise il y a, la faute en incombe à l'abusé qui prend pour perpétuellement vérace une faculté indifférente au vrai et au faux. Saint Augustin l'avait exprimé déjà: "L'âme est trompée par les images des choses, non par la faute de ces images, mais par la faute de sa propre estimation"[1]; et Arnauld le redit à la fin du XVIIᵉ siècle: "L'imagination qui est bonne en soi, considérée comme cause occasionnelle, est bonne ou mauvaise, par le bon ou le mauvais usage qu'on en fait"[2]. Elle est bonne en soi, comme faculté, parce qu'elle donne à l'homme de pouvoir se rendre présent par la pensée ce qui n'est plus ou n'est pas encore. Cette participation à la pensée — *imaginer*, écrit Furetière, signifie "penser, assembler plusieurs idées dans son esprit"[3] — intègre l'imagination à l'essence de l'homme: pas un instant, Pascal ne suggère qu'Adam ait été créé dépourvu d'imagination, et comme rien ne peut sortir des mains de Dieu "que pur, saint et parfait"[4], il reste bien que l'imagination, à l'instar des autres facultés, est bonne par nature. Mais depuis la chute, est-il possible d'en faire un bon usage? Certes, nous savons qu'elle dit parfois la vérité ("je m'imagine que ..." n'introduit pas nécessairement une erreur[5] et, à l'inverse, l'inimaginable peut être indice

---

[1] *De Genesi ad litteram*, XII, 25 (trad. Agaësse et Solignac, *BA*, 1972).

[2] *Réflexions sur l'éloquence des prédicateurs*, 1695 (*Œuvres* d'Arnauld, t. XLII, p. 383).

[3] *Dictionnaire universel*, premier sens du verbe *imaginer*. Très souvent, chez saint Augustin, l'acte d'imaginer est exprimé par le verbe *cogitare*. Cf. *De Trinitate*, XI, 3: il y a "vision imaginative (*phantasia*) lorsque l'âme pense (*cogitat*) à la forme d'un objet déjà vu".

[4] *Ecrits sur la grâce, Traité, OC*, III, 787.

[5] Lorsque Montalte écrit des jésuites, à la fin de la IXᵉ *Prov.*: "Je m'imagine que notre

de fausseté[6]), mais comment distinguer entre fantaisie et fantaisie? En l'absence de critère, une solution s'offre, qui consiste justement à ne pas attendre de l'imagination ce qu'elle ne peut donner — la détermination de la vérité — mais à l'utiliser, dans son indifférence même au vrai et au faux, comme un pur instrument au service de la raison pour la préparer à découvrir le vrai et le rendre communicable une fois découvert. Ainsi se délimite un espace où l'imaginaire n'est plus l'antagoniste du rationnel, comme en "ces places *régulières* qu'un ingénieur trace *à sa fantaisie* dans une plaine"[7] et qui l'emportent, au regard de l'entendement, sur les anciennes cités chaotiquement crues au caprice du temps. Il est effectif, selon les propres termes de Pascal, que l'on peut *imaginer* avec *raison*[8].

1 — L'EXPÉRIENCE ET L'HYPOTHÈSE

Dans le panégyrique qu'il dressait en 1623 de l'imagination, le P. Mersenne affirmait que *omnia opera quae raram industriam sapiunt* et en particulier *omnia mechanicarum automata ad eam referenda sunt*[9]. Une vingtaine d'années plus tard, le jeune Pascal — qui faisait l'admiration de Mersenne — n'attribue pas à une autre faculté l'invention de sa machine arithmétique: "Les lumières de la géométrie, de la physique et de la mécanique m'en fournirent le dessein, et m'assurèrent que l'usage en serait infaillible si quelque ouvrier pouvait former l'instrument dont j'avais imaginé le modèle"[10]. Loin d'être exclusive de la science, l'imagination se situe ici au carrefour de ses plus certaines productions. Géométrie, physique et mécanique trouvent en elle l'espace commun où tracer l'image rationnelle de l'instrument à venir. Nul hiatus, non seulement entre imagination et pensée (un ouvrier se rendra coupable,

---

première conversation sera de leur politique" (p. 170), il ne trompe pas le lecteur puisque la Xe Lettre en expose "un des plus grands principes" (p. 171).

[6] Dans *L'esprit géométrique*, Pascal fonde la "liaison réciproque et nécessaire" du mouvement, du nombre et de l'espace sur ce qu'"on ne peut imaginer de mouvement sans quelque chose qui se meuve" (*OC*, III, 401).

[7] Descartes, *Discours de la méthode*, IIe part., AT, VI, 11.

[8] Cf. lettre 5 à Mlle de Roannez: "(...) l'effroi que j'aurais de les voir en cet état éternel de misère, après les avoir imaginés avec tant de raison dans l'autre état, me fait détourner l'esprit de cette idée" (*OC*, III, 1039).

[9] *Quaestiones in Genesim*, Paris, Cramoisy, 1623, col. 94.

[10] *Lettre dédicatoire à Mgr le Chancelier, OC*, II, 332.

écrit Pascal, d'une "fausse exécution de *ma pensée*")[11], mais entre imagination et conception, puisque l'auteur parlant de sa machine ne se vante "que de l'avoir conçue"[12]. On n'est point toutefois en présence, avec cette conception, d'une idée en l'air qui se dissipe avec autant de facilité qu'elle s'engendre; il s'agit d'une élaboration lente et complexe, nécessitant "une profonde méditation"[13], dans laquelle l'imagination doit successivement composer avec deux séries de contraintes: les exigences théoriques des sciences susnommées qui lestent de rationalité le projet premier, et les exigences du réel qui s'opposent à son immédiate exécution — "la forme de l'instrument, en l'état où il est à présent, n'est pas le premier effet de l'imagination que j'ai eue sur ce sujet"[14]. L'imagination apparaît d'abord comme le lieu d'exercice de la raison, la matière immatérielle de ses constructions; pour rejoindre en un second temps l'effectivité, elle ne renie pas la raison mais devient raison des effets: c'est bien à elle qu'il convient d'attribuer la variété des cinquante modèles, composés les uns de lamines courbes, les autres de lamines droites, avec des rouages tantôt concentriques, tantôt excentriques, tantôt en cônes, tantôt en cylindres, dans leur caissette de bois, d'ivoire ou de cuivre — bref, tous différents "soit pour la matière, soit pour la figure, soit pour le mouvement"[15]. Ainsi l'imagination se charge elle-même de sortir du chimérique et se donne dans la douleur, car sa propre fécondité lui devient une gêne, les moyens de sa réalisation concrète. Si l'on compte qu'enfin il faut à l'auteur anticiper les conséquences d'une utilisation prolongée de son engin, et pour cela imaginer par exemple de lui faire parcourir la moitié de la France en malle-poste[16], on comprend pourquoi, dans le domaine des machines, "ceux qui sont capables d'inventer sont rares" (fr. 88-122). L'imagination ne s'y meut point avec aisance, mais avec effort dès l'instant qu'au lieu d'échapper à leur prise elle se propose de conjuguer le rationnel avec le réel.

Même défi pour le physicien, chez qui l'imagination s'exerce à plusieurs niveaux. Ses expériences ne sont vraiment fécondes que s'il est capable d'en tirer toutes les conséquences: pour cela, il lui faut parcourir

---

[11] *Avis nécessaire*, *OC*, II, 339.

[12] *Lettre dédicatoire*, *OC*, II, 332.

[13] *Ibid.*

[14] *Avis nécessaire*, *OC*, II, 340.

[15] *Privilège pour la machine d'arithmétique*, *OC*, II, 713.

[16] Cf. *Avis nécessaire*, *OC*, II, 338.

en esprit les domaines, parfois fort éloignés, où s'applique le principe par elles découvert — à quoi ne suffit pas la linéaire déduction logique. Ainsi, le rapport n'est pas immédiat entre les deux premières conséquences que Pascal tire de l'expérience du puy de Dôme, à savoir "le moyen de connaître si deux lieux sont en même niveau, (...) quand même ils seraient antipodes" et "le peu de certitude qui se trouve au thermomètre pour marquer les degrés de chaleur"[17], outre que la mention des antipodes renvoie à un lieu longtemps considéré comme chimérique[18] et qui n'est guère différent, sur le plan fantasmatique, des "terres polaires et inaccessibles"[19] où erre l'imagination des émules de Noël. Au reste, Pascal promet d'examiner dans son *Traité du vide* "beaucoup d'autres" conséquences de la même expérience, "aussi utiles que *curieuses*"[20]. Mais l'imagination intervient plus visiblement dans la mise au point des expériences elles-mêmes: à la multiplicité des modèles de machine arithmétique construits par Pascal dans des matières et selon des figures différentes correspond la multiplicité des expériences qu'il a élaborées sur le vide, dans des réceptacles divers (tuyaux, seringues, soufflets, siphons "de toutes longueurs, grosseurs et figures")[21] et avec des liquides eux aussi variés (vif-argent, eau, vin, huile, etc.)[22]. D'où procèdent ces expériences nouvelles? "De mon invention"[23], répond l'auteur — ce qui revient à dire: de mon imagination, puisque les deux termes sont employés concurremment à propos de la grande expérience de l'équilibre des liqueurs: "Cette expérience est de mon invention"[24], écrit Pascal à M. de Ribeyre, tandis que dans le *Récit* il se donne le mérite de l'avoir

---

[17] *Récit de la grande expérience de l'équilibre des liqueurs*, OC, II, 687.

[18] Le pape Zacharie aurait excommunié saint Virgile "sur ce qu'il tenait qu'il y avait des antipodes" (XVIIIᵉ *Prov.*, p. 378).

[19] *Lettre à Le Pailleur*, OC, II, 571.

[20] *Récit de la grande expérience*, OC, II, 688.

[21] *Expériences nouvelles touchant le vide*, OC, II, 505. Cf. *ibid.*, p. 498.

[22] Cf. *ibid.*, p. 498.

[23] *Ibid.*, p. 501.

[24] *Lettre à M. de Ribeyre*, OC, II, 813.

"imaginé[e]"[25]. L'imagination est bien la mère des inventions[26], et à ce titre permet l'expression éminemment personnelle du "génie"[27].

Si étonnante qu'elle se présente parfois, l'imagination expérimentale ne fonctionne pas au hasard. Elle apparaît au contraire guidée par l'intelligence: lorsqu'il s'agit de vérifier telle opinion de physique, l'imagination doit trouver les expériences qui admettent le plus petit nombre de réponses possible de la part de la nature (ainsi Pascal s'avise de remplacer, dans un tuyau plein d'eau, la corde qu'il en tire par "de petits cylindres de bois attachés les uns aux autres avec du fil de laiton"[28], pour qu'on ne puisse pas dire que l'espace laissé vide par son retrait soit rempli par l'air échappé de ses fibres) et, à défaut d'une expérience cruciale, multiplier les dispositifs envisageables afin que de leur diversité ressorte la constance d'une loi. On l'observe de façon encore rudimentaire pendant l'enfance de Pascal: constatant que le son d'un plat de faïence frappé avec un couteau s'arrêtait sitôt qu'on y posait la main, "il voulut en même temps en savoir la cause, et cette expérience le portant à en faire beaucoup d'autres sur les sons"[29], il en composa un véritable traité à l'âge de onze ans. L'imagination ne se laisse pas entraîner ici à une profusion ludique: elle est ordonnée à la découverte de "la cause" et ne peut obtenir la réponse attendue que de la pertinence de ses questions croisées. En d'autres termes, on pressent que la *variété* des expériences tentées par le jeune Blaise, loin de valoir pour elle-même, tend déjà à établir des *variations* significatives susceptibles d'illustrer un unique principe. Plus tard, quand après avoir placé sur les plateaux d'une balance deux corps de volume différent mais de poids égal, Pascal imaginera de la plonger dans l'eau pour voir si l'équilibre se rompt, il mettra en évidence le principe fondamental de l'hydrostatique, à savoir que "les

---

[25] *Récit de la grande expérience*, *OC*, II, 680. La réponse de M. de Ribeyre marque bien que, dans l'usage du temps, *imaginer* se substitue aisément à *inventer*: "Ce bon Père [le P. Médaille] ne fut porté à étaler cette proposition que par une démangeaison qu'il avait de produire quelques expériences qu'il nous dit, après que l'assemblée fut levée, avoir imaginées" (*OC*, II, 814).

[26] Cf. Charron, *De la sagesse*, liv. I, chap. 13: "A elle appartiennent proprement les inventions" (éd. citée, p. 125).

[27] "(...) N'ayant dessein de donner que celles [les expériences] qui me sont particulières et de mon propre génie" (*Expériences nouvelles*, *OC*, II, 501).

[28] *Ibid.*, p. 504.

[29] *Vie* de Pascal (1ère version), *OC*, I, 573.

liqueurs pèsent suivant leur hauteur"[30]. Les procédés employés seront éventuellement saugrenus — mettre une mouche dans de la pâte, le tout au fond d'un tuyau et presser avec un piston: l'animal ne sent rien[31] — , voire fantastiques — ainsi l'expérience du soufflet attaché à une poutre et auquel pend une chaîne jusqu'à terre: "ce qui surprendra merveilleusement" est que la chaîne descend si l'air se décharge et qu'inversement, quand il se charge à nouveau, on voit "le soufflet se resserrer, comme de soi-même"[32] — , mais dans tous les cas la démarche de l'imagination apparaît saturée de rationalité: au lieu de marquer "du même caractère le vrai et le faux" (fr. 44-78), elle met la raison en situation de les discriminer, et comment le pourrait-elle si elle n'avait jusque-là été informée par cette même raison?

La fonction rationnelle de l'imagination se manifeste avec plus d'évidence encore à l'occasion d'expériences fictives. Ce dernier thème fut lancé par A. Koyré en 1954, au congrès de Royaumont, dans une communication intitulée "Pascal savant", dont la discussion a révélé, selon les termes de J. Mesnard, "l'importance de l'imagination, voire de la fiction, dans la science expérimentale"[33]. Pour Koyré, que personne ne conteste sur ce point, Pascal n'a pas décrit les *Expériences nouvelles* qu'il rapporte telles qu'elles s'étaient effectivement déroulées sous ses yeux. C'est ainsi que lorsqu'on renverse un long tuyau plein d'eau sur une cuve de liquide, il se produit un fort bouillonnement dû au fait que l'air dissous dans l'eau s'en échappe: or, de ce phénomène, qui n'a pu manquer de se produire dans un tuyau de quarante-six pieds, le compte rendu pascalien ne souffle mot[34]. Aucune mention non plus des bulles d'air remontant le long d'une colonne de mercure renversée. Pascal aurait-il voulu dissimuler des effets bien importuns aux partisans du vide, puisqu'ils permettaient de soutenir que l'espace au-dessus du liquide était rempli par l'air d'icelui dégagé? Sans doute, mais cette substitution d'une expérience partiellement imaginaire à l'expérience réelle est substitution d'une expérience parfaite

---

[30] C'est le titre du Ier chap. du *Traité de l'équilibre des liqueurs*, *OC*, III, 1043. L'expérience décrite se situe au chap. V (*ibid.*, p. 1054), où il est question de montrer, sur le sujet "des corps qui sont tout enfoncés dans l'eau", que "sa hauteur est la mesure de la force" avec laquelle elle les presse (*ibid.*, p. 1053).

[31] V. le même traité, chap. VII, *ibid.*, p. 1060.

[32] Fragment d'un *Traité du vide*, *OC*, II, 789.

[33] Notice des *Expériences nouvelles*, *OC*, II, 495.

[34] Cf. *OC*, II, 502-503.

à une expérience imparfaite. Le vin, le mercure, l'eau ou l'huile ne sont pas des liquides parfaits (c'est-à-dire homogènes et continus), mais si l'on pouvait employer des liquides qui ne contiennent pas d'air, explique Koyré, "l'expérience alors ferait éclater l'identité du vide apparent et du vide véritable"[35]. L'imagination en l'occurrence coupe court aux interprétations erronées. Supprimer les éléments parasites d'une expérience, comme sont par exemple les phénomènes de capillarité, revient à décrire une expérience, certes, imaginaire mais plus rationnelle que le réel: l'imaginaire devient alors la vérité du réel. Plusieurs expériences pascaliennes pourraient même être, selon Koyré, totalement imaginaires: comment construire, au XVIIe siècle, un tuyau de verre de quinze mètres de haut ou un siphon scalène dont la plus longue jambe aurait seize mètres et la plus courte quatorze? Cette impossibilité prétendue peut être mise en doute, mais il n'est pas contestable que Pascal évoque comme certaines des expériences très probablement ou assurément fictives. Admettons qu'il ait convaincu un homme de s'appliquer sur la cuisse le bout d'un tuyau de verre de sept mètres de haut et de descendre dans cet équipage au fond d'une cuve d'eau de profondeur comparable afin d'observer si la chair "s'enfle en la partie qui est à l'ouverture du tuyau"[36]; il devient en revanche surréaliste, avant la lettre, d'imaginer le même individu répétant l'opération, comme porte le texte, "dans une cuve pleine d'huile"[37]! Le point à considérer est que, réelle ou fictive, l'expérience pour Pascal produit des résultats d'égale certitude. Il peut prédire avec autant d'assurance que s'il l'avait vu que la chair de l'homme descendu dans la cuve d'huile gonflera à l'endroit où s'applique le tuyau. Telle est l'imprégnation rationnelle de l'imagination que la vérification expérimentale devient superflue; le conditionnel, mode de l'imaginaire, équivaut à un futur, et l'irréel à un réel[38]. L'imaginé n'est

---

[35] *Blaise Pascal, l'homme et l'œuvre*, Cahiers de Royaumont (Philosophie n°1, éd. de Minuit, 1956), p. 278.

[36] *Traité de la pesanteur de la masse de l'air, OC*, II, 1078.

[37] *Ibid.*

[38] Cf. *Traité de l'équilibre des liqueurs:* "Si on fait une ouverture nouvelle à ce vaisseau, il *faudra*, pour arrêter l'eau qui en *jaillirait*, une force égale à la résistance que cette partie devait avoir" (*OC*, II, 1046); "si l'eau qui est dans le petit tuyau *se glaçait*, et que celle qui est dans le vaisseau large du fond *demeurât* liquide, il *faudrait* cent livres pour soutenir le poids de cette glace; mais si l'eau qui est dans le fond *se glace*, soit que l'autre se gèle ou demeure liquide, il ne *faut* qu'une once pour la contrepeser" (*OC*, II, 1048). Cette continuité entre modes différents marque la continuité entre l'expérience réelle et l'expérience fictive,

nullement ici du délirant, mais une anticipation rationnelle. On ne sort donc pas de la rationalité en entrant dans l'expérience fictive — au contraire, osera-t-on dire, l'imagination n'y fait qu'un avec la raison, puisque le réel se réduit alors au rationnel et que ce rationnel loge tout entier en l'imagination. Pascal, écrit Koyré, "a si bien, si clairement *imaginé* les expériences qu'il a faites — ou n'a pas faites — qu'il en a, profondément, saisi l'essentiel, à savoir l'interaction des liquides (pour Pascal, l'air est un liquide) qui se tiennent mutuellement en équilibre"[39]. L'imagination, que l'on a connue faculté des accidents, est maintenant promue découvreur de l'essence. Une fois évacué le réel, l'imagination devient dans l'expérience fictive le lieu unique d'épiphanie de la vérité.

Enfin, c'est par l'imagination que l'expérience parvient à la connaissance du lecteur. Quand Pascal décrit la plongée d'une balance dans l'eau, il est clair qu'il nous impose l'imagination de l'eau, de la balance, des corps qu'elle soutient et du mouvement de ses plateaux. En ce sens, toute expérience est pour le lecteur une expérience fictive, puisqu'il doit se la représenter en l'absence d'effectuation, en tout cas préalablement à toute effectuation de sa part. L'expérience s'adresse si bien à son imagination qu'elle reçoit en abondance le support de l'image — une image glissant facilement du réalisme au conventionnel et du conventionnel aux confins du fabuleux: les instruments ne sont pas plongés dans un vaisseau plein d'eau mais sur le fond parfaitement plat d'une mer à la surface de laquelle s'inclinent quelques voiles lointaines; l'homme ne descend plus dans une cuve mais s'asseoit, nouveau triton, sur une roche immergée d'où il désigne à un improbable spectateur sous-marin l'enflure que lui cause sa ventouse géante; là, un gobelet de cuir est arraché d'un pavé où il n'avait que faire par une main sans bras, au poignet festonné de dentelles[40]. Les expériences imaginées par l'auteur peuvent rester pour le lecteur des expériences imaginaires sans que soit compromise leur rationalité. Mieux: la science devient fantastique pour communiquer la vérité.

Mais le rôle de l'imagination en physique ne se limite pas à inventer, élaborer, puis communiquer des expériences. Celles-ci, qu'elles soient ou non effectivement réalisées, ont pour but de vérifier une conjecture, et qu'est-ce qu'une conjecture, sinon l'imagination d'une hypothèse?

---

qui mettent en œuvre une semblable rationalité.

[39] A. Koyré, *op. cit.*, p. 277-278. Le mot *imaginé* est souligné par lui.

[40] V. les planches accompagnant les *Traités de l'équilibre des liqueurs et de la pesanteur de la masse de l'air*, *OC*, II, à la hauteur des p. 1056 et 1072.

L'imagination remonte donc plus haut que l'expérience. Quel est alors son statut? Elle peut, à l'épreuve des faits, se révéler fausse — par où est mis en évidence son caractère auto-correcteur: c'est en *imaginant*[41] l'expérience décisive du puy de Dôme que Pascal détruit l'horreur *imaginaire*[42] de la nature pour le vide —, mais elle n'était pas pour autant dépourvue de raison. Dans l'hypothèse, en effet, c'est la raison qui imagine une explication des phénomènes: l'"horreur imaginaire du vide" n'a été inventée que pour "rendre raison"[43] de plusieurs observations concourantes et, certes, on a lieu de l'évoquer quand on constate que l'eau s'élève dans une pompe où l'air n'a pas accès, mais qu'elle cesse son mouvement sitôt qu'on pratique une ouverture par où il peut entrer, car n'y montant que lorsqu'il y aurait du vide, "il semble qu'elle n'y monte que pour [*l'*] empêcher"[44]. Tout se passe comme si la nature avait horreur du vide. Cette opinion des anciens, tout erronée qu'elle est, n'est point absurde, et c'est pourquoi Pascal ne s'en déprend que peu à peu et comme contraint par la force de nouvelles expériences. Il en va de même de leurs autres maximes de physique que la tradition nous a transmises: quoique souvent chimériques, elles constituent des assertions rationnelles — et par là ils ont eu "sujet" de les avancer, comme ils ont eu "droit de dire"[45] que la nature ne souffre pas de vide — puisque fondées sur les observations qui leur étaient à l'époque accessibles. La différence entre les hypothèses des anciens et les nôtres n'est pas que ces dernières soient mieux raisonnées, mais qu'elles s'appliquent à un plus grand nombre d'expériences: elle est donc extrinsèque — due au temps — et laisse subsister l'identité de nature qui fait des unes et des autres des imaginations rationnelles.

Toutes les imaginations n'ont pas, en physique, la même valeur. Elles peuvent être appelées, "suivant leur mérite, tantôt *vision*, tantôt *caprice*, parfois *fantaisie*, quelquefois *idée*, et tout au plus *belle pensée*"[46]. Dans le premier cas, on a affaire à une interprétation subjective, à la limite solipsiste et délirante, fondée sur des expériences fausses et rendant

---

[41] Pour éprouver la maxime de l'horreur du vide, il faut "une expérience décisive. J'en ai imaginé une qui pourra seule suffire pour nous donner la lumière que nous cherchons" (*Récit de la grande expérience*, *OC*, II, 680).

[42] "Cette horreur imaginaire du vide" (*ibid.*, p. 688).

[43] *Ibid.*

[44] *Traités de l'équilibre des liqueurs et de la pesanteur...*, Conclusion, *OC*, II, 1095.

[45] Préface sur le *Traité du vide*, *OC*, II, 783 et 784.

[46] Lettre de Pascal au P. Noël, *OC*, II, 519. Les italiques sont de Pascal.

compte de ce qui n'arrive point: ainsi l'imperceptible éther imaginé par le P. Noël constitue une "hypothèse (...) si accommodante" qu'elle explique pourquoi le doigt bouchant l'extrémité d'une seringue dont on tire le piston ne sent plus aucune attraction au delà d'un certain seuil, alors qu'en réalité il "la ressent toujours également"[47]. A l'autre extrémité de la hiérarchie, la "belle pensée" désigne une conjecture alliant simplicité et généralité dans la déduction des phénomènes. Telle est l'hypothèse de Torricelli, qualifiée même de "très belle pensée"[48], qui fait dépendre de la pression atmosphérique tous les effets auparavant attribués à l'horreur du vide et qui se révélera être une vérité: elle était donc du vrai en puissance — voire du vrai tout court (puisque la vérité n'a pas "commencé d'être au temps qu'elle a commencé d'être connue")[49], mais que nous ne pouvions identifier comme tel avant la confirmation expérimentale. Aussi ou plus admirables, même si un seul d'entre eux peut être véritable, les grands systèmes embrassant la machine du monde, car "tous les phénomènes des mouvements et rétrogradations des planètes s'ensuivent parfaitement des hypothèses de Ptolémée, de Tycho, de Copernic"[50]. Tous ces auteurs, sauf un[51], ont écrit le roman de l'univers: à aucun d'entre eux pourtant ne saurait être refusé le nom de savant. Tous, sauf un, ont fait de la science-fiction, mais aucun ne relève fictivement de la science, dans l'histoire de laquelle ils occupent une place éminente. L'imagination, dans leurs systèmes, est si rigoureusement rationnelle que la raison entre eux reste partagée et ne peut choisir *a priori* l'un plutôt que l'autre. Elle apparaît ainsi comme la faculté du possible, et peut à ce titre inventer encore "beaucoup d'autres" systèmes[52] capables à leur tour de rendre raison des mouvements célestes. Si

---

[47] *Lettre à Le Pailleur, OC*, II, 574.

[48] *Lettre* de Pascal *à M. de Ribeyre, OC*, II, 812.

[49] Préface sur le *Traité du vide, OC*, II, 785.

[50] Lettre de Pascal au P. Noël, *OC*, II, 524.

[51] On veut bien supposer que l'un des trois dit la vérité, mais la science de la nature peut-elle sortir du régime de l'hypothétique s'il lui faut procéder à "la générale énumération de toutes les parties ou de tous les cas différents" (Préface sur le *Traité du vide, OC*, II, 784) avant d'énoncer une vérité définitive? L'univers excédant notre investigation, l'imagination rationnelle pourrait bien être pour la science de la nature plus qu'un moment dans le processus de sa constitution: le mode même de son fonctionnement et l'horizon indépassable de son histoire — en un mot, sa limite épistémologique.

[52] Lettre de Pascal au P. Noël, *OC*, II, 524. Cf. Malebranche: les inventeurs de nouveaux systèmes "ont d'ordinaire l'imagination assez forte" (*De la recherche...*, liv. II, IIe part., chap.

l'on définit le possible comme ce qui n'implique pas contradiction, on doit poser qu'une telle imagination travaille dans les bornes d'un double réquisit rationnel: sous sa forme théorique, la non-contradiction à l'intérieur du modèle construit; sous sa forme expérimentale, la non-contradiction entre l'effectivement réel et le rationnellement possible. L'imagination semble bel et bien avoir droit de cité dans la science: non seulement elle part de l'expérience, mais elle la dépasse pour lier en une seule explication cohérente la diversité de ses résultats, oriente en retour sa pratique — puisque de l'hypothèse envisagée doit logiquement s'ensuivre tel phénomène qu'il est opportun de vérifier — , achève enfin, en inventant les dispositifs expérimentaux, d'élaborer les moyens de sa propre validation.

En tant que faculté du possible, l'imagination peut parcourir toute la distance qui sépare le probable de l'invraisemblable. Et c'est cette capacité prise dans son intégralité qui est profitable à la science. Certes, les hypothèses qui rendent compte des phénomènes, en entrant "dans les termes de la vraisemblance"[53], semblent s'approcher de la vérité tandis que les rêveries du P. Noël s'éloignent en même temps des deux. Mais l'imagination n'a pas à dupliquer platement le réel ou s'asservir aux explications toutes faites: sa vocation est de transcender le donné, d'aller toujours au delà du déjà pensé. Elle a du mouvement pour passer plus avant, dirait Malebranche, et pécherait contre soi en se satisfaisant de ce qui est — ou de ce qui est reçu. Les savants d'autrefois "s'étaient imaginé qu'une pompe élève l'eau non seulement à dix ou vingt pieds, ce qui est bien véritable, mais encore à cinquante, cent, mille et autant qu'on voudrait, sans aucunes bornes"[54]. Apparemment, l'imagination ici est bien fidèle à son intrinsèque dynamisme, puisqu'elle prête à l'instrument une force infinie; en réalité, cette expansion sans bornes est l'indice d'une insuffisance, car les anciens philosophes n'ont demandé à leur imagination que de prolonger ce qu'ils avaient sous les yeux. Dans la conséquence qu'ils ont tirée "de ce qu'ils voyaient à ce qu'ils ne voyaient pas"[55], ils ont imaginé ce qu'ils ne voyaient pas sur le modèle de ce qu'ils voyaient. Ils ont, en somme, manqué d'imagination. Et c'est ce que leur reproche Pascal: pour avoir constaté que les pompes élevaient l'eau à six, dix et

---

7, § 1; t. I, p. 304).

[53] Lettre de Pascal au P. Noël, *ibid.*

[54] *Traités de l'équilibre des liqueurs et de la pesanteur...*, Conclusion, *OC*, II, 1098.

[55] *Ibid.*, p. 1099.

douze pieds, "*ils ne se sont pas imaginé* qu'il y eût un certain degré après lequel il en arrivât autrement"[56]. Cette carence d'imagination les a mis "hors d'état de prouver que la pesanteur de l'air est la cause de ces effets"[57]: en trahissant le possible pour le coutumier, ils se sont interdit d'échafauder une hypothèse qui rende raison à la fois de l'un et de l'autre et ont par là deux fois stérilisé la capacité inventive de leur imagination. Plus tard, lorsqu'il devint clair que les pompes n'élèvent l'eau que jusqu'à une certaine hauteur, "on s'imagina que la nature de la pompe est telle qu'elle élève l'eau à une certaine hauteur limitée, et puis plus"[58]. Il semble pour le coup que ce soit l'imagination elle-même qui se trouve incriminée, et non point son défaut. Mais en fait, le procès est toujours le même, comme on voit par l'excuse accusatrice qu'avance Pascal pour cette erreur: "Aussi comment se fût-on imaginé que cette hauteur eût été variable suivant la variété des lieux? Certainement cela n'était pas vraisemblable"[59]. Ici encore, l'imagination a manqué d'imagination. Si elle se fût portée à l'invraisemblable, elle eût inquiété d'abord, renversé ensuite le préjugé régnant, qui est une imagination refroidie et figée, une hypothèse dont on a oublié qu'elle n'est qu'une hypothèse. C'est ce qu'a osé Pascal: il a si bien "imaginé" que la hauteur de l'eau variait avec la hauteur des lieux qu'il a encouru le risque, rationnellement calculé, du ridicule public en faisant effectuer l'expérience au sommet d'une montagne. Or il est apparu non seulement que l'imagination avait raison contre le dogmatisme, mais qu'il lui fallait aller au delà du vraisemblable pour rencontrer le vrai. Elle s'expose par là au reproche d'extravagance, mais brise en retour l'extravagance inaperçue des systèmes établis. Positivement, elle rappelle, en stimulant la science de ses suggestions imprévues, que le réel est toujours plus incroyable que ce que nous en voyons et pensons. Même, il dépasse tellement notre expérience et notre connaissance que l'imagination doit aller jusqu'au bout d'elle-même si elle veut avoir quelque chance d'en approcher. C'est en s'assumant fantastique qu'elle pourra espérer être réaliste.

---

[56] *Ibid.*

[57] *Ibid.*, p. 1100.

[58] *Ibid.*

[59] *Ibid.*

2 — FONCTION HEURISTIQUE DE L'IMAGINATION

L'imagination peut-elle remonter plus haut, de l'invraisemblable à l'impossible? On n'a envisagé jusqu'à présent qu'une imagination domestiquée par la raison — les hypothèses à la fois cohérentes et explicatives —, mais l'imagination en son principe ne déborde-t-elle pas la raison? Et comment saurait-elle alors être encore qualifiée de rationnelle? Il est bien certain que l'on peut s'imaginer des êtres qui n'existent pas dans la nature (comme les chimères), mais il se voit aussi, sur un exemple pascalien, qu'on peut imaginer des "êtres de raison" rationnellement contradictoires: ainsi le triangle dit rectiligne "qu'on s'imaginerait avoir deux angles droits"[60]. L'imagination serait donc indifférente non seulement à la possibilité pour ses objets d'exister dans le réel, mais à leur possibilité logique. Ne se rend-elle pas, par là, inutile à la science et ne devient-elle pas pour celle-ci une puissance trompeuse qu'il convient d'éliminer de sa pratique?

Curieusement, ce sont les plus adonnés à l'irrationnel qui tiennent le discours le plus "réaliste": un P. Noël veut que l'on soit assuré de l'être d'une chose avant que de raisonner sur elle[61]. L'*an sit* doit toujours, pour lui et ses confrères, précéder le *quid sit*. Mais ce n'est point ainsi, selon Pascal, que l'on parvient dans les sciences à la connaissance de la vérité, "car d'abord nous concevons l'idée d'une chose; ensuite nous donnons un nom à cette idée, c'est-à-dire que nous la définissons; et enfin nous cherchons si cette chose est véritable ou fausse. Si nous trouvons qu'elle est impossible, elle passe pour une fausseté; si nous démontrons qu'elle est vraie, elle passe pour vérité; et tant qu'on ne peut prouver sa

---

[60] *Lettre à Le Pailleur*, *OC*, II, 563.

[61] Cf. *ibid.*, p. 562: "Je sais que ceux qui ne sont pas accoutumés de voir les choses traitées dans le véritable ordre se figurent qu'on ne peut définir une chose sans être assuré de son être". Est-ce parce que saint Thomas affirme: *quaestio "quid est" sequitur ad quaestionem "an est"* (*Sum. theol.*, Ia, q. 2, a. 2), que Pascal écrit au fr. 694-573, à propos de l'ordre: "Je sais un peu ce que c'est, et combien peu de gens l'entendent. Nulle science humaine ne le peut garder. *Saint Thomas ne l'a pas gardé*. La mathématique le garde, mais elle est inutile en sa profondeur"? Il faut toutefois observer que la distinction entre les définitions de nom et les définitions de chose vient d'Aristote (en ses *Seconds Analytiques*) et que dans l'article cité de saint Thomas, la question de l'existence est elle-même précédée par celle de la définition: *Ad probandum aliquid esse, necesse est accipere pro medio "quid significet nomen", non autem "quod quid est"*.

possibilité ni son impossibilité, elle passe pour imagination"[62]. Imagination, donc, l'idée en attente de vérification. Entre l'évidemment vrai, objet de l'affirmation, et l'évidemment faux, objet de la négation, l'imagination est ce *medium* indifférencié qui tient le savant dans un méthodique suspens. Elle ne saurait être assimilée à l'erreur puisqu'elle se situe en dehors — exactement: en deçà — de la dichotomie vrai/faux[63]: l'erreur n'est pas dans l'imagination, elle est dans le jugement précipité qui décrète la conformité de telle imagination au réel et nous fait regarder "comme une vérité constante" ce qui est "une simple pensée"[64]. L'imagination est-elle pour autant inutile à la connaissance de la vérité?

Tout au contraire, le passage cité montre l'idée-imagination au point de départ du processus cognitif ("d'abord nous concevons l'idée d'une chose"), antérieurement à la définition et à la vérification. Cette idée, en tant qu'elle n'est encore l'objet d'aucune affirmation ou négation, est, d'après le texte même, une imagination, et les exemples donnés le confirment: celui du triangle "qu'on s'imaginerait avoir deux angles droits", celui des cercles que les astronomes "ont imaginés dans les cieux"[65]. Concevoir une telle idée ne peut donc être que l'imaginer.

---

[62] *Lettre à Le Pailleur, OC*, II, 563.

[63] Cf., *mutatis mutandis*, la définition donnée au XIIe siècle par Gilbert de Poitiers: "La perception d'une chose sans qu'on attache d'importance à sa véracité peut à bon droit être appelée *imaginatio*" (*Expositio in Boethii librum contra Eutychen et Nestorium*, I, 9); et cette autre, trouvée par J.-R. Armogathe (art. cité, *Phantasia/Imaginatio*, p. 260, n. 5) dans une dissertation médicale du XVIIIe siècle: *Phantasia sive imaginatio certa est animae affectio, qua quidpiam percipimus seu cognoscimus sine adfirmatione et negatione. Simplex haec cognitio seu perceptio negationis et adfirmationis expers vulgato Ideae nomine in sequentibus designabitur.* Quel que soit l'écart qui les sépare, les deux textes appartiennent à la tradition aristotélicienne (signalons d'ailleurs que, pour Aristote, l'opinion se distingue de l'imagination en ce qu'elle entraîne la conviction: "Il est impossible d'avoir une opinion sans y ajouter foi", *De l'âme*, III, 3, 428 *a*).

[64] Lettre de Pascal au P. Noël, *OC*, II, 522.

[65] *Lettre à Le Pailleur, OC*, II, 563. Texte en parfaite consonance avec la lettre au P. Noël, où l'*idée* qu'on ne peut affirmer ou nier est modulable en *vision, caprice* ou *fantaisie* (*OC*, II, 519). D'ailleurs l'εἴδωλον grec, dont le rapport étymologique à l'idée est assez visible, signifie — on l'a effleuré plus haut (chap. I, p. 181) — "image", "image conçue dans l'esprit", d'où "imagination" (Platon, *Phèdre*, 66 *c*), à distinguer de "la vérité" (Platon, *Théétète*, 150 *c*). On remarquera la proximité de l'idée et de l'imagination, voire leur caractère interchangeable, dans plusieurs passages des *Pensées*: "Nulle idée n'en approche (*nous n'imagi*)" (fr. 199-230); malgré le pyrrhonisme, "nous sentons une image de la vérité" (fr. 131-164), "nous avons une idée de la vérité" (fr. 406-25); "nous voulons vivre dans l'idée des autres d'une vie imaginaire" (fr. 806-653).

L'identification des deux concepts, attestée ailleurs chez Pascal — "que l'imagination passe outre, elle se lassera plutôt de concevoir que la nature de fournir" (fr. 199-230): ici l'imagination conçoit, là la conception imagine —, va, comme on le sait, contre le lexique du Descartes des *Méditations métaphysiques*[66]; point toutefois contre le Descartes des *Regulae ad directionem ingenii*, qui pense "dans un rapport direct, quoiqu'à demi-conscient, à la méditation d'Aristote"[67] et dont sur ce point Port-Royal reprend, sans le savoir, la terminologie: *imaginari vel concipere*[68]. Au reste, la continuité imagination - conception - idée se retrouve explicitement (sans autoriser pour autant une assimilation complète des épistémologies en cause) dans la définition d'obédience péripatéticienne que Furetière donne de l'imagination: "Puissance qu'on attribue à une des parties de l'âme pour concevoir les choses et s'en former une idée sur laquelle elle puisse asseoir son jugement"[69]. Quoi qu'il en soit de l'origine (sensible ou suprasensible) de cette "conception", on voit chez Pascal qu'elle peut porter sur la matière — c'est le cas de la "sphère de feu" des cosmologies antiques, de laquelle "il serait difficile de démontrer la vérité"[70] —, mais on relèvera significativement qu'elle ne prend le nom d'*imagination* qu'à propos d'exemples géométriques (le triangle, le cercle), c'est-à-dire tirés d'une science où "l'on ne considère que les choses abstraites et immatérielles"[71]. N'y aurait-il pas ainsi deux modalités de l'imagination, dont la seconde seule mériterait pleinement ce

---

[66] Cf. *Méditations*, VI, *AT*, IX-1, 57-58. Cf. ci-dessus, p. 133.

[67] J.-L. Marion, *Sur l'ontologie grise de Descartes*, Vrin, 1975, Avertissement. Sur le rapport Aristote-Descartes à propos de l'imagination dans les *Regulae*, v. *ibid.*, p. 124-126. On notera en particulier que Descartes reprend à son compte la liste des facultés de connaissance — entendement, *imagination*, sens commun, sens et mémoire — distinguées dans le traité *De l'âme* (cf. la traduction commentée des *Regulae* par J.-L. Marion, éd. citée, n. 2, p. 224-225, et n. 9, p. 231).

[68] *Regulae*, Reg. *XII*, AT, X, 416. Pour les auteurs de la *Logique de Port-Royal*, imaginer est la "façon de concevoir les choses qui se fait par l'application de notre esprit aux images qui sont peintes dans notre cerveau" (Ière part., chap. 1, p. 40). Arnauld distingue, dans ses *Réflexions sur l'éloquence des prédicateurs*, trois opérations en l'âme pensante — concevoir, juger, raisonner — et considère l'acte d'imaginer comme "une espèce de la première de ces trois opérations" (p. 380).

[69] *Dictionnaire universel*. Sur l'aristotélisme de cette définition, v. *supra*, "De la coutume à l'imagination", p. 126 s.

[70] *Lettre à Le Pailleur, OC*, II, 563.

[71] Lettre au P. Noël, *OC*, II, 526.

nom: l'une se contentant de prolonger ou projeter analogiquement le visible dans l'invisible, à la manière du P. Noël qui ne peut sortir du corporel et attache conséquemment l'espace vide au tuyau censé le transporter[72]; l'autre abstrayant du réel (ou considérant abstraction faite du réel) un schème immatériel porteur de ses caractéristiques intelligibles? La doctrine de l'abstraction, aristotélicienne d'origine et thomiste[73], devrait pourtant être familière au jésuite: aussi bien déclare-t-il comprendre parfaitement la conception pascalienne d'un espace immobile, mais il pense la disqualifier en logeant ledit espace "dans l'imagination du géomètre"[74], c'est-à-dire hors du réel. Dans leur différend, les deux adversaires s'accordent donc au moins pour lier imagination et géométrie. De fait, l'une et l'autre peuvent être dites indifférentes au réel: Méré n'a pas tort d'appeler, dans sa fictive réplique à Pascal, la ligne géométrique une "ligne chimérique"[75], car la droite ne se trouve pas dans la nature, et rien de ce que les géomètres supposent en leur objet — indéfinité, divisibilité, etc. — ne les assure de l'existence de cet objet[76]. Même, ne serait-ce pas l'imagination qui fait le géomètre? Il est permis de l'inférer de ce que les règles infaillibles pour "démontrer les éléments de la géométrie" ne valent qu'auprès de "ceux qui ont assez d'imagination pour en comprendre les hypothèses"[77]. L'esprit de géométrie fait "descendre

---

[72] Cf. *Lettre à Le Pailleur*, OC, II, 566. On pourrait parler d'un matérialisme du P. Noël, dans la mesure où il ne peut distinguer "l'immatérialité d'avec le néant" (*ibid.*, 563).

[73] Cf. *Sum. theol.*, *Ia*, q. 85, a. 1: *Quantitates, ut numeri et dimensiones et figurae, quae sunt terminationes quantitatum, possunt considerari absque qualitatibus sensibilibus, quod est eas abstrahi a materia sensibili.* L'imagination a pour fin, chez saint Thomas, de préparer des schèmes en vue de l'intellection: elle considère par exemple un triangle ayant telles ouvertures d'angle et telles longueurs de côté, et l'intelligence abstrait du schème l'idée universelle de triangle, quelles que puissent être ses dimensions.

[74] Seconde lettre du P. Noël à Pascal: "Je sais bien que, dans l'imagination du géomètre, séparant la quantité de toutes ses conditions individuelles par une abstraction d'entendement, se retrouve un espace immobile; mais tel espace, ainsi dénué de toutes ces circonstances, n'est que dans l'esprit du géomètre" (*OC*, II, 531).

[75] *OC*, III, 354.

[76] Cf. Descartes, *Discours de la méthode*, IVe part., AT, VI, 36. Même après la démonstration, l'existence de l'objet n'est pas prouvée: "Je voyais bien que, supposant un triangle, il fallait que ses trois angles fussent égaux à deux droits; mais je ne voyais rien pour cela qui m'assurât qu'il y eût au monde aucun triangle" (*ibid.*). C'est, pour Descartes, la différence essentielle entre les idées géométriques et l'idée d'un être parfait: celle-ci enveloppe nécessairement l'existence de son objet.

[77] *De l'esprit géométrique* (2e fragment), OC, III, 417. L'imagination comprend (ou permet

jusque dans les premiers principes des choses spéculatives et d'imagination" qu'on ne voit jamais "dans le monde, et tout à fait hors d'usage" (fr. 512-670). Il considère des "corps géométriques"[78] en tout différents des corps matériels, et au premier chef se donne pour objet un espace qui n'est point celui de l'expérience sensible, mais "infini selon toutes les dimensions" et "immobile en tout et en chacune de ses parties"[79], où la maxime de l'impénétrabilité cesse d'être valide[80]. Un physicien comme le P. Noël, incapable de "distinguer les dimensions d'avec la matière"[81], entre exactement dans la catégorie de ceux qui *n'ont pas* assez d'imagination pour être géomètres: l'inventeur de la "légèreté mouvante"[82], malgré les apparences, est un nain au royaume de l'imagination. En manquant à celle-ci, il manque simultanément à la rationalité, car la géométrie est le lieu par excellence où l'imagination concourt avec l'intellection (comprendre la cycloïde, c'est d'abord imaginer un cercle introuvable roulant sur une droite chimérique)[83]: la spéculation ne part pas de *présuppositions* qui répètent le réel[84], mais de *suppositions* qui en font abstraction[85].

---

de comprendre), comme elle était dite ci-dessus concevoir (v. p. 201).

[78] Cf. le fragment d'*Introduction à la Géométrie* (*OC*, III, 436) issu d'*Eléments de géométrie* (cf. appel de n. précédent) disparus.

[79] *Ibid.*

[80] Cf. lettre au P. Noël, *OC*, II, 526.

[81] *Lettre à Le Pailleur*, *OC*, II, 563.

[82] *Ibid.*, p. 572.

[83] Cf. le *Premier Ecrit* (ou *Lettre circulaire*) de Pascal sur le concours de la roulette: *Concipiatur* [trad. J. Mesnard: "que l'on se représente"] *super manente recta linea AD, circulus DL, contingens rectam DA in puncto D, noteturque punctum D, tanquam fixum in peripheria circuli DL; tum intelligatur* [trad. J.M: "que l'on imagine"] *super manente recta DA converti circulum DL motu circulari simul et progressivo versus partes A...* (*OC*, IV, 193-194).

[84] C'est le P. Noël qui ne cesse de présupposer (cf. *OC*, II, 514), comme Pascal lui en fait la remarque ironique (*ibid.*, p. 521-522). Et ces présuppositions ne sont que la transposition grossièrement analogique du "connu" dans l'inconnu: "Comme le sang qui est dans les veines... de même l'air que nous respirons...", "tout ainsi que ce mélange qui est dans nos veines... de même ce mélange qui est dans notre air..." (*ibid.*, p. 514). L'imagination est ici minimale, qui ne retrouve jamais que le même dans l'autre, voire dans le même (Noël résout la question du vide apparent en faisant intervenir l'air de l'air; cf. sa première lettre à Pascal, *OC*, II, 514).

[85] Ainsi, dans l'*Historia trochoidis*, Pascal écrit: *Supponimus autem hic ad geometriae speculationem, rotam esse perfecte circularem; clavum punctum in circumferentia illius assumptum; iter rotae, perfecte planum...* (*OC*, IV, 225). La supposition ici nécessaire *ad*

Après avoir conçu l'idée d'une chose, "nous donnons un nom à cette idée, c'est-à-dire que nous la définissons"[86]. Or l'imagination intervient encore, et doublement, à cette étape décisive sur la voie des vérités. La définition s'applique en effet à des objets dont on vient de voir qu'ils sont (provisoirement ou définitivement) imaginaires. "L'on peut aussi bien définir une chose impossible qu'une véritable"[87]: rien n'empêche de donner un nom à un triangle en qui on supposerait deux angles droits. Sa possibilité et *a fortiori* son existence sont, à ce stade, indifférentes. L'être de la chose se confond si bien avec l'imagination de son être que le premier mot qui sert à la désigner est justement celui d'*imagination* ("elle passe pour imagination")[88]. Et non seulement l'imagination est la matière première de la définition, mais celle-ci, en son usage le plus rationnel — c'est-à-dire géométrique — impose à des objets imaginaires des noms tels qu'on les voudra imaginer: qu'ils fassent appel, comme chez Desargues, "à l'imagination la plus concrète"[89] ou qu'ils visent au contraire, comme chez Pascal, à l'abstraction, cette différence même les montre "libres et volontaires, et dépendants du caprice des hommes"[90]. Les définitions de nom sont du seul ressort de "nos fantaisies"[91]. Ainsi les noms de

---

geometriae speculationem emprunte à une imagination (cf. les "choses spéculatives et d'imagination" objet de l'esprit géométrique) abstraite, supérieure à l'imagination commune: celle-ci se représente la roulette sous la forme du "chemin que fait en l'air le clou d'une roue" (*Histoire de la roulette*, *OC*, IV, 214), celle-là identifie le chemin à une courbe, le clou à un point et la terre à une droite. Cette imagination-intellection fonctionne de la même façon que dans l'expérience fictive: elle fait abstraction de l'accidentel empirique pour construire un schème idéal — dans les deux cas (cf. ci-dessus, p. 192), on substitue le parfait à l'imparfait. Et pour obtenir les figures parfaites que la nature nous refuse, ou plutôt dissimule à nos yeux, il faut en passer par le rêve mathématique. Ainsi commence dans la lumière du mythe, avant toute définition, axiome ou démonstration, l'invention pascalienne de la géométrie: "Dès qu'il eut cette simple ouverture, que la mathématique donne le moyen de faire des figures infailliblement justes, *il se mit lui-même à rêver*; et, à ses heures de récréation, étant seul dans une salle où il avait accoutumé de se divertir, il prenait du charbon et faisait des figures sur les carreaux, cherchant les moyens, par exemple, de faire un cercle parfaitement rond, un triangle dont les côtés et les angles fussent égaux, et autres choses semblables" (*Vie* de Pascal par Gilberte Périer, 1ère version, *OC*, I, 574).

[86] *Lettre à Le Pailleur*, *OC*, II, 563.

[87] *Ibid.*

[88] *Ibid.*

[89] J. Mesnard, "Baroque, science et religion" dans *La Culture du XVIIe siècle*, p. 329.

[90] *De l'esprit géométrique* (1er fragment), *OC*, III, 407.

[91] *Ibid.*

longueur, largeur et *profondeur* pourront se donner indifféremment en géométrie, au rebours de l'usage commun, à n'importe quelle dimension de l'espace, pourvu qu'on n'attribue pas le même nom à deux dimensions différentes et qu'on prévienne le lecteur ou l'interlocuteur de la convention adoptée[92]. Comme en politique, c'est sur l'arbitraire que se construit l'incontestable: on peut contester que tel nom exprime l'essence de la chose (comme on peut contester la justice de telle loi), mais point le choix annoncé de tel nom pour en désigner l'idée. Au principe du discours rationnel comme du discours de la force règne le bon plaisir, c'est-à-dire l'imagination d'un maître[93]. La conception et la définition sont des caprices fondateurs où l'imagination est puissance de vérité: c'est bien là qu'elle marque "du même caractère le vrai et le faux" (fr. 44-78), puisqu'on conçoit et définit, de droit, aussi bien l'un que l'autre, mais cette indétermination, loin de nous égarer, est le chemin qui nous mène "à la connaissance des vérités"[94] puisque ces deux opérations sont au principe de la démonstration. Ainsi la non-discrimination du vrai et du faux, dont on faisait grief à l'imagination, devient, par l'imagination géométrique, le moyen même de leur discrimination.

Le rôle fondateur de la définition arbitraire, et donc "fantaisiste", dans l'établissement de la preuve est clairement affirmé par Pascal dans ses *Réflexions sur la géométrie en général*: la "preuve" qu'un indivisible multiplié autant de fois qu'on voudra ne peut surpasser une étendue est, dit-il, "fondée sur la définition de ces deux choses, *indivisible* et *étendue*"[95]. A partir de quoi, la définition des grandeurs homogènes permet d'assurer que l'indivisible et l'étendue ne sont pas du même genre, c'est-à-dire qu'ils diffèrent en nature. Paradoxal retournement de l'imagination définissante, qui paraissait d'abord devoir égarer en ce qu'elle introduit capricieusement des différences de nom entre des grandeurs (l'unité et les nombres) ou des réalités (la maison et la ville) ne

---

[92] Cf. le fragment d'*Introduction à la Géométrie*, *OC*, III, 435.

[93] Euclide et les premiers arithméticiens "ont exclu l'unité de la signification du mot de *nombre*, par la liberté que nous avons déjà dit qu'on a de faire à son gré des définitions. Aussi, s'ils eussent voulu, ils en eussent de même exclu le binaire et le ternaire, et *tout ce qui leur eût plu, car on en est maître*, pourvu qu'on en avertisse" (*De l'esprit géométrique*, 1er fragment, *OC*, III, 408). Ainsi, à l'origine du politique, "*les maîtres* qui ne veulent pas que la guerre continue ordonnent que la force qui est entre leurs mains succédera *comme il leur plaît*.(...) Et c'est là où l'imagination commence à jouer son rôle" (fr. 828-668).

[94] *Lettre à Le Pailleur*, *OC*, II, 563.

[95] *De l'esprit géométrique* (1er fragment), *OC*, III, 409.

différant point en genre ou en nature[96] et qui donne à la démonstration de retrouver l'identité essentielle sous les différences nominales ou de redoubler au contraire celles-ci d'une différence de nature[97]. Même rôle fondateur et même dialectique pour l'imagination concevante: aussi indifférente qu'elle soit *a priori* au vrai et au faux, elle est l'origine du processus qui les différencie puisqu'elle fournit à l'entendement les objets sur lesquels il exerce sa fonction judiciaire. Le triangle "qu'on s'imaginerait avoir deux angles droits"[98] est au principe de la démonstration qui conclut à son impossibilité. N'en déduisons pas que l'imagination n'a d'autre utilité que de fomenter sa propre destruction, car elle peut aussi bien être imagination du vrai, et lors même qu'elle est imagination du faux, elle sert à établir le vrai au moyen d'un raisonnement par l'absurde. Avancer, par exemple, la supposition suivante: "S'il était véritable que l'espace fût composé d'un certain nombre fini d'indivisibles..."[99], n'est-ce pas dire: *imaginons* qu'il en soit composé, comme l'on peut s'imaginer qu'un triangle ait deux angles droits? Or il s'ensuit de cette imagination qu'on pourrait "ranger des carrés de points dont l'un en [*aurait*] le double de l'autre"[100], ce qui est irréalisable. La conséquence tirée de l'hypothèse aboutit à une impossibilité qui annule celle-ci en retour, dégageant la place pour une imagination contraire, dont on est sûr cette fois qu'elle sera imagination du vrai[101]. Mais la vanité de la fausse imagination

---

[96] D'où l'avertissement, lancé *ibid.* (p. 407), de ne pas "confondre (...) la nature immuable des choses avec leurs noms libres et volontaires".

[97] C'est la définition nominale du genre par Euclide qui permet de prouver que l'unité est du même genre que les nombres, quoique la définition nominale du nombre exclue chez le même auteur l'unité. Cette définition du genre permet inversement de prouver que l'indivisible diffère de l'étendue non seulement par le nom, mais par le genre ("voilà comment on démontre que les indivisibles ne sont pas de même genre que les nombres", *ibid.*, p. 409).

[98] *Lettre à Le Pailleur, OC*, II, 563.

[99] *De l'esprit géométrique* (1er fragment), *OC*, III, 405.

[100] *Ibid.*

[101] En effet, l'homme "ne doit prendre pour véritables que les choses dont le contraire lui paraît faux" (*ibid.*, p. 404). Notons que l'imagination du faux — ce que Pascal appelle un "conte" au fr. 968-416 — mène directement au vrai dans le cas du dilemme, puisqu'elle entraîne la même conséquence que l'hypothèse qui nous paraît vraie: Pascal écrit "contre la fable d'Esdras" (fr. 949-415), qui met en cause l'autorité de l'Ecriture, mais il pose que si cette histoire est vraie, "il faut croire que l'Ecriture est Ecriture sainte; car cette fable n'est fondée que sur l'autorité de ceux qui disent celle des 70, qui montre que l'Ecriture est sainte. Donc, si ce conte est vrai, nous avons notre compte par là; sinon nous l'avons d'ailleurs" (fr.

n'aura pas été vaine: c'est grâce à la chimère d'un espace composé d'un nombre fini d'indivisibles que sont dissipées les "difficultés chimériques"[102] qu'on oppose à la divisibilité infinie.

De l'imagination prend naissance le raisonnement apagogique, essentiel à la démarche pascalienne en physique — l'hypothèse étant déclarée, dans la lettre au P. Noël, fausse ou véritable selon que se conclut une manifeste absurdité de son affirmation ou de sa négation[103] — comme en mathématiques: dans sa démonstration de l'égalité des lignes spirale et parabolique, qu'il considère visiblement comme un modèle en ce qu'elle est conduite à la manière des anciens et qu'elle tranche sans recours une question controversée, Pascal établit son théorème en prouvant l'absurdité de la supposition contraire[104]. On est en présence de deux solutions imaginées[105] dont on poursuit l'une jusqu'à ce que, s'avouant imaginaire, elle décèle dans l'imagination de l'autre une anticipation de la vérité. Méthode peu goûtée d'Arnauld et de Nicole, qui se situent dans la ligne cartésienne[106], mais fort en faveur dans la tradition euclidienne, à laquelle se rattachent Pascal et... les mathématiciens de la Compagnie

---

968-416).

[102] *De l'esprit géométrique* (1er fragment), *OC*, III, 405.

[103] Cf. *OC*, II, 524.

[104] Cf. *Lettres de A. Dettonville*, IV; *OC*, IV, 557-558. V. en particulier p. 558: "On montrera toujours la même absurdité, quelque différence qu'on suppose entre les lignes spirale et parabolique. Donc il n'y en a aucune; donc elles sont égales. Ce qu'il fallait démontrer".

[105] A savoir l'égalité ou l'inégalité des deux courbes. L'inégalité est imaginée, puisqu'il s'agit d'un raisonnement par l'absurde ("si elles [les deux courbes] ne sont pas égales", on arrive à un résultat qui est "contre la supposition", *ibid.*, p. 557 et 558), mais l'égalité ne l'est pas moins puisque la méthode employée par Pascal oblige "à supposer acquis le résultat à démontrer" (J. Mesnard, *ibid.*, p. 396). On pose fictivement le problème comme résolu et on le résout effectivement par l'exhibition d'une solution feinte. De toutes façons, les deux solutions livrées au départ, en tant que non encore démontrées, ne sont que des imaginations — aussi est-ce seulement dans l'imagination que le vrai et le faux peuvent subsister ensemble.

[106] La *Logique de Port-Royal* considère les "démonstrations par l'impossible" comme l'un des principaux "défauts qui se rencontrent d'ordinaire dans la méthode des géomètres" (IVe part., chap. 9, p. 328 et 325), et spécialement chez Euclide, car l'esprit est par elles convaincu mais non point éclairé. D'où le projet arnaldien de rédiger de *Nouveaux Eléments de Géométrie* qui fussent plus naturellement ordonnés que ceux du Grec, voire que ceux de Pascal (cf. le fragment d'*Introduction à la Géométrie*, *OC*, III, 430).

de Jésus[107]. Le P. Tacquet, cité dans les *Lettres de A. Dettonville* comme l'auteur d'une juste démonstration sur le solide appelé *onglet*[108], ajoute à ses *Elementa euclidea geometriae planae ac solidae* une *Appendix* où *demonstratur ex falso posse directe deduci verum*[109]. Que Pascal reconnaisse la validité d'une telle déduction, cela ressort d'une formule dirigée justement contre l'imagination: "Elle serait règle infaillible de vérité, si elle l'était infaillible du mensonge"[110]. Mais puisque le raisonnement apagogique permet de déterminer infailliblement quand une imagination est mensonge — à savoir lorsqu'elle aboutit à une impossibilité —, il l'arrache à son ambivalence native pour en faire un instrument infaillible de vérité. Ce mode d'inférence déborde évidemment le domaine mathématique et se trouve mis en œuvre aussi bien en théologie ou en apologétique. Imaginons, par exemple, que les justes aient le pouvoir prochain de persévérer dans la prière: "Si cela est", affirme l'auteur des *Ecrits sur la grâce*, "il s'ensuit que les justes même réprouvés peuvent être persévérants"[111], ce qui est une absurdité dans le système augustinien de référence. Donc les justes n'ont pas le pouvoir prochain de persévérer dans la prière. Imaginer le contraire revient à s'imaginer qu'un triangle puisse avoir deux angles droits, c'est-à-dire n'être pas un triangle. Dans la polémique avec les jésuites au sujet du miracle de la Sainte Epine, Pascal imagine une seconde qu'ils aient raison — le Port-Royal, où Marguerite Périer a été guérie par l'attouchement de la relique, est bien un foyer d'hérésie —, mais c'est pour en tirer aussitôt une conclusion

---

[107] Cf. J.-L. Gardies, *Pascal entre Eudoxe et Cantor*, Vrin, 1984, p. 98-101. C'est du P. Clavius (qui avait montré, au XVIᵉ siècle, la nature apagogique de la plupart des raisonnements d'Euclide) que datait cette vogue chez les mathématiciens jésuites.

[108] *Lettre* I, 1; *OC*, IV, 438. Pascal et le P. Tacquet partagent la même conception des grandeurs homogènes, donc de la différence des genres (cf. notice de J. Mesnard, *ibid.*, p. 399).

[109] Titre cité par J.-L. Gardies, *op. cit.*, p. 98.

[110] Fr. 44-78. On ne donnera pas le même sens à la formule de l'*Entretien avec M. de Sacy*: "Le vrai se conclut souvent du faux" (*OC*, III, 143), qui, positivement, s'applique non au raisonnement par l'absurde mais au dilemme (les principes "peuvent bien être différents et conduire néanmoins aux mêmes conclusions", *ibid.*, cf. ci-dessus p. 206, n. 101) et, négativement, s'inscrit dans la critique pyrrhonienne de la connaissance (de la vérité de la conséquence on induit à tort la vérité du principe: dans la démarche que nous décrivons ici, on induit à juste titre de la fausseté d'une conséquence bien tirée la fausseté du principe et de celle-ci la vérité du principe contraire).

[111] *OC*, III, 673. Même type de raisonnement sur le même sujet, *ibid.*, p. 707 ("comme...il faudrait... ce qui serait monstrueux"), 708, 709.

irrecevable: "Si Dieu favorisait la doctrine qui détruit l'Eglise, il serait divisé"[112]. L'imagination permet de se mettre à la place de l'adversaire et de continuer son raisonnement jusqu'à en faire éclater l'absurde. Puisque Dieu ne se détruit pas, c'est le discours jésuite sur le miracle qui se détruit. L'imagination joue le rôle heuristique de l'ironie: elle donne corps à l'hypothèse adverse — un corps fantomatique, car gonflé de néant — afin de mesurer les effets de cette existence simulée[113]. En faisant comme si l'autre avait raison, on comprend et l'on fait comprendre à quel point il se trompait. L'abêtissement que permet l'imagination est ultimement au service de l'intelligence.

On voit par là que l'imagination n'entre pas seulement en jeu dans la conception et la définition, mais dans le processus même de la démonstration. L'hypothèse qu'elle avait enfantée, elle la déploie encore pour les yeux de l'esprit jusqu'à ce qu'elle rencontre la vérité brillant de sa propre évidence ou réfractée dans celle de son contraire. Ainsi Pascal place sous le titre *Preuves de J.-C.* le raisonnement suivant qu'il est aisé de compléter: "L'hypothèse des apôtres fourbes est bien absurde. Qu'on la suive tout au long, *qu'on s'imagine* ces douze hommes assemblés après la mort de J.-C., faisant le complot de dire qu'il est ressuscité. Ils attaquent par là toutes les puissances. Le cœur des hommes est étrangement penchant à la légèreté, aux changements, aux promesses, aux biens, si peu que l'un de ceux-là se fût démenti par tous ces attraits, et qui plus est par les prisons, par les tortures et par la mort, ils étaient perdus. Qu'on suive cela" (fr. 310-341). C'est l'imagination qui "suit cela" jusqu'à conclusion. C'est elle qui, en présentant l'hypothèse comme réalisée et donnant à voir toutes ses implications, en fait éclater l'inanité. Parce qu'elle prête au faux toute la consistance dont il est susceptible, elle manifeste du même coup son inconsistance et par contrecoup la certitude

---

[112] Fr. 875 - 440. A partir du moment où les jésuites ne révoquent pas en doute l'authenticité du miracle (cf. *Le Rabat-joie des jansénistes*, sans doute du P. Annat — analyse dans T. Shiokawa, *Pascal et les miracles*, p. 103-106), s'ils persistent à désigner comme hérétique le milieu où il s'est produit, ils font de Dieu un être contradictoire (parce qu'il favorise ses ennemis) et pervers (parce qu'il induit les hommes en erreur). Quant à l'Eglise, elle est privée de son principal argument apologétique: "L'Eglise est sans preuve s'ils ont raison" (fr. 872-440).

[113] Ainsi Montesquieu, dans un texte illustre (*De l'esprit des lois*, XV, 5), poussera jusqu'à l'inadmissible les fantaisistes raisons de ses adversaires en feignant de parler pour eux: "Si j'avais à soutenir le droit que nous avons eu de rendre les nègres esclaves, voici ce que je dirais..."

de la vérité qu'il niait. L'imagination des conséquences de l'hypothèse sert aussi la vérité dans le domaine scientifique: si tous les géomètres du monde professent la divisibilité infinie de l'espace alors qu'aucun d'eux ne la comprend, c'est que le résultat auquel aboutit l'hypothèse de la non-divisibilité est inimaginable. Il faudrait en effet arriver à un espace tel qu'en le divisant on obtienne deux indivisibles, c'est-à-dire que deux indivisibles fissent ensemble une étendue divisible. Or, intervient Pascal, "je voudrais demander à ceux qui ont cette idée s'ils conçoivent nettement que deux indivisibles se touchent: si c'est partout, ils ne sont qu'une même chose, et partant les deux ensemble sont indivisibles; et si ce n'est pas partout, ce n'est donc qu'en une partie: donc ils ont des parties, donc ils ne sont pas indivisibles"[114]. Cette argumentation aux articulations logiques fort apparentes ne laisse pas de jouer sur l'imagination: l'alternative ("si...et si") relève de l'imagination hypothétique, au sein de laquelle tous les virtuels sont égaux, et la description des cas, imprimant chez le lecteur la représentation d'objets absents, relève de l'imagination spatiale[115]: nous sommes sollicités d'imaginer deux indivisibles qui se touchent. A première vue, l'imagination n'éprouve aucune difficulté à se représenter deux points contigus, en quoi elle semble manifester son indifférence au vrai et au faux; mais l'entendement vient alors montrer que dans cette imagination d'indivisibles se touchant, ce n'était point des indivisibles qu'on imaginait. Il suffit de concevoir ce que l'on imagine pour rendre à l'imagination sa fonction de vérité: on n'imagine jamais que du divisible. Entre deux propositions contraires — divisibilité et non-divisibilité à l'infini — également "inconcevables"[116], c'est l'inimaginable qui tranche en ce qu'il indique le faux[117].

---

[114] *De l'esprit géométrique* (1er fragment), *OC*, III, 405.

[115] Dans sa première modalité, l'imagination envisage deux opposés dont un seul est vrai, et encore l'envisage-t-elle comme non-encore-vrai (ou non-encore-faux), à égalité avec l'autre: on imagine *que*; dans la seconde modalité, on imagine *quelque chose*, et cette représentation "concrète", analysée par l'entendement, peut permettre d'opérer la discrimination entre vrai et faux.

[116] *De l'esprit géométrique* (1er fragment), *OC*, III, 405.

[117] La division infinie est inimaginable aussi, mais en un autre sens: elle excède l'imagination; l'inimaginable dont il est question ici désigne ce qui contredit l'imagination. Méré a bien perçu l'importance de l'imagination dans cette démonstration, lui qui réplique à l'argument pascalien ("vous m'alléguez qu'*on ne se peut figurer* un corps si petit qu'on ne lui donne une circonférence, un côté droit, un côté gauche, un dans le haut, l'autre dans le bas, et qu'ainsi on le voit toujours divisible" — lettre fictive à Pascal, 1682, *OC*, III, 354):

Que la représentation spatiale soit chemin — méthode — de vérité, qui en est plus convaincu que le géomètre? Les "théorèmes connus naturellement" qui suivent, dans l'*Introduction* pascalienne *à la Géométrie,* l'énoncé des principes et définitions et vont servir eux-mêmes à la démonstration, n'ont besoin que d'être vus (en quoi ils sont bien θεωρήματα) pour être reçus: "Si par un point pris au-dedans d'un espace borné de toutes parts par une ou par plusieurs lignes passe une ligne droite infinie, elle coupera les lignes qui bornent cet espace en deux points pour le moins"[118]. Une figure suffit, qu'il n'est pas nécessaire de tracer sur le papier — preuve supplémentaire que "les éléments de la géométrie" s'adressent à "ceux qui ont assez d'*imagination* pour en comprendre les hypothèses"[119]. L'imagination est requise aussi pour la résolution des problèmes[120]. A cet égard, la généalogie de l'œuvre pascalienne en géométrie est instructive. Parmi les modernes, elle sort de Desargues qui, par l'invention de la géométrie projective, donnait à l'imagination un rôle considérable en mathématiques. Pascal, presque seul de ses contemporains, s'engage dans cette voie: il déduit les propriétés des sections coniques de leur génération optique pour un observateur placé au sommet du cône, ce qui ne peut se faire, dit Leibniz, sans "bander l'esprit par une forte imagination du cône"[121]. Au delà de cette inspiration contemporaine, les

---

"Que savez-vous si ce n'est point le défaut de votre imagination?" (*ibid.*, p. 356). Mais il a moins bien mesuré, semble-t-il, le rôle de l'entendement ou de la raison: l'imagination qui conduit à affirmer la divisibilité est une imagination dont le contenu a été analysé par l'entendement. Laissée à elle-même, l'imagination peut se tromper sur soi (elle s'imaginera imaginer des indivisibles); c'est la raison qui montre qu'elle avait, sans le savoir, raison. Par là, on pourrait qualifier l'imagination de "saine", au sens où Pascal parle des "opinions du peuple saines" (fr. 92-58, 93-59, 94-60, 95-61), le peuple étant porteur d'une vérité sans reconnaître la vérité dont il est porteur.

[118] *OC*, III, 436. Théorème n°7.

[119] *De l'esprit géométrique* (2ᵉᵐᵉ fragment), *OC*, III, 417.

[120] Cf. le récit anonyme (dû à un membre de la famille de Pascal) sur le concours de la roulette: "Dans le fort de ses douleurs, dans les ténèbres de la nuit, *par la seule force de son imagination,* il trouva le principe de la solution de ces problèmes que personne n'avait pu découvrir" (*OC*, I, 651).

[121] *De la méthode de l'universalité*, dans *Opuscules et fragments inédits*, éd. Couturat, Paris, Alcan, 1903, p. 98 (cette référence nous a été aimablement communiquée par Vincent Carraud). L'allusion vise le traité *Generatio conisectionum* (*OC*, II, 1108-1119), inspiré, comme l'*Essai pour les coniques* (*ibid.*, p. 228-235), du *Brouillon projet* de Desargues. V. par exemple, dans la *Generatio*, le corollaire de la définition 6: "Si l'œil est au sommet du cône, si l'objet est la circonférence du cercle qui est la base du cône, et si le tableau est le

vrais maîtres de Pascal en géométrie sont les anciens[122], c'est-à-dire les Grecs, à qui Descartes reproche précisément de "fatiguer beaucoup l'imagination"[123] par l'astreinte aux figures. Ainsi, alors que Descartes, dans sa *Géométrie* de 1637, traite sous forme analytique le fameux problème de Pappus, Pascal le résout en appliquant son attention aux lignes qu'il a fallu tracer rouges, noires et vertes pour débrouiller la multitude de leurs rapports[124]. Ce sont là deux tournures d'esprit que l'on oppose classiquement chez les mathématiciens, celle des géomètres et celle des algébristes[125]. "Pour les premiers, dit Koyré, tout problème se résout par une construction; pour les seconds, par un système d'équations"[126]. De sorte que chez Pascal, la vérité est toujours quelque chose

---

plan qui rencontre de part et d'autre la surface conique, alors la conique qui sera engendrée par ce plan sur la surface conique, soit point, soit droite, soit angle, soit antobole, soit parabole, soit hyperbole, sera l'image de la circonférence du cercle" (*ibid.*, p. 1112-1113).

[122] Si Pascal considère comme un modèle — ainsi qu'on l'a remarqué plus haut (p. 207) — sa démonstration de l'égalité des lignes spirale et parabolique, c'est parce qu'elle est établie "à la manière des anciens" (*Lettres de A. Dettonville*, IV; *OC*, IV, 541): il ne s'est pas satisfait des méthodes précédemment employées par Roberval (celle de composition des mouvements — "cette manière de démontrer n'est pas absolument convaincante", *ibid.*, p. 542) et par Cavalieri (celle des indivisibles) qui démontraient pourtant cette même égalité.

[123] *Discours de la méthode*, IIᵉ part., *AT*, VI, 18.

[124] Cf. lettre de Mersenne à Constantin Huygens du 17 mars 1648 (*OC*, II, 578).

[125] Pour une application de cette typologie à Pascal, relire le *Blaise Pascal* de Brunschvicg, p. 158: "La géométrie de Pascal n'est nullement la géométrie intellectualisée de l'algébriste; c'est une géométrie qui concentre son effort sur le caractère proprement spatial de son objet".

[126] Communication sur "Pascal savant" au colloque de Royaumont de 1956, *op. cit.*, p. 261. Pascal représente évidemment "le géomètre" et Descartes, créateur de la géométrie analytique, "l'algébriste". Cette opposition toutefois ne doit pas occulter la fonction positive de l'imagination chez Descartes, non seulement dans le projet de *mathesis universalis* — où toute question, réduite à l'étendue, sera codée en *figurae*: "Désormais, nous n'allons plus rien faire sans le secours de l'imagination" (trad. Marion des *Regulae*, Règle XIV, éd. citée, p. 64) — mais à l'intérieur même de sa mathématique: pour considérer les proportions "mieux en particulier, [je pensai que] je les devais supposer en des lignes, à cause que je ne trouvais rien de plus simple, ni que je pusse plus distinctement représenter à mon imagination et à mes sens". Ainsi se trouve sauvé "tout le meilleur de l'analyse géométrique" (*Discours de la méthode*, IIᵉ part., *AT*, VI, 20). Sur le sujet, v. l'étude ancienne mais toujours pertinente de P. Boutroux, *L'Imagination et les mathématiques selon Descartes* (Alcan, 1900). On s'étonnera moins de lire, même après la césure de 1637, tel passage d'une lettre à Mersenne: "La partie qui aide le plus aux mathématiques, à savoir l'imagination..." (lettre du 13 novembre 1639; *AT*, II, 622). Aussi paradoxal que cela paraisse, l'éloge — mesuré — de l'imagination peut appartenir à la tradition cartésienne: "La géométrie règle

qui se voit[127]: dans l'ordre du sensible, par les yeux du corps; dans l'ordre surnaturel, par les yeux de la foi; et dans l'ordre intellectuel par une intuition qui, en science, repose paradigmatiquement sur l'imagination du géomètre[128].

Aussi bien, même en arithmétique, l'imagination ne sera-t-elle point absente. L'expression de "géométrie du hasard"[129] et l'usage du triangle arithmétique[130] le laissent *a priori* envisager. L'imagination est celle

---

si bien l'imagination qu'elle ne se brouille pas facilement: car *cette faculté de l'âme, si nécessaire pour les sciences*, acquiert par l'usage de la géométrie une certaine étendue de justesse, qui pousse et qui conserve la vue claire de l'esprit jusques dans les difficultés les plus embarrassées" (Malebranche, *De la recherche...*, liv. VI, IIe part., chap. 6; t. II, p. 374). Comme Malebranche (cf. *ibid.*, liv. II, IIe part., chap. 1, § 2; t. I, p. 270), Bossuet reconnaît à l'imagination le pouvoir de "rendre l'esprit attentif" (*De la connaissance de Dieu...*, I, 10; éd. citée, p. 30). Pour ces trois penseurs, l'imagination, qui maintient présente l'image de l'objet sur quoi on raisonne, est une précieuse faculté auxiliaire de l'entendement.

[127] Sur la prégnance universelle de la vue chez Pascal, v. Urs von Balthasar, "Les yeux de Pascal", dans *Pascal et Port-Royal* (Fayard, 1962) et M. Le Guern, *L'Image dans l'œuvre de Pascal* (Klincksieck, 1983; 1ère éd.: Colin, 1969), p. 11, 157, 158 ("aucune abstraction ne peut pénétrer dans son esprit sans transposition visuelle").

[128] Il est clair qu'en géométrie l'évidence se fonde sur la vision concrète ou imaginée (c'est tout un) d'une figure: "... en prolongeant tant les sinus DI que les ordonnées HL de l'autre côté de la base, jusques à la circonférence de l'autre part de la base qui les coupe aux points G et N, *il est visible* que chaque DI sera égal à chaque IG, et HN à HL" (*Traité des sinus du quart de cercle*, dans les *Lettres de A. Dettonville*, I, 4; *OC*, IV, 480; cf. *ibid*, p. 435-436, etc.). *Entendre* même signifie, dans ce contexte, *voir* ou *imaginer*: " ... soit entendu, fig. 8, le triligne CFA tourné à l'entour de l'axe CF... Maintenant (dans la 8e fig.) soient entendus des plans élevés sur chacune des ordonnées ZY, perpendiculairement au plan du triligne, qui coupent tant le double onglet que le demi-solide" (*Lettres de A. Dettonville*, I, 1; *OC*, IV, 435). Or, ce n'est pas seulement en géométrie mais dans toute "sa pratique de mathématicien" que Pascal se montre "furieusement intuitionniste" (J.-L. Gardies, *op. cit.*, p. 101). La géométrie déborde en effet la géométrie, donnant significativement son nom au genre — les mathématiques — dont elle n'est qu'une espèce (cf. *De l'esprit géométrique*, 1er fragment, *OC*, III, 401) et fournissant à toute science, avec son ordre qui "ne suppose que des choses claires et constantes par la lumière naturelle" (*ibid.*, p. 395), le modèle humainement accompli de l'intelligibilité. L'esprit de géométrie investit même l'esprit de finesse (cf. J. Mesnard, Commentaire sur *L'Esprit géométrique, ibid.*, p. 386: "L'esprit de finesse est l'esprit de géométrie appliqué à la réalité complexe de l'homme"), avec lequel il a justement en commun la capacité de tenir présentes à la vue une multitude de considérations sans les confondre. Dans l'esprit de géométrie, *"on voit* les principes à plein" et dans l'esprit de finesse "il n'est question que d'avoir *bonne vue*" (fr. 512-670).

[129] *Aleae Geometria*, dans *Celeberrimae Matheseos Academiae Parisiensi* (*OC*, II, 1035).

[130] Cf. M. Le Guern, *op. cit.*, p. 160: Pascal "se sert de la forme triangulaire pour conduire des recherches aussi abstraites que celles qui aboutiront à l'analyse combinatoire. Parlant des

d'abord qui invente le problème: on l'a vue à l'œuvre dans l'extravagance des casuistes, qui cherchent les situations les plus improbables pour se donner le mérite de les dénouer, mais elle travaille également les mathématiciens, et entre tous le P. Mersenne, qui "avait un talent tout particulier pour former de belles questions" et a donné par là "l'occasion de plusieurs belles découvertes"[131]. Maintenant, cette imagination aide-t-elle, en arithmétique, à la résolution du problème qu'elle a elle-même soulevé? Pascal peut lui attribuer explicitement la paternité (ou plutôt la maternité) de la méthode qui en vient à bout: cela "se démontre", écrit-il à Fermat d'un résultat obtenu dans un problème de partis, "par les combinaisons telles que vous les avez imaginées, et je n'ai pu le démontrer par cette autre voie que je viens de vous dire, mais seulement par celle des combinaisons"[132]. On retrouve ce que l'on avait repéré déjà en physique[133]: l'imagination comme productrice d'inventions (Pascal, dans la même correspondance, parle des "inventions numériques"[134] de Fermat) et révélatrice par là d'un génie non commun — *paucis vero genium audax inventionis*[135]. L'imagination ne se contente donc pas d'inventer le problème, elle invente aussi les moyens de le résoudre. Essayons de la suivre dans les détails du processus: soit le cas imaginé de deux joueurs à qui il manquerait, l'un, deux parties et l'autre, trois. On

---

puissances numériques, Pascal ne peut s'empêcher de transposer en géométrie le résultat de ses découvertes".

[131] *Histoire de la Roulette, OC*, IV, 214. La rationalité informe déjà l'apparent arbitraire qui préside à l'imagination du problème. Celui-ci ne surgit pas par hasard à tel moment de l'évolution historique: peut-être n'apparaît-il que lorsque sont réunies les conditions qui permettent de le résoudre. La position du problème par le mathématicien est en tout cas le résultat d'une élaboration ("il faut *donc* proposer la question en cette sorte", *Usages du triangle arithmétique, OC*, II, 1310): le cas le plus simple est choisi, afin que par lui soit découverte la méthode générale, et sa formulation ne retient que les données pertinentes pour le résoudre.

[132] Lettre à Fermat du 29 juillet 1654 *(OC*, II, 1139).

[133] Cf. ci-dessus, p. 190-191, appels des notes 23, 24, 25.

[134] Lettre à Fermat du 27 octobre 1654, *OC*, II, 1158. Fermat avait employé l'expression dans une lettre à Pascal (non datée), *ibid.*, p. 1154.

[135] *Celeberrimae Matheseos Academiae Parisiensi* (1654), *OC*, II, 1031. Le génie, par définition, n'est pas commun à tous: que le texte le souligne sans pléonasme peut indiquer un glissement vers l'acception moderne du terme. La même conjonction du génie avec l'invention et l'imagination nous était apparue déjà dans l'étude de la physique pascalienne (v. ci-dessus, p. 191, appels des notes 26 et 27).

demande quel est le parti[136]. Pour résoudre le problème par la méthode, elle-même imaginée, des combinaisons, il faut voir d'abord en combien de parties le jeu sera décidé absolument, et ensuite comment ces parties se combinent entre les deux joueurs. La réponse à la première question apparaît purement rationnelle: il est évident, par un calcul très simple, qu'en quatre parties l'un des deux joueurs aura nécessairement gagné; mais cette réponse rationnelle appartient aussi à la sphère de l'imagination, car dans la réalité, le jeu cesse dès qu'un des joueurs a gagné, ce qui peut arriver ici en trois, voire en deux parties. La supposition des quatre parties est une imagination rationnelle — appelée dans la correspondance de Pascal et de Fermat "fiction" ou "condition feinte" par opposition à "la condition naturelle [ou *véritable*] du jeu"[137] — qui a pour avantage de "faciliter la règle"[138] en réduisant toutes les fractions à un même dénominateur. La réponse à la seconde question passe elle aussi par l'imagination: "Pour voir combien quatre parties se combinent entre deux joueurs, il faut imaginer qu'ils jouent avec un dé à deux faces (puisqu'ils ne sont que deux joueurs), comme à croix et pile, et qu'ils jettent quatre de ces dés (parce qu'ils jouent en quatre parties)"[139]. Imagination rationnelle là encore, et à un double titre, en ce qu'elle se laisse guider par la raison dans la transcription des données du problème (on imaginera que le dé a deux faces *puisque...*, et qu'on en jette quatre *parce que...*) et qu'en retour elle guide la raison vers la solution: "*Figurons-nous* qu'une des faces est marquée a, favorable au premier joueur, et l'autre b, favorable au second", il est "aisé"[140] à partir de là de mettre en tableau les assiettes différentes que peuvent former quatre dés (aaaa, aaab, etc.) et il suffit de compter les assiettes favorables à l'un et celles qui sont favorables à l'autre pour

---

[136] Cas examiné dans la lettre de Pascal à Fermat du 24 août 1654, *OC*, II, 1147-1153. Sur les problèmes de "partis", v. l'excellent chap. VI du livre de L. Thirouin, *Le Hasard et les Règles*, Vrin, 1991.

[137] "Fiction" ou "condition feinte": *OC*, II, p. 1148, 1152, 1155, etc. "Condition naturelle" ou "véritable": *ibid.*, p. 1149, 1152, etc. Pascal emploie aussi l'expression "supposition feinte" (*ibid.*, p. 1152).

[138] *Ibid.*, p. 1155. Fermat félicite Pascal de l'avoir "très bien remarqué".

[139] Pascal à Fermat, lettre du 24 août 1654, *ibid.*, p. 1148.

[140] *Ibid.* Nous soulignons le "figurons-nous" non seulement parce qu'il indique l'action de l'imagination, mais parce qu'il invite à saisir l'analogie avec l'expérience fictive (à la fois rationnelle et imaginaire) reconstituant au fr. 828-668 l'origine du pouvoir politique: "Figurons-nous donc que nous les voyons commencer à se former. Il est sans doute qu'ils se battront (...)". Fantaisie dans les deux cas productrice de certitude.

répartir équitablement l'enjeu. A vrai dire, dès que le problème est codé pour l'imagination, il est résolu, voire dès que l'on a recours à la feinte condition — "cela porte sa démonstration de soi-même en supposant cette condition ainsi"[141]. La solution du problème ne se trouve pas hors de l'imagination qui le pose.

L'intérêt d'une méthode se juge naturellement sur sa capacité démonstrative, mais il culmine dans son universalité et sa fécondité. Or, de ces deux qualités, la première s'éprouve par l'imagination: la meilleure méthode est celle qui "est commune à toutes les conditions imaginables"[142]. L'imagination, qui fournit au problème ses données, sert de révélateur par son arbitraire même (*datis* quotcunque *numeris, in* qualibet *progressione, a* quovis *numero initium sumente...*) à l'universalité de la méthode rationnellement imaginée qui le résout (... *invenire summam* quarumvis *potestatum eorum*)[143]. De plus, ce n'est pas sans l'aide de

---

[141] Lettre citée du 24 août 1654, *ibid.*, p. 1152. Pascal fait ici allusion à un jeu se déroulant entre trois personnes (et non plus deux) qui décideraient de jouer le nombre de parties les départageant absolument, et non pas jusqu'à ce que l'un d'entre eux ait gagné: ce qui est la "condition feinte" auparavant pour le jeu à deux partenaires.

[142] *Ibid.*, p. 1147.

[143] *Potestatum numericarum summa*, *OC*, II, 1268. Trad. J. Mesnard, *ibid.*: "Etant donné autant qu'on voudra de nombres, en progression quelconque, commençant par un nombre quelconque, trouver la somme de leurs puissances de degré quelconque". Que l'imagination participe à l'invention d'une méthode universelle réduisant en règle les hasards que la même imagination avait libérés, la preuve en est administrée par l'exemple des combinaisons telles qu'"imaginées" par Fermat (*OC*, II, 1139 — Pascal y avait d'ailleurs immédiatement songé pour résoudre les problèmes de partis: v. *ibid.*, p. 1137 et 1147), qui constituent bel et bien, malgré les premiers doutes de Pascal à ce sujet, une méthode "générale en tous les cas" (*ibid.*, p. 1157). Dans l'*aleae geometria* (cf. ci-dessus, n. 129, p. 213), l'imagination est autant du côté de la *geometria* que du côté de l'*alea*. D'où vient, cependant, l'universalité de l'imagination rationnelle: de l'imagination ou de la raison? L'imagination est, par définition, en puissance de tous les imaginables — méthodes, règles ou cas — mais il semble qu'il revienne à la seule raison d'envisager par ordre et exhaustivement les cas imaginés ou susceptibles de l'être, comme de prononcer sur l'extension de la méthode ou de la règle. A ce dernier égard, l'imagination donne occasion à des vérifications ponctuelles seulement, dont la répétition indéfinie ne saurait produire qu'une présomption d'universalité, alors que la raison embrasse *a priori* la totalité des imaginables: c'est elle qui permet à Pascal d'affirmer qu'il a trouvé une méthode de perspective "plus ramassée que toutes celles qui ont été inventées, ou qui *peuvent être inventées* (*inventu possibiles*)" (*Celeberrimae Matheseos...*, *OC*, II, 1034); que sa méthode de récurrence "est commune à toutes les conditions imaginables de toutes sortes de partis" (Lettre à Fermat du 24 août 1654, *OC*, II, 1147); que les règles données pour l'*Usage du triangle arithmétique* "sont générales et sans exception" (*OC*, II, 1313) et valent pour "tous les cas possibles" (*ibid.*, p. 1314), etc.

l'imagination que la raison tirera de la méthode générale les règles particulières de son application. En faisant dépendre du *genium* propre à chacun la réussite de cette opération, l'Avertissement du même traité *Potestatum numericarum summa* donne sur la faculté ici requise un indice que la traduction française confirme spontanément: "Chacun à son gré (*pro genio*) *imaginera* des règles pratiques pour les cas particuliers"[144]. Enfin, la fécondité d'une démarche mathématique se mesure, plus encore qu'au nombre des conséquences verticalement tirées de leurs principes, à ce qu'on pourrait dénommer leur capacité d'extension latérale. Les propositions, certes, se déduisent médiatement et immédiatement les unes des autres, mais aussi elles s'appellent et se correspondent d'un système à l'autre. Pour réaliser cette jonction productrice de "théorèmes nouveaux et de grande portée"[145], la conception, qui établit les propositions, ne suffit pas: elle a besoin d'un "art"[146] qui les tourne "à tous sens"[147] et fasse apparaître, par la diversité des énonciations possibles, tels rapports restés inaperçus entre des propositions jusqu'alors étrangères. Et cet art — sans lequel l'étude des mathématiques restera sans fruit[148] —, en tant qu'il manifeste exemplairement le "génie"[149] et qu'il consiste à donner mille tournures différentes à un même objet, cet art tout de "versatilité"[150] relève à l'évidence de l'imagination, essentiellement versatile elle-même et capable d'un "tour" (fr. 531-456) à l'autre d'engendrer les interprétations les plus diverses selon la multiplicité des perspectives qu'elle prend sur un unique sujet[151]. L'imagination, qui "dispose de tout" (fr. 44-78), dispose aussi des propositions de géométrie,

---

L'imagination est bien faculté des possibles — d'où son rôle dans l'œuvre arithmétique de Pascal, qui tourne autour des probabilités et des combinaisons —, mais la raison est celle qui juge de ce qui peut être imaginé.

[144] *OC*, II, 1269. Cf. *ibid.*, p. 1270: "Des règles semblables permettront facilement de trouver la somme des autres puissances et de considérer les autres progressions: *chacun se les forgera (quisque sibi comparet)*".

[145] *Numeri figurati seu ordines numerici*, *OC*, II, 1203. Trad. J. Mesnard.

[146] *Ibid.*

[147] *Ibid.* et *Traité des ordres numériques*, *OC*, II, 1329.

[148] Cf. *Numeri figurati*, *OC*, II, 1203: *...ingratus erit geometriae cultus*. Pour le *Traité des ordres numériques*, c'est en la variation des énoncés que "doit consister toute l'étude des géomètres" (*OC*, II, 1329).

[149] *Traité des ordres numériques*, *OC*, II, 1329. Cf. ci-dessus, p. 217, 214 et 191.

[150] Le traité des *Numeri figurati* parle du *versatile ingenium* qui l'exerce (*OC*, II, 1203).

[151] Cf. fr. 44-78, 529-454, 531-456, 551-461.

mais pour le plus grand profit de la géométrie, et cette faculté flétrie
comme "maîtresse d'erreur" parce qu'elle manie "à tous sens" (*ibid*.) la
raison, tourne et "roule"[152] de même à l'avantage de la raison les vérités
pour les multiplier. C'est ce branle, dirait Montaigne[153], qui féconde la
raison en son plus haut exercice, lui faisant porter propositions nouvelles
et théorèmes inédits: en ce sens, il n'est pas excessif d'avancer que c'est
par l'imagination que la conception conçoit[154].

3 — PÉDAGOGIE DE LA MÉTAPHORE

En "cédant"[155] à l'imagination, la raison toutefois ne renonce pas à
ses droits: sa soumission, chez Pascal, est un mode de son usage. De sorte
que si par l'imagination la conception conçoit, c'est selon la raison que
l'imagination imagine, puisqu'elle conserve la structure de la proposition
dont elle module l'énoncé sous une variété virtuellement infinie de
formes[156]. Dans cet emploi, l'imagination unit la rigueur et le jeu:
"Jouons-nous (*ludatur*) à traiter la suite", invite Pascal après avoir fourni
l'exemple d'une double modulation de sa proposition 8 au traité des
Numeri figurati[157]. Or un tel mode de fonctionnement déborde largement
le cadre de la géométrie. Le "talent de tourner les énoncés à tous
sens"[158] ne se retrouve-t-il pas dans celui de convertir la "beauté poétique"[159] en beauté féminine ou architecturale? Passer d'un sonnet à une
demoiselle ou une maison faite sur son modèle est une opération aussi

---

[152] Cf. *Traité des ordres numériques*, *OC*, II, 1328: "Cette même proposition que je viens
de rouler en plusieurs sortes..."

[153] Cf. *Essais*, II, 12, p. 595. Pascal reprend l'image, en l'appliquant aux "actions des
hommes, qui ne branlent presque que par ses secousses [celles de l'imagination]" (fr. 44-78).

[154] On n'osait guère utiliser, aux temps classiques, le mot *conception*, en raison de sa
connotation sexuelle, indique M. Le Guern dans son chapitre sur "le sens du concret" chez
Pascal (*op. cit.*, 229). C'est une hardiesse supplémentaire à notre auteur que de l'employer
dans le contexte même qu'on juge choquant: "L'imagination (...) se lassera plutôt de
concevoir (...), nous avons beau enfler nos conceptions (...) nous n'enfantons que des
atomes" (fr. 199-230).

[155] Cf. fr. 44-78: "La raison a été obligée de céder".

[156] *Traité des ordres numériques*, *OC*, II, 1328: "Les manières de tourner une même chose
sont infinies".

[157] *OC*, II, 1203.

[158] *Ibid.*

[159] Fr. 586-486; cf. fr. 585-486.

ludique et rationnelle que celle qui consiste à faire passer d'un énoncé à un autre la même proposition. La rationalité tient à la permanence du modèle, le jeu à la diversité des formes que l'imagination lui fait revêtir: "Rien ne fait mieux entendre combien un faux sonnet est ridicule que d'en considérer la nature et le modèle et de *s'imaginer* ensuite une femme ou une maison faite sur ce modèle-là"[160]. Et comme par les énonciations variées sont mises en rapport "des propositions qui semblaient n'avoir aucun rapport dans les termes où elles avaient été d'abord conçues"[161], les modulations différentes de la même structure mettent en rapport (et "un rapport parfait", fr. 585-486) des réalités aussi étrangères les unes aux autres que "maison, chanson, discours, vers, prose, femme, oiseaux, rivières, arbres, chambres, habits, etc."[162]. Dans les deux cas, la "maîtresse d'erreur" devient puissance de vérité. Elle fait, là, progresser dans la connaissance par l'enfantement de théorèmes nouveaux et ici progresser dans la compréhension par la mise en évidence de ce qui était obscur. A la valeur heuristique elle conjoint la valeur pédagogique.

---

[160] Fr. 585-486. Cf. fr. 586-486: "Mais qui *s'imaginera* une femme sur ce modèle-là (...)".

[161] *Numeri figurati*, *OC*, II, 1203.

[162] *Ibid.* On peut représenter les deux situations par le schématisme élémentaire suivant:

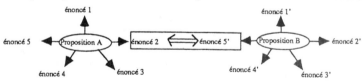

(schéma 1)

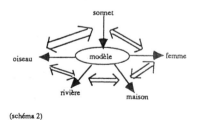

(schéma 2)

Le schéma 1 met en rapport deux modèles générateurs; le schéma 2 met en rapport des versions différentes du même modèle. Les termes de ces rapports sont homogènes dans le schéma 1, hétérogènes dans le schéma 2. Mais la fonction rationnelle de l'imagination y joue formellement à l'identique: elle est le modèle commun à ces modélisations.

Une pédagogie d'abord négative. Dans l'exemple pascalien, il s'agit de faire "entendre combien un faux sonnet est ridicule". Pour cela, l'imagination le change en femme et par cette métamorphose le transfère d'un domaine où le jugement est fort sujet à s'égarer ("l'agrément des vers", fr. 586-486) à un autre ("l'agrément d'une femme", *ibid.*) où il s'exerce avec infiniment plus de justesse. Grâce à elle, l'erreur — il est en effet question d'un *faux* sonnet — , de cachée qu'elle était, devient manifeste[163]. Etonnante conversion: l'imagination aboutit à faire rire de ce qu'elle-même avait produit en inventant les "termes bizarres" (fr. 586-486) qui composent le sonnet et qu'on prenait pour beauté poétique. Elle à qui l'on reproche de faire grand ce qui est petit[164] grossit au bénéfice de la vérité l'erreur imperceptible en erreur évidente, tout en conservant exactement les proportions de l'objet à juger, puisque le rapport est parfait entre le poème qui dit "de petites choses avec de grands mots" et la "jolie demoiselle toute pleine de miroirs et de chaînes" (fr. 586-486): la disproportion éclate dans la proportion gardée[165].

---

[163] Cf. L. Marin: "La structure-modèle apparaît davantage et se déchiffre mieux dans l'individu imaginé que dans l'individu réel" ("Réflexions sur la notion de modèle chez Pascal", *Revue de Métaphysique et de Morale*, 1967, p. 98).

[164] Cf. fr. 551-461: "L'imagination grossit les petits objets jusqu'à en remplir notre âme"; même idée aux fr. 432-684 et 531-456. Le verbe *grossir*, dans les *Pensées*, n'a jamais pour sujet que le substantif *imagination*.

[165] Autre exemple, dans *De l'esprit géométrique* (1er fragment), d'un rapport parfait mettant en évidence la fausseté d'un premier rapport. Les adversaires de la divisibilité infinie prétendent "que deux néants d'étendue peuvent aussi bien faire une étendue que deux unités dont aucune n'est nombre font un nombre par leur assemblage" (*OC*, III, 407). Le sophisme (qui consiste à comparer des rapports en fait incommensurables) risque d'abuser le lecteur, tout comme la fausseté du sonnet dans *Beauté poétique*. Pour dénoncer la disproportion, Pascal va la transférer par l'imagination et selon une stricte équivalence sur un exemple où elle deviendra patente: "Ils [toujours les adversaires de la divisibilité] pourraient opposer *de la même sorte* que vingt mille hommes font une armée, quoique aucun d'eux ne soit armée; que mille maisons font une ville, quoique aucune ne soit ville" (*ibid.*). En somme, Pascal substitue — en mettant en œuvre ce que nous appelons "imagination rationnelle" — à une première égalité dont la fausseté est peu apparente (néant d'étendue/étendue = unité/nombre) une seconde égalité qui se réfute elle-même (néant d'étendue/étendue = soldat/armée ou maison/ville), car il est évident qu'un soldat n'est pas un néant d'armée, ni une maison "un néant de ville" (p. 408). L'imagination guidée par la raison d'un seul devient guide à son tour pour la raison de tous. Le procédé est ici plus complexe que dans *Beauté poétique* en ce qu'il porte, au lieu d'un rapport, sur un rapport de rapports, mais il est structurellement identique. Si l'on en veut une version simplifiée, mais toujours homologue, on peut consulter la XVIe *Prov.*, p. 310-311: reprocher à Saint-Cyran, comme font les jésuites, de dire que la

Cette pédagogie de l'imagination s'exerce aussi positivement, non plus par l'exhibition (auto-dénonciatrice) de l'erreur, mais par celle de la vérité. Ainsi en physique. Comme Pascal met en œuvre, dans *Beauté poétique*, une correspondance réglée entre poème et femme pour "faire entendre" la fausseté d'un sonnet, "pour faire entendre comment la pesanteur de la masse de l'air" produit tels effets, il en montre de pareils causés "par le poids de l'eau"[166]. Ce qui doit être expliqué de l'air, invisible et quasiment impalpable, le sera d'une façon beaucoup plus "touchante"[167] sur l'exemple d'une substance sensible et, partant, imaginable: raison pourquoi le *Traité de l'équilibre des liqueurs* précède au sein du même volume celui de *La Pesanteur de la masse de l'air*. Et si, par exception, le phénomène aérien parle davantage à l'imagination que l'aquatique, les termes de la comparaison s'inversent: pour faire comprendre qu'un corps plongé dans un liquide ne reçoit de ce dernier aucune impulsion latérale prédominante, Pascal tourne nos regards vers l'image d'une girouette immobile entre deux vents égaux[168]. L'expérience de référence est ici familière, mais elle peut prendre une dimension fantastique, comme lorsque la pesanteur commune à l'air et à l'eau fait envisager la terre recouverte par les mers et supportant leur masse[169], ou lorsque la compressibilité de l'air suscite l'imagination d'une montagne de laine, elle aussi tassée à la base par son propre poids[170]. Encore restons-nous

---

patience est le sacrifice le plus agréable à Dieu (sous prétexte que le sacrifice le plus agréable à Dieu est celui de la messe) revient exactement à reprocher aux Ecritures d'affirmer qu'il n'y a rien de pire que d'aimer l'argent (sous prétexte que l'adultère et l'homicide sont de plus grands crimes). L'imagination projette la structure-modèle avec autant de rigueur qu'une progression géométrique se construit à partir de sa raison, la liberté en sus.

[166] *Traité de la pesanteur de la masse de l'air*, OC, II, 1069. Les six premiers paragraphes numérotés du chap. II, section seconde, commencent de même: "Pour faire entendre...", et développent le thème de l'identité des effets de l'air et de l'eau.

[167] Pascal emploie l'adjectif à la fin du *Traité de l'équilibre des liqueurs* (OC, II, 1061), pour signaler une nouvelle expérience où la pression d'un piston est remplacée par le contact immédiat de l'eau ("et si on veut encore quelque chose de plus touchant...").

[168] Cf. *Traité de l'équilibre des liqueurs*, OC, II, 1053. C'est la réversibilité de l'exemple évoquée au fr. 527-454: "Les exemples qu'on prend pour prouver d'autres choses, si on voulait prouver les exemples on prendrait les autres choses pour en être les exemples". Mais l'accusation de cercle logique ne porte plus dès lors qu'il s'agit de *faire entendre* et non de *prouver*.

[169] Cf. *Traité de la pesanteur de la masse de l'air*, OC, II, 1062-1063.

[170] *Ibid.*, p. 1063-1064.

ici à l'intérieur des frontières de l'inanimé, mais elles ne sont pas inviolables: le vivant se mécanise ("le poumon est comme un soufflet, dont la bouche est comme l'ouverture")[171] et symétriquement la matière s'humanise — la *bouche* du tuyau *suce* la chair sur laquelle elle est appliquée, la chaîne *fait effort* pour ouvrir le soufflet auquel elle pend, les portions d'un vaisseau *souffrent* de la pression de l'eau[172]. La commutabilité des effets de nature ouvre la voie à une métaphorisation généralisée: cette virtualité baroque qui semble rapprocher Pascal de son contradicteur jésuite ne le met-elle pas en contradiction avec son propre impératif de parler corporellement des choses corporelles et spirituellement des spirituelles[173]?

En réalité, c'est quand Pascal paraît le plus proche du P. Noël qu'il en est le plus éloigné. Lorsque le jésuite professe l'horreur du vide[174], il croit énoncer une vérité de la nature là où il n'avance qu'une figure de rhétorique. Pascal ne reproche pas aux aristotéliciens cette métaphore, mais de ne savoir pas qu'ils font une métaphore[175]. Les jésuites sont décidément les "Juifs charnels" du christianisme: même en physique, ils prennent la figure pour la vérité. A l'opposé, lorsque Pascal parle de l'*effort* d'un poids contre les portions d'un vaisseau qui en *souffrent* à proportion de leur grandeur, il a conscience de traduire pour les honnêtes gens un phénomène physique qu'il explicite aussitôt après en d'autres termes à l'usage des spécialistes: "Voici encore une preuve qui ne pourra être entendue que par les seuls géomètres, et peut être passée par les autres"[176]. Par ses métaphores anthropomorphes, Pascal ne nous dit pas:

---

[171] *Ibid.*, p. 1067. Esquisse d'un Arcimboldo mécaniste, comme la pompe-seringue (*ibid.*, p. 1066) était dalinienne avant l'heure.

[172] Cf. respectivement *Equilibre des liqueurs*, *OC*, II, 1056; *Traité du vide*, *ibid.*, p. 789; *Equilibre des liqueurs*, *ibid.*, p. 1046.

[173] Cf. fin du fr. 199-230.

[174] Cf. *Lettre à Le Pailleur*, *OC*, II, 571: "Dans sa première pensée, la nature abhorrait le vide, et en faisait ressentir l'horreur".

[175] Pascal ne dédaigne pas, dans la pleine conscience que "cette façon de parler n'est pas propre" mais "métaphorique", de "suivre la même figure" en affirmant que la nature "a une extrême indifférence pour le vide" (Conclusion des *Traités de l'équilibre des liqueurs et de la pesanteur de la masse de l'air*, *OC*, II, 1095).

[176] *Equilibre des liqueurs*, *ibid.*, p. 1046. On peut dire équivalemment que, comme dans la citation de la note précédente, Pascal use, à l'intention de ses adversaires, de leurs propres figures dans un dessein de pédagogie ironique. C'est le rôle de Platon et d'Aristote vis-à-vis des fous qui se prennent pour des rois: "Ils entrent dans leurs principes pour modérer leur

les choses se passent ainsi, mais: les choses se passent comme si. L'imagination chez lui ne se substitue pas au réel, elle le rend intelligible. Et les géomètres n'ont pas lieu de se scandaliser de ce détour, car les métaphores, comparaisons et autres analogies utilisées par Pascal sont elles-mêmes géométriques. Elles ne reposent pas sur quelque ressemblance arbitraire — comme le parallélisme instauré par Noël entre le mélange des humeurs de notre sang sous l'action du cœur et celui des quatre éléments dans l'air sous l'action du soleil[177], ou comme les pseudo-preuves poétiques tirées des chutes de la foudre[178] — mais sur une stricte homologie. Le mélange des humeurs et celui des éléments, l'action du cœur et celle du soleil sont de simples "présuppositions"[179] et rien n'autorise à établir un lien logique entre les deux, non plus qu'entre les malheurs frappant les rois et la foudre qui s'abat sur le sommet des monts, si ce n'est un hypothétique dessein divin qui ne relève pas de la physique[180]. Au contraire, quand Pascal décrit la cuisse de l'homme sous-marin sucée par la bouche du tuyau[181], sa métaphore est justifiée par le fait qu'il s'agit du même phénomène par lequel les enfants tirent le lait du sein de leur nourrice: ici, le poids de l'air à l'entour de la mamelle[182], là, le poids de l'eau enveloppant le corps provoquent l'aspiration observée au seul endroit où leur pression ne s'exerce point. L'imagination métaphorique est en l'occurrence parfaitement rationnelle. De même, les constantes analogies auxquelles a recours Pascal entre l'air et l'eau, jusqu'à envisager la liquéfaction de l'atmosphère[183], s'expliquent par

---

folie au moins mal qu'il se peut" (fr. 533-457).

[177] Cf. 1ère lettre à Pascal, *OC*, II, 514.

[178] Cf. fr. 765-631: "Si la foudre tombait sur les lieux bas, etc., les poètes et ceux qui ne savent raisonner que sur les choses de cette nature manqueraient de preuves".

[179] Cf. 1ère lettre du P. Noël à Pascal (*OC*, II, 514), et la réponse ironique de Pascal, *ibid.*, p. 521-522.

[180] Cf. *Lettre à Le Pailleur*, *OC*, II, 564: "Les mystères qui concernent la divinité sont trop saints pour les profaner par nos disputes".

[181] Au *Traité de l'équilibre des liqueurs*, *OC*, II, 1056.

[182] Cf. *Pesanteur de la masse de l'air*, *ibid.*, p. 1079.

[183] Cf. *ibid.*, p. 1093: "Si toute la sphère de l'air était pressée et comprimée contre la terre par une force qui, la poussant par le haut, la réduisît en bas à la moindre place qu'elle puisse occuper, et qu'elle la réduisît comme en eau, elle aurait alors la hauteur de 31 pieds seulement". Il ne s'agit pas d'une transmutation (au demeurant concevable entre deux "liqueurs"), mais d'une modélisation, comme la suite le confirme ("il faut considérer toute la masse de l'air, en l'état libre où elle est, *de la même sorte que si* elle eût été autrefois

l'identité du processus à l'œuvre dans l'un et l'autre milieu: "*comme* les animaux qui sont dans l'eau n'en sentent pas le poids; *ainsi* nous ne sentons pas le poids de l'air, *par la même raison*"[184] — à savoir une compression s'exerçant sur les corps de tous les côtés à la fois. Les analogies sont légitimes parce qu'elles portent sur les effets d'une même raison[185]. Du coup se vérifie que la valeur pédagogique d'une telle imagination est indissociable de sa valeur heuristique: la "raison" étant ce qui est commun aux exemples divers[186], c'est la variation imaginative ou (dans le cas des expériences fictives) imaginaire des expériences qui permettra de la découvrir. Pourquoi une mouche enfermée dans un fort volume d'eau se ressent-elle aussi peu de ce poids que lorsqu'elle est prise dans une pâte que presse un lourd piston? "Est-ce [parce] que le poids est d'eau? Non; car quand le poids est solide, elle [cette insensibilité] arrive de même. Disons donc que c'est seulement parce que cet animal est environné d'eau, car cela seul est commun aux deux exemples; aussi c'en est la véritable raison"[187]. Démarche heuristique et démarche pédagogique font intervenir symétriquement imagination et raison: dans la première, on part des expériences imaginées pour trouver à leur croisement la raison des effets; dans la seconde, on part de cette raison pour en imaginer selon une exacte proportion les effets dans d'autres domaines.

---

comme une masse d'eau de 31 pieds").

[184] *Pesanteur de la masse de l'air, ibid.*, p. 1063. Et Pascal poursuit: "Nous avons fait voir la raison de cet effet dans *l'Equilibre des liqueurs*". Comparaison est ici raison, et rien n'empêche la métaphore — cet "abrégé de similitude ou comparaison" (lettre d'Etienne Pascal au P. Noël, *OC*, II, 596) — d'être "raisonnable" (cf. *ibid.*) elle aussi.

[185] Chez le P. Noël, l'analogie tient lieu de raison, au lieu de tenir de la raison sa justification. Pour quelle raison physique le mélange supposé de l'air devrait-il avoir les mêmes propriétés que le mélange supposé du sang? Pour quelle raison physique le "grand monde" (seconde lettre à Pascal, *OC*, II, 529) devrait-il fonctionner comme le "petit monde" (*ibid.*)? Où est la raison commune à la chute des rois et à la chute des grands arbres, pour reprendre l'analogie poétique sur laquelle ironise Pascal? En un mot, qu'est-ce qui légitime les inférences d'un domaine à l'autre de la réalité? Une ressemblance postulée, sollicitée ou forcée. Et quand bien même elle existerait, ce serait une invite à en chercher la raison, mais elle ne serait elle-même raison de rien, si ce n'est de l'erreur du physicien, du poète (en tant qu'il prétend "prouver" quelque chose)... ou du critique (ainsi chez Lucien Goldmann, virtuose de l'analogie sauvage, le P. Noël de notre temps dans le champ des études pascaliennes; v. notre article "Un âge critique: les trente ans du *Dieu caché*", *Commentaire,* n°34, 1986, en particulier les p. 295-297).

[186] Relevons au passage que ce statut exempte du reproche de cercle logique l'imagination réversible des exemples (déjà justifiée à la n. 168, p. 221).

[187] *Equilibre des liqueurs*, *OC*, II, 1061.

Alors se retrouve *Beauté poétique*. Varier les effets d'une même raison en passant de l'air à l'eau ou au vif-argent est, formellement, la même opération qui consiste à passer d'un sonnet à une maison ou une femme à partir d'un unique modèle. Le "rapport parfait" (fr. 585-486) entre la maison et la femme se déchiffre aussi, et même se calcule, entre l'eau et le vif-argent[188]. Et l'on n'a point à craindre de cette convertibilité une transmutation générale des substances, car les distinctions de nature et de genre sont soigneusement gardées: ce qui se dit de l'un des effets "convient exactement avec tous les autres, *chacun suivant sa nature*"[189], et les choses qui sont faites sur le même modèle "ressemblent à ce modèle unique, quoique *chacune selon son genre*" (fr. 585-486). Loin d'autoriser une confusion des essences, la métaphore ("nous appelons les sonnets faits sur ce modèle-là les reines de village", fr. 586-486) devient l'indice d'une *ratio*[190]. La métamorphose du poème en femme au fragment *Beauté poétique* n'est plus celle des bêtes brutes en prêtres, rêvée par le P. Cellot à la VIᵉ *Provinciale*[191]. Ce qui, au juste, s'est métamorphosé du jésuite à Pascal, c'est l'imagination elle-même, convertie de "la bizarrerie"[192] à la rationalité. Elle n'a rien perdu, au change, de son pouvoir de surprendre — au contraire, la métaphorisation rationnelle exhibe l'irrationalité de la métaphorisation bizarre[193]. Rien, non plus, de son

---

[188] Entre eau et vif-argent, le rapport est de 1 à 14 (*Equilibre des liqueurs*, *OC*, II, 1050; *Pesanteur de la masse de l'air*, ibid., p. 1081-1082).

[189] *Pesanteur de la masse de l'air*, ibid., p. 1084. La liquéfaction de l'atmosphère, évoquée ci-dessus, n'est pas une transmutation (v. n. 183, p. 223).

[190] Cf. *De l'esprit géométrique* (1ᵉʳ fragment), *OC*, III, 410: le zéro "est un véritable indivisible de nombre, comme l'indivisible est un véritable zéro d'étendue". Pourquoi cette *vérité* de la métaphore? Parce qu'il existe entre les grandeurs considérées, fussent-elles hétérogènes, "une correspondance parfaite" (*ibid.*) — dans laquelle on reconnaît le "rapport parfait" établi au fr. 585-486 entre les natures différentes du sonnet, de la femme et de la maison.

[191] P. 108.

[192] *Ibid.*

[193] En la déplaçant sur un terrain où elle nous touche sensiblement (au premier chef, le domaine humain et en particulier celui du corps: on va du sonnet à la femme, signe que la polarité anthropomorphique de l'imagination est aussi puissance de vérité. D'ailleurs, le "caractère strictement anthropologique" de l'esthétique pascalienne relevé par J. Mesnard dans son article sur "Vraie et fausse beauté dans l'esthétique du XVIIᵉ siècle" — *Culture du XVIIᵉ siècle*, p. 227. — ne la soustrait nullement à l'exercice d'un jugement en règle — cf. fr. 534-457). Avant leur féminine incarnation, les "termes bizarres" (fr. 586-486) du poème pouvaient passer pour le naturel même. Ce déplacement constitue en somme une

pouvoir de créer: sur l'inépuisable fécondité de la raison, qui a déjà "une infinité"[194] de modèles à concevoir, elle ente sa propre fécondité qui les métamorphose à son tour indéfiniment: le sonnet transformé en femme deviendra encore arbre, rivière, oiseau ou maison. Buissonnement exponentiel de l'imagination sur la raison. Un baroque nouveau est en germe, plus puissant en un sens de naître de la raison, mais aussi maîtrisé par elle[195] — un baroque réconcilié avec la vérité, car le faux comme le vrai se montrent pour ce qu'ils sont dans la μεταφορά opérée par l'imagination: esthétique ou scientifique, le "sentiment" sera bien issu de la "fantaisie", au lieu d'être contesté en son nom. Qu'est-ce en effet que la métaphore dans *Beauté poétique*? Une expérience fictive. Et qu'est-ce, dans les sciences, qu'une expérience fictive? Une substitution analogique, c'est-à-dire une métaphore. Fonction fantastique et fonction méthodique

---

métaphorisation de métaphore: il est méta-métaphorique. En tant qu'il s'opère par la médiation d'un modèle (non métaphorique), on parlera de re-métaphorisation.

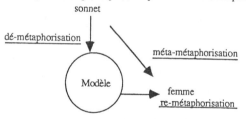

[194] Fr. 585-486: "Ce n'est pas que le mauvais modèle soit unique, car il y en a une infinité (...)". Cf. fr. 199-230: "Qui doute que la géométrie par exemple a une infinité d'infinités de propositions à exposer?" (or chaque proposition est modèle, comme on l'a vu à la n. 162, p. 219).

[195] Si l'air est liqueur aussi bien que l'eau, nous sommes tous dans la situation de l'homme sous-marin représenté à la figure XVII de l'*Equilibre des liqueurs* (*OC*, II, 1056): les habitants d'un déluge invisible. Fantastique suggéré de ces nouveaux Atlantes, mais point exploité. De même, dans la *Pesanteur de la masse de l'air*, innommé reste le Malin Génie qui presse et comprime contre la terre "toute la sphère de l'air", la réduisant d'ailleurs non pas en eau, mais "*comme* en eau" (*OC*, II, 1093). Anamorphose discrète, aussi, de l'"amas de laine" (*ibid.*, p. 1063) qui, tout en figurant l'accumulation de l'air entre les montagnes, se superpose dans la suite de la comparaison à l'image d'une montagne réelle (*ibid.*, p. 1064). Nous rejoignons par là les conclusions de J. Mesnard dans son article "Baroque, science et religion chez Pascal" (repris dans *La Culture du XVIIᵉ siècle*, p. 327-345): la contradiction portée par Pascal à la vision baroque du monde ouvre la voie à un nouveau baroque, "discipliné" (*La Culture...*, p. 345) et, ajouterions-nous sans crainte de l'oxymore, rationnel.

ne font plus qu'un en l'imagination[196]: c'est en rêvant le monde qu'elle nous en livre la vérité.

L'imagination pascalienne nous est apparue sous un jour bien différent de celui qui habituellement l'éclaire. Cette puissance réputée mensongère, censément exclue des facultés de connaissance, nous l'avons vue à l'œuvre dans l'invention de machines aux calculs infaillibles, dans l'élaboration des expériences qui percent les opacités de la nature, dans la construction des systèmes qui rendent raison de la marche du monde. Le péché du savant n'est pas d'imaginer, mais au contraire de manquer d'imagination en ne dépassant ni les observations coutumières ni les opinions admises. Pour rencontrer la vérité, il faut imaginer non seulement au delà de ce qui est perçu ou reçu, mais souvent au delà du vraisemblable, voire de ce qui paraît possible. L'imagination a vertu scientifique en ce qu'elle est anti-dogmatique. Jusque dans les disciplines où la pure raison semble régner, elle joue décisivement sa partie: sans sa capacité à tourner de mille façons l'énoncé des propositions, point de fécondité aux mathématiques; sans la représentation du tracé des figures, ces lignes intelligentes, point de géométrie; sans son aptitude à "comprendre les hypothèses"[197] et à descendre "dans les premiers principes des choses spéculatives" (fr. 512-670), point d'esprit géométrique. L'imagination a cette particulière affinité avec les mathématiques d'être indifférente au réel[198] — mais c'est pour mieux le saisir: comme les cercles imaginaires des astronomes rendent parfaitement compte du mouvement des planètes[199], les lignes chimériques du géomètre permettent de comprendre un

---

[196] L. Marin, ne voyant dans la fonction fantastique que "puissance tyrannique" (art. cité, p. 99, n. 3), les oppose au contraire.

[197] De l'esprit géométrique (2ᵉ fragment), OC, III, 417.

[198] Cf. J. Mesnard: "La géométrie est une construction intellectuelle, dont le rapport à la réalité est sans importance" ("Vraie et fausse beauté dans l'esthétique du XVIIᵉ siècle", La Culture du XVIIᵉ siècle, p. 226).

[199] Cf. Lettres au P. Noël (OC, II, 524) et à Le Pailleur (ibid., p. 563). Descartes a bien marqué, dans les Regulae, le statut épistémologique de ces constructions: ni vraies ni fausses, elles servent au discernement de ce qui peut être vrai ou faux. Cf. Reg. XII, trad. Marion, éd. citée, p. 45: "Ici, comme plus haut, il faut recevoir quelques propositions, qui ne sont peut-être pas reçues par tous; mais il importe peu qu'on ne les croie pas plus vraies que ces cercles imaginables, grâce auxquels les astronomes ont coutume de décrire leurs phénomènes, pourvu que par leur aide on distingue quelle connaissance de n'importe quelle chose

monde sorti des mains d'un Dieu géomètre lui-même. Si un peu d'imagination éloigne de la réalité — c'est le cas du P. Noël — , beaucoup d'imagination y ramène — c'est le propre du génie.

Au delà des disciplines strictement scientifiques, l'imagination intervient dans les trois opérations qui mènent l'homme "à la connaissance des vérités"[200]: la conception, la définition et la démonstration. Elle est bien, aux deux premiers moments, indifférente au vrai et au faux — comme le lui reproche le fragment 44-78 — , puisqu'on peut concevoir et définir l'un comme l'autre, mais cette indifférence, qui caractérise le statut de l'hypothèse, conditionne leur objective discrimination. L'imagination, au surplus, concourt à celle-ci par sa versatilité même: son pouvoir de réaliser l'irréel et d'irréaliser le réel produit des simulations rationnelles qui, directement ou indirectement, font éclater la vérité. Elle réalise l'irréel quand elle prête corps à sa fiction, la déploie comme en un tableau — l'hypothèse devenant hypotypose — et la suit jusque dans l'évidence de ses aboutissants: ainsi "l'hypothèse des apôtres fourbes" (fr. 310-341), qui se révèle plus intenable à mesure "qu'on s'imagine ces douze hommes" (*ibid.*) dans les conditions concrètes de leur complot supposé. Il s'agit de *faire comme si* l'hypothèse était la vérité pour savoir si elle l'est vraiment: l'imagination donne sa chance à l'improbable. Elle ouvre ainsi le champ immense de l'apagogie, dont on sait qu'elle est "le mode d'inférence le plus naturel à l'homme depuis le péché originel"[201] et qu'elle permet d'affirmer l'incompréhensible même[202]. La stratégie est ici celle du passage à la limite, opération indissociablement fantastique et rationnelle: pour manifester l'absurde des propositions jésuites qui déclarent valide l'audition simultanée de deux moitiés, puis de quatre quarts de messe, il suffit de pousser à bout le dépeçage et de présenter en un éclair au lecteur l'image saisissante du résultat: "Certainement, mon Père, on entendra la

---

peut être vraie ou fausse".

[200] *Lettre à Le Pailleur*, OC, II, 563. La suite du texte donne deux versions de ces trois moments: définition, axiome, preuve — conception, définition, démonstration; mais il est aisé de voir que le dernier terme de la deuxième série enferme les deux derniers de la première: "Enfin nous cherchons si cette chose [conçue, puis définie] est véritable ou fausse" (*ibid.*), ce qui se peut faire par une simple inspection de l'esprit si ladite chose est évidente d'elle-même, par la médiation d'axiomes ou de propositions dans le cas contraire. Sur le rôle de l'imagination dans la perception des "choses" évidentes d'elles-mêmes, v. ci-dessus p. 211.

[201] J.-L. Gardies, *op. cit.*, p. 104.

[202] Cf. *De l'esprit géométrique* (1er fragment), *OC*, III, 404.

Messe dans Notre-Dame en un instant par ce moyen"[203]. L'imagination, accusée de faire grand ce qui est petit et petit ce qui est grand[204], est justifiée alors par la raison même, qui devant "quelque mouvement que ce soit, quelque nombre, quelque espace, quelque temps que ce soit"[205], peut toujours en concevoir un plus grand et un plus petit. Conception et imagination, qui concourent exemplairement, au fragment *Disproportion*

---

[203] IXᵉ *Prov.*, p. 169. L'imagination peut se mettre elle-même en scène dans l'expérience fictive d'un cas limite: ainsi l'épisode bien connu du juge au sermon (fr. 44-78). Cas limite, parce qu'exhibant sur les motifs les plus dérisoires la défaite d'un humain le plus exemplairement raisonnable. Si un tel homme succombe au rire, c'est que toute l'humanité, dans sa relation à l'imagination, est peuple. Comme l'écrit J. Mesnard, la saynète du magistrat au sermon est plus que l'"illustration d'une idée" — la toute-puissance de l'imagination —, "c'en est véritablement la preuve" (*Les "Pensées" de Pascal*, p. 84). La démarche est la même en anthropologie qu'en physique (et J. Mesnard rappelle au passage le rôle qu'y jouent les expériences fictives): "L'idée, préalablement énoncée, (...) est comme l'hypothèse que l'expérience a ensuite pour objet de vérifier. Cette vérification s'effectue par la considération de cas qui, quoique particuliers, et même *fictifs*, n'en ont pas moins une signification universelle, parce qu'il s'agit de cas limites, *où la vérité se révèle* dans le paradoxe" (*ibid.*).

[204] L'art (au sens de technique) produit de semblables renversements: ceux qui "trouvent étrange qu'un petit espace ait autant de parties qu'un grand, (...) qu'ils regardent le firmament au travers d'un petit verre, pour se familiariser avec cette connaissance, en voyant chaque partie du ciel en chaque partie du verre. Mais s'ils ne peuvent comprendre que des parties si petites qu'elles nous sont imperceptibles puissent être autant divisées que le firmament, il n'y a pas de meilleur remède que de les leur faire regarder avec des lunettes qui grossissent cette pointe délicate jusqu'à une prodigieuse masse" (*De l'esprit géométrique*, 1ᵉʳ fragment, *OC*, III, 406). Les lunettes et le petit verre font exactement l'office de l'imagination tel qu'il est décrit au fr. 551-461: grossir les petits objets, amoindrir les grands. Et cet office apparaît ici dans toute sa valeur pédagogique et heuristique: la variation inversante fait d'abord prendre conscience de la relativité de nos certitudes antérieures ("car enfin, qui les a assurés que ces verres auront changé la grandeur naturelle de ces objets, *ou s'ils ont au contraire rétabli la véritable*, que la figure de notre œil avait changée et raccourcie, comme font les lunettes qui amoindrissent?", *De l'esprit géométrique, loc. cit.*), puis elle fait accéder à la vérité d'un monde où toutes choses participent d'une double infinité en grandeur et en petitesse: le firmament est effectivement un atome au sein de l'univers et la moindre de ses parties ouvre un univers au sein du firmament. Ainsi le rôle propédeutique que joue "l'art" dans *L'Esprit géométrique* pourra être joué par l'imagination dans le fragment *Disproportion de l'homme* (199-230).

[205] *De l'esprit géométrique* (1ᵉʳ fragment), *OC*, III, 402.

de l'homme, à faire du monde un atome et du ciron un monde[206], apparaissent ainsi non point en opposition mais en continuité.

De façon symétrique, l'imagination irréalise le réel quand elle le projette, par modèle interposé, en figures à sa guise. Ce n'est plus la stratégie du passage à la limite, qui fonctionne à l'intérieur de chaque genre ou nature, mais la stratégie du transfert, qui fonctionne d'une nature ou d'un genre à l'autre. La métamorphose, pour surprenante et capricieuse qu'elle puisse être, s'effectue selon une *ratio* commune à l'original et à ses modulations variées. Que le modèle soit vrai ou faux, l'imagination n'en garde pas les proportions avec moins d'exactitude, et c'est pourquoi "chaque mauvais sonnet par exemple, sur quelque faux modèle qu'il soit fait, ressemble parfaitement à une femme vêtue sur ce modèle" (fr. 585-486). L'imagination est bien indifférente au vrai et au faux, mais en ce sens nouveau et ultime qu'elle reste géométrique dans l'erreur comme dans la vérité. On la soupçonnait de tromper même lorsqu'elle disait vrai: reconnaissons qu'elle est véridique lors même qu'elle dit le faux.

Qu'elle réalise l'irréel ou irréalise le réel, l'imagination sert donc la vérité. Dans ces simulations — un autre nom pour l'expérience fictive — elle se laisse informer par la raison qui calcule les proportions, énonce les propositions, élabore les modèles. Mais elle est bien davantage qu'un instrument de la raison: en un sens, c'est même la raison qui lui est suspendue, dans la mesure où les fondements axiomatiques de la démonstration sont du ressort de l'imagination[207]. Celle-ci apporte en

---

[206] Fr. 199-230. La part de l'imagination est bien mise en valeur par F. Germain ("Imagination et vertige dans les deux infinis", *Revue des sciences humaines*, janvier-mars 1960, p. 31-40). Nous tenterons pourtant de prolonger l'analyse dans le prochain chapitre, où il sera question de métaphysique.

[207] Le cœur sent les principes (cf. fr. 110-142), mais l'imagination "comprend les hypothèses" de la géométrie (cf. n. 197, p. 227). Par *hypothèses*, on peut entendre les "théorèmes" — "si par un point...", "s'il y a deux points...", "si deux circonférences...", "si une circonférence..." — qui suivent l'énoncé des principes (v. le fragment d'*Introduction à la Géométrie*, *OC*, III, 436-437 et ci-dessus, p. 211). Mais le terme semble aussi s'appliquer aux principes eux-mêmes, dans la mesure où "Pascal, précurseur de l'axiomatique moderne, tend à les considérer comme de simples postulats" (J. Mesnard, *OC*, III, 378). L'on pourrait ainsi envisager sous une perspective nouvelle les pôles du couple sentiment/fantaisie, le premier correspondant à l'intuition des principes en tant qu'immédiatement évidents, le second à la saisie des principes en tant que postulats fondateurs de ce que la modernité appellerait un système hypothético-déductif. On a vu déjà, à propos des définitions de nom (ci-dessus, p. 204, et *OC*, III, 407), que la convention ressortissait à la fantaisie. La première interprétation du terme d'*hypothèse* montre en quoi "la fantaisie est semblable (...) au

outre à la raison ce sans quoi elle resterait réduite aux déductions linéaires et aux plates inférences: l'originalité dans l'invention, l'audace dans l'hypothèse, la fécondité dans la modulation. Au sein d'un univers aussi inconcevable qu'intelligible, seule une extravagance réglée a quelque chance d'approcher de ce qui est. Pour découvrir et faire découvrir la vérité du réel, il faut paradoxalement la construire dans la double indifférence, au réel et à la vérité, de l'imagination rationnelle.

---

sentiment" (fr. 530-455), car les théorèmes visés au fragment d'*Introduction* sont "connus naturellement", c'est-à-dire sans avoir besoin d'êtres démontrés parce qu'évidents à la "lumière naturelle". La seconde montre en quoi elle lui est "contraire" (*ibid.*): non pas comme le faux s'oppose au vrai, mais le conventionnel au naturel.

CHAPITRE III

L'"AUTRE TOUR" D'IMAGINATION

Il est donc assuré que l'imagination sert la vérité. Mais il ne s'agit encore que de la vérité accessible à notre raison: celle qui se déploie dans les sciences, ou sur leur modèle. Qu'en est-il des domaines où la raison semble n'avoir aucune prise: l'imagination laissée à elle-même n'y produira-t-elle pas inévitablement les ravages d'abord dénoncés[1]? Le monde sensible, perçu au gré de ses caprices, ne sera-t-il pas transformé par ses "fumées" et "impressions"[2] en une perpétuelle fantasmagorie? Que dire aussi — pour rester dans la mouvance des corps — du monde politique, où l'imagination dispense respect et vénération à d'illusoires autorités? De la morale, où elle fait prendre pour juste observance l'abandon à toutes les sollicitations de la concupiscence? De la religion enfin, où elle nous détourne de Dieu en substituant à son culte l'idolâtri-que adoration de nos propres passions? C'est de quoi il se faut plus à fond enquérir.

1 — VÉRITÉ DU PHANTASME

L'imagination, tout d'abord, est-elle "maîtresse d'erreur" dans son rapport avec le sensible? On sait l'étroitesse de ce lien: l'imagination porte sur le corporel et laisse en nous comme l'impression d'une marque matérielle[3]. Examinons son fonctionnement dans l'exemple canonique du magistrat au sermon. On pourrait se demander en quoi cette saynète met

---

[1] Voir le Ier chapitre: "Maîtresse d'erreur et de fausseté".

[2] Fr. 44-78 (passage rayé).

[3] Cf. notre chap. Ier, p. 141-147. Trois exemples au XVIIe siècle (parmi une multitude) de cette connivence: 1. Descartes: "Imaginer n'est autre chose que contempler la figure ou l'image d'une chose corporelle" (*Méditations*, II, *AT*, IX-1, 22; cf. *Méditations*, VI, *AT*, IX-1, 57); 2. Port-Royal: imaginer une chose, c'est "se la représenter sous une image corporelle" (*Logique*, Ière part., chap. 1, p. 40); 3. dans une perspective philosophique pourtant opposée, Gassendi: l'imagination appréhende les traces laissées dans le cerveau par le mouvement des esprits animaux lors des excitations sensibles (v. *Syntagma Philosophicum*, t. II, 410 b).

en cause l'imagination: le juge en effet n'imagine rien, au sens habituel du terme. Le spectacle se déroule sous ses yeux, et non dans une rêverie solipsiste ou hallucinatoire. Il *voit* le "tour de visage bizarre" (fr. 44-78), la barbe mal rasée, le barbouillage d'encre ou de jaune d'œuf; il *entend* la "voix enrouée" du prédicateur. Si l'*exemplum* figure au fragment *Imagination*, c'est que ce concept enveloppe la perception du présent aussi bien que la représentation de l'absent. Nous sommes au plus près de la définition aristotélicienne, qui fait de l'imagination "un mouvement produit par la sensation en acte", que cette sensation soit présente ou absente[4]. De la véracité de la sensation dépend donc au principe celle de l'imagination. D'ailleurs, l'accusation de fausseté lancée contre l'imagination se trouve au fragment suivant reportée sur les sens: ils "abusent la raison par de fausses apparences" (fr. 45-78). Mais comment concilier cette affirmation avec celle de la XVIIIe *Provinciale* qui pose, en conformité avec saint Augustin et saint Thomas, la certitude des sens dans le domaine des faits[5]? Le fragment 701-579 aide au discernement: l'homme "ne se peut tromper dans le côté qu'il envisage, comme *les appréhensions des sens sont toujours vraies*". Les sens peuvent être occasions d'erreur, mais ils ne sont pas en eux-mêmes mensongers. En d'autres termes, il n'y a pas de fausses apparences, il n'y a que de faux jugements à propos des apparences. La position pascalienne rejoint celle des épicuriens[6], mais aussi celle des aristotéliciens ("la sensation des sensibles propres est toujours vraie")[7] et de saint Augustin: les yeux "ne

---

[4] *De l'âme*, III, 3, 428 *b*-429 *a*. La puissance de la vue est telle en l'imagination qu'Aristote fait dériver le terme φαντασία de φάος (la lumière).

[5] P. 374.

[6] Cf. les citations de Lucrèce données dans l'*Apologie de Raimond Sebond:* "Vous reconnaîtrez que les sens sont le premier fondement de notre notion de la vérité, et que le témoignage des sens est irrécusable (*neque sensus posse refelli*)" (*De rerum natura*, IV, 478-479; *Essais*, II, 12, p. 588); "Les perceptions des sens sont toujours vraies" (IV, 499; II, 12, p. 591); même dans le cas des illusions d'optique, "nous ne convenons pas que les yeux se trompent (...). Ne leur imputons pas les erreurs de l'esprit" (IV, 379 et 386; II, 12, p. 591). Gassendi écrit dans sa *Disquisitio Metaphysica:* la tromperie ou l'erreur n'est pas "proprement dans le sens, lequel demeure entièrement passif et ne fait que rapporter les choses qui lui apparaissent telles qu'elles doivent nécessairement lui apparaître selon leurs causes (...), elle se trouve plutôt dans le jugement ou dans l'esprit qui n'agit pas avec assez de circonspection" (Contre la VIe Méditation, Doute II; trad. B. Rochot, Paris, Vrin, 1962, p. 532).

[7] *De l'âme*, III, 3, 427 *b*: Ἡ μὲν γὰρ αἴσθησις τῶν ἰδίων ἀεὶ ἀληθής. Cf. saint Thomas, *Sum. theol.*, Ia, q. 85, a. 6: *Sensus circa proprium objectum non decipitur, sicut visus circa*

trompent pas", lit-on dans le *De vera religione*, "ils ne peuvent transmettre à l'âme que leur impression. Or, si non seulement les yeux, mais tous les sens corporels transmettent leur impression telle quelle, je me demande bien ce que nous devrions en attendre de plus. (...) Si quelqu'un pense que la rame se brise dans l'eau et se répare lorsqu'on l'en retire, ce n'est pas que son sens soit mauvais messager, c'est que lui est mauvais juge"[8]. L'erreur vient donc de l'âme qui juge, et non du corps qui voit.

En tant qu'émue par la sensation, l'imagination participe de sa véracité. Pour reprendre l'exemple du magistrat, l'imagination s'en tient à de "vaines circonstances" (fr. 44-78), à savoir les accidents, mais elle a reçu des sens une irréprochable information et l'image mentale qu'ils ont fait naître en elle n'altère nullement son malheureux original. C'est la "réalité" ici qui est hyperbolique — le sermonnaire cumulant tous les ridicules d'ordinaire dispersés —, et non la fantaisie! L'"erreur" du juge est d'en rester, avec l'imagination, aux apparences sensibles, au lieu de s'attacher, selon la raison, à la substance des paroles prononcées, mais, outre que l'imagination ne peut par nature communiquer autre chose que des apparences sensibles, celles-ci ont été aussi exactement transmises que perçues. Si le juge n'imagine pas tout le réel, il n'imagine rien que de réel (le visage du prédicateur est effectivement barbouillé, sa voix éraillée, et ainsi du reste), de sorte que cette faculté peut bien être pour lui cause occasionnelle d'erreur, elle n'est pas elle-même erronée. Il en va de même lorsque la raison est dupée par "le ton de voix" (*ibid.*) d'un talentueux lecteur: la responsabilité en incombe à la faculté judiciaire qui, pour avoir mêlé deux ordres différents de réalité (la qualité du texte lu et la qualité de la voix du lecteur), estime excellent le poème exécrable, point à l'imagination qui représente fidèlement ce qui lui est fidèlement transmis par les sens. L'imagination sans doute fait pression sur la raison, comme l'avocat sur le juge — aussi bien est-elle l'avocate des apparences —, mais c'est le juge qui prononce et l'on ne saurait faire grief à l'avocat de défendre sa partie, surtout quand l'un et l'autre disent la vérité. De l'imagination prise en elle-même, écrira le grand Arnauld, "on a aussi peu de raison de dire que c'est une faculté fort dangereuse, que si on le disait de la vue, de l'ouïe, ou de quelqu'autre sens extérieur: mais on doit

---

colorem; nisi forte per accidens, ex impedimento cira organum contingente, sicut cum gustus febrientium dulcia judicat amara, propter hoc quod lingua malis humoribus est repleta. Les exemples qui, à l'image de ce dernier, paraissent faire exception sont examinés ci-après.

[8] *De vera religione*, XXXIII, 62.

reconnaître que c'est une faculté bonne en soi, qui nous a été donnée de Dieu, aussi bien que les sens extérieurs, par une suite comme nécessaire de l'union de notre esprit avec un corps"[9].

La même affirmation doit être maintenue lorsque l'image des objets imprimée en nous par les sens déforme la réalité extérieure. L'exemple augustinien de la rame plongée dans l'eau en est garant: "L'âme est trompée par les images des choses, non par la faute de ces images, mais par la faute de sa propre estimation, lorsqu'elle prend des apparences pour les choses dont elles sont les apparences, par défaut d'intelligence"[10]. Ceux qui soutiennent la vérité intrinsèque des appréhensions sensorielles soutiennent aussi celle de l'imagination en tant qu'elle appréhende les images transmises par les sens: la *phantasia* est toujours réelle et vraie en elle-même, mais l'affirmation d'une réalité lui correspondant exactement ne s'opère que dans un jugement imputable à l'esprit. C'est la thèse de Gassendi dans ses lettres *De Apparente Magnitudine solis*[11], celle aussi des auteurs de la *Logique de Port-Royal*: "Il est certain qu'il ne peut y avoir d'erreur ou de fausseté, ni en tout ce qui se passe dans l'organe corporel, ni dans la seule perception de notre âme, qui n'est qu'une simple appréhension; mais que toute l'erreur ne vient que de ce que nous jugeons mal"[12]. Dans l'exemple récurrent du soleil que l'imagination nous

---

[9] *Réflexions sur l'éloquence des prédicateurs*, Œuvres, t. XLII, p. 381.

[10] *De Genesi ad litteram*, XII, 25. Saint Augustin prend, *ibid.*, un autre exemple classique: "Il semble à ceux qui naviguent que se meuvent sur terre des objets qui sont fixes" (cf. fr. 697-576: "Ceux qui sont dans un vaisseau croient que ceux qui sont au bord fuient"). Lucrèce l'avait exploité dans le même sens (*De rerum natura*, IV, 386-390), ainsi qu'Aristote (*Parva Naturalia, Des rêves*, 460 *b*) pour montrer que ce ne sont pas les sens qui nous trompent mais nous qui "nous trompons facilement *au sujet des* sensations" (*Petits traités d'histoire naturelle*, "Les Belles Lettres", 1953).

[11] Ecrites en 1636-1641. V. l'analyse d'O.-R. Bloch dans *La Philosophie de Gassendi*, Nijhoff, La Haye, 1971, p. 16-20.

[12] Ire part., chap. 11, p. 85. On est ici au confluent de saint Augustin et de Descartes. Pour saint Augustin, v. ci-dessus les références données n. 8, p. 235 et 10, p. 236; il convient d'ajouter que la *phantasia* augustinienne est "la représentation imaginative issue d'une sensation antérieure dont le souvenir a été conservé dans la mémoire" (J. Pépin, "Une nouvelle source d'Augustin", *Revue des Etudes Anciennes*, t. 66, 1964, p. 102): ses images, qui nous représentent des choses corporelles absentes, sont qualifiées de "vraies" dans *De Genesi ad litteram*, XII, 6. Pour Descartes, "l'entendement ne peut jamais être trompé par aucune expérience, s'il regarde seulement et précisément la chose qui lui est objet, pour autant qu'il l'a soit en lui-même soit *dans un phantasme*, et *qu'il ne juge pas* en outre que l'imagination rapporte fidèlement les objets des sens, ni que les sens revêtent les vraies

représente sur la foi des sens comme un disque minuscule, l'erreur n'intervient qu'à partir du moment où le jugement lui attribue un diamètre de deux pieds. On se trompe en l'estimant aussi petit qu'il apparaît, mais l'imagination ne nous trompe pas en nous le représentant tel que les lois de l'optique le font paraître à nos yeux[13]. L'image qu'elle nous donne du soleil n'est pas une illusion: c'est une impression subjective objectivement fondée. Pareille impression est recueillie aussi chez Pascal et, loin d'être dénoncée comme un faux-semblant, s'y trouve cautionnée par l'infaillibilité de l'Ecriture. Dans la XVIIIe *Provinciale*, Montalte rapporte en effet le passage de la *Genèse* où il est écrit: "Dieu créa deux grands luminaires,

---

figures des choses" (*Regulae, Règle XII*, trad. Marion, p. 49). Il faut dire de l'imagination ce que l'on disait des sens: ce n'est pas elle qui nous trompe, mais nous qui nous trompons à son occasion, car l'erreur ne se peut trouver que dans un jugement. Descartes, suivi par Arnauld (*Réflexions sur l'éloquence des prédicateurs*, p. 381), est lui-même ici dans la ligne d'Aristote, qui sépare l'imagination du jugement (cf. *De l'âme*, III, 3, 428 *a*). Aristote a beau écrire, de façon très "pascalienne", que "l'imagination est aussi bien trompeuse" que vérace (*ibid.*), il n'en demeure pas moins que "l'imagination aristotélicienne ne peut être responsable de l'erreur du jugement" (T. Shiokawa, art. cité, p. 72) et qu'elle a le statut de faculté de connaissance. Sur ce modèle, *mutatis mutandis*, la dénonciation au fr. 44-78 de l'imagination comme "marquant du même caractère le vrai et le faux" ne suffit pas à faire d'elle une puissance intrinsèquement mauvaise et ne doit nullement empêcher de reconnaître la positivité de son rôle épistémologique — sans préjuger des autres — au sein de la pensée pascalienne.

[13] La "grande distance" où nous sommes du soleil "fait que l'image qui s'en forme dans le fond de notre œil est à peu près de la même grandeur que celle qu'y formerait un objet de deux pieds à une certaine distance plus proportionnée à notre manière ordinaire de voir" (*Logique de Port-Royal*, Ière part., chap. 11, p. 85). Et "tout ce qui s'aperçoit par les sens est porté des sens à l'imagination" (Arnauld, *Réflexions...*, p. 382).

Rappelons que pour les épicuriens "les apparences qui représentent un corps grand à celui qui en est voisin, et plus petit à celui qui en est éloigné, sont toutes deux vraies" (Montaigne, *Essais*, II, 12, p. 591 — appuyé sur Lucrèce, *De rerum natura*, IV, 380 et 387). Gassendi, qui, à la différence d'Epicure et de Lucrèce, ne peut plus identifier grandeur apparente et grandeur réelle des astres, soutient néanmoins que les deux idées du soleil (celle de l'astronome et celle du vulgaire) sont "vraies", car fondées sur les apparences perceptives: la grandeur apparente est une image réelle du point de vue optique (cf. O.-R. Bloch, *op. cit.*, p. 17). A l'autre extrémité du spectre philosophique, Malebranche donnera aussi un fondement objectif aux impressions optiques, d'abord jugées trompeuses (cf. notre chap. I, p. 161, n. 101): "Dieu agit toujours en conséquence des mêmes lois, toujours selon les règles de la géométrie et de l'optique" (*De la recherche...*, liv. I, chap. 9, § 3; t. I, p. 120), et c'est selon ces règles qu'il forme en nous les jugements relatifs à la distance et à la grandeur des objets. L'art d'inverser les proportions serait-il, de maléfique (cf. ci-dessus, p. 160, n. 99), en passe de devenir divin?

le soleil et la lune, et aussi les étoiles"[14]. La lune serait-elle plus grande que toutes les étoiles? Pour que l'interprétation du verset soit conforme à la vérité des faits, il faut, selon Pascal et suivant les principes de l'exégèse augustinienne, dire avec saint Thomas "que le mot de *grand luminaire* ne marque que la grandeur de la lumière de la lune à notre égard, et non pas la grandeur de son corps en lui-même"[15]. L'Ecriture adopte notre point de vue: sa vérité garantit celle, subjective pourtant, de notre représentation. Aussi bien la perspective, cet art d'imagination[16] qui loge une ville entre les pattes d'un cheval, ne procède pas autrement, en inversant les proportions, que le texte sacré lorsqu'il décrit les astres relativement à nous, c'est-à-dire selon l'image que nous nous en formons. Faire grand ce qui est petit et petit ce qui est grand, ce peut être pour l'imagination rester si fidèle au "rapport fidèle des sens"[17] que le message de l'une et des autres ne fasse plus qu'un seul irréprochable message.

Allons plus loin: lors même que l'objet que nous imaginons n'existerait pas hors de nous, l'imagination ne serait pas pour autant mensongère. Il demeurerait vrai, tout d'abord, que nous l'imaginons. "Qu'il y ait ou n'y ait pas un soleil et une terre, écrivent Arnauld et Nicole, il m'est certain que je m'imagine en voir un"[18]. Et si l'on s'imaginait imaginer, l'imagination en deviendrait plus indubitable encore. Il y a une vérité "à notre égard"[19] de la sensation et de l'imagination même hallucinées qui est en soi une vérité tout court. Pascal est bien loin, assurément, de révoquer en doute la réalité d'une faculté qu'il appelle "partie dominante de l'homme" (fr. 44-78) et qui a établi en celui-ci "une seconde nature" (*ibid.*): l'empire de l'imagination est tout sauf un empire imaginaire. Réalité, donc, de l'imagination indépendamment de celle des objets qu'elle nous propose. L'inexistence de ces objets prouverait au demeurant

---

[14] Genèse, I, 16; *Prov.*, p. 376.

[15] XVIIIe *Prov.*, *ibid.* Cf. *Sum.theol.*, *Ia*, q. 70, a. 1.

[16] Cf. ci-dessus, chap. I, p. 160-161.

[17] XVIIIe *Prov.*, p. 375.

[18] *Logique de Port-Royal*, IVe part., chap. 1, p. 293. Cf. Descartes, *Méditation troisième*: "Soit que j'imagine une chèvre ou une chimère, il n'est pas moins vrai que j'imagine l'une autant que l'autre" (*AT*, IX-1, 29). Il avait écrit dans la *Méditation seconde*: "Encore qu'il puisse arriver (comme j'ai supposé auparavant) que les choses que j'imagine ne soient pas vraies, néanmoins cette puissance d'imaginer ne laisse pas d'être réellement en moi, et fait partie de ma pensée" (*AT*, IX-1,23).

[19] Cf. le passage de la XVIIIe *Prov.* cité ci-dessus (appel de note 15, p. 238).

l'existence de la puissance qui les invente. Réalité, aussi, de l'image elle-même: "Les visionnaires voient ce qu'ils voient", dira Malebranche[20]. Cette objectivité de la subjectivité définit conjointement, parce qu'ils ont en commun l'image, le statut pascalien des sens et de l'imagination. Quand l'imagination "fait sentir" (fr. 44-78) les sens en l'absence de référent extérieur, ce qu'ils sentent n'est pas rien, non plus que la faculté par quoi ils le sentent. Serait-elle veuve de tout original — ce qui n'est point, car elle emprunte ses éléments au réel[21] —, l'image ne laisse pas d'avoir une réalité intrinsèque[22] qui s'atteste dans ses effets au-dehors: le philosophe qui sans tomber s'imagine tombant éprouve suées et tremblements[23]. Réalité, enfin, de ce qu'on imagine, du simple fait qu'on

---

[20] *De la recherche...*, liv. I, chap. 14, § 3 (t. I, p. 160). Et plus loin, à propos du fou ou de celui qui rêve: "Ce qu'il voit n'est pas rien" (liv. III, IIe part., chap. 1, § 1; t. I, p. 414). Dans les *Regulae*, Descartes juge que tout ce qui est reçu de l'imagination, fût-ce les délires d'un cerveau mélancolique, "se trouve certes véritablement dépeint en elle" (*Règle XII*, trad. Marion, p. 49), comme le malade atteint de jaunisse voit effectivement tout en jaune (*ibid.*; cf. Aristote, *Parva Naturalia*, *Des rêves*, 458 *b*: "Mal voir et entendre mal, c'est le propre d'un être qui voit et qui entend quelque chose de vrai, cela n'étant d'ailleurs pas ce qu'il croit").

[21] L'image fantasmatique de sa chute, le philosophe du fr. 44-78 la forme soit à partir de l'image d'une chute dont il aurait été effectivement victime, soit en combinant deux images elles-mêmes issues de la réalité: celle de son propre corps et celle d'une chute (d'autrui) à laquelle il aurait assisté. Ainsi, dans l'exemple thomiste de la montagne d'or, pris d'Avicenne et d'Averroès, *ex forma imaginata auri et forma imaginata montis componimus unam formam montis aurei, quem nunquam vidimus* (*Sum. theol.*, Ia, q. 78, a. 4).

[22] Le philosophe debout sur sa planche voit bel et bien, par les yeux de l'esprit, une image de son corps précipité qu'il pourrait, s'il en avait le loisir, décrire ou représenter pour d'autres. Comme le dira Malebranche, reprenant de façon un peu inattendue l'exemple avicenno-thomiste, l'homme qui "imagine une montagne d'or, il est absolument nécessaire que l'idée de cette montagne soit réellement présente à son esprit" (*De la recherche...*, liv. III, IIe part., chap. 1, § 1; t. I, p. 414). Par la médiation possible de Descartes (*Méditations*, III, *AT*, IX-1, 29: pour ce qui concerne les idées ou images, "si on les considère seulement en elles-mêmes, et qu'on ne les rapporte point à quelque autre chose, elles ne peuvent, à proprement parler, être fausses"), on rejoint une distinction de l'Ecole (cf. saint Thomas, *Sum. theol.*, *III a*, q. 25, a. 3) qui a chez Aristote portée ontologique: "L'image peinte en nous est *quelque chose qui existe par soi* et elle est la représentation d'une autre chose. Par conséquent, en tant qu'on la considère en elle-même, elle est une représentation ou une image (θεώρημα ἢ φάντασμα ἐστιν), mais en tant qu'elle est relative à un autre objet, elle est comme une copie et un souvenir" (*Parva Naturalia*, *De la mémoire et de la réminiscence*, 450 *b*).

[23] Cf. fr. 44-78. Est-il seulement anecdotique de faire remarquer que cet *exemplum*, par delà Montaigne (*Essais*, II, 12, p. 594) et ses sources immédiates, provient de saint Thomas, qui

l'imagine. L'imagination "a ses heureux, ses malheureux, ses sains, ses malades, ses riches, ses pauvres" (fr. 44-78) — toute une hiérarchie parallèle douée d'une consistance propre. Non seulement celui qui s'imagine riche sans l'être a toutes chances de le devenir par la confiance en soi que la persuasion de sa richesse lui donne, comme "les sages imaginaires" l'emportent "auprès des juges de même nature" (*ibid.*), mais en un sens il possède déjà la qualité qu'il prétend avoir: le riche *par* imagination est bien riche *d*'imagination. Il en va de lui comme du malade imaginaire qui, en attendant de se rendre malade dans son corps (par l'imagination, "combien de santés altérées"[24]!), l'est d'ores et déjà où il ne croit point l'être. De même, n'est-il pas effectivement heureux celui qui goûte un bonheur imaginaire, effectivement malheureux celui qui s'estime tel au milieu des grands biens[25] qui le font envier par tant d'autres? Pascal le dit de ce délirant normal qu'est le rêveur: "Si un artisan était sûr de rêver toutes les nuits douze heures durant qu'il est roi, je crois qu'il serait presque aussi heureux qu'un roi qui rêverait toutes les nuits douze heures durant qu'il serait artisan" (fr. 803-653). A l'inverse, les fantômes de nos cauchemars nous font souffrir "presque autant"[26] que

---

lui-même le tenait d'Avicenne? Saint Thomas: *Cum fuerit [anima nostra] fortis in sua imaginatione, ad solam apprehensionem immutatur corpus; sicut cum quis ambulans super trabem in alto positam cadit de facili, quia imaginatur casum ex timore; non autem caderet, si esset trabes illa posita super terram, unde casum timere non posset. Manifestum est autem quod ad solam apprehensionem animae calescit corpus, sicut accidit in concupiscentibus vel iratis; aut etiam infrigidatur ex forti apprehensione ad aliquam aegritudinem* (Contra Gentiles, lib. III, cap. 103). Dans ce chapitre, saint Thomas renvoie au *De anima* d'Avicenne, où se trouvent associés de tels exemples prouvant l'influence de l'imagination sur le corps: *Attende dispositionem infirmi cum credit se convalescere, aut sani cum credit se aegrotare: multotiens enim contingit ex hoc ut cum corroboratur forma in anima ejus, patiatur ex ea ipsius materia et proveniat ex hoc sanitas aut infirmitas, et est haec actio efficacior quam id quod agit medicus instrumentis suis et mediis. Et propter hoc potest homo ambulare super trabem quae est in media via, sed si posita fuerit pons super aquam profundam, non audebit ambulare super eam eo quod imaginatur in animo ejus forma cadendi vehementer impressa, cui obœdit natura ejus et virtus membrorum ejus et non obœdiunt ejus contrario, scilicet ad erigendum et ad ambulandum* (Liber de anima seu sextus de naturalibus, IVa p., cap. 4, éd. Verbeke, Louvain, 1968, t. II, p. 64).

[24] Fr. 44-74 (passage rayé).

[25] Cf. *ibid.*, de l'imagination: "Toutes les richesses de la terre (*inutiles à celui qui s'imagine n'en avoir pas assez*) insuffisantes sans son consentement". L'italique indique une première rédaction.

[26] Fr. 803-653. Cf. saint Augustin, *De Genesi ad litteram*, XII, 32: "Même dans le songe, ce n'est pas du tout la même chose d'être dans la joie ou dans la tristesse. De là vient que

des afflictions réelles. Pourquoi cette légère différence au profit de la veille? Parce qu'il n'est pas tant question de la peine ou de la joie du dormeur que des sentiments diurnes de celui qui sait devoir bientôt connaître l'irréalité réellement plaisante ou déplaisante du songe. Pour qui plonge dans les imaginations du sommeil, point de différence: se rêver roi, c'est jouir sans nulle distance des contentements de la royauté. Dans le monde éveillé, même, l'on constate que l'imagination "remplit ses hôtes d'une satisfaction bien autrement pleine et entière que la raison" (fr. 44-78): l'avantage ténu dont pouvait se prévaloir la réalité devient décisif au profit de l'imagination. "Elle ne peut rendre sages les fous, mais elle les rend heureux" (*ibid.*). Le bonheur de l'illusion — si l'on peut dénommer ainsi des images qui ont en elles-mêmes leur réalité — n'est pas une illusion de bonheur, car c'est tout un d'être heureux et de croire l'être. La "fantaisie" alors est bien "sentiment"[27], mais au lieu que le sentiment se réduise au caprice de la fantaisie, la fantaisie acquiert la véracité du sentiment. Ce que j'imagine, comme ce que je perçois, est de l'ordre de l'évidence et il est évident que je l'imagine ou perçois. "Naturellement" l'homme "ne se peut tromper dans le côté qu'il envisage" (fr. 701-579): au même titre que "les appréhensions des sens" (*ibid.*), il faut reconnaître que les appréhensions de l'imagination sont toujours vraies.

La question n'est donc plus celle de la valeur intrinsèque de l'imagination, mais celle de son bon ou de son mauvais usage. Et la première modalité de son bon usage consiste à nous mettre en garde contre la possibilité du mauvais. Qu'est-ce qui dénonce, en effet, l'imagination au fragment 44-78? L'imagination elle-même. Le réquisitoire s'ouvre sur une métaphore ("cette maîtresse d'erreur et de fausseté")[28], se poursuit avec une amplification allégorique (l'imagination "se plaît" à contrôler et dominer la raison, "dispense la réputation", consent ou non à estimer suffisantes les richesses de la terre, "dispose de tout") et s'achève par la personnification emblématique de l'imagination en *regina del mondo*[29]. Les deux principaux exemples de la démonstration sont fictifs: il nous faut

---

certains, mis en possession de biens qu'ils convoitaient, ont regretté de s'être éveillés, et que d'autres en revanche, agités et tourmentés par de grandes terreurs et de grandes peines, ont redouté, une fois éveillés, de s'endormir, de peur de retomber dans ces mêmes cauchemars".

[27] Cf. fr. 530-455.

[28] Sur cette métaphore pour laquelle les éditeurs, non plus que B. Croquette (*op. cit.*, p. 5), ne renvoient à aucun texte préexistant, v. *supra*, p. 140, n. 5.

[29] Le fragment sur l'imagination a déjà été noté comme l'un des plus riches en images (v. Le Guern, *L'Image dans l'œuvre de Pascal*, p. 51).

imaginer le magistrat au sermon et le philosophe sur sa planche, puis imaginer ce qu'ils imaginent et les effets sur eux de leur imagination. Pascal convoque toutes les puissances de l'imagination pour nous faire redouter la puissance de l'imagination. De lui, autant que de Malebranche, on pourrait dire avec l'abbé Du Bos: "C'est à notre imagination qu'il parle contre l'abus de l'imagination"[30]. Puisqu'elle a "le grand droit de persuader les hommes" (fr. 44-78), l'efficacité suprême sera de l'utiliser pour nous persuader de sa nocivité. Par "un autre tour d'imagination" (fr. 531-456) se trouveront contrebalancées les conséquences pernicieuses du premier. Davantage, afin d'assurer définitivement l'homme contre sa tyrannique emprise, le passage se conclut sur la suggestion de l'intrinsè-que malice de l'imagination: il s'agit, pour que nous nous défiions de son mauvais usage, de nous convaincre qu'il n'en est point de bon — et cela en clôture d'un texte qui est l'illustration du contraire, l'imagination y étant, ainsi qu'on vient de le voir, retournée contre soi. Or, que dire de cette conclusion même ("voilà à peu près les effets de cette faculté trompeuse qui semble nous être donnée exprès pour nous induire à une erreur nécessaire", fr. 44-78), sinon qu'elle est dictée, à des fins "prophy-lactiques", par l'imagination? Qui nous aurait donné *exprès* une faculté trompeuse? Ce n'est point Dieu, car "il n'induit pas en erreur" (fr. 850-431) — à plus forte raison une erreur *nécessaire*. Pareille volonté de nuire ne peut être attribuée qu'au "démon méchant" du fragment 131-164, évident avatar du malin génie cartésien[31] et créature née de l'imagination en sa fonction rationnelle, plus haut décrite, de passage à la limite: pour n'être plus trompés par l'imagination, imaginons que tout ce que nous imaginons est faux. L'imagination, qui "grossit" tout[32], rend par la fiction du "démon méchant" le doute sur elle-même hyperbolique et par là s'avère simultanément puissance de vérité, comme le doute hyperbolique est ordonné à l'acquisition de la certitude[33]. En exagérant le danger qu'elle comporte, l'imagination nous en garantit tout à fait (de même que

---

[30] *Réflexions critiques sur la poésie et sur la peinture* (1719), éd. 1733, t. I, p. 297.

[31] Cf. *Méditations*, I, *AT*, IX-1, 17. Sur la certitude de cette filiation, v. V. Carraud, *Pascal et la philosophie*, p. 85 et 231.

[32] Cf. fr. 432-684, 531-456, 551-461. Le grossissement, dans la conclusion citée, est signalé par l'emploi du verbe *sembler* préalablement à celui de l'adverbe *exprès* et de l'adjectif *nécessaire*.

[33] ... Ne serait-ce que la certitude "qu'il n'y a rien au monde de certain" (Descartes, *Méditations*, II, *AT*, IX-1, 19).

l'imagination irraisonnée de sa chute détournera le philosophe — voire, par contagion, le lecteur — de s'aventurer au-dessus des précipices même "sur une planche plus large qu'il ne faut", en quoi il gagnera la prudence qui semblait l'apanage des "amis" de la raison[34] et donne ainsi la preuve de son bon usage au moment où elle en nie la possibilité. Mais cette négation est à son tour emportée[35] dans l'autodestruction du doute hyperbolique — "que fera donc l'homme en cet état? Doutera-t-il de tout? (...) On n'en peut venir là (...). La nature soutient la raison impuissante et l'empêche d'extravaguer jusqu'à ce point" (fr. 131-164) — et laisse place, avec l'évaporation du malin génie ou "démon méchant", à un statut nouveau de l'imagination, compatible avec la toute bonté du vrai Dieu qui se fait jour au sein même de notre misère[36]. Le fragment

---

[34] Les citations viennent du fr. 44-78. Au début de ce fragment, les "prudents" (ou "amis" de la raison) sont ceux qui résistent à l'emprise de l'imagination: preuve supplémentaire, au passage, qu'il est hyperbolique de lui imputer la responsabilité d'une "erreur *nécessaire*" (*ibid.*). On notera que dans l'*Examen des esprits* du Dr Huarte (1575; traduction française de Vion Dalibray, 1645), l'imagination est "dispensatrice de la prudence" (M. Fumaroli, *L'Age de l'éloquence*, p. 132). Pour l'école cartésienne, l'imagination dans son excès même (elle "augmente toujours les idées des choses qui ont rapport au corps", Malebranche, *De la recherche...*, Conclusion des trois premiers livres, t. I, p. 490) constitue un précieux signal de sauvegarde ("l'exactitude et la justesse ne sont point essentielles aux connaissances sensibles, qui ne doivent servir qu'à la conservation de la vie", *De la recherche...*, liv. I, chap. 6, § 3; t. I, p. 92). On retrouve pratiquement l'exemple d'Avicenne - saint Thomas - Montaigne - Pascal chez Malebranche, interprété en ce sens: "La trace d'une grande hauteur que l'on voit au-dessous de soi et de laquelle on est en danger de tomber (...) est naturellement liée avec celle qui nous représente la mort, et avec une émotion des esprits qui nous dispose à la fuite et au désir de fuite" (*De la recherche* ..., liv. II, Ière part., chap. 5, §2; t. I, p. 223). Malebranche pense évidemment qu'il y a un bon usage de l'imagination comme des sens: "Nos sens et notre imagination nous sont fort utiles pour connaître les rapports que les corps de dehors ont avec le nôtre" (Conclusion des trois premiers livres, t. I, p. 488-489; il est question, p. 491, d'en faire "le meilleur usage").

[35] Il est bien entendu que c'est l'hyperbole sur l'imagination qui disparaît et non la dimension hyperbolique de l'imagination.

[36] Cf. Descartes, *Discours de la méthode*, IVe part., *AT*, VI, 40: "Nous pouvons bien imaginer distinctement une tête de lion entée sur le corps d'une chèvre, sans qu'il faille conclure, pour cela, qu'il y ait au monde une chimère: car la raison ne nous dicte point que ce que nous voyons ou imaginons ainsi soit véritable. Mais elle nous dicte bien que toutes nos idées ou notions doivent avoir quelque fondement de vérité; car il ne serait pas possible que Dieu, qui est tout parfait et tout véritable, les eût mises en nous sans cela". La cause de l'imagination et celle des sens sont analogues. Ceux-ci aussi sont soupçonnables de déformer la réalité en grossissant ce qui est menu et amoindrissant ce qui est grand: "Nos yeux mêmes sont des lunettes, et nous ne savons point précisément s'ils ne diminuent point ou

44-78, le plus sévère contre l'imagination, est écrit sous l'hypothèse d'un dieu méchant qui sera bientôt renversée: à nous de relire le rôle de l'imagination dans la lumière de la Révélation à laquelle Pascal veut nous faire accéder. Il est certain que, toute marquée qu'elle est par le péché, l'imagination fonctionnera en ultime analyse comme une puissance aussi bénéfique qu'elle est trompeuse, et que ses tromperies mêmes tourneront à notre bénéfice.

2 — L'IMAGINAIRE CIVILISATEUR

En fait de duperie, le domaine de la vie sociale et politique s'offre à l'évidence comme le plus richement pourvu. On honore des supérieurs qui, n'étant pas supérieurs, ne sont pas honorables. On prend pour souverain celui qui, par le droit de primogéniture, est littéralement le premier venu: autant dire, par intervalle, "un sot" (fr. 94-128). Enfin, on obéit à des lois qui, parce qu'elles changent selon les saisons et les méridiens, ne peuvent être qu'une contrefaçon de la véritable justice, par définition immuable et universelle. De cette aberration collective, quel est le responsable? L'imagination. C'est elle qui invente les règles du jeu — la législation, cette bigarrure de "fantaisies" et de "caprices" (fr. 60-94) d'où dépend l'ordre réversible des dominations et sujétions — et qui les fait observer: le peuple obéit aux lois, aux grands, au roi pour l'unique motif qu'il les imagine justes, supérieurs et divin[37]. "Qui dispense la réputation, qui donne le respect et la vénération aux personnes, aux ouvrages, aux lois, aux grands sinon cette faculté imaginante" (fr. 44-78), à l'œuvre dans ceux qui reçoivent les hommages comme en ceux qui les rendent? L'on commande et l'on fait respecter les lois par la même fausse

---

n'augmentent point les objets que nous voyons, et si les lunettes artificielles, que nous croyons les diminuer ou les augmenter, ne les établissent point, au contraire, dans leur grandeur véritable", écrivent Arnauld et Nicole (*Logique de Port-Royal*, IVe part., chap. 1, p. 294) à la suite de Pascal ("car enfin, qui les a assurés que ces verres auront changé la grandeur naturelle de ces objets, ou s'ils ont au contraire rétabli la véritable, que la figure de notre œil avait changée et raccourcie, comme font les lunettes qui amoindrissent?", *De l'esprit géométrique*, 1er fragment, *OC*, III, 406), mais c'est pour ajouter un complément d'importance que Pascal fait évidemment sien: "Quoique nos yeux soient des lunettes, ce sont pourtant des lunettes taillées de la main de Dieu" (*Logique*, p. 294).

[37] Cf. fr. 66-100; fr. 90-124, 92-126 et Ier *Discours sur la condition des grands* (le peuple "croit que la noblesse est une grandeur réelle et il considère presque les grands comme étant d'une autre nature que les autres", *OC*, IV, 1031); fr. 25-59.

persuasion qui incline vers la docilité les assujettis. Entre imagination et mystification, la rime vaut raison.

Mais il n'en faut pas demeurer là: un "autre tour", et l'imagination fait apparaître la vanité de l'ordre qu'elle sacralisait. L'*Entretien avec M. de Sacy* montre comment Montaigne "combat ceux qui ont pensé établir dans la France un grand remède contre les procès par la multitude et par la prétendue justesse des lois"[38]. Il oppose imagination à imagination: "Autant soumettre sa cause au premier passant qu'à des juges armés de ce nombre d'ordonnances"[39]. Imaginons que l'on supprime "toutes lois", rien n'empirerait dans l'Etat, et vraisemblablement il ne s'en porterait que mieux[40]. Montaigne, en somme, dénonce une illusion par une utopie. L'imagination rabaisse aussi ceux-là mêmes qu'elle grandit à nos yeux. Les expériences fictives du fragment 44-78 mettent en évidence le peu de fondement des prestiges sociaux: que devient l'aura intellectuelle du philosophe une fois qu'il a été hissé sur sa planche? Il faut bien l'*imaginer* ainsi, car jamais l'occasion ne se présentera de le rencontrer en pareille posture. Sa robe de docteur "trop ample de quatre parties"[41] ne peut cacher l'entrechoquement de ses genoux, ni son "bonnet carré"[42] la pâleur de sa face: l'imagination frappe de ridicule celui qui frappait de respect l'imagination des autres. On attendait un sage, et l'on trouve un Pédant de comédie[43]. Même processus dans la scène du sermon: le rire naît, par deux fois, de l'humiliation d'une figure d'autorité. La chaîne du respect montait déjà du peuple au magistrat et du magistrat à l'homme de Dieu, liant en un seul corps les trois ordres du royaume, lorsque paraît le prédicateur: ce n'est pas, cette fois, le *Dottore* de la *commedia dell' Arte*, mais le Barbouillé de la farce française. Le peuple s'esbaudit; le juge tente de garder son sérieux, puis bascule à son tour, et il n'est pas interdit de penser que le sermonnaire lui-même cède à l'hilarité générale. La chaîne des déférences sociales vole en éclats — en éclats de rire. Le magistrat

---

[38] *OC*, III, 137.

[39] *Ibid.*

[40] Cf. *ibid.*, p. 138: "L'exclusion de toutes lois diminuerait plutôt le nombre des différends que cette multitude qui ne sert qu'à l'augmenter". Ce qui est en cause ici, ce n'est pas simplement les relations entre particuliers, mais "l'ordre de l'Etat" (*ibid.*, p. 137).

[41] Fr. 44-78. Nous mettons au singulier le texte de Pascal.

[42] *Ibid.* Même remarque.

[43] Cf. XIe *Prov.*: rien ne porte davantage au rire "qu'une disproportion surprenante entre ce qu'on attend et ce qu'on voit" (p. 200).

devant qui l'on tremblait devient, par cela seul qu'il rit, l'objet du rire
d'autrui: on attendait de lui la gravité — comme du prédicateur, la
majesté — , signe de son statut supérieur, et l'on rencontre en lui la
faiblesse de l'humanité commune. Joie redoublée du peuple à constater
qu'aussi bien que le clerc, le magistrat est peuple. Tous, du premier au
dernier, sont bien gouvernés par l'imagination et c'est l'imagination, dans
ce spectacle feint, qui nous le montre, mettant les hommes par le rire
partagé à égalité de nature déchue. Pour qui pense au delà, le même
spectacle imaginaire donne de comprendre que notre justice, rendue par
de tels juges que domine leur imagination, ne peut être qu'une justice
imaginaire. Semblablement, le fragment 136-168, en permettant d'imaginer la condition d'un roi privé de divertissement, prouve que celui qui a
tout pouvoir sur l'imagination de ses sujets est le sujet de sa propre
imagination. Quoique fictive, l'expérience en effet n'est pas moins
probante: si ses résultats n'étaient connus d'avance, l'entourage du prince
éviterait-il avec tant de précautions de la lui faire subir[44]? C'est l'excès
de son évidence qui la dispense du passage à la réalisation. Parce qu'elle
opère dans la pureté d'une situation limite[45], l'imagination est mieux à
même que le réel de démasquer les supériorités imaginaires. Elle inverse
ainsi l'inversion dont elle était responsable à l'origine, lorsqu'elle avait
acquis "pompe" et "révérence" (fr. 60-94) à l'ordre établi par la force[46].
Le grand, par ses soins rapetissé après avoir été accru, retrouve l'ordinaire
stature, et à ses propres yeux encore. L'histoire inventée de l'homme "jeté

---

[44] Cf. fr. 137-169: les rois "sont environnés de personnes qui ont un soin merveilleux de
prendre garde que le roi ne soit seul et en état de penser à soi, sachant bien qu'il sera
misérable, tout roi qu'il est, s'il y pense".

[45] La royauté est déjà une situation limite, mais l'imagination est convoquée pour la pousser,
si l'on ose dire, à la limite: "Quelque condition qu'on se figure où l'on assemble tous les
biens qui peuvent nous appartenir, la royauté est le plus beau poste du monde et cependant
qu'on s'en imagine, accompagné de toutes les satisfactions qui peuvent le toucher. S'il est
sans divertissement (...) le voilà malheureux" (fr. 136-168). La scène du sermon est aussi une
situation limite: on a d'un côté le plus vénérable des juges, cumulant la respectabilité de
l'âge, la solidité de la raison, l'ardeur de la charité, et de l'autre la cause la plus facile à
juger, puisque la "nature" des choses (en l'occurrence, la vérité divine annoncée par le
prédicateur) s'y oppose diamétralement aux "vaines circonstances" qui l'enrobent (à savoir
l'apparence ridicule de l'orateur). La même analyse s'étend sans effort au cas du "plus grand
philosophe du monde" (fr. 44-78): Pascal n'allait pas nous décrire un pense-menu dans
l'exercice habituel de son arrogante ratiocination.

[46] Cf. fr. 828-668.

par la tempête dans une île inconnue"[47] et pris pour roi par les habitants est le moyen de détruire dans la conscience du marquis d'Albert les illusions qu'il pouvait nourrir sur l'origine de sa royauté de concupiscence et le fondement prétendu naturel de sa supériorité sociale: "Ne vous imaginez pas que ce soit par un moindre hasard que vous possédez les richesses dont vous vous trouvez maître"[48]. En d'autres termes: ne vous imaginez pas que cette histoire imaginée n'est pas la vôtre. L'imagination ne se tromperait qu'à douter de la fiction, c'est-à-dire de soi — "pour entrer dans la *véritable* connaissance de votre condition, considérez-là dans cette *image*"[49]. C'est une fable qui dit la vérité du politique, c'est au mythe[50] que Pascal confie le travail de la démystification.

Celle-ci n'a pas pour objet cependant de détruire le règne de l'imagination sur la société. Lorsque Montaigne rêve de supprimer toute loi, il veut "prouver la vanité des opinions les plus reçues" mais "ne prétend pas qu'on doive changer l'ordre de l'Etat"[51], et l'avis donné au marquis d'Albert ne l'empêchera pas d'accepter les hommages et services auxquels il est accoutumé. La démystification, même si elle n'est pas sans effets sur la constitution d'une "pensée de derrière" (fr. 90-124 et 91-125) et donc sur la façon de se considérer soi-même et de traiter les autres[52], repose sur des expériences qui restent fictives et s'adresse à ceux qu'elle peut rendre "habiles" (c'est-à-dire capables d'apprécier et de préserver le bénéfice de l'imaginaire collectif), non à ceux qu'elle transformerait en simples "demi-habiles", car ils perdraient avec leur naïve confiance la salubrité de leurs opinions et se rendraient contraires à leur propre intérêt

---

[47] Ier *Discours*, *OC*, IV, 1029.

[48] *Ibid.*, p. 1030. Cf. *ibid.*, § suivant: "Vous imaginez-vous aussi que ce soit par quelque loi naturelle que ces biens ont passé de vos ancêtres à vous?"

[49] Première phrase du Ier *Discours*, *ibid.*, p. 1029.

[50] Mythe, parce que cette fable dit l'origine.

[51] *Entretien avec M. de Sacy*, *OC*, III, 138 et 137.

[52] Le grand chez qui a été suscitée une "pensée de derrière" sera l'hôte d'"une double pensée" (Ier *Discours*, *OC*, IV, 1029 et 1031) par laquelle, tout en acceptant les déférences d'autrui, il se considérera "dans une parfaite égalité avec tous les hommes" (*ibid.*, p. 1031). Lorsque le grand n'apparaît pas en état d'être démystifié à ses propres yeux, c'est encore en jouant sur son imagination qu'il sera possible d'adoucir sa domination: Platon et Aristote, "s'ils ont fait semblant" de parler de politique "comme d'une grande chose, c'est qu'ils savaient que les fous à qui ils parlaient pensent être rois et empereurs. Ils entrent dans leurs principes pour modérer leur folie au moins mal qu'il se peut" (fr. 533-457). On lutte par l'imagination contre les dérèglements de l'imagination.

(c'est pour son bien que le peuple est pipé)[53] en même temps qu'à la justice et à la raison. La fantaisie des lois, en effet, ne signifie pas qu'elles soient irrationnelles ou injustes. Décider par exemple que les biens du père reviendront à l'aîné plutôt qu'à l'Etat, cela est fantaisie mais point absurdité: il n'est guère difficile de trouver "de bonnes raisons"[54] à ce choix. Et la justice n'y est pas blessée, car la matière est de soi "indifférente"[55]. De sorte que l' "autre tour d'imagination" qui aurait rendu pauvre l'opulent héritier du duc de Luynes ne lui eût laissé aucun sujet de se plaindre[56]. Une loi issue de fantaisie est exactement une loi arbitraire, au sens précis que les juristes du XVIIe siècle donnent à ce terme: "Nous ne considérons comme lois simplement arbitraires que celles dont les dispositions sont telles qu'on ne saurait dire qu'une loi différente fût contraire aux principes de l'équité"[57]. Positivement, la justice de ces lois "consiste dans l'utilité particulière qui se trouve à les établir, selon que les temps et les lieux peuvent y obliger"[58]. Pascal ne se fait aucun scrupule de réclamer, outre l'obéissance extérieure à de telles lois, la "reconnaissance intérieure de la justice"[59] de l'ordre qu'elles instituent — une reconnaissance qui est "selon la raison"[60]. C'est pourquoi le fragment 44-78 lui-même affirme que la raison "la plus sage prend pour ses principes ceux que l'imagination des hommes a témérairement introduits en chaque lieu". Cette témérité n'a au demeurant que les apparences du hasard[61], puisqu'elle introduit en chaque lieu la décision que requièrent les circonstances sur des sujets que la loi naturelle laisse ouverts à l'apprécia-

---

[53] Cf. fr. 60-94: "Le peuple prête aisément l'oreille à ces discours, ils secouent le joug dès qu'ils le reconnaissent, et les grands en profitent *à sa ruine* (...). C'est pourquoi le plus sage des législateurs disait que *pour le bien* des hommes, il faut souvent les piper". La piperie ne consiste d'ailleurs point à faire prendre pour juste ce qui est injuste, mais à laisser croire qu'est absolument juste (loi naturelle) ce qui ne l'est que relativement (loi positive).

[54] Ier *Discours*, *OC*, IV, 1030. De même pour l'apparente absurdité de la loi française de succession au trône: "La raison ne peut mieux faire" (fr. 977-786).

[55] IIe *Discours*, *OC*, IV, 1032.

[56] Cf. Ier *Discours*, *OC*, IV, 1030.

[57] J. Domat, *Les Lois civiles dans leur ordre naturel, Traité des lois*, chap. XI.

[58] J. Domat, *ibid.* C'est pourquoi, à la différence des lois naturelles, "les lois arbitraires ne commencent d'avoir leur effet qu'après qu'elles ont été publiées" (*ibid.*). Cette publication n'est autre que l'*établissement* pascalien (cf. ci-dessous, appel de note 62).

[59] IIe *Discours*, *OC*, IV, 1032.

[60] *Ibid.*

[61] Sur le rapprochement sémantique témérité/hasard, v. *supra*, p. 148, n. 32.

tion de la raison. Enfin Dieu même, qui est le maître des biens et des pouvoirs, "a permis aux sociétés de faire des lois pour les partager, et quand ces lois sont une fois établies, il est injuste de les violer"[62]. Raisonnables par leur motif ou leurs effets (pensons aux fameuses "raisons des effets")[63], justes en vertu de leur établissement et de leur utilité, autorisées par Dieu en complément des lois naturelles dont il est l'auteur, les lois de fantaisie ne sont pas des lois fantaisistes.

L'imagination, on le sait, n'intervient pas seulement pour poser les règles du jeu politique et social: elle est celle encore qui les fait observer, puisqu'elle "donne le respect et la vénération (...) aux lois" (fr. 44-78). Dès lors que ces lois sont conformes à la raison, pourquoi faire grief à l'imagination de l'estime qu'elle leur acquiert? Et quand elles s'en éloigneraient, il serait toujours raisonnable de les respecter. Certes, le peuple se trompe en leur prêtant une parfaite justice, par où l'on peut dire qu'il "obéit à la justice qu'il imagine" (fr. 60-94), mais cette justice imaginée entraîne une obéissance réelle qui fait la cohésion du corps politique en même temps que la justice propre au sujet ou au citoyen[64]. Ainsi des supérieurs hiérarchiques: ils ne sont pas plus honorables que les lois ne sont parfaitement justes, mais il est essentiel au bien public que les uns et les autres soient respectés comme s'ils l'étaient. Peu importe qui l'on respecte — ici, ce seront les gentilshommes; là, les roturiers[65] —, seul compte le fait même du respect. Ici encore, l'imagination apparaît gardienne de l'ordre politique, car l'ordre suppose la distinction ("il faut qu'il y ait différents degrés", fr. 828-668), le respect maintient cette distinction ("le respect est pour distinguer les grands", fr. 80-115) et l'imagination assure ce respect ("ces cordes qui attachent donc le respect à tel et à tel en particulier sont des cordes d'imagination")[66]. La raison, une fois de plus, cautionne le travail de l'imagination: les hommes "ont

---

[62] Ier *Discours*, *OC*, IV, 1030.

[63] Liasse V des *Pensées* dans l'édition Lafuma, liasse VI dans l'édition Sellier.

[64] Etant entendu que ces lois, par définition, ne sont pas contraires "aux principes de l'équité" (v. ci-dessus, p. 248, appel de note 57). S'il en allait autrement, elles ne seraient pas arbitraires ou indifférentes mais iniques et détestables, et ne mériteraient nulle obéissance (cf. fr. 916-746, d'après Actes des apôtres, V, 29: "Il est meilleur d'obéir à Dieu qu'aux hommes").

[65] Cf. IIe *Discours* (*OC*, IV, 1032), fr. 50-83 et 828-668.

[66] Fr. 828-668. Cf. fr. 44-78: "Qui donne le respect (...) aux grands, sinon cette faculté imaginante"?

cru avec raison devoir honorer certains états et y attacher certains respects"[67]. Comme on l'a vue dans les sciences remplir fonction rationnelle, l'imagination en politique est la fonction du raisonnable. S'il est stupide de se moquer "de ceux qui se font honorer pour des charges et des offices" (fr. 688-567), il ne l'est pas moins de dénigrer les "vaines circonstances" par lesquelles ces charges et offices leur attirent "en effet"[68] le respect; et qu'on ne se moque pas davantage de ceux qui les honorent, car s'ils ne devaient honorer que des honorables, il y a longtemps que l'Etat aurait péri dans la guerre civile[69]. L'"appareil auguste" des magistrats, et avec lui toutes les pompes du pouvoir, est "fort *nécessaire*" (fr. 44-78) — sans ironie cette fois — en ce qu'il installe précisément les "cordes de *nécessité*" (fr. 828-668) qui lient le commerce des hommes. Auraient-ils la véritable justice qu'il leur faudrait toujours frapper l'imagination: un médecin capable de guérir, mais habillé comme tout un chacun, se priverait non seulement de clientèle[70], mais d'une bonne partie de son efficacité[71]. Le réel lui-même a besoin de l'imagination, y compris dans l'ordre des corps, car ce n'est pas la force des rois qui est au fondement de "la plus grande et importante chose du monde", à savoir la puissance publique, mais "la faiblesse" du peuple[72], qui tient à "l'abondance"[73] de son imagination[74]. Celle-ci peut bien être indiffé-

---

[67] IIe *Discours*, *OC*, IV, 1032.

[68] Fr. 44-78. "En effet": effectivement.

[69] Les guerres civiles "sont sûres si on veut récompenser les mérites, car tous diront qu'ils méritent" (fr. 94-128). Cf. fr. 977-786: "Qui choisira-t-on? Le plus vertueux et le plus habile? Nous voilà incontinent aux mains". Prétendre se régler sur les "grandeurs *naturelles*" (IIe *Discours*, *OC*, IV, 1032), c'est justement provoquer une régression à l'état de *nature* tel que décrit par Hobbes. En d'autres termes, il n'est de pire mal pour la collectivité humaine que de fonder le respect sur des grandeurs "indépendantes de la fantaisie" (*ibid.*).

[70] Cf. fr. 44-78 (passage rayé): "Ils [= le peuple] ne peuvent pas croire qu'un homme qui n'a pas de soutane soit aussi grand médecin".

[71] "Combien de maladies guéries" (fr. 44-78, passage rayé) par la vertu de l'imagination, et donc par l'image que le malade se fait de son médecin! Les médecins s'en sont depuis longtemps avisés, comme en témoigne cette observation de Galien: "Celui-là opère le plus de guérisons, qui a le plus grand nombre de fidèles" (*Pronostiques*, I, 2, cités par Pomponazzi, *Les Causes des merveilles de la nature ou les enchantements*, tr. Busson, éd. Rieder, p. 140).

[72] V. fr. 26-60.

[73] Cf. fr. 44-78 (passage rayé): "le peuple en qui l'imagination abonde".

[74] La seule fois, dans les *Pensées*, que Pascal substantive l'adjectif *faible*, c'est pour désigner ceux qui sont dominés par l'imagination: "(...) ces vaines circonstances qui ne blessent que

rente à la vérité ou à la fausseté des qualités qui l'impressionnent, il n'est nullement indifférent à la survie, au contentement, voire au salut[75] des hommes, qu'elle en soit impressionnée. Fondement "admirablement sûr" (fr. 26-60) d'un ordre lui-même "admirable"[76], comment l'imagination ne mériterait-elle pas à son tour un tel qualificatif?

Enfin, "l'empire fondé sur l'opinion et l'imagination" a l'avantage d'être "doux et volontaire" (fr. 665-546). L'imagination agit de la même manière que la force — par "impression"[77] — mais sans recourir à la force, dont elle prend le relais. L'exhibition des troupes armées dispense de l'usage des armes et au besoin de leur exhibition: le roi, même seul, est protégé par l'imagination de ses sujets[78]. Comme "on ne veut être assujetti qu'à la raison ou à la justice" (fr. 525-454), il suffit de s'imaginer (en quoi, malgré les demi-habiles, on ne s'écartera guère de la vérité) qu'est juste ou raisonnable l'ordre né de la force pour y adhérer sans contrainte, voire avec enthousiasme[79]. Volontairement encore, pour ne pas dire volontiers, les hommes se portent à la recherche de "biens reconnus imaginaires"[80] et par là "en effet"[81] ils font vivre la cité. C'est dans la douce imagination de les pouvoir acquérir qu'ils font broder des habits et bâtir de superbes demeures, qu'ils se lancent au péril de la mer et endurent toutes les fatigues, qu'ils s'engagent dans "les plus grandes

---

l'imagination des faibles" (fr. 44-78).

[75] L'Eglise "a toujours enseigné à ses enfants" qu'il faut "rendre à chacun ce qu'on lui doit, honneur, tribut, soumission, obéir aux magistrats et aux supérieurs, même injustes; parce qu'on doit toujours respecter en eux la puissance de Dieu qui les a établis sur nous" (XIVe Prov., p. 268; cf. Epître aux Romains, XII, 7 et 17-19, et Ière Epître de saint Pierre, II, 13-18). Même quand le peuple murmure au passage du roi: "Le caractère de la divinité est empreint sur son visage" (fr. 25-59), l'imagination fait en lui le travail de la vérité.

[76] Fr. 118-150 (cf. fr. 211-244). Ces fragments jugent tel un ordre fondé sur la concupiscence, mais c'est le même qui repose sur l'imagination: la concupiscence nous fait concevoir une idée fantastique des puissants et cette idée — "ce fantôme", comme dit la Logique de Port-Royal (Ière part., chap. 10, p. 79) — excite en nous la concupiscence.

[77] Cf. J. Mesnard, "Le thème des trois ordres dans l'organisation des Pensées", in Pascal. Thématique des "Pensées", Vrin, 1988, p. 49.

[78] Cf. fr. 25-59.

[79] L'empire sur nous de ces valeurs, réelles ou imaginées, est comparable à "celui de la délectation" (fr. 525-454).

[80] Fr. 44-78 (passage rayé).

[81] Au sens où l'on a vu cette locution employée au fr. 44-78 (v. ci-dessus, p. 250, appel de note 68).

entreprises"[82] comme au choix des plus humbles métiers — couvreur, cordonnier, maçon[83]. Voyez le soldat, qui frappe l'imagination des "plus fermes" (fr. 44-78): il vit lui-même dans l'espérance fantastique de n'être plus dépendant et, à l'idée d'un jour commander, obéit actuellement, qui est toute l'utilité qu'on attend de lui[84]. Le plus prisé de ces biens imaginaires, on l'a repéré déjà[85], est l'honneur. Or l'adoption de ce principe représente une victoire sur la violence, puisqu'une société fondée sur l'honneur est une société de signes et que la plus haute violence qu'elle conçoit n'est encore qu'un signe de violence: le soufflet, offense gravissime, en effet n'est pas une blessure, mais le signe qu'on aurait pu

---

[82] *Logique de Port-Royal*, Ière part., chap. 10, p. 80: "Il n'y a rien de plus ordinaire que de voir ces vains fantômes, composés des faux jugements des hommes, donner le branle aux plus grandes entreprises et servir de principal objet à toute la conduite de la vie des hommes". Les exemples donnés se trouvent chez Pascal: les habits, aux fr. 89-123 et 95-129; les demeures, au fr. 151-184 (cf. lettre du 5 nov. 1648, *OC*, II, 698); les entreprises maritimes, aux fr. 77-112 et 101-134; les fatigues et périls, au fr. 136-168. Toute cette vanité de courir après la réputation, l'argent ou le pouvoir, n'est pas si vaine: elle est même "très saine" (cf. fr. 101-134), non seulement du point de vue politique, mais économique. Le grand, avec sa braverie, montre "qu'un grand nombre de gens" — valets de chambre, parfumeurs, passementiers, etc. — travaillent pour lui (v. fr. 95-129): sa poursuite de biens imaginaires procure aux autres des moyens réels d'existence. La vanité d'un seul assure la subsistance, parfois la prospérité, de plusieurs. Arnauld, qui a bien vu sa double utilité, se gardera de condamner le luxe dans les vêtements: "Saint Augustin fait assez entendre dans la lettre à Ecdicia qu'il est à propos que les habits servent à distinguer les différentes conditions des personnes. Cela avertit le peuple de porter respect aux personnes de qualité, ce qui est fort nécessaire pour éviter les querelles. Or ce sont ces ornements et ces parures dont on se pourrait passer, qui font presque toujours ces distinctions d'habillements" (Lettre CCCCLXXX, à M. Treuvé, 1684, *Œuvres*, t. II); et, sur le plan économique: "Je ne crois point qu'on doive condamner les passements, ni ceux qui les font, ni ceux qui les vendent. Et il est de même de plusieurs choses qui ne sont point nécessaires, et que l'on dit n'être que pour le luxe et la vanité. Si on ne voulait souffrir que les arts où on travaille à des choses nécessaires à la vie humaine, il y aurait les deux tiers de ceux qui n'ont point de revenu et qui sont obligés de vivre de leur travail, qui mourraient de faim, ou qu'il faudrait que le public nourrît, sans qu'ils eussent rien à faire; car tous les arts nécessaires sont abondamment fournis d'ouvriers: que pourraient donc faire ceux qui travaillent présentement aux non nécessaires, si on les interdisait? Les filles surtout et les jeunes veuves seraient extrêmement exposées. Car il y a des pays entiers où elles ne subsistent que par les dentelles. Et il y a des Congrégations qui vivent dans une piété admirable, n'ayant que cela pour vivre" (*ibid.*).

[83] Cf. fr. 634-527, 35-69 et 129-162.

[84] Cf. fr. 356-388: "Le soldat espère toujours devenir maître et ne le devient jamais, car les capitaines et princes mêmes sont toujours esclaves et dépendants, mais il l'espère toujours, et travaille toujours à y venir".

[85] Cf. ci-dessus, chap. I, p. 152.

blesser, comme rester debout devant les grands est le signe qu'on se dévouerait pour eux s'ils en avaient besoin[86]. Au lieu que la force régisse immédiatement les rapports entre les hommes, ce qui nous ramènerait à l'état de nature hobbien, elle s'emploie à faire respecter des apparences qui, le plus souvent, se font respecter toutes seules de l'imagination qu'elles impressionnent. "Nous voulons vivre dans l'idée des autres d'une vie imaginaire et nous nous efforçons pour cela de paraître" (fr. 806-653): l'imagination veille elle-même aux signes qu'il convient d'émettre en direction de l'imagination d'autrui. "Ces choses qui nous tiennent le plus, comme de cacher son peu de bien, ce n'est souvent presque rien. C'est un néant que notre imagination grossit en montagne" (fr. 531-456), mais elle n'a point tort, car c'est "par le dehors" (fr. 101-134) que les hommes ont avec "raison" (*ibid.*) décidé de se distinguer. Ce "grossissement" a la même fonction d'alarme salutaire dans la vie sociale que dans la vie physique[87]. Ainsi l'imaginaire point d'honneur, qui "grossit" les atteintes symboliques à notre dignité, est le gardien de l'ordre policé des signes: "De s'offenser pour avoir reçu un soufflet (...), cela est très souhaitable à cause des autres biens essentiels qui y sont joints" (fr. 101-134) — à condition naturellement que la réplique ne dégénère pas en violence mais obtienne, fût-ce par l'entremise de la force publique, une réparation réelle ou symbolique[88]. Ce n'est donc pas de l'essentiel que l'imagination, faculté des accidents, est vue ici dépendre: au contraire, c'est d'elle que dépendent les "biens essentiels" à tout homme vivant en société et à la société elle-même. Le seul pacte social qui nous préserve de l'ordre cannibale[89] est celui, doux et volontaire, par lequel chacun permet à chacun, grâce au respect des apparences, de penser qu'il vit "dans l'idée des autres d'une vie imaginaire" (fr. 806-653). *Dell' opinione regina del*

---

[86] Cf. fr. 80-115.

[87] Cf. ci-dessus, p. 242-243.

[88] Si l'on ne se ressent pas d'un soufflet, on est "accablé d'injures et de nécessités" (fr. 101-134). Pascal rejoint ici le casuiste Azor dans la prédiction des conséquences ("l'honneur des innocents serait sans cesse exposé à la malice des insolents", VIIe *Prov.*, p. 124), mais nullement sur la parade préconisée (le meutre préventif de l'offenseur, pour le jésuite). L'idéal serait sans doute pour lui que la réparation restât, comme l'offense, dans l'ordre du signe. Sur la proximité de la logique chrétienne et de la logique civile (aux deux sens du terme) devant l'invective et l'injure, v. la lettre d'Etienne Pascal au P. Noël (*OC*, II, 586-602).

[89] Cf. fr. 101-134: c'est l'ordre primitif, instable et brutal, de la force sans imagination, où l'on ne peut concevoir que l'autorité revienne à un enfant.

mondo (fr. 44-78): nous avions pris ce titre pour un persiflage; reconnaissons-y maintenant un titre de gloire, car c'est la royauté de l'imagination qui épargne au monde la tyrannie de la force[90].

3 — L'INVENTION DE LA CONSCIENCE

Avec la politique, nous sommes entrés en quelque façon dans la morale: il est bon de préserver l'ordre roulant sur l'imagination, et l'imagination est bonne qui le préserve sans violence. Elle peut même être au principe d'une véritable conversion éthique: le fait pour le grand d'avoir pris conscience grâce à une "image"[91] de la vérité de sa condition va le détourner de la vie brutale et vaine où ses semblables se laissent si souvent entraîner[92]. C'est cette image qui l'empêchera de s'imaginer supérieur aux autres et l'obligera de se conduire par "une double pensée"[93]; le roi de concupiscence devient à ses propres yeux ce naufragé que l'erreur d'un peuple a porté au pouvoir. "Ceux qui sont dans la nécessité de reprendre les autres", explique ailleurs Pascal, sont contraints d'user "de détours et de tempéraments pour éviter de les choquer" (fr. 978-743): l'un des plus efficaces est assurément le détour par la fiction, qui permet de tempérer la répugnance que nous avons à nous voir tels que nous sommes. Puisque l'amour-propre nous interdit de nous regarder en face, regardons-nous de biais dans l'histoire imaginée d'un autre[94]. L'irréalité de la fiction aplanit l'obstacle de notre vanité et nous permet d'ouvrir les yeux sur la réalité de notre être[95]; par elle nous pouvons

---

[90] Cf. fr. 665-546: "L'opinion est comme la reine du monde mais la force en est le tyran".

[91] Ier *Discours*, *OC*, IV, 1029.

[92] Cf. fin du Ier *Discours*, *ibid.*: "Tous les emportements, toute la violence et toute la vanité des grands vient de ce qu'ils ne connaissent point ce qu'ils sont".

[93] *Ibid.*

[94] N'est-ce pas ce qui se produit dans les histoires du juge au sermon et du philosophe sur sa planche? Nous rions de l'humiliation de ces deux figures d'autorité, mais à travers elles, c'est de nous-mêmes que nous rions, car si ces représentants éminents de l'espèce humaine apparaissent dominés par l'imagination, *a fortiori* nous autres lecteurs, appartenant à l'humanité commune, en serons-nous accablés. La mise en scène pascalienne tempère l'atteinte à notre amour-propre tout en nous menant à l'amère prise de conscience.

[95] Le paradigme, ici encore (cf. notre chap. II, p. 218 s.), pourrait bien être celui de *Beauté poétique* (fr. 585-486 et 586-486): la vérité que nous ne pouvions ou ne voulions pas voir apparaît par déplacement et transposition (réglés) sur un objet imaginaire. On prend conscience du ridicule d'un sonnet en imaginant une femme sur le même modèle, on prend

accomplir le prodige de devenir juges objectifs en notre propre cause[96]. Et l'imagination nous attire à la vérité par ce qui lui semble le plus opposé, à savoir le plaisir, car pour Pascal comme pour Aristote l'image a ce pouvoir magique de transformer en son contraire la perception de son modèle[97]: comme la peinture suscite "l'admiration par la ressemblance des choses dont on n'admire point les originaux"[98], l'image de l'homme

---

conscience du ridicule de sa conduite en la voyant projetée sur un être de fiction: "Que diriez-vous de cet homme qui aurait été fait roi par l'erreur du peuple, s'il venait à oublier tellement sa condition naturelle qu'il s'imaginât que ce royaume lui était dû, qu'il le méritait et qu'il lui appartenait de droit? Vous admireriez sa sottise et sa folie. Mais y en a-t-il moins dans les personnes de condition qui vivent dans un si étrange oubli de leur état naturel?" (Ier *Discours*, *OC*, IV, 1031). Contre les folles imaginations, c'est l'imagination qui restaure la mémoire de ce que nous sommes en vérité.

[96] Et pourtant le fr. 44-78 affirmait: "Il n'est pas permis au plus équitable homme du monde d'être juge en sa cause". Mais "l'imagination humaine" n'est précisément pas avare de "prodiges" (fr. 60-94). Elle dont on avait décrit les liens avec l'amour-propre (v. notre chapitre I) se révèle à présent comme le moyen inespéré de mettre hors jeu l'amour-propre. Sur l'utilité de traiter avec soi-même par la médiation imaginaire d'un autre, l'auteur des *Provinciales* rencontre celui des *Exercices spirituels*: "Je me représenterai, écrit Ignace de Loyola, un homme que je n'aie jamais vu ni connu; et, lui désirant toute la perfection dont il est capable, j'examinerai ce que je lui dirais de faire et de choisir pour la plus grande gloire de Dieu et pour la plus grande perfection de son âme; puis, me donnant à moi-même les mêmes conseils, je ferai ce que je lui dirais de faire" ("De l'élection", trad. P. Jennesseaux, librairie Poussielgue, 1900). L'imaginaire est le lieu de l'objectivité.

[97] "Tous les hommes, dit Aristote, prennent plaisir aux imitations" (*Poétique*, 1448 b, trad. J. Hardy, "Les Belles Lettres", 1969). C'est ainsi, poursuit-il, que "des êtres dont l'original fait peine à la vue, nous aimons à en contempler l'image exécutée avec la plus grande exactitude; par exemple, les formes des animaux les plus vils et des cadavres" (cf. *Rhétorique*, I, 4). Boileau dira, aux premiers vers du chant III de son *Art poétique*: "Il n'est point de serpent, ni de monstre odieux,/Qui, par l'art imité, ne puisse plaire aux yeux". L'image, entendue comme imitation (les deux mots ont d'ailleurs la même racine), a ceci de paradoxal qu'en se conformant à son objet elle le métamorphose: c'est ce qui fait la "vanité" de la peinture (fr. 40-74) dans la perspective de la liasse portant ce titre, mais dans une perspective plus large, cette vanité n'est pas si vaine lorsqu'elle est voie vers la vérité. L'image — où s'exerce le pouvoir d'inversion caractéristique de l'imagination (cf. fr. 551-461) — est, dans le sensible, initiatrice de sa rédemption.

[98] Fr. 40-74. C'est de la même façon que "deux visages semblables, dont aucun ne fait rire en particulier font rire ensemble par leur ressemblance" (fr. 13-47): ces deux visages sont l'image l'un de l'autre, et le plaisir de l'image ne provient pas de son original mais du rapport de la représentation à l'objet représenté. Le rire naît bien ici de la ressemblance et non des éléments qui se ressemblent. Le plaisir de l'image prend en l'occurrence la forme d'un comique de répétition dans l'espace.

"jeté par la tempête dans une île inconnue"[99] ou "porté endormi dans une île déserte et effroyable" (fr. 198-228) nous donne à voir sans déplaisir la vérité pourtant déplaisante de notre condition. "Le monde est vieux, dit-on: je le crois, cependant/Il le faut amuser encor comme un enfant"[100]: la persistance en l'homme de l'enfant[101], ce principe de faiblesse devant la concupiscence[102] et la fantaisie, explique la persistance sur lui du *Pouvoir des fables*, dont les plus cruelles sont toujours les plus délectables. Usant de la concupiscence pour nous faire accéder à la vérité, l'imagination fabuleuse et mythique retourne à notre profit la grande force qui nous entraîne à la perdition[103].

Paradoxalement, parce que l'être fictif est autre que nous, nous acceptons de nous retrouver en lui, et nous retrouvant en lui, nous prenons nos distances d'avec nous-mêmes. La "double pensée"[104] qui anime désormais le grand de chair doit devenir celle de tous: l'existence morale se déroule sur le mode du "comme si". Elle tient dans l'imagination permanente que nous ne sommes pas celui que nous croyons être et que les autres conspirent à nous faire croire que nous sommes. Nous nous croyons propriétaires de nos biens, de nos proches même ("mon fils", "ma femme")[105], et agissons ou réagissons en conséquence avec l'approbation publique: opposons à cette évidence trompeuse l'imagination que nous sommes des voyageurs de passage "dans une hôtellerie"[106], et usons de ce qui paraît être nôtre "comme d'un bien qui appartient à autrui"[107]. Nous vivons sur l'illusion que nous sommes ce que nous sommes; opposons à ce rassurant truisme l'imagination que nous sommes des

---

[99] Ier *Discours*, *OC*, IV, 1029.

[100] Moralité du *Pouvoir des fables* (La Fontaine, *Fables*, VIII, 4, v. 69-70).

[101] Cf. fr. 779-643: "Les enfants qui s'effrayent du visage qu'ils ont barbouillé. Ce sont des enfants; mais le moyen que ce qui est si faible étant enfant soit bien fort étant plus âgé! on ne fait que changer de fantaisie. (...) On a beau dire: il est crû, il est changé, il est aussi le même".

[102] Cf. notre article "Itinéraires dans les *Pensées*. Spécialement, de l'enfance", Colloque *L'Accès aux "Pensées" de Pascal*, Paris, Klincksieck, 1993, p. 168 et 172.

[103] "On ne fait que changer de fantaisie", disait le fr. 779-643: Pascal cherche dans ses "fables" une fantaisie qui nous change.

[104] Cf. p. 254, n. 93.

[105] Cf. *Entretien avec M. de Sacy*, *OC*, III, 131.

[106] *Ibid.*

[107] *Ibid.* L'injonction est d'Epictète (*Manuel*, éd. 1609, chap. 14, p. 648) et relève de cette partie de sa morale que Pascal loue hautement dans l'*Entretien*.

acteurs jouant "le personnage d'une comédie"[108] née elle-même de l'imagination divine. Ce détour par la fiction, voire ce redoublement de fiction (quand il s'agit de faire comme si nous étions de ceux dont le métier est de faire comme s'ils étaient un autre), est retour à la vérité — car nous sommes bien cet hôte logé pour un jour et qui passe outre, *memoria hospitis unius diei praetereuntis*[109] — et à la moralité: comme en politique le bon roi est celui qui joue à être roi, les hommes font bien l'homme à proportion qu'ils *contrefont* toutes les conditions des hommes[110]. Féconde aliénation que celle par laquelle, après nous être imaginés en l'autre, nous nous imaginons autres, car ce décentrement par rapport à ce que nous sommes nous permet de coïncider avec ce que nous devons être.

Au delà de notre condition sociale, l'imagination nous fait prendre conscience de notre condition métaphysique — fonction doublement morale, dans son principe ("travaillons donc à bien penser: voilà le principe de la morale", fr. 200-232) et dans ses conséquences. La même image de l'île sert à symboliser, pour le jeune roi de concupiscence, le territoire de sa domination, et pour tout un chacun, le lieu de son exil[111]. Comment l'imagination nous aide-t-elle à connaître et à vivre ces deux modalités essentielles à notre condition que sont le temps et l'espace?

Il peut paraître étonnant d'évoquer la possibilité d'un bon usage de l'imagination à propos de la temporalité. Le seul temps dont nous soyons moralement comptables est le présent[112]: or quelle est la faculté, si ce n'est l'imagination, qui ne cesse de nous en distraire pour nous absorber dans le rappel du passé et, plus encore, dans l'anticipation de l'avenir[113]? En "recherchant des choses absentes le secours qu'il n'obtient pas

---

[108] *Ibid.* Cf. *Manuel*, chap. 21, p. 654.

[109] Sagesse, V, 15 — citée au fr. 68-102.

[110] Si le maître (le théodramaturge) vous donne un rôle court, "jouez-le court; s'il vous le donne long, jouez-le long, s'il veut que vous contrefaisiez le gueux, vous le devez faire avec toute la naïveté qui vous sera possible; ainsi du reste" (*Entretien*, *OC*, III, 131-132). Le "reste" est explicité dans *Manuel*, chap. 21, p. 654: "le boiteux, le prince, le particulier".

[111] Cf. ci-dessus, p. 256.

[112] "Le présent est le seul temps qui est véritablement à nous, et dont nous devons user selon Dieu" (lettre 8 à Melle de Roannez, janvier 1657; *OC*, III, 1044).

[113] "Nous ne nous tenons jamais au temps présent. Nous rappelons le passé; nous anticipons l'avenir comme trop lent à venir. (...) Nous ne pensons presque point au présent, et si nous y pensons ce n'est que pour en prendre la lumière pour disposer de l'avenir. Le présent n'est jamais notre fin. Le passé et le présent sont nos moyens; le seul avenir est notre fin" (fr. 47-

des présentes" (fr. 148-181), l'homme a par définition recours à cette puissance en lui de rendre présent ce qui est absent. C'est elle à coup sûr qui est incriminée dans l'examen de conscience auquel se livre Pascal dans la lettre de janvier 1657 à Melle de Roannez: "Je trouve que je manque à faire plusieurs choses à quoi je suis obligé présentement pour

---

80, dans la liasse *Vanité*, à un ou deux fragments de distance — selon les éditions — du grand passage sur l'imagination). Cf. lettre citée à Melle de Roannez: "On ne pense presque jamais à la vie présente et à l'instant où l'on vit, mais à celui où l'on vivra" (*OC*, III, 1044). Le passé aussi relève de l'imagination, ne serait-ce que parce qu'il revit en nous sous la forme d'images. Le rapprochement de la mémoire et de l'imagination se fait spontanément chez Marguerite Périer: son oncle et parrain "gardait dans sa *mémoire* les idées de tout ce qu'il projetait d'écrire, jusqu'à ce que cela fût dans sa perfection, et alors il l'écrivait. C'était son usage; mais pour cela il fallait un grand effort d'*imagination*, et quand il fut tombé dans ces grandes infirmités, cinq ans avant sa mort, il n'avait pas assez de force pour garder ainsi dans sa *mémoire* tout ce qu'il méditait sur chaque chose. Pour donc se soulager, il écrivait ce qui lui venait à mesure que les choses se présentaient à lui" (*Mémoire sur Pascal et sa famille*, *OC*, I, 1103; l'effort d'imagination n'est pas, comme on pourrait le croire, celui de perfectionner mentalement les idées retenues, mais celui même de les retenir). Au reste, un tel rapprochement, qui peut aller jusqu'à l'assimilation, a pour lui une longue tradition philosophique. "Les choses qui, en elles-mêmes, sont objets de mémoire sont toutes celles qui relèvent de l'imagination", écrivait Aristote dans son traité *De la mémoire et de la réminiscence* (450 *a*; éd. citée des *Parva Naturalia*). Hugues de Saint-Victor définit au XIIe siècle l'imagination comme *memoria sensuum* (*Didascalicon*, II, 5). Chez saint Thomas, la *phantasia* ou *imaginatio* est ordonnée *ad retentionem aut conservationem* (...) *formarum per sensum acceptarum* (*Sum. theol.*, Ia, q. 78, a. 4; Gilson commente: "Dans l'imagination, le mouvement va des choses à l'âme; ce sont les objets qui impriment leurs espèces dans le sens propre, puis dans le sens commun, pour que la fantaisie les conserve. Dans la mémoire, le mouvement part de l'âme pour se terminer aux espèces qu'elle évoque", *Le Thomisme*, éd. citée, p. 262. L'imagination est le trésor de la mémoire). Dans la *Regula XII*, Descartes identifie mémoire corporelle et imagination, ce que J.-L. Marion fait dériver de l'*Ethique à Nicomaque*, VII, 5, 1147 *b* ou du traité *De la mémoire et de la réminiscence*, 450 *a* - 451 *a* (v., dans son éd. citée des *Regulae*, les notes 24, p. 202 et 12, p. 232; J.-L. Marion rappelle, n. 2, p. 224-225, que pour Aristote la μνήμη ne se comprend qu'à partir de la φαντασία, comme φάντασμα: c'est par ce biais que Descartes l'introduit dans la *Regula XII*). Enfin, pour Bossuet, "la mémoire fournit beaucoup au raisonnement, mais elle appartient à l'imagination"(*De la connaissance de Dieu...*, chap. I, § 11; éd. citée, p. 32; il précise au § 12, p. 33: "On distingue la mémoire qui s'appelle imaginative, où se retiennent les choses sensibles et les sensations, d'avec la mémoire intellectuelle, par laquelle se retiennent les vérités et les choses de raisonnement et d'intelligence"). N'est-ce pas cette tradition anthropologique qui justifie la connexion relevée chez Pascal entre coutume et imagination au début de notre étude (ci-dessus, p. 123-124)? Malebranche évoquera après lui "cette grande facilité qu'a l'imagination à se représenter les objets qui lui sont familiers et la difficulté qu'elle éprouve à imaginer ceux qui lui sont nouveaux" (*De la recherche ...*, liv. II, IIe part., chap. 2; t. I, p. 278).

me dissiper en des pensées inutiles de l'avenir. (...) Ce n'est que faute de savoir bien connaître et étudier le présent qu'on fait l'entendu pour étudier l'avenir"[114]. Etudier l'avenir, ce temps chéri de l'imagination, c'est éluder le présent. C'est aussi, paradoxalement, nous empêcher de prendre conscience de la limitation temporelle de notre existence: on voit les hommes "se figurer toujours que la satisfaction qu'ils n'ont point leur arrivera si en surmontant quelques difficultés qu'ils envisagent ils peuvent s'ouvrir par là la porte au repos"[115], mais sitôt ces difficultés surmontées, d'autres convoitises surgissent et jamais ils ne se reposent de poursuivre ce repos qui, une fois atteint, les sécherait d'ennui. Toujours tendus vers un lendemain flatteur, ils tombent en aveugles au précipice de la mort. Tous sont dans la situation du joueur qui "se pipe lui-même en s'imaginant qu'il serait heureux de gagner"[116], et l'imagination indéfiniment renaissante d'un bonheur terrestre toujours à venir les conduit sans qu'ils aient eu le temps d'y songer à la réalité d'un malheur éternel. Comment attendre de l'imagination qu'elle nous ouvre les yeux sur notre condition mortelle, elle qui s'emploie à nous la dissimuler sous les leurres du divertissement?

Même productrice d'illusions, reconnaissons-lui déjà l'avantage, que Pascal accorde au divertissement, de procurer en quelque façon à l'homme le bonheur qu'elle lui promet: "L'homme, quelque plein de tristesse qu'il soit, si on peut gagner sur lui de le faire entrer en quelque divertissement" — par exemple la considération d'un projet qui lui tient à cœur — , "le voilà heureux pendant ce temps-là"[117]. Bonheur provisoire, mais qui sera relayé par un autre aussi longtemps que l'homme aura besoin de leurres pour supporter son état: à choisir la vie contre la vérité, les hommes apportent la moins mauvaise réponse que puisse trouver la nature au

---

[114] *OC*, III, 1045. Saint François de Sales condamnait déjà, dans son *Introduction à la vie dévote* (IIIe part., chap. 37, éd. Pléiade des *Œuvres*, p. 230-233), les désirs — spécialement ceux de l'avenir — qui détournent l'âme de son devoir présent ("cela dissipe le cœur et l'alanguit ès exercices nécessaires. [...] Ce désir tient la place de celui que je dois avoir de me bien employer à mon office présent", p. 231).

[115] Fr. 136-168. Cf. *ibid.*: "Ils *s'imaginent* que s'ils avaient obtenu cette charge, ils se reposeraient ensuite avec plaisir".

[116] *Ibid.* Remarquons cependant que, dans le même fragment, Pascal dégage la responsabilité de l'imagination quant à la naissance de cette illusion: "Ce n'est pas (...) qu'on s'imagine que la vraie béatitude soit d'avoir l'argent qu'on peut gagner au jeu ou dans le lièvre qu'on court".

[117] *Ibid.*

malheur de notre nature. Plusieurs "se tuent"[118] pour dénoncer là une folie, mais au moins ils en vivent, ceux qui se confient à l'imagination divertissante: où sont "les plus sots"[119]? Non seulement elle fait vivre, mais elle fait vivre heureux, car l'espérance du bonheur est un bonheur aujourd'hui possédé. L'imagination fait de l'être avec du non-être: elle convertit un bonheur futur et rêvé en un bonheur réel et présent[120]. En tant qu'elle divertit, la pensée de l'avenir assure pour l'immédiat une fonction salutaire, à défaut d'être salvifique.

Mais l'imagination, par la même pensée de l'avenir, permet de dépasser l'attitude magique du divertissement en direction d'un bonheur plus solide et surtout plus durable. Il ne convient pas, en effet, de lier univoquement pensée de l'avenir et divertissement. Celui-ci se dit volontiers au présent, car il consiste davantage en activités capables de mobiliser maintenant le corps et l'esprit (comme la chasse, la guerre, la danse ou les grands emplois) qu'en rêveries sur l'avenir. Il paraît même à cet égard se défier de l'imagination: ne sait-on pas qu'elle se donne libre cours dans la relâche des occupations et qu'une telle vacance est précisément ce que le divertissement s'empresse d'éviter? Ne serait-ce pas la pensée de l'avenir que le divertissement, en un sens, a pour fin d'empêcher? Supprimons, par une expérience fictive, le divertissement du roi: c'est bien l'imagination douloureuse de son avenir qui l'envahit alors et l'accable — "il tombera par nécessité dans les vues qui le menacent, des révoltes qui peuvent arriver et enfin de la mort et des maladies qui sont inévitables" (fr. 136-168). En fuyant dans le divertissement la pensée du futur, l'homme atteste que l'imagination laissée à elle-même, loin d'occulter sa condition misérable, l'impose au contraire inéluctablement

---

[118] *Ibid.*

[119] *Ibid.* Cf. fr. 101-134: "Le peuple a les opinions très saines. Par exemple. 1. D'avoir choisi le divertissement".

[120] Cf. *Philèbe*, 40 *d*, trad. L. Robin citée: "Pour l'homme qui se réjouit, absolument et de quelque manière que ce fût, au petit bonheur, il y avait toujours la réalité de sa joie, non parfois, il est vrai, à propos de choses qui existent, pas davantage à propos de choses qui ont existé mais souvent, et sans doute le plus souvent, à propos de choses qui ne devront non plus jamais se produire". La réalité du plaisir est indépendante de la réalité de l'objet qui le procure: "L'être qui a du plaisir, que son sentiment de plaisir soit bien fondé ou qu'il ne soit pas bien fondé, ne perdra du moins jamais, évidemment, la réalité de ce sentiment de plaisir" (*ibid.*, 37 *b*). Il existe donc des "plaisirs imaginaires" (*ibid.*, 51 *a*), c'est-à-dire des plaisirs en imagination. Platon anticipe, dans le *Philèbe* (39-40), la reconnaissance aristotélicienne de l'*image* comme source de plaisir.

à sa conscience: "*Incontinent*, il sortira du fond de son âme l'ennui, la noirceur, la tristesse, le chagrin, le dépit, le désespoir"[121]. La pensée du futur n'est divertissante que si elle est pensée d'un futur proche ou espéré; au lieu de travailler à l'étouffer, donnons-lui toute l'extension et la certitude dont elle est susceptible: imaginons notre avenir jusqu'au bout et nous verrons l'imagination renverser elle-même les châteaux en Espagne qu'elle avait bâtis. Les rêves de gloire, de plaisir ou d'opulence s'effacent devant la vision à la fois fantastique et concrète du moment qui doit les terminer tous, réalisés ou non — celui où l'on jette "de la terre sur la tête"[122]. L'imagination nous arrache à la délectation des possibles pour nous mettre sous les yeux[123] l'inévitable; dès lors, plus d'illusion en elle, mais la pure anticipation. Le fragment 44-78 dénonçait sa tromperie quand elle faisait craindre au philosophe sa chute: Pascal la convoque maintenant pour provoquer une juste frayeur devant le gouffre de la mort où il est sûr que nous tomberons bientôt[124]. C'est l'imagination qui ôte sur nos yeux le bandeau du divertissement par lequel elle nous cachait la vue du "précipice" (fr. 166-198). Et si nous résistons à prendre conscience de ce qui nous fait horreur, elle déplace — comme pour le grand de chair — sur une fiction la vérité de notre condition. Pascal alors ne nous met plus en garde contre l'imagination, il nous enjoint d'imaginer: "*Qu'on s'imagine* un nombre d'hommes dans les chaînes, et tous condamnés à la mort (...)"[125]. Ce cachot, véritable

---

[121] Fr. 622-515 (cet "incontinent" exprime la "nécessité" lisible dans la précédente citation).

[122] Fr. 165-197. Vision fantastique à un double titre: elle est imaginée, et non vécue, par définition; et elle est imaginaire: on ne jette pas la terre sur la tête (sauf à mourir chartreux), mais sur le cercueil (l'allitération rend saisissant ce choc qui n'a pas lieu, et comme nécessaire, appelé par une identité de nature: cette tête doit devenir terre, car déjà elle n'est, comme tout l'homme, que "terre et cendre" — Ecclésiastique, XVII, 31, cité dans l'*Entretien avec M. de Sacy*, OC, III, 133).

[123] Cf. "*dans les vues* (...) de la mort et des maladies", ci-dessus, p. 260; et, dans le même fr. 136-168: "Ce lièvre ne nous garantirait pas de *la vue* de la mort et des misères qui nous en détourne, mais la chasse nous en garantit".

[124] C'est à propos de "la représentation d'une mort imaginaire imminente" que V. Carraud reconnaît, selon une expression qui ne peut que nous combler d'aise, "un bon usage de l'imaginaire" ("Evidence, jouissance et représentation de la mort. Remarques sur l'anthropologie pascalienne du divertissement", *XVIIᵉ siècle*, n°175, avril-juin 1992, p. 155).

[125] Fr. 434-686. Prétendra-t-on qu'ici encore (cf. ci-dessus, p. 255) l'image d'une si affreuse situation puisse procurer un quelconque plaisir? Oui certes, et non point quelconque: le plaisir même de la tragédie (cf. fr. 165-197: "Le dernier acte est sanglant, quelque belle que soit la comédie en tout le reste"). Aristote, *Poétique* 1453 *b*: "Le poète [tragique] doit

équivalent pascalien du mythe de la caverne, sert aussi à nous dépeindre notre condition de divertis: nous y jouons "au piquet" afin de ne savoir pas "si [*l'*] arrêt est donné" (fr. 163-195) et par là rendons irrémédiable la sentence qui nous fait tant de peur. Ce dont l'imagination nous divertit, et l'acte même du divertissement, c'est l'imagination qui les expose à notre regard par le détour — le divertissement — de la fiction fabulatrice. L'imagination retourne le divertissement contre lui-même.

La portée morale de l'imagination apparaît alors clairement: par la pensée de l'avenir, elle s'identifie à "la prévoyance, qui est une partie si essentielle et la plus utile de la prudence"[126]. Aucun acte humain, déjà, n'est aux yeux d'un augustinien possible sans l'imagination prospective: "Que faisons-nous avec nos corps que l'esprit n'ait anticipé par ses représentations, voyant d'avance en lui-même et ordonnant en quelque sorte les images (*similitudines*) de toutes nos actions visibles?"[127]. Pour l'efficacité et la moralité de l'acte, l'imagination doit aussi prévoir ses conséquences. "Le moindre mouvement importe à toute la nature, la mer entière change pour une pierre", porte le fragment 927-756. Ainsi dans la morale: "En chaque action, il faut regarder outre l'action, à notre état présent, passé, futur et des autres à qui elle importe" (*ibid*). Ici s'opère la rédemption de la pensée du futur, et même du passé. L'imagination prévoyante peut s'exercer d'abord à un niveau tout pratique, comme le montre l'exemple de Pascal organisant le concours de la cycloïde: "J'ai établi les conditions les plus équitables que j'ai pu m'imaginer"[128] — c'est-à-dire un règlement tel qu'il permette d'obvier à toutes les feintes et astuces que pourraient inventer les concurrents déloyaux pour frustrer de leur récompense ceux qui l'auraient méritée. Prudence et équité reposent

---

procurer le plaisir que donnent la pitié et la crainte suscitées à l'aide d'une imitation", la crainte ayant pour objet "l'homme semblable à nous" (1453 *a*).

[126] *Ecrits sur la grâce*, *Discours*, *OC*, III, 754. Voilà qui contrebalance les "pensées inutiles de l'avenir" de la lettre 8 à Melle de Roannez, citée ci-dessus, p. 259.

[127] *De Genesi ad litteram*, XII, 16. Saint Augustin revient sur le sujet au chap. 23: "Dans l'acte même, qu'il s'agisse de parole ou d'action, nous devançons tous les mouvements corporels en nous en représentant intérieurement les images dans l'esprit pour pouvoir les exécuter: car aucune syllabe, si brève soit-elle, ne résonne à sa place sans avoir été anticipée dans l'imagination (*praeveniuntur similitudinibus suis*)". Voir, dans le même volume de la *BA*, la note sur "*Spiritus* dans le livre XII du *De Genesi*", p. 563. Sur l'imagination chez saint Augustin, on consultera M. Dulaey, *Le Rêve dans la vie et la pensée de saint Augustin*, Etudes augustiniennes, 1973.

[128] *Troisième Ecrit* ou *Lettre circulaire*, *OC*, IV, 200.

en la circonstance sur un redoublement d'imagination, "l'Anonyme promoteur du concours" devant prévenir par sa propre imagination l'"imagination"[129] des retors qui eût rendu "les promesses des prix vaines et chimériques"[130]. L'imagination se dresse aussi contre la chimère, mais cette fois pour un enjeu capital, dans les affaires d'honneur: c'est là surtout qu'elle "grossit les petits objets jusqu'à en remplir notre âme par une estimation fantasque"[131], mais si elle représente au candidat duelliste "l'ignominie des supplices"[132] auxquels il s'expose de la part de la justice royale, l'offense reçue doit lui paraître infime à côté du déshonneur qui en suivrait la vengeance. Admirable calcul de la loi qui, opposant l'honneur à l'honneur, fait servir l'imagination anticipatrice au tempérament de l'imagination extravagante. L'imagination de la fin, et de tout ce qui y mène ou l'annonce, aide suprêmement à régler le présent. Pascal loue chez Epictète la valeur éthique accordée à la pensée de l'avenir: "Ayez tous les jours *devant les yeux* la mort et les maux qui semblent les plus insupportables; et jamais vous ne penserez rien de bas, et ne désirerez rien avec excès"[133]. Ce que le roi, dans le soudain défaut

---

[129] *Ibid.*, p. 201. Pascal donne plusieurs exemples de possibles fourberies: envoyer un calcul faux pour prendre date ("ce qui est une imagination si ridicule que j'ai honte de m'amuser à la réfuter", *ibid.*); alléguer "les incommodités de la saison" ou "les tempêtes de mer" (*ibid.*, p. 198); se retrancher derrière les douteuses attestations des bourgmestres "de la Moscovie, de la Tartarie, de la Cochinchine ou du Japon" (*ibid.*, p. 199); antidater ses réponses et les faire "venir de quelque île bien éloignée" (*ibid.*). On admirera au passage la fécondité pascalienne dans l'imagination du mal: quel tricheur il eût fait!

[130] *Ibid.*, p. 200.

[131] Fr. 551-461 (Ph. Sellier lit: "fantastique" au lieu de "fantasque", mais l'étymologie reste la même).

[132] XIVe *Prov.*, p. 273.

[133] *Entretien avec M. de Sacy*, OC, III, 132 (cf. *Manuel*, éd. 1609 citée, chap. 26, p. 658). Les deux sujets de l'*Entretien* (Epictète et Montaigne) se rejoignent d'ailleurs sur ce point: "N'ayons rien si souvent en la tête que la mort. A tous instants représentons-la à notre imagination et en tous visages. Au broncher d'un cheval, à la chute d'une tuile, à la moindre piqûre d'épingle (...)" (Montaigne, *Essais*, I, 20, p. 86; cf. *Pensées*, fr. 797-650: "Je prendrai garde à chaque voyage"). Rien d'étonnant à cela: c'est le premier Montaigne, le Montaigne "stoïcien", qui écrit en 1572: "Il n'est rien de quoi je me sois dès toujours plus entretenu que des imaginations de la mort" (*ibid.*, p. 87). Remarquons que l'épicurisme, déjà présent à Montaigne, va — au premier abord — dans le même sens: "Imagine-toi que chaque jour qui luit est pour toi le jour suprême" (Horace, *Ep.*, I, 4, v. 13, cité *ibid.*), et qu'il détruit la frivole pensée de l'avenir par l'imagination de la mort imminente: "Pourquoi, dans une vie si courte, cette ardeur à former tant de projets?" (Horace, *Odes*, II, 16, v. 17, cité *ibid.*, p. 88; ajout de 1588). Qu'on imagine la mort prévenant nos projets ou nous anéantissant après

de son divertissement, ne fera qu'une fois peut-être en sa vie — cette
seule fois étant capable de la changer toute — , faisons-le constamment
et nous verrons la perversité de l'imagination se retourner en sagesse: elle
qui était la pourvoyeuse de concupiscence réfrène et sublime le désir; elle
poussait au divertissement, et maintenant qu'elle ouvre sous nos yeux le
gouffre où s'engloutiront avec nos projets tous les fantasmes d'honneur,
de puissance et de richesse, c'est elle qui nous divertit du divertissement.
Les fausses valeurs qu'elle avait grossies "en montagne" (fr. 531-456),
voici que par "un autre tour" (*ibid.*) elle nous en découvre le néant. En
inversant l'inversion dont elle était responsable, elle prépare dans la
déréliction de "l'ennui" la voie à la conversion.

Par l'imagination, nous prenons aussi conscience de notre situation
dans l'espace. Elle "joue un rôle de premier plan", remarque Ph. Sellier,
au fragment *Disproportion de l'homme*[134]. Loin d'y récuser l'imagination, Pascal en effet la sollicite: "Si notre vue s'arrête là, que l'imagination passe outre". Nous sommes plus près de la vérité lorsque nous
laissons toute latitude à l'imagination pour dilater l'espace que lorsque
nous le bornons à ce qu'en peuvent apercevoir nos yeux. Pascal exploite
cette propriété de l'imagination, dont il raillait le mauvais usage chez
Noël, de produire "avec aussi peu de peine et de temps les plus grandes
choses que les petites"[135]. Plus elle sera hyperbolique, plus elle nous
rapprochera du réel, de sorte que le seul regret qu'elle puisse faire naître
sera de n'être pas assez elle-même, c'est-à-dire de n'imaginer pas assez
et de s'épuiser en chemin, se lassant "plutôt de concevoir que la nature de
fournir". Quoiqu'ici l'imagination conçoive, elle doit laisser la place à une
conception qui va au delà de l'imagination, et se contenter apparemment

---

leur réalisation, la pensée de l'avenir (imminent ou lointain) nous détourne de l'avenir
(médian) pour nous ramener au présent.

[134] Fr. 199-230 (c'est de lui que seront extraites les citations non référencées dans ce
paragraphe et le suivant); Ph. Sellier, *Pascal et saint Augustin*, p. 32. Le critique rapproche
notre fragment de ce passage du *De vera religione*, chap. 20, où saint Augustin se moque
des Manichéens qui imaginaient Dieu comme une lumière infinie: "Il n'y a aucune espèce
corporelle dont, ayant vu une seule partie, on ne puisse s'en imaginer une infinité d'autres
toutes semblables; et qu'ayant vu bornée d'un petit espace, on ne puisse étendre jusqu'à
l'infini par la même puissance de l'imagination". Ph. Sellier marque la différence du
traitement réservé à l'imagination dans l'un et l'autre cas: "Vaine selon saint Augustin, elle
n'est qu'insuffisamment aiguë selon Pascal et trop faible pour être à la mesure de la réalité"
(*op. cit., ibid.*).

[135] Lettre au P. Noël, *OC*, II, 522.

de son lieu traditionnel entre sensible et intelligible[136]. Mais il nous faut
à notre tour "passer outre" et retrouver l'imagination au delà de l'imaginable. Dès la perception de l'univers visible, elle était là — dans les images
du "point" et de la "pointe" — , elle est intervenue ensuite dans la
comparaison du visible à l'immensité de la nature — par l'image du
"trait", extension de la pointe[137] — et elle finit par investir l'infini lui-
même, qui pourtant la surpasse, en le figurant sous la forme d'une sphère.
Il en est de même pour l'infini de petitesse. L'imagination d'abord va
dépasser le visible en projetant au delà de sa limite les éléments qu'elle
y a puisés: elle donne au ciron, dont l'intérieur est impénétrable à l'œil
nu, des caractéristiques physiques repérables chez l'homme et les animaux
qui lui sont proportionnés — jambes, jointures, veines, etc. Puis, comme
elle se lassait de concevoir les vastitudes célestes, elle s'épuise à
représenter les minuties de l'animalcule. Mais à l'instant où elle atteint,
exténuée, son "dernier objet" et la frontière après laquelle s'ouvre le
purement concevable, elle outrepasse cette limite et s'épanche dans le
champ de l'infini qui lui est en théorie inaccessible. "L'immensité qu'on

---

[136] Le dépassement de l'imagination par la conception est un thème cartésien, comme on sait
(cf. l'exemple du chiliogone à la *Méditation* VI), et V. Carraud a bien montré ce que le
début du fr. 199-230 doit en particulier aux *Principia* (*Pascal et la philosophie*, p. 263-271).
Par delà Descartes cependant, ou à travers lui, peut jouer la conceptualisation augustinienne:
V. Carraud l'observe sur le terme *comprendre* à la fin du fr. 199-230 (*ibid.*, p. 269). Nous
serions tenté de faire remonter le couple conception/imagination lui-même, tel qu'il
fonctionne dans notre texte, au couple augustinien *ratio/phantasia* dans *De Trinitate*, XI, 10:
"Quand nous nous représentons les corps avec des dimensions que nous ne leur avons jamais
vues, nous ne le faisons pas sans le secours de la mémoire. Ainsi, tout l'espace que peut
embrasser le regard, se développant dans l'immensité de l'univers, mesure les dimensions
que nous prêtons aux corps, quand nous nous les représentons aussi grands que possible. *La
raison va plus loin encore, mais l'imagination ne la suit plus (Et ratio quidem pergit in
ampliora, sed phantasia non sequitur).* Ainsi, la raison proclame l'infinité du nombre,
insaisissable au regard de qui se représente des objets matériels. La raison nous apprend
encore que les moindres atomes sont divisibles à l'infini: néanmoins, lorsque nous en
arrivons à ces corps extrêmement petits, extrêmement ténus, dont nous nous souvenons pour
les avoir vus, *il ne nous est plus possible d'imaginer parcelles plus petites, plus exiguës,
alors que la raison ne cesse de poursuivre son travail de division.* Ainsi les objets corporels
que nous nous représentons ne peuvent être que ceux dont nous nous souvenons ou formés
à partir de ceux dont nous nous souvenons".

[137] Pour ne rien dire de la métaphore *concevoir-enfanter*, née sans doute de "l'ample sein
de la nature" (*ibid.*). Le P. Noël n'est pas seul à personnifier la nature; le tout est de le faire
"à propos", comme le lui explique Etienne Pascal sur l'exemple cicéronien de la nature
marâtre (*OC*, II, 596).

peut concevoir de la nature" à l'intérieur du ciron devient quelque chose que l'on peut "voir" et que Pascal veut nous "peindre". On retrouvera ainsi dans l'infini le fini, à quoi seul l'imagination peut prétendre, et dans l'inconnu imperceptible les objets de l'expérience sensible, qui forment son unique aliment: le firmament, des planètes, la terre, des animaux, des cirons. L'imagination fait retour dans la conception. Pourquoi prend-elle le relais d'une faculté qui devait prendre le sien? Parce que les deux infinités sont "proposées aux hommes non pas à concevoir, mais à admirer"[138]. La conception nous laisse froids, alors que l'imagination a la puissance de susciter en nous l'étonnement, la stupeur et l'angoisse. L'infini, simple symbole algébrique pour l'entendement, provoque une tout autre prise de conscience quand il devient abîme sous nos pas[139]. Au fragment 44-78, Pascal dénonçait la défaite de la raison devant l'imagination; maintenant, la raison appelle à son secours l'imagination pour persuader "l'homme entier, en corps et en âme"[140], de la vérité de sa condition[141]. Le philosophe transi sur sa planche éprouvait un effroi inutile et dangereux, mais pour nous qui par la vertu de l'imagination pascalienne l'avons remplacé au-dessus du gouffre, le même effroi est justifié et salutaire. Il ne s'agit plus d'exorciser, mais d'imprimer en nous une pensée qui fasse "pâlir et suer" (fr. 44-78): là, elle risquait de causer notre chute — ici, elle peut nous relever de notre chute. L'imagination de la chute s'est transformée en remède à la chute.

---

[138] *De l'esprit géométrique* (1er fragment), *OC*, III, 410.

[139] Cf. F. Germain, art. cité: Pascal fait naître l'angoisse "en contaminant l'infini abstrait des géomètres par l'image poignante du gouffre" (p. 37).

[140] Fr. 848-430. L'expression s'applique particulièrement bien ici au rôle de l'imagination, qui doit susciter l'angoisse, car "l'angoisse se développe à la jonction du corps, vulnérable et menacé, et de l'esprit qui prend conscience de ces menaces" (F. Germain, art. cité, p. 32). Et l'imagination est particulièrement désignée pour ce rôle, puisqu'elle est une faculté intermédiaire entre le sensible et le suprasensible: frapper l'imagination de l'homme, c'est frapper l'homme à la jointure du corps et de l'âme.

[141] Nous avions relevé déjà (chap. II, p. 229-230) la continuité entre l'action de la raison et celle de l'imagination dans le fragment *Disproportion de l'homme*. Tout en jouant son jeu, l'imagination ne laisse pas de fonctionner sur le modèle mathématique de "l'augmentation" et de "la division infinie[s]" (*De l'esprit géométrique*, 1er fragment, *OC*, III, 410). Selon l'excellente formule de D. Descotes, dans le fr. 199-230 "l'armature géométrique engendre le fantastique" ("*Disproportion de l'homme*: de la science au poème", in *L'Accès aux "Pensées" de Pascal*, Paris, Klincksieck, 1993, p. 155; cf. la thèse du même auteur, *L'Argumentation chez Pascal*, Paris, PUF, 1993, p. 219-220).

Mais comment l'imagination rendra-t-elle effrayant l'infini si elle ne peut le dépeindre que fini? Comment nous dira-t-elle ce qui nous dépasse si elle ne cesse de le ramener à nous? Car après tout, l'infiniment grand, sous sa forme sphérique, a encore la rotondité de notre planète et l'homme, dans les profondeurs du minuscule ciron, redécouvre la terre. Mais c'est justement dans cette contradiction entre la représentation et son objet qu'éclate la grandeur de l'imagination: l'infini nous dépasse de si loin qu'il ne peut nous devenir sensible qu'en se faisant en quelque façon fini. Si l'imagination n'était pas là pour le ramener aux dimensions de notre expérience, l'infini demeurerait pour nous un simple concept, bien incapable de bouleverser l'appréhension que nous avons de nous-mêmes. Le travail de l'imagination va consister à faire pressentir l'infini inimaginable à partir du fini seul imaginable. Pour cela, elle choisit dans le fini ce qui nous dépasse et, partant, suscite notre inquiète "admiration": un colosse, la mer, l'abîme. Mais ce ne sont pas tant ces objets qui font naître l'effroi que le mouvement par lequel l'imagination les parcourt et successivement les nie. Faute de pouvoir donner accès directement à l'infini, elle en rend perceptible la fuite en récusant indéfiniment la finitude des objets qu'elle propose[142]. Ce sont bien des objets issus de notre expérience, mais privés des limites où l'enfermait l'expérience: le "colosse" perd toute mesure pour s'élargir en "un monde", puis en "un tout"; la mer sur laquelle "nous voguons" n'a point de bords; l'"abîme" n'a point de fond: son nom même est négation[143]. Par là, ce qui de soi n'était point effrayant le devient: le ciron s'ouvre et laisse voir en lui le monde où il était englouti. On reconnaît dans ce grossissement du

---

[142] *Indéfiniment*, parce que l'indéfini est le seul infini qui soit à sa portée. L'indéfini est la figure de l'infini dans le fini.

[143] A (alpha privatif) — bîme (de βυσσός, "le fond"). C'est aussi une dénégation que l'expression "sphère infinie" car l'imagination, nécessairement finie, de la sphère se rature elle-même par l'adjonction d'un adjectif qui nous rend irreprésentable le substantif. Mais le mouvement de cette dénégation tient, lui, du représentable. Nous avons affaire, sur sa limite, à une imagination oxymorique (ainsi encore, dans la brusque disproportion: "ce petit cachot où il se trouve logé, j'entends l'univers"). Rien n'est plus parlant, pour l'imagination, que ce "court-circuit" de l'imagination par elle-même, opéré soit par la mise en contact avec un infini qui la fait exploser, soit par le heurt de deux expériences finies mais antagonistes (la projection de ce que l'on peut imaginer du monde sidéral dans ce que l'on peut imaginer du monde corpusculaire). A l'instant où elle ramène l'inconnu au connu — l'univers à une sphère, l'intérieur du ciron à notre "terre" —, l'imagination retourne la réduction en dilatation et crée de l'étrangeté avec de l'identité: tout anthropocentrique qu'elle est, elle arrache pour jamais l'homme à l'espoir d'être centre.

"délicat" la propriété qu'a l'imagination d'inverser les proportions, mais le rapetissement même qu'elle impose à l'immensité — réduisant par exemple à "une pointe" l'orbe supposé du soleil — lui est un moyen de multiplier l'immensité qui la suit, en l'occurrence l'espace décrit par les astres "qui roulent dans le firmament". La qualité ici exploitée de l'imagination est son dynamisme: elle ne trompe que si elle s' "asseoi[t]"[144]. Deux effets résultent de son mouvement. Le premier est l'épuisement, car la course ne connaît point de terme — "sans fin et sans repos" (de sorte que le texte ne compte pas deux, mais au moins trois infinis). Cet épuisement touche doublement le lecteur, en ce qu'il est une affection du corps et en ce qu'il rend comme palpable à l'esprit l'infinité de l'univers: si l'imagination, qui représente "avec aussi peu de peine et de temps les plus grandes choses que les petites"[145], ne peut plus suivre le rythme du réel, alors celui-ci devient véritablement effrayant d'épuiser en nous la faculté que nous jugions par nature inépuisable. Et le second effet produit par le mouvement de l'imagination est le vertige, car ce qu'elle ne cesse de dépasser dans sa course ne cesse pas non plus de revenir devant elle: "dans les autres [choses]", elle trouve toujours "la même chose". Ce retour de l'identique n'a rien de rassurant, il génère au contraire le malaise indissociablement somatique et métaphysique du mouvement immobile. Au vertige subi du philosophe alpiniste, qui était vertige imaginé, s'ajoute le vertige provoqué de l'imagination elle-même. Epuisement et vertige conspirent à la "perte" de l'imagination, qui fait celle de l'homme à la vue de si confondantes merveilles[146]. Mais cette perte de l'imagination est en même temps sa plus grande victoire, car elle est comme la marque physique en elle, par l'exténuation et le tournoiement, de l'inimaginable: le mode ultime de représentation de l'irreprésentable. L'imagination rend sensible l'infini par la sensible (en l'espèce, épuisante et vertigineuse) impossibilité de l'atteindre. La conception, elle, parce qu'elle ne connaît ni épuisement ni vertige sur la voie de l'infini — "quelque grand que soit un espace, on peut en concevoir un plus grand, et encore un qui le soit davantage, et ainsi à l'infini (...). Et au contraire, quelque petit que soit un espace, on en peut encore considérer un

---

[144] "Dans la vue de ces infinis tous les finis sont égaux et je ne vois pas pourquoi asseoir son imagination plutôt sur un que sur l'autre" (fr. 199-230).

[145] Cf. ci-dessus, n. 135, p. 264.

[146] "Qu'il se (*perde*) perdra dans ces merveilles" (fr. 199-230).

moindre, et toujours à l'infini"[147] — , ne peut nous en faire mesurer l'incommensurabilité. Et par là, la supériorité de la conception sur l'imagination peut se retourner en infériorité: la conception ne va pas au delà de ses limites, puisqu'elle ne les rencontre point, alors que l'imagination, par sa perte, manifeste ce qui la dépasse — non seulement l'infini réel et concevable, dont la pensée l'excède infiniment, mais l'infini divin, qui excède toute imagination et toute conception: "C'est le plus grand caractère sensible de la toute-puissance de Dieu que notre imagination se perde dans cette pensée". Parce qu'en son vertige s'inscrit la transcendance, l'imagination est la puissance privilégiée par laquelle s'opère la *Transition de la connaissance de l'homme à Dieu*[148].

4 — IMAGINATION ET PSYCHAGOGIE

L'imagination amène donc l'homme à une prise de conscience vitale de la précarité de sa condition. Partout, abîmes et océans: l'éternité du temps qui me précède et me suit, l'infinité des espaces qui m'enserrent et me fuient. Bientôt, l'horreur de la mort; en attendant, le vertige des univers. Les questions essentielles, que le divertissement avait pour fonction d'occulter, reçoivent de l'imagination une réponse véridique et brutale. Pour rendre les hommes malheureux, il ne faudrait en effet "que leur ôter tous ces soucis" que le divertissement procure, "car alors *ils se verraient*, ils penseraient à ce qu'ils sont, d'où ils viennent, où ils vont" (fr. 139-171). "Où ils vont"? L'imagination le leur montre en les plongeant "dans les *vues* qui le[s] menacent"[149] — peines certaines, maladies inévitables et, pour finir, quelques pelletées "de terre sur la tête" (fr. 165-197). D'anticipatrice, elle se fait rétrospective pour leur représenter "d'où ils viennent", plus haut que la mémoire ne saurait remonter: le hasard de leur naissance (qui dépend d'un mariage dépendant lui-même "d'une visite faite par rencontre, d'un discours en l'air")[150] et la palpable contingence de leur être (je "n'aurais point été si ma mère eût été tuée avant que j'eusse été animé", fr. 135-167). Quant à savoir "ce qu'ils sont", il suffit aux hommes d'imaginer *où* ils sont pour être fixés sur leur

---

[147] *De l'esprit géométrique* (1er fragment), *OC*, III, 402.

[148] Titre complet de la liasse (XV dans l'éd. Lafuma, XVI dans l'éd. Sellier) où se trouve le fr. 199-230.

[149] Fr. 136-168. Ce qui est dit ici du roi vaut évidemment pour le reste des hommes.

[150] Ier *Discours*, *OC*, IV, 1030.

insignifiance: "Qu'est-ce qu'un homme, dans l'infini?" (fr. 199-230). Par l'imagination, nous nous voyons tels que nous sommes, et la vue de cette misère nous pousse "à chercher un moyen plus solide [que le divertisse-ment] d'en sortir" (fr. 414-33). L'imagination pourrait-elle encore, au delà de la prise de conscience qu'elle provoque, nous guider vers Celui dont son vertige nous a fait pressentir la toute-puissance? Peut-elle servir d'auxiliaire dans l'entreprise apologétique?

La réponse ne fait aucun doute. L'imagination ayant "le grand droit de persuader les hommes" (fr. 44-78), on ne voit pas pourquoi elle n'aurait pas celui de leur persuader le vrai[151]. "Loin de faire tort à l'intelligence — écrit Arnauld — , on ne peut guère que par elle arriver à l'intelligence, et il y a une infinité de gens à qui elle est d'un grand secours pour faire entrer la vérité dans l'esprit et dans le cœur"[152]. Sa puissance qui égare les humains au fragment 44-78 n'est pas moindre pour les ramener sur la voie de vérité, et le spectacle même des égare-ments qu'elle cause joue sa partie dans ce retour. L'utilisation de l'imagination par l'apologiste suppose une anthropologie, repose sur une théologie et s'autorise de l'exemple divin. L'anthropologie est celle de l'incarnation — la nôtre: "Notre âme est jetée dans le corps" (fr. 418-680). Composés que nous sommes d'esprit et de matière, nous composons en retour "toutes choses d'esprit et de corps" (fr. 199-230). La pure spiritualité de Dieu s'empreint de nos qualités sensibles, il nous faut parler corporellement de ce qui n'est pas corporel, réduire l'irreprésentable à des images et donc mettre en jeu l'imagination. La théologie est celle de la chute: ensuite de la faute originelle, l'imagination est devenue "partie dominante de l'homme" (fr. 44-78) et maîtresse de sa raison; pour atteindre celle-ci par des preuves, il faudra d'abord en passer par celle-là. "Ce n'est point ici le pays de la vérité" (fr. 840-425): notre chute (et ce mot même parle à l'imagination) est chute dans les images — "nous devons nous considérer comme des criminels dans une prison toute remplie des images de leur libérateur"[153]. Et puisqu'"il faut que nous nous servions du lieu même où nous sommes tombés pour nous relever

---

[151] Dans ses *Réflexions sur l'éloquence des prédicateurs*, Arnauld fait sur ce point appel à l'autorité de saint Augustin: "Puisque l'éloquence, dit-il, peut servir au bien et au mal, pourquoi n'emploierons-nous pas, pour l'établissement de la vérité, ce que les méchants emploient pour l'établissement de l'erreur?" (éd. citée, p. 394).

[152] *Ibid.*, p. 385.

[153] lettre de Blaise et Jacqueline à Gilberte (1er avril 1648), *OC*, II, 582.

de notre chute"[154], l'imagination est nécessairement mobilisée pour cette entreprise. L'empire de l'imagination sur la nature déchue impose le recours à une rhétorique de l'imagination pour faire accéder au salut.

Dieu lui-même a donné l'exemple: dans la Bible, "il est parlé de Dieu à la manière des hommes" (fr. 272-303) — lorsqu'on évoque la puissance de son bras, l'odeur qu'il reçoit des parfums et sacrifices, sa jalousie ou sa colère[155] — , de sorte que l'on peut imaginer celui qui est au delà de toute imagination. Ce n'est point là blasphème, car c'est Dieu qui parle ainsi de lui-même, et "Dieu parle bien de Dieu" (fr. 303-334). Avant de le faire réellement par son fils, Dieu s'est incarné une première fois — dans l'imagination des hommes. Il s'est adressé encore à elle par ses prophètes, à qui l'avenir est présent sous forme d'images. Jacob voit d'avance la Terre promise et en dispose comme s'il en était déjà maître[156]. Grâce aux Psaumes, à Isaïe, Daniel ou Zacharie, il est possible d'imaginer le Messie des siècles avant sa venue: même s'il est de significatives erreurs dans l'interprétation des images données de lui — ainsi, "je ne voudrais pas", dit Pascal ou l'une de ses voix, du Messie que les Juifs "se figurent" (fr. 593-493) — , l'on sait déjà très concrètement qu'il sera pauvre, "rejeté, méconnu, trahi", "craché, souffleté, moqué", "transpercé", "les pieds et les mains percés, tué et ses habits jetés au sort"[157]. La pensée du futur continue ici de trouver rédemption, dans l'imagination du Rédempteur. Encore l'avenir peut-il être révélé dans le sanctuaire même de l'imagination, à savoir le rêve: Nabuchodonosor voit en songe "les choses qui doivent arriver dans les derniers temps" (fr. 485-720) sous l'étrange allégorie de la statue renversée par la pierre non taillée de main d'homme. "Ce songe est véritable" (*ibid.*) assure Daniel[158], son

---

[154] *Ibid.*

[155] Cf. la lettre d'Etienne Pascal au P. Noël (*OC*, II, 595-596), la *Lettre* de Pascal *sur la mort de son père* (*OC*, II, 854) et le fr. 272-303. Ces textes renvoient à Luc, I, 51 (*fecit potentiam in bracchio suo*); Genèse, VIII, 21 (*et odoratus est Dominus suavitatem*); Exode, XX, 5 (*ego sum Dominus Deus tuus fortis, zelotes*); Isaïe, V, 25 (*iratus est furor Domini in populum suum*).

[156] Cf. fr. 484-719, avec un exemple équivalent pour Moïse.

[157] Fr. 487-734 (on a respecté la syntaxe pascalienne). Références scripturaires: Psaumes, CVIII, 8 (référence donnée dans le texte et apparemment erronée); Zacharie, XII, 10; Psaumes, XXII, 17 et 19.

[158] Référence scripturaire: Daniel, II, 27-46. C'est de tels passages qu'est issue l'analyse du fr. 734-615: "(...) ce qui fait qu'on croit tant de faux effets de la lune c'est qu'il y en a de vrais comme le flux de la mer. Il en est de même des prophéties, des miracles, *des*

interprète, qui reçoit lui-même de Dieu de prophétiques visions, comme "le combat du bélier et du bouc" (*ibid.*). Ces visions, ainsi d'ailleurs que ces rêves, sont qualifiées de "spirituelles" par saint Augustin, qui les place en position médiane entre les visions "corporelles" et les visions "intellectuelles", car elles ne portent ni sur les corps ni sur les réalités suprasensibles, mais sur les images des corps: par elles, *corpora absentia imaginaliter cogitamus*[159]. Dieu enfin a fait connaître aux hommes ce qu'il attend d'eux, et là aussi s'est adressé à leur imagination. A côté des préceptes directement édictés, il a illustré dès l'Ancien Testament sa volonté par des paraboles, comme celle du "grand roi" (fr. 278-309) qui, au chapitre IX de l'Ecclésiaste, "a assiégé une petite ville" mais a été mis en échec par un homme sage et pauvre. Les rabbins expliquent bien que "ce grand roi est le mauvais levain" (*ibid.*), que les machines dont il environne la ville "sont les tentations" et que l'homme sage et pauvre qui nous est donné à imaginer et imiter représente "la vertu". Mais l'on sait aussi que tous les événements réels consignés dans le Livre sont autant de paraboles: aux Israélites, "tout arrivait en figures" (fr. 268-299). Ces événements frappent l'imagination de ceux qui les ont vus et vécus, puisqu'on connaît par le fragment 44-78 qu'elle intervient dans la perception du présent (par où l'on peut dire que tout ce qui atteint les sens est sujet à l'imagination)[160]; ils touchent également l'imagination de ceux qui n'en ont pas été témoins et doivent se les représenter *in absentia* grâce au récit qui leur en est fait; ils s'adressent enfin, d'une autre manière, à l'imagination des uns et des autres en ce qu'ils sont des "figures", car la figure portant "absence et présence, plaisir et déplaisir"

---

divinations par les songes, des sortilèges, etc. car si de tout cela il n'y avait jamais rien eu de véritable on n'en aurait jamais rien cru".

[159] *De Genesi ad litteram*, XII, 12. Visions "spirituelles" parce que touchant le *spiritus*, cette "puissance de l'âme inférieure à l'intelligence (*mens*) et où s'impriment les similitudes des choses corporelles" (*ibid.*, chap. 9; trad. Agaësse et Solignac, *BA*, 1972). Ces "similitudes", en l'occurrence, ne sont point de simples *phantasiae* (puisqu'elles viennent d'un autre que le dormeur ou le voyant), mais des *ostensiones* (terme qui est l'équivalent des φαντάσματα stoïciens — éd. citée, note 51, p. 570). Le *spiritus* est, au sens platonicien, une "partie" de l'âme qui ne s'identifie ni avec l'imagination, ni avec la mémoire, ni avec la conscience, mais constitue leur *subjectum* ou condition de possibilité (cf. la note 49 de l'éd. citée, sur "*Spiritus* dans le livre XII du *De Genesi*", p. 559-566).

[160] Cf. *supra*, p. 233-234, et Arnauld, *op. cit.*: "Tout ce qui s'aperçoit par les sens est porté des sens à l'imagination" (p. 382). Relèvent donc de l'imagination tous les moyens sensibles de transmettre la foi, et en particulier tout ce qui est de l'ordre du signe (signe sonore: *fides ex auditu*; signe visible: les caractères de l'Ecriture; etc.).

(fr. 265-296), elle a son point d'insertion naturel dans une faculté qui représente l'absent et délecte par ses fantasmes ceux mêmes que son incomplétude ontologique déçoit. L'Ancien Testament met en œuvre une divine pédagogie de l'imagination. Le Nouveau la poursuit, lors même que la vérité succède à ses images, parce qu'il ne laisse pas de communiquer le spirituel au moyen du sensible: la prédication, la parabole, le miracle (qui prouve "le pouvoir que Dieu a sur les cœurs par celui qu'il exerce sur les corps")[161], l'écriture — et Jésus-Christ en personne, qui est Dieu devenu corporel, c'est-à-dire imaginable. Le judaïsme n'avait que les figures, le christianisme possède à la fois la réalité et les figures: l'un et l'autre Testament sont bien des livres d'images. L'Eglise continue de parler de Dieu à la manière des hommes ("les choses de Dieu étant inexprimables elles ne peuvent être dites autrement et l'Eglise d'aujourd'hui en use encore", fr. 272-303) et naturellement, en son sein, l'apologiste.

Comment l'imagination est-elle mise en œuvre dans l'*Apologie* projetée par Pascal? Elle intervient d'abord au cœur de sa stratégie

---

[161] Fr. 903-450. Les miracles touchent doublement l'imagination: en tant qu'ils atteignent l'homme "en corps" (fr. 848-430) et en tant qu'ils sont "images" (fr. 503-738), "figures" (fr. 859-438). De ce qu'ils étonnent l'imagination — et cela dès l'âge de la Loi, où les Juifs sont témoins de "grands et éclatants miracles", des "grands coups de la mer rouge et la terre de Canaan" (fr. 264-295) — , il ne faut pas déduire que tous les miracles sont imaginaires. Pascal reconnaît, avec les libertins, le pouvoir qu'a l'imagination d'inventer ou de produire de faux miracles (par elle, "*combien de maladies guéries*" — fr. 44-78, passage rayé): il sera donc prudent de soupçonner son influence, mais il ne serait plus rationnel de lui soumettre l'ordre du monde. Pour évacuer le miracle, un Pomponazzi rend la nature perpétuellement miraculeuse: "Incrédules les plus crédules" (fr. 224-257). Pascal approuve l'attitude de Montaigne, qui est ici "contre les miracles" et là "pour les miracles" (fr. 863-439; cf. notre article: "Lecture pascalienne des miracles en Montaigne", in *Montaigne et les "Essais", 1580-1980*, Slatkine, 1983, p. 118-133): "Montaigne en parle comme il faut dans les deux endroits. On voit en l'un combien il est prudent et néanmoins il croit en l'autre et se moque des incrédules" (fr. 872-440). Montaigne combat notamment l'objection au miracle fondée sur la toute-puissance de l'imagination en reconnaissant (comme le fera Pascal) un au delà de l'imagination: il existe des effets tels "que, par imagination même, nous ne les pouvons concevoir" (*Essais*, II, 12, p. 468). Le miracle est possible, puisqu'il est possible de déborder l'imagination qui le feint, puisqu'il y a du réel inimaginable. L'imagination, parce qu'elle est une faculté limitée, viendrait ainsi au secours du miracle qu'elle devait exténuer. Pour Pascal en tout cas, le miracle, loin d'être toujours réductible à l'imagination, est un moyen de dissiper les fausses imaginations (que Jésus-Christ n'est pas le Messie, que Port-Royal est hérétique, etc.) par la médiation de l'imagination elle-même: "Les miracles discernent aux choses douteuses" (fr. 901-449), "Les miracles discernent la doctrine" (fr. 832-421).

rhétorique. Il s'agit de plaire et de persuader: la fiction va remplir ce double office, comme Pascal l'a expérimenté déjà avec les *Provinciales*. Pour être lu "avec plaisir par les femmes et par les gens du monde"[162], grands amateurs de théâtre et de romans, il n'a pas hésité à recourir, avec ses "petites Lettres", à ce que le XVIIe siècle appelait "des comédies"[163] et la critique moderne un "roman épistolaire"[164], deux genres condamnés à Port-Royal parce qu'ils ont en commun d'être des fictions, donc de s'adresser à l'imagination. Au moins dans les dix premières *Provinciales*[165], le narrateur (Montalte), le destinataire (le "provincial") et les personnages (Montalte encore, le Janséniste, le bon Père, etc.)[166] sont imaginaires. L'auteur procure par là à ses lecteurs le plaisir qui s'attache à toute image, et spécialement à celles que nous formons en nous-mêmes par jeu[167]. Mais ce plaisir n'est pas la fin ultime qu'il recherche, qui est de "convertir" le public à ses vues. Or c'est à quoi la fiction va encore merveilleusement servir en permettant un processus d'identification (doublé ici d'un processus de répulsion): il serait moins efficace à Pascal de parler en son propre nom, car il apparaîtrait alors pour ce qu'il est — à la fois juge et partie —, que de mettre en scène un personnage imaginaire construit sur mesure pour que le lecteur se reconnaisse en lui — un Montalte dénué de préjugé sur la querelle comme de connaissances techniques de théologie, "honnête homme" et intelligent, dont les traits en même temps restent suffisamment flous pour que chacun puisse se glisser

---

[162] Déclaration de Pascal au sujet des *Provinciales*, *OC*, I, 1075.

[163] C'est la formule de Racine ("et vous semble-t-il que les *Lettres Provinciales* soient autre chose que des comédies?") dans sa *Lettre aux deux Apologistes de l'Auteur des "Hérésies imaginaires"* (*Œuvres complètes* de Racine, "Bibliothèque de la Pléiade", Gallimard, t. II, p. 29).

[164] Cf. "*Les Provinciales*, roman épistolaire", par R. Duchêne in *Lettres et réalités* (*Mélanges H. Coulet*), Aix-en-Provence, Publications de l'Université de Provence, 1988, p. 39-55.

[165] R. Duchêne, dans l'art. cité *supra*, montre que le romanesque ne disparaît pas des *Provinciales* suivantes: en particulier, le narrateur assume son passé (puisqu'il doit justifier ses dires précédents) et demeure ainsi distinct de l'auteur, même s'il tend à se confondre avec lui.

[166] Marquons au passage deux "effets de réel" qui accusent, en paraissant le nier, le caractère fictif des personnages: "Je fus trouver M.N., qui se porte de mieux en mieux" (Ire *Prov.*, p. 10), et: "Comme il pensait à ce qu'il devait dire, on vint l'avertir que Madame la Maréchale de... et Madame la Marquise de... le demandaient" (IVe *Prov.*, p. 70).

[167] Cf. la phrase de Tertullien que Montalte reprend à son compte à la XIe *Prov.*: "Les lettres que j'ai faites jusqu'ici ne sont qu'un jeu avant un véritable combat" (p. 199) — ce qui définit le jeu comme combat fictif.

dans son image. A partir de là, le lecteur va suivre le trajet que l'auteur fait accomplir à son personnage, l'accompagner dans son roman d'apprentissage et, idéalement, passer de l'état de neutralité bienveillante à celui de conviction militante. Dernier procédé: l'objectivation, destinée à convertir les adversaires eux-mêmes. Comme dans *Beauté poétique* (fr. 586-486), les jésuites sont amenés à voir ce qu'ils sont dans la projection d'un modèle fictif qui les représente. Cette mise à distance, dont par définition le bon Père des *Provinciales* ne peut bénéficier (sinon il "aurait eu horreur lui-même" des maximes qu'il rapporte)[168], est, avec la grâce, l'unique chance d'une cathartique prise de conscience pour les casuistes corrompus[169]. Ainsi Pascal utilise des personnages imaginaires pour réduire à néant l'hérésie imaginaire réellement imputée à Port-Royal, et par une fiction disqualifie pour son temps et la postérité la théologie-fiction des jésuites et ses extravagantes propositions. La fiction et l'imagination qui la met en jeu ont puissance de dissiper le mensonge.

Dans les *Pensées*, elles conduisent à la vérité. Pascal, en effet, a conçu son *Apologie* comme une fiction. Son dessein ressort clairement de la fameuse conférence de 1658 dont Etienne Périer rapporte le contenu dans la préface de l'édition de Port-Royal. "Il commença d'abord par une *peinture* de l'homme (...). Il *supposa* ensuite un homme qui, ayant toujours vécu dans une ignorance générale, et dans l'indifférence à l'égard

---

[168] VIIIᵉ *Prov.*, p. 146.

[169] Procédé analogue, même si l'imagination joue un rôle plus intellectuel, dans les *Ecrits sur la grâce* (*Discours*, OC, III, 730-731), lorsque Pascal tente d'ouvrir les yeux des molinistes sur leur erreur dogmatique: "Mais pour arrêter leur vaine subtilité, et pour leur en *faire sentir* l'absurdité, et le [ridicule] de leur manière de corrompre le Concile, il leur en faut proposer un semblable [raisonnement], afin qu'ils reconnaissent sans obscurité dans les autres ce que les passions qui les engagent au sentiment qu'ils ont embrassé les empêchent d'apercevoir dans eux-mêmes. *Qu'ils se figurent donc* (...)" (cf. le fr. 585-486, qui relève déjà de *Beauté poétique*: "Rien ne *fait* mieux *entendre* combien un faux sonnet est *ridicule*, que d'en considérer la nature et le modèle et de *s'imaginer* ensuite [...]"). Même objectivation fantasmatique, qui tourne ici au tragique (nous ne sommes pas loin de la situation du *Cid*), dans la *Prière pour (...) le bon usage des maladies*: "Qu'y a-t-il de plus honteux (...) que ceux qui ne pourraient, sans frémir d'horreur, voir un homme caresser et chérir le meurtrier de son père qui se serait livré pour lui donner la vie, puissent vivre, comme j'ai fait, avec une pleine joie, parmi le monde que je sais véritablement avoir été le meurtrier de celui que je reconnais pour mon Dieu et pour mon père (...)?" (*OC*, IV, 1008-1009). Comme "les enfants qui s'effrayent du visage qu'ils ont barbouillé" (fr. 779-643), nous donnons corps à des fantômes qui suscitent — mais à bon escient — notre aversion. De l'aversion à la conversion: l'imaginaire objectivé peut être aussi libérateur qu'on l'a vu (chap. I, n. 222, p. 183-184) aliénant.

de toutes choses, et surtout à l'égard de soi-même, vient enfin à se considérer dans ce *tableau*, et à examiner ce qu'il est. (...) Il ne saurait remarquer sans étonnement et sans admiration tout ce que M. Pascal lui fait sentir de sa grandeur et de sa bassesse"[170]. On est en présence de la méthode d'objectivation: celui qui est "indifférent" à sa propre condition y devient attentif à partir du moment où elle lui est donnée à considérer dans un "tableau", dans "une peinture". La peinture ici est l'antidote de la vanité, puisqu'en attirant l'"admiration" du libertin sur un original — lui-même — trop peu admirable pour qu'il y ait durablement arrêté ses regards, elle l'arrache à sa dramatique indifférence ("il ne peut plus après cela demeurer dans l'indifférence, s'il a tant soit peu de raison")[171]. Ce tableau, on le trouve dans les mythes déjà évoqués des prisonniers égorgés à la vue les uns des autres (fr. 434-686) ou du naufragé de l'univers s'éveillant sur une île déserte et inconnue (fr. 198-229), qui sont, comme on l'a glosé du fragment 434-686, des "image[s] de la condition des hommes". Mais le rapprochement avec les *Provinciales* va plus loin. Les *Pensées,* qui utilisent la forme du dialogue et de la lettre[172], ne tiendraient-elles pas également du théâtre et du roman épistolaire? L'interlocuteur de Pascal, dans les *Pensées*, est un homme "supposé"[173], un personnage fictif. Comme Montalte (et plus encore que lui) il est ignorant et indifférent; comme Montalte, il est raisonnable et se met en chemin: Pascal lui sert de mentor, qui "l'adresse premièrement aux philosophes", "lui fait ensuite parcourir tout l'univers et tous les âges" et enfin "lui fait jeter les yeux sur le peuple juif"[174]. Les *Pensées* aussi sont un roman d'apprentissage[175], dans lequel le héros pérégrine chez les représentants des diverses erreurs qui se sont partagé l'humanité — pyrrhoniens, stoïciens, adeptes des fausses religions, etc. — comme Montalte sur les avis ou en compagnie d'un mentor janséniste rencontre les représentants des diverses erreurs qui se partagent la théologie d'Etat — disciples de

---

[170] Ed. Lafuma des *Pensées*, t. III (*Documents*), p. 134-135.

[171] *Ibid.*, p. 135.

[172] Cf., pour rester au début des *Pensées*, les fr. 2-38 ("Ordre par dialogues") et 4-38 ("Lettre pour porter à chercher Dieu").

[173] "Il supposa ensuite un homme", cité *supra* à l'appel de note 170.

[174] E. Périer, dans la préface citée, p. 135.

[175] L'interlocuteur de Pascal est comparé par T.M. Harrington "à un héros de roman de mœurs comme Gil Blas" ("L'interlocuteur dans les *Pensées*", in *Pascal, Port-Royal, Orient, Occident*, Klincksieck, 1991, p. 304).

M. Le Moyne, du P. Nicolaï ou de Molina. Est-ce même Pascal qui guide
en personne son fictif interlocuteur de l'illusion vers la vérité? La critique
moderne a appris à distinguer le locuteur ou le narrateur de l'auteur, et
ceux, même parmi ses pères (pensons à Valéry), qui ont naïvement
identifié à Pascal le "je" qui s'exprime dans les *Pensées* — comme si
d'ailleurs il n'y en avait qu'un[176] — n'ont fait que retarder la compréhension de l'œuvre. Puisque nous sommes dans une fiction, le "je" chrétien
des *Pensées* n'est pas un personnage plus réel que le "je" libertin qui
dialogue avec lui. Au demeurant, son nom nous est connu, qui est de
fantaisie: Salomon de Tultie[177]. Le processus d'identification que permet
la fiction est, dès lors, tout à fait comparable dans les *Pensées* et dans les
Provinciales: le libertin, comme Montalte-personnage, figure dans le texte
le lecteur (*lector in fabula*); leurs initiateurs, respectivement Salomon de
Tultie et le Janséniste, y figurent l'auteur[178]. La dynamique fictionnelle
consiste, dans les deux cas, à hausser peu à peu le novice au niveau de
son maître afin d'amener la perspective du lecteur à coïncider avec celle
de l'auteur: les personnages imaginaires — le libertin et Salomon de
Tultie, Montalte-personnage et le Janséniste, puis Montalte-épistolier — ,
qu'il est moins coûteux à l'amour-propre d'investir que des personnes
réelles[179], fonctionnent comme des relais d'identification[180]. Dans les

---

[176] Cf. H. Suematsu, "Voix dans le discours apologétique des *Pensées*", *ibid.*, p. 293-302.

[177] Fr. 745-618. Le point a été excellemment développé par T. Shiokawa dans "Persuasion
et conversion: essai sur la signification de la rhétorique chez Pascal" in *Destins et enjeux du
XVIIᵉ siècle*, PUF, 1985, p. 311-321. V. en particulier p. 320: "Il est certain que Salomon
de Tultie ressemble à s'y méprendre au Pascal que nous connaissons par les données
biographiques. Il n'en est pas moins vrai qu'il ne sera jamais Pascal lui-même. Si le je fictif
de Salomon de Tultie en arrivait à se confondre avec le je réel de Pascal, celui-ci violerait
son propre principe de rhétorique qui recommande d'«éviter de se nommer et même de se
servir des mots de *je* et de *moi*»".

[178] Nous prenons *figurer* au sens pascalien, qui implique à la fois "absence et présence" (fr.
265-296), distance et proximité. La distance est le moyen de la proximité; l'écart, voie vers
la coïncidence. V. *supra*, p. 256, une variante de cette dialectique rapportée à l'être fictif.

[179] Parce qu'ils ont été taillés sur mesure pour proposer au lecteur simultanément un double
et un surmoi, mais aussi parce qu'il est plus doux à l'amour-propre d'adhérer à un
personnage fictif persuadé par un autre personnage fictif que de recevoir immédiatement sa
créance d'une autre personne réelle exerçant sur vous, comme d'un supérieur à un inférieur
et même d'un roi à un sujet (cf. la lettre de Pascal à Christine de Suède, *OC*, II, 924), "le
droit de persuader". La persuasion médiatisée par des personnages fictifs est plus efficace,
car elle se rapproche, paradoxalement, de la situation idéale d'auto-persuasion ("on se
persuade mieux pour l'ordinaire par les raisons qu'on a soi-même trouvées que par celles

deux œuvres, la fiction est moyen de conversion: à l'intérieur du christianisme dans les *Provinciales*, du libertinage au christianisme dans les *Pensées*.

Sur le plan tactique, si l'on ose dire, l'imagination joue aussi un rôle psychagogique. L'apologiste va imiter Jésus-Christ et saint Paul, qui "ont l'ordre de la charité, non de l'esprit" (fr. 298-329). Cette opposition rhétorique est bien éclairée, au niveau de l'*elocutio*, par la *Logique de Port-Royal* lorsqu'elle distingue des matières purement spéculatives, qui veulent un style froid et abstrait, celles qui nous doivent "raisonnablement toucher"[181] et réclament au contraire l'emploi du style figuré. Les vérités divines étant faites surtout pour être aimées, il n'en faut pas parler à la manière sèche des scolastiques, mais à la manière figurée des Pères[182]. Qui dit figures dit appel à l'imagination. Cette position fut remise en cause à la fin du siècle, au sein même du milieu janséniste, par Goibaud

---

qui sont venues dans l'esprit des autres", fr. 737-617) pour ce qui est du confort narcissique: ce n'est pas moi qui suis persuadé, mais mon représentant, qui est une fiction, et ce n'est pas un autre homme qui me persuade, mais une fiction encore. La rencontre de ces deux fictions produit une persuasion réelle.

[180] Nous réduisons le schéma à son épure, car seul ici le principe importe, mais il serait possible d'en complexifier les modalités en remarquant: 1) que l'identification théoriquement réussie entre le libertin et Salomon de Tultie à la fin des *Pensées* intervient plus tôt entre Montalte et le Janséniste dans les *Provinciales*: celle-ci est bien avancée dans la Ve Lettre — ce qui autorise la disparition du Janséniste —, elle est rhétoriquement achevée (parfaite) à la fin de la Xe, lorsque Montalte passe de l'ironie à la véhémence. Le Montalte-épistolier des huit dernières lettres s'est substitué au Janséniste comme figure de l'auteur: alors prend toute sa signification le fait que *Salomon de Tultie* soit l'anagramme de *Louis de Montalte*, car les deux fictions remplissent la même fonction, ce qu'elles ne faisaient pas initialement; 2) que les dialogues des *Pensées* peuvent se trouver (comme ceux des *Provinciales*) inclus dans les lettres prévues par S. de Tultie (cf. Harrington, art. cité, p. 304) et qu'un processus de répulsion double le processus d'identification (les philosophes des *Pensées*, comme le bon Père des *Provinciales*, persuadent par leur aveuglement le libertin et Montalte du contraire de ce qu'ils disent). Ces deux éléments sont susceptibles de donner crédibilité aux séries parallèles suivantes que nous proposons à titre d'hypothèse de travail sur les instances narratives:

Provinciales: 1. Pascal, auteur; 2. Montalte-destinateur; 3. Janséniste fictif, figure de l'auteur; 4. Montalte-personnage, figure du lecteur; 5. molinistes et jésuites fictifs, pôles de répulsion; 6. destinataire fictif (le "provincial"); 7. lecteur.

Pensées: 1. Pascal, auteur; 2. Salomon de Tultie-destinateur; 3. Salomon de Tultie-personnage, figure de l'auteur; 4. libertin, figure du lecteur; 5. philosophes et adeptes des fausses religions, pôles de répulsion; 6. destinataire fictif (l'"ami" du fr. 5-39); 7. lecteur.

[181] Ière part., chap. 14, p. 97.

[182] Cf. *ibid.*

du Bois, qui prétendit en préface à sa traduction des *Sermons de saint Augustin sur le Nouveau Testament* (1694) que l'éloquence religieuse s'adressât à l'intelligence, et non point à l'imagination, qui en était "le poison"[183]. Arnauld le réfutera, dans ses *Réflexions* déjà citées *sur l'éloquence des prédicateurs*, par les idées développées une trentaine d'années auparavant dans la *Logique*: "Où trouvera-t-on, demande-t-il, cet ordre géométrique dans les sermons des Pères?"[184]. Pour lui, il est fort utile de tirer l'imagination "de son engourdissement, quand c'est pour nous faire faire le bien"[185] — ce que vise l'apologiste autant que le prédicateur. Il n'est pas difficile d'"imaginer" où se situerait Pascal dans cette querelle: l'ordre géométrique qu'Arnauld récuse parce qu'il ne le voit pas chez les Pères, c'est l'ordre "de l'esprit" (fr. 298-329) que Pascal ne trouve ni chez Jésus-Christ ni chez saint Paul ni, généralement parlant, dans la Bible, son modèle rhétorique[186]. Lorsqu'il déclare se dispenser des raisonnements métaphysiques[187], il signifie le même éloignement du style des scolastiques. A Goibaud qui pense que les vérités du salut passent de l'intelligence au cœur[188], l'*Art de persuader* répliquait par avance qu'à l'opposé "elles entrent du cœur dans l'esprit"[189]. Il ne s'agira donc pas primordialement d'"instruire", mais d'"échauffer"[190]. Et le moyen humain (car l'apologiste, hormis la prière, n'en a pas d'autre) d'échauffer le lecteur est d'exciter en lui des passions par le biais de l'imagination, qui est en l'homme la faculté inflammable par excellence[191]. La chaleur de l'imagination, à quoi la nature ne résiste pas[192],

---

[183] *Avertissement*, t. I, p. xxxiij.

[184] P. 410.

[185] P. 389.

[186] Cf. Ph. Sellier, "Rhétorique et apologie: *Dieu parle bien de Dieu*", dans *Méthodes chez Pascal*, p. 373-381.

[187] Cf. fr. 190-222.

[188] *Avertissement* cité, p. liv.

[189] *De l'esprit géométrique* (2ᵉ fragment), *OC*, III, 413.

[190] Fr. 298-329. Lafuma lit par erreur "rabaisser" au lieu d'"échauffer".

[191] C'est un lieu commun au XVIIᵉ siècle, et avant comme après. Cf., entre cent autres exemples, Charron: "Le tempérament de l'imagination est chaud" (*De la sagesse*, liv. I, chap. 13, p. 124; le tempérament de la mémoire est humide, celui de l'entendement est sec, *ibid.*) et Bossuet: l'ouvrage des peintres et des poètes "dépend tout d'une certaine chaleur d'imagination" (*De la connaissance de Dieu...*, chap. III, § 10; éd. citée, p. 124). Chez Pascal, c'est l'imagination du gain à venir qui échauffe le joueur: "Faites-le donc jouer pour rien, il ne s'y échauffera pas (...). Il faut qu'il s'y échauffe, et qu'il se pipe lui-même en

est la propagatrice toute désignée du feu de la charité. Que "Pascal s'adresse à l'imagination et à la sensibilité du lecteur"[193], cela est si vrai qu'Arnauld et Nicole, qu'on vient de voir pourtant favorables au style figuré, s'en sont inquiétés, comme il ressort des corrections qu'ils ont fait subir à l'*Apologie*[194]. Il n'entre pas dans notre projet de répertorier les figures de l'imaginaire pascalien[195], mais bien d'indiquer les deux voies de sa mise en œuvre apologétique.

Pascal, d'une part, veut faire naître la peur. A cela servent les images, récurrentes chez lui, de la maladie ou de la prison, de la guerre ou de l'abîme. Mais cette peur prend tournure religieuse quand, outre la conscience de l'humaine condition, elle a pour objet l'au-delà. On a constaté déjà l'utilisation par Pascal de l'imagination de la mort, mais l'anticipation de ce qui la suit est plus décisive. L'imagination de l'avenir nourrit le divertissement, l'imagination de la fin de l'avenir brise le divertissement, mais imaginer l'avenir de l'avenir est ce qui convertit le présent — "toutes nos actions doivent prendre des routes si différentes selon l'état de cette éternité" (fr. 428-682). La première mort peut être suivie d'une seconde, qui n'aura pas de fin: la destruction de mon corps n'est rien auprès de l'irruption de Dieu. Pascal dresse ainsi l'image d'une parousie confondante pour ceux qui n'auront pas voulu reconnaître durant leur vie les signes de sa présence: "Il paraîtra au dernier jour avec un tel éclat de foudres et un tel renversement de la nature que les morts ressusciteront et les plus aveugles le verront" (fr. 149-182). Avant le jugement général, le jugement particulier auquel les libertins seront "infailliblement" et "dans peu d'années" (fr. 427-681) appelés comme les autres, mais sans savoir ce qui les attend, que "l'horrible nécessité d'être éternellement ou anéantis ou malheureux" (*ibid.*). Des deux parts, ce ne sont que "misères sans ressources" (*ibid.*), des misères plus que prévisibles

---

s'imaginant qu'il serait heureux de gagner (...)" (fr. 136-168).

[192] C'est l'imagination de l'avocat "bien payé par avance" qui le fait triompher au fr. 44-78, ses honoraires anticipés l'ayant précisément "échauffé", comme le dit Montaigne dans le passage source (*Essais*, II, 12, p. 566). Cf. fr. 555-464: "Il y en a qui parlent bien et qui n'écrivent pas bien. C'est que le lieu, l'assistance les échauffe et tire de leur esprit plus qu'ils n'y trouvent sans cette chaleur".

[193] M. Le Guern, *L'Image dans l'œuvre de Pascal*, p. 258.

[194] Cf. *ibid.*, Appendice II, p. 257-261.

[195] Travail accompli par M. Le Guern dans sa thèse citée et, selon une approche inspirée de G. Bachelard et de G. Durand (*Les Structures anthropologiques de l'imaginaire*, 10e éd., Dunod, 1985), par Ph. Sellier (v. *supra*, n. 61, p. 137).

— visibles: "Je *tombe* pour jamais ou dans le néant ou dans les *mains* d'un Dieu *irrité*" (*ibid.*). On ne peut plus reprocher à l'imagination d'"amoindri[r] les grandes [choses] jusqu'à sa mesure, comme en parlant de Dieu" (fr. 551-461), car c'est en parlant de Dieu "à la manière des hommes" (fr. 272-303) qu'elle oblige les hommes à ouvrir les yeux sur lui. L'adverse anthropomorphisme, suspect de fomenter l'idolâtrie, est devenu pour l'apologiste un allié. Celui-ci sait encore contrebalancer l'horreur de la damnation par l'espoir du salut. C'est entre deux imaginations que l'homme du pari (en qui s'imagine le lecteur libertin) est mis en demeure de choisir: une "éternité de misères" (fr. 427-681) ou "une infinité de vie infiniment heureuse" (fr. 418-680). A l'imagination fausse du joueur qui "se pipe lui-même en s'imaginant qu'il serait heureux de gagner" (fr. 136-168) telle somme finie d'or ou d'argent, Pascal substitue chez le parieur l'imagination véridique, quoique toujours insuffisante, d'un gain inimaginable. Comme le dit Montaigne des promesses divines, "pour dignement les imaginer, il faut les imaginer inimaginables"[196]. Si Pascal les décrivait, il les affaiblirait: il nous les laisse à exagérer[197]. C'est le plus grand caractère sensible de cet infini de bonheur que notre imagination se perde dans sa pensée. Comme dans la vision des "deux infinis" (fr. 199-230), l'inimaginable relève encore de l'imagination en ce qu'elle nous le figure par sa perte: l'imagination est requise pour être niée et nous laisser adorants comme la théologie apophatique devant l'essence de Dieu.

Avec la conversion, notre faculté imaginante n'est pas congédiée. La grâce pour premier effet infuse en l'âme "une vue tout extraordinaire"[198] qui, dans sa nouveauté, assume et dépasse celle que l'apologiste imposait déjà au regard de son lecteur. L'imagination anticipatrice de la mort, par quoi nous prenions concrètement conscience de la limite temporelle de notre condition, s'élargit maintenant en l'imagination d'une universelle dislocation: l'âme "considère les choses périssables comme périssantes et même déjà péries; et, dans la *vue* certaine de l'anéantissement de tout ce qu'elle aime, elle s'effraie dans cette considération, en *voyant* que chaque instant lui arrache la jouissance de son bien"[199]. Ce n'est point là pure

---

[196] *Essais*, II, 12, p. 518.

[197] Expression employée par Pascal dans les *Ecrits sur la grâce*, *Lettre*, à propos d'un argument décisif: "Ce qui est d'une si grande force que je vous la laisse à exagérer" (*OC*, III, 670-671).

[198] *Ecrit sur la conversion du pécheur*, OC, IV, 40.

[199] *Ibid.*

considération intellectuelle — la réflexion vient ensuite ("de sorte qu'elle comprend...")[200] — mais le fantasme de l'écoulement[201], si prégnant sur l'imagination pascalienne, qui gouverne dans les *Pensées* la vision nocturne des fleuves de feu entraînant au gouffre "toutes les choses périssables"[202]. L'*Ecrit sur la conversion du pécheur* prolonge et renouvelle aussi l'imagination de l'espace telle qu'elle se déploie au fragment *Disproportion de l'homme*. Ici, l'imagination dilatant les infinis naturels "épuise ses forces en ces conceptions", là les "immensités qu'elle multiplie sans cesse" sont toutes pleines de Dieu et "cette conception qui épuise ses forces" lui est une exténuation d'amour[203]. Non seulement l'élévation "transcendante"[204] de l'âme vers le souverain des mondes sollicite l'imagination[205] parce qu'elle "traverse toutes les créatures" pour ne s'arrêter qu'en présence d'un Dieu homme (par "sa colère") et roi (par son "trône" et sa "majesté")[206], mais elle a l'imagination pour moteur, que Dieu peut utiliser comme toute autre faculté naturelle[207] afin d'attirer à lui sa créature: l'élévation "transcendante" est le fait d'une imagination elle-même transcendante, soutenue au delà de sa portée par la grâce toute-puissante. Enfin, la peur et l'espoir que fait naître chez l'interlocuteur de l'apologiste l'imagination des maux et des biens éternels ne disparaissent pas chez le chrétien, où ils deviennent crainte et espérance. La crainte se trouve dans les fidèles, depuis les "ignorants et presque stupides", en qui l'intellect ne saurait être ravi mais bien

---

[200] *Ibid.*, p. 40-41.

[201] Cf. *ibid.*, p. 40: "Ce qui lui est le plus cher s'écoule à tout moment" et fr. 757-626: "L'écoulement. C'est une chose horrible de sentir s'écouler tout ce qu'on possède".

[202] Fr. 545-460 (cf. fr. 918-748). Sur ces deux fragments, v. l'étude de L. Stecca, "I fiumi di Babilonia", *Rivista di storia e letteratura religiosa*, 1983, n°2, p. 252-269.

[203] Fr. 199-230 et *Ecrit sur la conversion...*, *OC*, IV, 43. Le rapprochement est fait par J. Mesnard, *ibid.*, p. 43, n. 2. Puisqu'il s'agit du même "travail" dans les deux textes, nous l'attribuons à l'imagination dans le second comme nous avons vu (cf. *supra*, p. 265 et 267) que Pascal le lui attribuait dans le premier.

[204] *Ecrit sur la conversion...*, *OC*, IV, 42.

[205] Elle correspond au paradigme bachelardien de la rêverie ascensionnelle. Cf. Ph. Sellier, *Pascal et saint Augustin*, p. 28-33, et surtout "L'ascension et la chute", *Chroniques de Port-Royal*, 1972, p. 116-126.

[206] *Ecrit sur la conversion...*, *OC*, IV, 42 et 43.

[207] Ici même, la raison: "Sa raison aidée des lumières de la grâce lui fait connaître que (...)" (*ibid.*, p. 42). On pourrait dire parallèlement: son imagination aidée des lumières de la grâce lui fait voir que...

l'imagination remuée, et que l'on voit à l'audition d'un sermon spéculati-
vement peu relevé être "touchés au seul nom de Dieu et par les seules
paroles qui les menacent de l'enfer"[208], jusqu'à un Pascal auquel
l'imagination de la toujours possible réprobation fait redire les paroles —
elles-mêmes fort imagées — du patriarche Job: "J'ai toujours craint le
Seigneur comme les flots d'une mer furieuse et enflée pour m'englou-
tir"[209]. Mais l'image des élus glorieux est présente en contrepoint dans
la même correspondance avec Mademoiselle de Roannez. Le 24 septembre
1656, Pascal cite saint Paul: Dieu "peut nous donner plus de biens que
nous n'en pouvons demander ni *imaginer*"[210]. Loin de la décourager,
cette impossibilité aiguillonne l'imagination, puisque dans la lettre 5
Pascal se représente l'apothéose des "personnes de piété" qu'il connaît:
"Je vous avoue qu'il me semble que je les vois déjà dans un de ces trônes
où ceux qui auront tout quitté jugeront le monde avec Jésus-Christ"[211].
L'avenir est présent aux yeux de son esprit, un avenir toutefois incertain,
car l'imagination de leur chute ("il y en aura tant qui tomberont de leur
gloire, et qui laisseront prendre à d'autres par leur négligence la couronne
que Dieu leur avait offerte")[212] transit de crainte celui qui d'abord était
transi de vénération: "L'effroi que j'aurais de les voir en cet état éternel
de misère, après les avoir *imaginés* avec tant de raison dans l'autre état,
me fait détourner l'esprit de cette idée"[213] — *idée* étant ici exactement
conforme à son étymologie: c'est d'une image que Pascal se détourne. Un
"autre tour" de la même imagination, et nous obtenons un exercice
spirituel dont l'exemple est donné par saint Paul, qui "se considérait
souvent en ces deux états"[214]: au lieu d'imaginer les autres, que l'on
s'imagine soi-même dans la béatitude ou l'affliction éternelles[215] et l'on

---

[208] Lettre de Blaise et Jacqueline Pascal à leur sœur Gilberte, 5 nov. 1648, *OC*, II, 697.

[209] Job, XXXI, 23, cité dans la lettre 5 à Melle de Roannez (*OC*, III, 1039-1040).

[210] Ephésiens, III, 20, dans la lettre 2 (*ibid.*, p. 1032).

[211] *OC*, III, 1039.

[212] *Ibid.*

[213] *Ibid.*

[214] *Ibid.*

[215] Ecclésiastique, XI, 27: "Quand vous êtes dans les biens, souvenez-vous des maux que
vous méritez, et quand vous êtes dans les maux, souvenez-vous des biens que vous espérez"
(cité dans la lettre 8 à Melle de Roannez, *OC*, III, 1044). Ce souvenir du futur, c'est
l'imagination appuyée sur la foi. Cf. François de Sales, *Méditation 9* ("Par manière
d'élection et choix du paradis"): "Considérez qu'il est très vrai que vous êtes au milieu du
paradis et de l'enfer, et que l'un et l'autre est ouvert pour vous recevoir" (*Introduction à la*

demeurera debout devant Dieu entre la crainte et l'espérance. Décidément, que l'on soit libertin sur le point de se convertir ou converti persévérant, il convient toujours de "faire comme si"[216], c'est-à-dire de se placer dans une situation imaginaire pour — avec l'aide de la grâce — la réaliser ou l'éviter à notre choix.

L'imagination accompagne donc dans la vie de foi celui qu'elle a contribué à y faire entrer. Mais son importance dans la morale et la spiritualité chrétiennes n'a encore été qu'effleurée. Quelques formules, relevées dans l'entourage de Pascal, permettent d'aller plus loin. Lorsqu'elle demande à son père, le 19 juin 1648, l'autorisation de faire une retraite à Port-Royal, Jacqueline Pascal termine sa lettre en disant: "J'attendrai votre réponse avec l'impatience que vous pourrez vous imaginer"[217]. Malgré l'apparente banalité de la tournure, deux suggestions précieuses sont ici données sur le rapport de l'imagination à la charité: l'imagination est la faculté de se mettre à la place de l'autre et elle apparaît, d'autre part, comme la mesure de ce qui n'a pas de mesure, c'est-à-dire en augustinisme, de l'amour, signifié dans la circonstance par l'impatience de Jacqueline. A la même Jacqueline devenue religieuse, la Mère Agnès écrivait deux ans plus tard: "M. S. voudrait pouvoir servir N. en la manière qu'elle désire" (il s'agit de l'aide que pourrait apporter Singlin à Melle de Barmonté, dont la famille empêche l'entrée à Port-Royal), "il faudrait chercher des *inventions* pour cela"[218]; la caution scripturaire est apportée dans la lettre du 25 avril 1651: "L'Ecriture dit que «le juste vit de ses inventions»"[219]. Il est donc des inventions de charité qui contrepèsent les *adinventiones* abominables[220] des hérétiques et des idolâtres: celles-ci les mènent à leur perte, les premières mènent autrui à son salut. En un mot, la charité se doit d'être imaginative sous peine de rester imaginaire. Ces ouvertures permettent de soupçonner, là où elle n'est pas nommée, et de confirmer ailleurs l'action bénéfique de l'imagination d'après plusieurs passages pascaliens. Ainsi, dans l'interrogation rhétorique du fragment 978-743 à propos des précautions entourant

---

vie dévote, Ière part., chap. XVII, éd. citée, p. 63). Comme dans une méditation ignacienne, on "se colloque par imagination" (*ibid.*).

[216] Cf. fr. 418-680: "C'est en faisant tout comme s'ils croyaient (...)".

[217] *OC*, II, 619.

[218] Lettre du 20 février 1650, *ibid.*, p. 826 (cf. *ibid.*, p. 837).

[219] *Ibid.*, p. 833.

[220] Cf. *supra*, p. 185, n. 228 et p. 180.

l'usage du sacrement de pénitence — "peut-on s'imaginer rien de plus charitable et de plus doux?" — , l'imagination est le moyen de mettre en œuvre comme de vérifier la salutaire prudence et condescendance de l'Eglise à l'égard des fidèles. De même, en affirmant que "la piété" est *"ingénieuse* à se retrancher pour avoir de quoi se répandre dans l'exercice de la charité"[221], Pascal suggère l'existence d'une véritable grâce d'imagination donnée au chrétien pour le service de ses frères. Elle lui permettrait notamment de se mettre à leur place pour deviner ce dont ils ont besoin et la meilleure façon de le leur procurer. L'apologiste entre tous, dont le discours est l'une des plus grandes charités à l'endroit du prochain, en doit être doté, puisque — écrit Pascal — "il faut faire" pour les incroyants "ce que nous voudrions qu'on fît pour nous si nous étions à leur place" (fr. 427-681). Le romancier imagine ses personnages, l'apologiste imagine surtout son lecteur et s'imagine lui-même en lecteur afin de trouver les arguments susceptibles de le toucher: il ne parlera évidemment pas en dévot, ni en prenant l'Ecriture pour autorité, mais s'adressera à la raison, aux passions et ... à l'imagination du libertin.

L'imagination nous représente ainsi les conséquences sur les autres de nos démarches dans leur direction. Elle est donc essentielle à la morale chrétienne comme à la morale tout court. "Dans la grâce la moindre action importe pour ses suites à tout; donc tout est important. En chaque action, il faut regarder outre l'action, à notre état présent, passé, futur *et des autres* à quoi elle importe" (fr. 927-756). En nous dépeignant à l'avance les effets envisageables de nos actes, l'imagination leur ouvre ou ferme l'accès à l'effectuation comme elle en oriente les modalités. Imaginer les suites de l'action, c'est aussi se convaincre de l'importance de l'infime ("la mer entière change pour une pierre", *ibid.*): notre "faculté imaginante" (fr. 44-78) est ici particulièrement utile, qui a la propriété de "grossi[r] les petits objets" (fr. 551-461). Ce faisant, elle leur redonne leur véritable dimension. Et réciproquement, elle réduit à leur véritable néant des vétilles qui encombraient notre vie morale de leur excroissance — comme les atteintes à l'honneur ou la crainte d'apparaître pauvre[222]. Elle avait sa responsabilité dans cette amplification, mais son "autre tour" la rachète. Le premier constituait le jugement mondain: le second, qui l'inverse, établit le jugement chrétien. Cette capacité de retourner la

---

[221] XIIe *Prov.*, p. 223.

[222] Cf. fr. 427-681 et 531-456. En ce sens, comme "la Machine", l'imagination peut aider à "ôter les obstacles" (fr. 11-45).

perspective dispose l'imagination à servir la maxime où Pascal résume l'existence éthique du chrétien: "*Faire les petites choses comme grandes à cause de la majesté de Jésus-Christ qui les fait en nous et qui vit notre vie, et les grandes comme petites et aisées à cause de sa toute-puissance*" (fr. 919-751). Comme on avait parlé d'un modèle trinitaire pour la coutume[223], on osera avancer l'idée d'un modèle christique pour l'imagination, car le Christ est par excellence l'être en qui s'échangent grandeur et petitesse. Il a "amoindri" Dieu jusqu'à notre "mesure" — ainsi, ce que l'on reprochait à l'imagination de faire[224], Dieu l'a accompli lui-même — et la moindre de ses paroles ou actions prend une valeur infinie. Une imagination christianisée reconnaîtra la dignité de ce qui est méprisable aux yeux du monde[225] comme la vanité des valeurs dont nous nous faisons des idoles: c'est à elle que "toutes les richesses de la terre" découvrent leur insuffisance[226]. Parce qu'elle voit le rien de tout et que tout se joue dans ce qui paraît n'être rien, la "folle du logis" rejoint la folie de la religion chrétienne[227] pour confondre la sagesse du siècle.

Si enfin la *morale chrétienne* a pour principe la subordination de l'amour de soi à l'amour de Dieu, l'imagination y est elle-même principe, comme on le constate dans la liasse de l'*Apologie* qui porte ce titre. Fragment 368-401: "Membres. *Commencer par là.* Pour régler l'amour qu'on se doit à soi-même il faut *s'imaginer* un corps plein de membres

---

[223] Cf. *supra*, Ière part., chap. III, p. 117.

[224] Au fr. 551-461.

[225] A commencer par l'existence humiliée du Christ: il faut une imagination du cœur pour voir sa grandeur au travers de son obscurité (cf. fr. 308-339: "Qu'on considère cette grandeur-là dans sa vie, dans sa passion, dans son obscurité, dans sa mort, dans l'élection des siens, dans leur abandonnement, dans sa secrète résurrection et dans le reste. On la verra si grande qu'on n'aura pas sujet de se scandaliser d'une bassesse qui n'y est pas"). Ceux qui n'ont pas reconnu le Messie manquaient de cette imagination-là ("ils n'ont pas pensé que ce fût lui", fr. 270-301).

[226] Fr. 44-78. Non moins que la satisfaction, l'imagination présente l'avantage (du point de vue apologétique) de procurer la frustration. L'idée qui l'habite d'un bonheur total ne peut que nous laisser insatisfaits des petits bonheurs d'ici-bas. La représentation de ce qui leur manque mine pour les hommes la jouissance de ce qu'ils possèdent (les "choses particulières [...] étant partagées affligent plus leurs possesseurs par le manque de la partie qu'ils n'ont pas, qu'elles ne les contentent par la jouissance de celle qui lui appartient", fr. 148-181). L'imagination s'ébrouera jusqu'à ce que la réalité ait rempli son "idée du bonheur" (fr. 131-164): elle est par nature orientée vers l'infini.

[227] Cf. fr. 291-323, 458-697 et 842-427. V. la communication de L.M. Heller, "La folie dans l'*Apologie* pascalienne", in *Méthodes chez Pascal*, p. 297-307.

pensants (...) et voir comment chaque membre devrait s'aimer". Au premier abord, on est en présence du procédé connu de détour par la fiction: il nous est demandé, comme dans la fable du fragment 360-392 ("nos membres ne sentent point le bonheur de leur union"), de prêter la pensée aux membres de notre corps. En cela, l'imagination a déjà le mérite de guider le chrétien dans l'accomplissement d'un devoir essentiel à sa vocation, et ce mérite lui vaut de devenir elle-même objet de devoir (*"il faut* s'imaginer", fr. 368-401; "*qu'on* s'imagine", fr. 371-403). Mais il y a plus: lorsqu'elle nous invite à considérer les membres d'un corps comme doués d'intelligence, l'imagination nous met en fait sous les yeux notre propre situation de membres pensants — des "communautés naturelles et civiles" (fr. 421-680) certes, mais surtout du corps mystique du Christ. Ce que nous imaginons ainsi est une réalité spirituelle de la plus haute importance, que l'homme naturellement ne peut voir ("ne se voyant point de corps dont il dépende, il croit ne dépendre que de soi", fr. 372-404) et que son cœur corrompu ne désire pas voir, car elle l'oblige à reconnaître sa substantielle dépendance. L'imagination ne nous désigne donc pas seulement dans le Christ un modèle qu'il faudrait imiter de l'extérieur, mais une personne toujours vivante en laquelle nous sommes actuellement vivants.

Sans conteste, l'imagination a virtualité spirituelle, et c'est dans la mise en œuvre de cette puissance qu'elle trouve son meilleur usage. Il faut "faire la leçon à notre imagination (*objurgare nostra phantasmata*)", dit saint Augustin, et suivre la divine pédagogie qui par des images nous détourne des fictions frivoles[228]; c'est "par le secours de l'imagination", renchérit Arnauld, "que nous parvenons à la connaissance et à l'amour des choses invisibles qui sont l'objet de notre foi"[229]. Pascal de même nous presse de "bien ménager l'avantage que la bonté de Dieu nous donne de nous laisser toujours devant les yeux une image des biens que nous avons perdus"[230]. L'image peut être de trois sortes. En premier lieu, une représentation peinte qui "échauffe" le cœur par l'entremise du sens et — par définition — de l'imagination. L'on sait, par l'importance que les *Constitutions du monastère* accordent aux tableaux et aux "images en papier"[231], que la piété port-royaliste sur ce point se situe dans le droit

---

[228] *De vera religione*, L, 98.

[229] *Réflexions sur l'éloquence...*, p. 387.

[230] Lettre du 1er avril 1648, *OC*, II, 582.

[231] Ce sont les estampes. Cf. l'art. de S. Lély, "L'art au service de la prière: la peinture à

fil du Concile de Trente et participe, comme la spiritualité ignacienne, du mouvement général de Réforme catholique. Aussi, quand le jésuite Brisacier accuse les religieuses de Port-Royal de n'avoir point d'images dans leur église, Pascal n'a aucun mal à le réfuter: "Ne sont-ce pas des faussetés bien hardies, puisque le contraire paraît à la vue de tout Paris?"[232]. Dans le *Second Ecrit des curés de Paris,* il donnera en modèle aux défenseurs de la morale catholique, traités de rebelles par les jésuites et une partie de la hiérarchie, la résistance du "saint et fameux moine Etienne (...) accusé de troubler la tranquillité de l'Eglise par les trois cent trente évêques qui voulaient ôter les images des églises"[233]. Cet article, assurément, "n'était pas des plus importants pour le salut", mais c'est une vérité "qu'on ne doit jamais relâcher"[234]. De fait, l'icono-clasme a partie liée avec une hérésie — le monophysisme — qui touche, elle, le cœur de la doctrine: s'en prendre aux images est une façon de nier l'Incarnation[235]. C'est pourquoi, lorsque l'image extérieure vient à manquer, il la faut suppléer par une image interne. Les *Constitutions* de Port-Royal sont très claires à ce sujet: "Que si la pauvreté ne permet pas qu'il y ait des tableaux partout où nous avons dit, les sœurs s'exciteront à dévotion par leurs dévotes pensées, et prieront Dieu de graver dans leur âme *une vive représentation* de ses mystères et des exemples des saints"[236]. Cette imagination mue par Dieu dans l'oraison, nous la retrouvons à l'œuvre chez Pascal, dont la prière présente un "caractère très sensible et affectif"[237]. Comme les sœurs prient Dieu de "graver

---

Port-Royal de Paris" dans *Chroniques de Port-Royal,* 1991, p. 91-118. Dans un registre esthétiquement plus modeste que *La cène* ou *Le crucifiement* de Philippe de Champaigne, il convient de signaler l'importante circulation d'images pieuses (spécialement de celles qui avaient touché la Sainte Epine) dans le milieu de Port-Royal: v. *OC,* III, p. 1058, 1077-1080 et la notice de J. Mesnard, *ibid.,* p. 1086-1097.

[232] XIe *Prov.,* p. 210.

[233] P. 426.

[234] *Ibid.*

[235] Raison pour laquelle, trente-trois ans après l'affaire du "fameux moine Etienne", le IIe Concile de Nicée tranchait solennellement en faveur de l'iconodulie. Cf. *Nicée II, 787-1987. Douze siècles d'images religieuses,* Actes du Colloque international Nicée, Paris, Cerf, 1987.

[236] Chap. XIX, cité dans l'art. de S. Lély, p. 95. L'auteur commente *ibid.:* "Les tableaux doivent donc servir de support à la méditation et à la prière par la représentation des mystères divins, et proposer des modèles édifiants. Ce soutien visuel est tellement important qu'en l'absence de peintures, les sœurs doivent *imaginer* des tableaux intérieurs".

[237] J. Mesnard, "Pascal et la spiritualité des Chartreux", *Equinoxe,* n°6, été 1990, p. 18.

dans leur âme" l'hypotypose de ses mystères, Pascal l'implore de
"r'imprimer" dans la sienne son "portrait effacé, c'est-à-dire Jésus-Christ",
de remplacer "l'idée du monde" qui s'y est "gravée" par celui qui est
l'"image" même du Père et "le caractère de [*sa*] substance"[238]. L'Incarnation est le support d'une imagination de Dieu. Dans le *Mémorial*, on voit
que Pascal — "je l'ai fui, renoncé, crucifié"[239] — s'identifie aux
acteurs de la Passion du Christ, apôtres et bourreaux. Dans le *Mystère de
Jésus* et le passage qui le suit, l'humanité du Verbe permet d'imaginer
Dieu: un Dieu qui se flagelle "dans l'horreur de la nuit"[240], qui entre en
dialogue avec la personne de l'orant et l'assure qu'il a versé pour lui
"*telles gouttes de sang*"[241]. S'imaginer l'impossible — être aux côtés
du Christ dans le délaissement de Gethsémani — n'est imaginer rien
d'autre que la vérité, puisque Jésus est "en agonie jusqu'à la fin du
monde" (fr. 919-749).

Outre les tableaux et les représentations mentales, l'image peut enfin
se dire de la nature entière: "La nature est une image de la grâce"[242]. Si
notre monde est une prison, cette prison est "toute remplie des images" du
Libérateur[243]. Mais, ajoute Pascal, "il faut avouer qu'on ne peut apercevoir ces saints caractères sans une lumière surnaturelle"[244]. A l'ambiva-

---

[238] *Prière pour (...) le bon usage des maladies*, *OC*, IV, 1002. La métaphore de l'*impression*
redouble naturellement celle qui se rencontre au fr. 44-78: l'imagination "ne donne aucune
marque de sa qualité *marquant* du même *caractère* le vrai et le faux"; "les *impressions* de
cette maîtresse du monde" (ce dernier passage est rayé). Cf. *supra*, p. 123.

[239] *OC*, III, 50-51. Dans les *Pensées*, fr. 913-742.

[240] Fr. 919-749. *Se flagelle*, parce que "tous vos fléaux sont tombés sur lui" (fr. 919-751)
et que "dans l'agonie il souffre les tourments qu'il se donne à lui-même. (...) C'est un
supplice d'une main non humaine mais toute-puissante" (fr. 919-749).

[241] Fr. 919-751. J. Mesnard rattache le *Mystère de Jésus* et le fragment placé après lui à la
spiritualité des Chartreux (précisément, au *Jesu Christi ad animam fidelem Alloquium* de
Lanspergius et au *Colloquium peccatoris et Jesu Christi crucifixi* de Jacques de Gruytrode):
"Les Chartreux ont été particulièrement tentés par cette mise en œuvre dramatique de la
méditation, peut-être suggérée par le théâtre médiéval, et qui s'harmonisait avec le caractère
très humain, très affectif, de leur spiritualité" ("Pascal et la spiritualité des Chartreux", p. 11-
12). Une telle "représentation" s'accorde avec le goût pascalien des spectacles religieux
frappant l'imagination: "Son principal divertissement", écrit Gilberte à propos de son frère,
"était d'aller visiter les églises où il y avait des reliques exposées, ou dans lesquelles il y
avait quelque solennité" (*Vie* de Pascal, *OC*, I, 596).

[242] Fr. 275-306 et 503-738.

[243] Lettre à Gilberte (1er avril 1648), *OC*, II, 582.

[244] *Ibid.*

lence de l'image — qui est à la fois, comme dit Aristote, "quelque chose qui existe par soi" et "la représentation d'une autre chose"[245] — correspond un double usage de l'imagination qui fait le départ entre charnels et spirituels. *Duplex est motus animae in imaginem*[246]. Comme le solipsiste jouit follement de son fantasme sans se préoccuper du monde extérieur qui en est la source, le charnel jouit de ce monde sans imaginer qu'il soit lui-même image. L'image est prise par lui pour l'original, ce qui définit l'idolâtrie. Au contraire, le spirituel *use* de l'image pour *jouir* de "Celui qu'elle représente"[247]. Il faut dire de l'imagination ce que Pascal dit de la mémoire, qui "aussi bien que les instructions qu'elle retient, n'est qu'un corps inanimé et judaïque sans l'esprit qui les doit vivifier"[248]. Il est une imagination "judaïque", qui se prend aux *velamina* dont Dieu couvre ses mystères pour en écarter les indignes[249], mais il est aussi une imagination transcendante, vivifiée par l'Esprit, qui imagine au delà de

---

[245] *Petits traités d'histoire naturelle, De la mémoire et de la réminiscence*, 450 b.

[246] *Sum. theol., III a*, q. 25, a. 3.

[247] Lettre à Gilberte (1er avril 1648), *OC*, II, 583. La distinction de l'*uti* et du *frui* est canonique chez saint Augustin (cf. Ph. Sellier, *Pascal et saint Augustin*, p. 152-156).

[248] Lettre à Gilberte (5 nov. 1648), *OC*, II, 697.

[249] Cf. lettre à Gilberte du 1er avril 1648: ne demeurons pas "dans cet aveuglement charnel et judaïque qui fait prendre la figure pour la réalité" (*OC*, II, 583). Les *velamina* sont les voiles qui couvrent Dieu aux yeux des hommes, et que Pascal énumère dans sa lettre 4 à Melle de Roannez (fin octobre 1656, *OC*, III, 1035-1036). Pourquoi utiliser le mot latin? Pour souligner la médiation thomiste dans la reconnaissance et l'adoption des concepts dionysiens: *Impossibile est nobis aliter lucere divinum radium, nisi varietate sacrorum velaminum circumdatum* (trad. de *Hiérarchie céleste*, cap. I, § 2, dans *Sum. theol., Ia*, q. 1, a. 9). Dans le même article *Utrum sacra Scriptura debeat uti metaphoris*, saint Thomas rappelle (après *Hiér. cél.*, II, 2) que *magis est conveniens quod divina in Scripturis tradantur sub figuris vilium corporum, quam corporum nobilium*, notamment parce que *per huiusmodi, divina magis occultantur indignis*. Pascal attribue la même finalité à l'emploi scripturaire des images et figures: "Mais Dieu n'ayant pas voulu découvrir ces choses à ce peuple qui en était indigne", il s'est exprimé "abondamment en figures afin que ceux qui aimaient les choses figurantes s'y arrêtassent et que ceux qui aimaient les figurées les y vissent" (fr. 270-301); "Voilez mes paroles et couvrez ma loi pour mes disciples" (fr. 489-735). L'imagination, révélatrice du cœur, sert au dessein divin de discrimination entre charnels et spirituels. Les *figurae vilium corporum* se retrouvent chez Saint-Cyran — "le grand saint Denys dit qu'on voit mieux Dieu dans des tableaux laids et difformes, que dans les plus beaux" (*Lettres*, I, XCIII, du 18 février 1642; citation dans Le Guern, *op. cit.*, p. 74) — et en un sens chez Pascal, dans la lettre citée à Gilberte du 1er avril 1648: "(...) les moindres choses et les plus petites et *les plus viles parties du monde* représentent au moins par leur unité la parfaite unité qui ne se trouve qu'en Dieu" (*OC*, II, 582).

l'image: non seulement elle voit l'image, mais elle la voit comme image et porte ses regards vers l'original — "pour savoir si la loi et les sacrifices sont réalité ou figure il faut voir si les prophètes en parlant de ces choses *y arrêtaient leur vue* et leur pensée en sorte qu'ils n'y vissent que cette ancienne alliance, ou *s'ils y voient quelque autre chose* dont elle fut la peinture" (fr. 260-291). Pour accéder à la vérité, il faut passer par une figure qui s'impose à l'imagination: on ne dépasse les apparences qu'en s'élevant "à travers elles"[250]. L'imagination, comme le disait Arnauld, est bien un secours: "pour affermir l'espérance de ses élus dans tous les temps" Dieu leur "a fait voir l'image" de leur délivrance et de leur repos (fr. 392-11). L'imagination transcendante nous tourne vers l'inimaginable, mais l'inimaginable plus que tout parle à l'imagination, dans son vertige ou son éblouissement[251]. Si elle pâtit de la dégradation ontologique de l'image, elle est aussi celle qui actualise — "faculté *imaginante*" (fr. 44-78) — la présence du modèle à l'esprit. "Dans un portrait on voit la chose figurée", dit Pascal (fr. 260-291) comme en écho à saint Thomas: *Id quod primo cognoscitur in imagine est exemplar quo formatur imago*[252]. Cette formule rassemble les deux moments, en fait indissociables, décrits au fragment 826-667: "La figure a été faite sur la vérité. Et la vérité a été reconnue sur la figure". Solidairement responsables, l'une comme matière et l'autre comme instrument, de la perversion qui abîme le spirituel dans le corporel, l'image et l'imagination sont solidaires dans la conversion qui retourne le corporel au spirituel dont il

---

[250] Denys, *La Hiérarchie céleste*, chap. II, § 5, 145 *b* (trad. Gandillac citée).

[251] Le vertige: cf. *supra*, p. 268-269 et 281. Le vertige est la représentation de l'impossibilité de représenter. L'éblouissement: pour ne rien dire des visions — de celles que saint Augustin qualifie de "spirituelles" et par lesquelles *corpora absentia imaginaliter cogitamus* (*De Genesi ad litteram*, XII, 12) — , il est significatif que l'expérience du *Mémorial*, même si (comme l'écrit J. Mesnard) elle s'adresse "à l'esprit et au cœur, non pas aux sens" (*OC*, III, 37), se concentre dans la grande image du "FEU" et se transcrive entre les deux dessins d'une croix rayonnante (v. *OC*, III, 51). Le symbolisme donne figure à l'infigurable. Pour Denys, qui classe le feu d'Exode, III, 2, parmi les allégories moyennes de l'Ecriture (entre le noblesse du Soleil de Justice — Apocalypse, XXII, 16 — et la vulgarité du ver de terre — Psaumes, XXI, 7), Dieu est le "Feu fondamental" (*La Hiérarchie céleste*, chap. III, § 2, 165 *a*). C'est cette image, à ses yeux, qui révèle le mieux la façon dont Dieu se communique, car il se donne sans rien perdre de soi (cf. *Hiér. cél.*, chap. XV, § 2). "Les fleuves de feu" alors ne sont plus ceux de Babylone: ils "signifient ces canaux théarchiques qui ne cessent généralement de déverser leur flot sur elles [les essences célestes] et qui entretiennent ainsi leur vivifiante fécondité" (*ibid.*, § 9, 337 *c*).

[252] *Sum. theol.*, Ia, q. 88, a. 3.

est issu. Du fond de notre exil, l'imagination est voie du *reditus* vers l'origine. Plus encore si on reconnaît à l'image, outre son lien de figuration avec le prototype, un lien de participation (ainsi les justes "sont les deux mondes, *et un membre et image* de Jésus-Christ", fr. 733-614) et même un lien de causalité réciproque (ainsi la grâce, qui a pour cause finale la gloire, "en est la figure et le principe ou la cause", fr. 275-306). L'image est ce qui rend le modèle accessible à l'imagination: à l'imagination éclairée d'"une lumière surnaturelle", toutes choses montreront le "libérateur"[253] qui est leur principe et image lui-même, *perfecta imago Patris*[254].

Que de chemin parcouru depuis la présentation convenue de l'imagination en "maîtresse d'erreur et de fausseté"! Il aboutit — est-ce un effet d'imagination? — à un renversement de perspective. Pascal apparaissait, avec Descartes, comme celui qui inaugurait l'ère rationaliste du décri de l'imagination après sa glorification médiévale et renaissante qui se survivait chez les théoriciens jésuites de la sophistique sacrée — "quelle admirable fécondité et force créatrice, que celle qui fabrique l'image des choses!" s'exclame en 1641 le P. Pelletier[255] — et dans la science encore bizarre et brouillonne d'un Mersenne — *quid dicam de laudibus imaginationis?*[256]. Sans que soient pour autant abolies ni oubliées les critiques formulées par Pascal à l'égard de cette même faculté, on découvre dans son œuvre les éléments d'un comparable panégyrique: "Pascal l'admire, cette imagination qui crée les fous et les poètes, les conquérants et les assassins. Il est tout prêt à voir en elle l'un des signes de la puissance créatrice de l'homme. On aurait tort d'interpréter sa description comme un pur réquisitoire; c'est une enquête passionnément curieuse, chaude, prenante, et où l'imagination prend l'austère beauté d'un visage magique"[257]. Visage en effet magique de l'imagination qui, par son pouvoir d'inverser toutes choses, mime au sein de l'humaine faiblesse la puissance divine: elle donne l'être au néant ("c'est un néant que notre

---

[253] Lettre à Gilberte du 1er avril 1648, *OC*, II, 582. Cf. la fin de la lettre 4 à Melle de Roannez, *OC*, III, 1036-1037.

[254] *Sum. theol.*, Ia, q. 88, a. 3. Cf. *supra*, appel de n. 238, p. 289.

[255] *Palatium Reginae Eloquentiae*, p. 4, cité par M. Fumaroli, *op. cit.*, p. 347.

[256] *Quaestiones in Genesim*, col. 94.

[257] J. Steinmann, *Pascal*, Cerf, 1954, p. 289-290.

imagination grossit en montagne", fr. 531-456) et réduit à rien ce qui est ("nous faisons de l'éternité un néant", fr. 432-684). Le même mot qui désigne son activité désigne également l'activité de Dieu — *Deus nos fingit*[258]: la polysémie ne dit-elle pas que nous sommes issus de l'imagination divine et que nous-mêmes, en imaginant, participons de l'œuvre créatrice? Car l'imagination n'est pas bornée à l'ordre du fantasme. Elle produit des fictions qui produisent du réel: l'émotion et toutes ses manifestations physiques, du rire à la pamoison, chez le lecteur ou le spectateur, l'acquittement ou la condamnation pour qui dépend d'un juge et d'un avocat, la composition du poème[259] et la naissance de l'amour, le choix du métier et celui de la religion. Non seulement elle donne au possible les effets du réel — le philosophe pâlit à imaginer sa chute, et nous tremblons en imaginant ce qu'il imagine — et le réalise au besoin, mais le réel même doit passer par elle s'il est imperceptible (d'ordre intellectuel ou spirituel) et veut impressionner. "L'imagination dispose de tout" (fr. 44-78): elle peut aussi disposer *à* tout.

Lors s'ouvre le champ immense de son bon usage. Les "vains instruments qui frappent l'imagination" (*ibid.*) acquièrent grâce à elle vertu civilisatrice: les hommes se reconnaissent, les peuples obéissent à la loi, la paix règne. Mais la vérité, tout autant que la grimace, peut "frapp[er] l'imagination" et par elle "convaincre l'homme entier en corps et en âme" (fr. 848-430): la représentation de la mort qui nous attend transforme notre appréhension du présent, l'épuisement de l'imagination dans les espaces nous fait prendre conscience de notre situation objective, le prédicateur et l'apologiste nous mettent sous les yeux par avance les souffrances ou les jouissances qui seront notre lot éternel. C'est presque chaque phrase de Pascal qui dément déjà par son écriture l'universelle dépréciation qu'on lui prête de l'imagination: au moment même où il

---

[258] Citation d'Augustin (par la *Trias*) donnée dans *Ecrits sur la grâce*, *Discours*, *OC*, III, 728. Sur le double sens de *fingere* ("façonner" et "imaginer"), v. *supra*, n. 154, p. 172.

[259] Avant de résonner dans l'imagination de l'auditeur ("le ton de voix impose aux plus sages et change un discours et un poème de force", fr. 44-78), le poème naît dans celle de l'auteur. Cf. L'*Epigramme à Mme d'Hautefort* (mai 1638) par Jacqueline Pascal: "Votre œil, que l'univers reconnaît pour vainqueur,/Ayant bien pu toucher soudainement mon cœur,/ A pu d'un même coup toucher *ma fantaisie*" (*OC*, II, 201). Lorsque Jacqueline Pascal sera devenue la sœur Jacqueline de Sainte-Euphémie, un rapport plus profond s'instaure entre le cœur et la fantaisie, l'imagination poétique apparaissant, dans les vers composés sur le miracle de la Sainte Epine, comme le lieu de l'inspiration divine: "J'ai dit ce que l'esprit a daigné m'inspirer" (strophe XXV, *OC*, III, 995).

rappelle la défense faite par Dieu de Le confondre avec les créatures ses images, il L'humanise dans l'image du "jaloux"[260], et pour mettre en garde contre le mauvais usage de l'imagination il l'allégorise en maîtresse et en reine. Les injonctions répétées de Pascal à imaginer[261] dessinent dans les *Pensées* la place paradoxale d'un devoir d'imagination. C'est la revanche sur l'*Art de persuader*, dans lequel l'imagination n'était point nommée; ou plutôt, l'on comprend qu'elle n'en était absente que pour y être partout présente, à toutes les "entrées par où les opinions sont reçues dans l'âme"[262]: celle de l'entendement — qu'elle éclaire — et celle de la volonté — qu'elle échauffe. Par là l'imagination, qui au principe appartient à l'ordre des corps, se révèle bénéfique aux deux autres: on l'a vue à l'œuvre dans l'ordre intellectuel, où elle déploie fonction heuristique et pédagogique — les yeux de l'esprit — , et dans l'ordre spirituel, où les "yeux du cœur" (fr. 308-339) voient la grandeur cachée de Jésus-Christ. Dans le fragment des *trois ordres* elle était innommée aussi, mais ces expressions nous invitent à l'y reconnaître: sous la forme de l'"empire", de l'"éclat", de la "victoire" et du "lustre", elle est celle qui peut parler communément des trois genres, car ce qui est dit au sens propre des grandeurs charnelles l'est au sens figuré des grandeurs intellectuelles et spirituelles. Il n'est de *métabasis* en direction de l'ordre supérieur[263] que par la *métaphore*, c'est-à-dire par l'imagination. Entre des genres tranchés et hétérogènes, elle établit une correspondance[264] et une dynamique[265]:

---

[260] Lettre à Gilberte du 1er avril 1648, *OC*, II, 583.

[261] "La royauté est le plus beau poste du monde et cependant *qu'on s'en imagine*, accompagné de toutes les satisfactions qui peuvent le toucher" (fr. 136-168); "L'hypothèse des apôtres fourbes est bien absurde. Qu'on la suive tout au long, *qu'on s'imagine* ces douze hommes assemblés après la mort de J.C." (fr. 310-341); "*Qu'on s'imagine* un corps plein de membre pensants" (fr. 371-403); "*Qu'on s'imagine* un nombre d'hommes dans les chaînes (...)" (fr. 434-686).

[262] *De l'esprit géométrique* (2e fragment), *OC*, III, 413.

[263] Nous reprenons le terme d'Aristote, dont la théorie de l'incommunicabilité des genres (*Métaphysique*, Δ, 1024 *b*; I, 1055 *a*; etc.) est à prendre en compte dans l'examen de la doctrine pascalienne des trois ordres (qui sont "différents de genre", fr. 308-339).

[264] Notion chère au néo-platonisme, dans son expression philosophique (le chap. XIII de la *Theologia platonica* de Ficin exploite l'idée que l'imagination dévoile les correspondances de l'univers et nous aide à remonter à l'unité) comme dans son expression esthétique (Baudelaire: "L'Imagination est une faculté quasi divine qui perçoit tout d'abord, en dehors des méthodes philosophiques, les rapports intimes et secrets des choses, les correspondances et les analogies", *Notes nouvelles sur Edgar Poe*, dans *Œuvres complètes*, "Bibliothèque de la Pléiade", Paris, Gallimard, t. II, p. 329).

non contente de faire percevoir le corporel présent, elle nous élève par un premier degré d'abstraction au corporel absent, et de là vers l'absent du corporel — l'intelligible en son modèle géométrique et l'Adorable en son Verbe incarné. La *conversio ad phantasmata* s'achève en *conversio per phantasmata*.

---

[265] Ainsi l'image du corps physique (fr. 306-392) oriente le corps social vers une unité qui transcende, dans un premier temps, l'individualité de ses membres et, au-delà, sa propre unité en direction du corps mystique de "la République chrétienne" (fr. 369-401 et 376-408): "Si les membres des communautés naturelles et civiles tendent au bien du corps, les communautés elles-mêmes doivent tendre à un autre corps plus général dont elles sont membres" (fr. 420-680).

Le schéma d'une ascension, par le moyen de l'image, du sensible au suprasensible a son origine dans le *Phèdre* de Platon (250 *a* - *e*) et se retrouve dans le néo-platonisme chrétien de Denys (*Les Noms divins*, I, §4; IV, § 9 — avec la parfaite conscience de l'hétérogénéité des trois ordres sensible, intelligible et mystique, *ibid.*, § 11). Sur ce point, les deux traditions du platonisme et de l'aristotélisme, que nous avions distinguées au départ (cf. *supra*, p. 125), s'accordent: il est évident, selon l'épistémologie péripatéticienne, que *ex rebus materialibus ascendere possumus in aliqualem cognitionem immaterialium rerum* par le moyen de *similitudines* (*Sum. theol.*, I*a*, q. 88, a. 2). La transcendance des substances immatérielles est dans les deux cas préservée puisque, comme le rappelle saint Thomas (*ibid.*) traduisant Denys (*Hiér. cél.*, II, §2), ces *similitudines* sont *multum dissimiles*. En tant que *similitudines*, elles fondent la théologie symbolique; en tant que *multum dissimiles*, la théologie négative. L'histoire du concept d'imagination jusqu'au XVIIe siècle comporte sans doute plus de cohérence qu'il n'y paraît d'abord: le *Philèbe* est la source des conceptions d'Aristote et des stoïciens sur la fonction de l'imagination en morale (cf. Bundy, *op. cit.*, p. 53) et en symétrie, pourrait-on dire, Ficin sert d'intermédiaire entre Avicenne et Pomponazzi, *qui genuit* Montaigne, *qui genuit*...

CONCLUSION

Au terme du parcours, les deux puissances de la coutume et de l'imagination ne laissent pas de mériter leur dénonciation, au fragment 44-78, comme principes d'erreur. L'une et l'autre forment en l'homme une "seconde nature"[1], qui est nature déchue. Leurs causes se lient aisément, car le glissement s'opère par transitions insensibles du fait au droit: ce qui a pour soi la caution des anciens, des parents, des maîtres et du grand nombre ne peut pas ne pas acquérir à nos yeux valeur de vérité. La constance dans la répétition imite la nature et, sur son modèle, passe pour norme. Bref, ce qui a toujours été fait ou révéré devient une raison de le refaire ou de le révérer davantage. De là, entre coutume et imagination, une conjonction d'effets, qui ont en commun la marque du préjugé. Refus, dans l'ordre intellectuel, de l'invention et de la découverte: la nouveauté est présumée impossible ou magiquement absorbée dans le déjà "connu". Dans l'ordre social, sacralisation de la force en place: la longue habitude de la soumission, régulièrement entretenue par l'exhibition des pompes du pouvoir, pare les dirigeants de prestiges chimériques. "La chose la plus importante à toute la vie est le choix du métier" (fr. 634-527) — or, non moins que le hasard, la coutume et l'imagination en disposent: on choisit celui qu'on imagine être le meilleur sur ce qu'on est accoutumé depuis l'enfance à l'entendre louer. Même processus dans l'ordre supposé spirituel: chacun, en fait de religion, suit le train de ses pères — quitte à trouver après coup d'imaginaires raisons à ce choix qui n'en est pas un — et pense assurer dans l'aberration routinière de ses pratiques superstitieuses ou idolâtriques la fictive efficacité de ses rites. Les phantasmes sont la chose du monde la mieux partagée parce que l'imagination est en son principe imitation.

Toutefois, il serait erroné de voir dans ces deux facultés des puissances intrinsèquement perverses. Elles ne sont point orientées vers l'erreur, mais indifférentes au vrai et au faux: la coutume, quand elle est transmission des pères aux enfants de la religion chrétienne, crée en ces derniers un préjugé favorable qui est prévention de la vérité, et l'imagination de

---

[1] Pour l'imagination: fr 44-78; pour la coutume: fr. 126-159.

même peut agir en maîtresse de vérité autant qu'en maîtresse d'erreur. Comme toutes nos facultés en l'état de nature déchue, elles ne sont pas malicieuses dans leur essence (ce qui serait une contradiction) mais réversibles dans leur usage: *non vitiosae, sed vitiatae*, dirait-on avec Alain de Lille. D'où l'idée d'examiner une possible utilisation — par la nature elle-même, puis par la grâce — de leur *puissance* au service des valeurs jugées fondamentales par Pascal. Là encore, outre leurs spécificités plus haut développées, on relèvera bien des conjonctions positives de leur action en tous domaines: coutume et imagination font trouver aux habiles comme aux simples la paix dans l'obéissance à des lois et des supérieurs qui assurent cohésion et continuité à la vie sociale. La justice à quoi l'on se range est simultanément la justice qu'on imagine et la justice accoutumée, et son empire sur nous devient par là doux et volontaire: aux antipodes de la force et de la violence, coutume et imagination sont reines sur le monde et non point tyrans. S'agit-il des recherches de l'esprit? Paradoxalement, on a reconnu à nos deux puissances réputées trompeuses vertu anti-dogmatique: contre le plat réalisme ou le rationalisme fanatique, la coutume maintient avec raison que le prétendu "impossible" (le miracle, la prophétie, l'extraordinaire) est possible, et l'imagination montre, par ses expériences parfois si étranges qu'elles doivent demeurer fictives comme par la hardiesse de ses hypothèses, que la vérité d'une nature inexhaustible doit aussi être cherchée du côté de l'invraisemblable. Enfin, l'une et l'autre jouent un rôle déterminant dans le passage au stade éthique et à la vie de foi. Elles ont la puissance de détourner du divertissement: à l'habitude de nous imaginer un florissant avenir terrestre, substituons celle d'imaginer l'avenir de cet avenir — la mort assurée et l'éternité qui la suit — et loin de nous dissiper en futilités, nous songerons à ce que nous sommes et nous tournerons vers Celui qui est. Prenons l'habitude de nous imaginer autres que ce que nous croyons être et semblables à ce qu'il nous faut devenir: nous le deviendrons naturellement, par l'efficace d'une simulation répétée (l'éthique du "comme si") où se lit sans peine l'influence croisée de nos deux puissances. Si nous sommes convaincus au seul plan intellectuel de la vérité du christianisme, la coutume et l'imagination, par le rapport étroit qu'elles entretiennent avec le corps, transformeront cette conviction en persuasion. C'est en pensant à l'une comme à l'autre que l'on peut dire: "L'instrument par lequel la persuasion se fait n'est pas la seule démonstration" (fr. 821-661): l'extériorité intime de "la Machine" et l'immatérielle matérialité de l'image touchent le cœur plus sûrement que ne fait la raison. L'évidence impressionnante de la figure comme le ploiement réglé de l'automate installent la foi où elle doit être pour demeurer stable: dans le "sentiment".

Mais peut-être l'entreprise de dégager un bon usage des puissances trompeuses suscitera-t-elle le soupçon d'arbitraire: pourquoi fixer du mal vers le bien un mouvement qualifié justement de réversible? L'ordre de présentation pourrait être retourné sans difficulté, des pieuses habitudes et de la sainte imagination à leur dégradation chez le pécheur invétéré ou le malheureux *cui sui figmenta dominantur* (fr. 506-674). A cela on doit répondre que cette réversibilité n'était point établie tant que l'on n'avait pas montré le bon usage possible des puissances trompeuses. Maintenant, pourquoi privilégier cette orientation? Dans la perspective pascalienne, le mauvais usage en suppose historiquement un bon — la chute succédant à l'état d'incorruption — et affecte de plus une faculté qui en soi est bonne, puisque donnée par le créateur. Mais si, chronologiquement et ontologiquement, le bien précède le mal, il doit aussi le suivre pour restaurer la plénitude originelle. Le mauvais usage a donc le bien pour principe et pour fin ("tout tourne en bien pour les élus", fr. 566-472). La réversibilité n'existe que le long d'un axe orienté du Bien au Bien, de la création au plérôme, de l'Alpha à l'Oméga: "Il est impossible que Dieu soit jamais la fin, s'il n'est le principe" (fr. 988-808). Puisque "Dieu peut du mal tirer du bien, et que sans Dieu on tire le mal du bien"[2], l'ordre qu'on a suivi n'est autre que celui de la Rédemption, que l'apologiste mime et s'efforce d'actualiser. Grandeur et bassesse ne sont pas destinées à renvoyer l'une à l'autre indéfiniment: la réversibilité ne nous met pas au rouet, car le pyrrhonien semeur d'antinomies ne triomphe ni du géomètre ni, à plus forte raison, du chrétien. L'analyse critique des facultés trompeuses, au début de l'*Apologie*, doit être relue à partir du résultat où elle a pour fonction de conduire, c'est-à-dire à la lumière de la Révélation à quoi Pascal veut nous donner accès. On peut alors déceler en elles ce qui demeure de l'origine (antélapsaire) et ce qui est en puissance de la fin (ultime). Et comme la grâce ne détruit pas la nature mais la rend plus parfaite[3], il est même licite d'envisager leur statut dès ici-bas rédimé. La conversion ne mène pas à se passer de coutume et

---

[2] Fr. 928-756. Que Dieu tire le bien du mal est un principe augustinien (*Enchiridion*, cap. II) et thomiste (*Sum. theol.*, Ia, q. 22, a. 2).

[3] Principe fondamental de la théologie thomiste (cf. *Sum. theol.*, Ia, q. 1, a.8) — que l'on tire par voie syllogistique du fr. 925-754: "La loi n'a pas détruit la nature, mais elle l'a instruite. La grâce n'a pas détruit la loi mais elle la fait exercer".

d'imagination, mais à christianiser coutume et imagination: la coutume chrétienne implique, à égale distance du caprice et du formalisme, l'adhésion cordiale au rite et à la Tradition, une "habitude dans la piété"[4] qui la rende facile et empressée, et par-dessus tout une vie surnaturelle déjà tournée en nature; l'imagination chrétienne, aussi éloignée de l'idolâtrie que de l'iconoclasme, entretient en soi et au-dehors les figures propres à affermir son espérance et voit en chaque créature une image du Dieu qui se cache: toute idole est par elle transformée en icône[5]. Si effectivement "Dieu doit régner sur tout et tout se rapporter à lui" (fr. 933-761), il n'est pas jusqu'aux principes d'erreur et de fausseté qui ne soient appelés à devenir dès maintenant principes de sagesse et de vérité.

---

[4] *Ecrit sur la conversion du pécheur*, *OC*, IV, 42.

[5] L'opposition vient de J.-L. Marion, "Fragments sur l'idole et l'icône", *Revue de Métaphysique et de Morale*, 1979, p. 433-445.

BIBLIOGRAPHIE

I / SOURCES ET ÉTUDES GÉNÉRALES

1 / Sources

a) Auteurs nés avant 1500

ARISTOTE, *De l'âme*, trad. Barbotin, Paris, "Les Belles Lettres", 1966.

ARISTOTE, *Ethique à Nicomaque*, trad. Tricot, Paris, Vrin, 1987.

ARISTOTE, *Métaphysique*, trad. Tricot, Paris, Vrin, 1970-1974, 2 vol.

ARISTOTE, *Petits traités d'histoire naturelle* (*Parva Naturalia*), trad. Mugnier, Paris, "Les Belles Lettres", 1953.

ARISTOTE, *Poétique*, trad. Hardy, Paris, "Les Belles Lettres", 1969.

ARISTOTE, *Rhétorique*, trad. Dufour puis Wartelle, Paris, "Les Belles Lettres", 1960-1980, 3 vol.

AUGUSTIN (saint), *Opera omnia*, Paris, Migne, 1841-1842, 12 vol.

AUGUSTIN (saint), *Œuvres*, Bibl. Augustinienne, Paris, Desclée de Brouwer, 85 vol. prévus.

AVICENNE, *Liber de anima seu sextus de naturalibus*, Louvain, t. I (éd. Van Riet), 1972; t. II (éd. G. Verbeke), 1968.

BASILE (saint), *Traité du Saint-Esprit*, trad. Pruche, Paris, Cerf, 1947.

BERNARD (saint), *Opera*, Paris, Migne, t. I, 1854.

BONAVENTURE (saint), *Itinéraire de l'esprit vers Dieu*, trad. Duméry, Paris, Vrin, 1986.

DENYS L'ARÉOPAGITE, *Œuvres complètes*, trad. Gandillac, Paris, Aubier, 1943.

ÉPICTÈTE, *Les Propos d'Epictète recueillis par Arrian auteur grec son disciple translatés du grec en français par Fr. I.D.S.F.*, Paris, Jean de Heuqueville, 1609.

ÉPICTÈTE, *Entretiens* et *Manuel,* in *Les Stoïciens,* éd. Schuhl et Bréhier, Paris, Gallimard, 1962.

FICIN (M.), *Platonica theologia,* Florentiae, A. Miscomini, 1482.

IGNACE DE LOYOLA (saint), *Exercices spirituels,* trad. Jennesseaux, Paris, Poussielgue, 1900.

LUCRÈCE, *De natura rerum,* trad. Ernout, Paris, "Les Belles Lettres", 1968-1971, 2 vol.

Le Nuage d'inconnaissance, trad. Guerne, Paris, Seuil, 1977.

PLATON, *Œuvres complètes,* trad. Robin, Paris, Gallimard, 1950, 2 vol.

POMPONAZZI (P.), *Les Causes des merveilles de la nature ou les enchantements,* trad. Busson, Paris, Rieder, 1930.

RABELAIS (F.), *Le Quart Livre,* dans *Œuvres complètes,* éd. Jourda, Paris, Garnier, t. II, 1962.

THOMAS D'AQUIN (saint), *Quaestiones disputatae,* Paris, Lethielleux, 1882-1884, 3 vol.

THOMAS D'AQUIN (saint), *Somme de la foi catholique contre les Gentils,* texte latin avec la trad. de P.-F. Ecalle, Paris, Vivès, 1854-1856, 3 vol.

THOMAS D'AQUIN (saint), *Somme théologique,* texte latin avec la trad. de la Revue des Jeunes, Paris-Tournai-Rome, Desclée de Brouwer, 1926 s.

THOMAS D'AQUIN (saint), *Summa theologiae*, Rome, ed. Paulinae, 1962.

VIVÈS, *De anima et vita*, Basileae, 1538.

b) Auteurs nés après 1500

ARNAULD (A.), *Œuvres*, Paris-Lausanne, S. d'Arnay, 1775-1783, 43 tomes en 38 vol. (les *Réflexions sur l'éloquence des prédicateurs* sont au t. XLII, p. 379-401).

ARNAULD (A.), *Réflexions sur l'éloquence des prédicateurs*, éd. T.M. Carr, Genève, Droz, 1992.

ARNAULD (A.) et NICOLE (P.), *La Logique ou l'art de penser*, éd. Clair et Girbal, Paris, PUF, 1965.

BACON (F.), *Neuf livres de la dignité et de l'accroissement des sciences*, trad. Golefer, Paris, 1632.

BERGSON (H.), *Les Deux Sources de la morale et de la religion*, dans *Œuvres*, 2ᵉ éd., Paris, PUF, 1963.

BINET (É.), *Consolation et réjouissance pour les malades et personnes affligées*, 2ᵉ éd., Rouen, R. L'Allemant, 1617.

BINET (É.), *Essai des merveilles de Nature et des plus nobles artifices*, Rouen, Romain de Beauvais, 1621.

BOSSUET (J.-B.), *De la connaissance de Dieu et de soi-même*, Paris, Lecoffre, 1869.

CHARRON (P.), *De la sagesse* (1601, 1ᵉʳᵉ éd.; 1604, 2ᵉ), Paris, Fayard, 1986.

DESCARTES (R.), *Œuvres*, éd. Adam-Tannery, nouvelle présentation, Paris, Vrin-CNRS, 1964 s., 13 vol.

DESCARTES (R.), *Discours de la méthode*, éd. Gilson (*minor*), Paris, Vrin, 1966.

DESCARTES (R.), *Règles utiles et claires pour la direction de l'esprit en la recherche de la vérité*, trad. et annotation conceptuelle de J.-L. Marion, La Haye, Nijhoff, 1977.

DOMAT (J.), *Les Lois civiles dans leur ordre naturel*, Paris, J.-B. Coignard, t. I (avec le *Traité des lois*), 1689.

DU BOS (abbé), *Réflexions critiques sur la poésie et sur la peinture* (1ère éd., 1719), Paris, P.-J. Mariette, 1733, 3 vol.

FREUD (S.), *Totem et tabou*, trad. S. Jankélévitch revue, Paris, Payot, 1968.

FURETIÈRE (A.), *Dictionnaire universel*, La Haye et Rotterdam, A. et R. Leers, 1690, 3 vol.

GASSENDI (P.), *Opera omnia*, Lyon, L. Anisson et J.-B. Devenet, 1658, 6 vol. (*Syntagma Philosophicum*, t. I et II; *Opera astronomica*, t. IV).

GASSENDI (P.), *Disquisitio Metaphysica*, éd. Rochot, Paris, Vrin, 1962.

[GOIBAUD DU BOIS (P.)], trad. des *Sermons de saint Augustin sur le Nouveau Testament*, Paris, 1694, 4 vol.

HUME (D.), *A Treatise of Human Nature*, éd. E.C. Mossner, Hardmondsworth, Penguin Books, 1969.

LA FONTAINE (J. de), *Fables*, éd. Couton, Paris, Garnier, 1962.

LA MOTHE LE VAYER (F. de), *Opuscule ou petit traité sceptique sur cette commune façon de parler: n'avoir pas le sens commun*, Paris, Sommaville, 1646.

LEIBNIZ (W.G.), *Opuscules et fragments inédits,* éd. Couturat, Paris, Alcan, 1903.

MALEBRANCHE (N.), *De la recherche de la vérité*, éd. Rodis-Lewis, Paris, Vrin, 1991, 3 vol.

MERSENNE (M.), *Quaestiones in Genesim*, Paris, Cramoisy, 1623.

MONTAIGNE (M. de), *Les Essais*, éd. Villey-Saulnier, Paris, PUF, 1965.

NICOLE (P.), *Notes traduites en français* [par Melle de Joncoux] *sur la 5ᵉ édition de 1660* [*sic* pour 1679] de la version latine *des Provinciales*, s.l., 1699, 3 vol.

RACINE (J.), *Lettre aux deux Apologistes de l'Auteur des «Hérésies imaginaires»*, dans *Œuvres complètes*, éd. Picard, Paris, Gallimard, t. II, 1952.

RAVAISSON (F.), *De l'habitude*, Paris, Fournier, 1838 (et Vrin-Reprise, Paris, Vrin, 1984).

Recueil de choses diverses, éd. Lesaulnier, Paris, Klincksieck, 1992.

RICHELET (P.), *Dictionnaire*, Genève, J.-H. Widerhold, 1680.

ROUSSEAU (J.-J.), *Discours sur l'origine et les fondements de l'inégalité parmi les hommes*, dans *Œuvres complètes*, Paris, Armand-Aubrée, t. I, 1832.

SAINT-CYRAN (J. Duvergier de Hauranne, abbé de), *Lettres chrétiennes et spirituelles*, Paris, Jean Le Mire, IIᵉ part., 1647.

SAINT-CYRAN (J. Duvergier de Hauranne, abbé de), *Lettre à un ecclésiastique de ses amis touchant les dispositions à la prêtrise*, s.l., 1647.

SALES (saint François de), *Œuvres*, éd. Ravier et Devos, Paris, Gallimard, 1969.

SARTRE (J.-P.), *Esquisse d'une théorie phénoménologique des émotions*, Paris, Herman, 1939.

SÉVIGNÉ (Mme de), *Correspondance*, éd. Duchêne, Paris, Gallimard, 1972-1978, 3 vol.

SPINOZA (B. de), *Tractatus de intellectus emendatione*, éd. Koyré, Paris, Vrin, 1969.

2 / Etudes

a) Ouvrages

BLOCH (O.-R.), *La Philosophie de Gassendi*, La Haye, Nijhoff, 1971.

BOUTROUX (P.), *L'Imagination et les mathématiques selon Descartes*, Paris, Alcan, 1900.

CHAUNU (P.), *La Civilisation de l'Europe classique*, Paris, Arthaud, 1966.

DULAEY (M.), *Le Rêve dans la vie et la pensée de saint Augustin*, Paris, Etudes Augustiniennes, 1973.

DURAND (G.), *Les Structures anthropologiques de l'imaginaire*, 10e éd., Paris, Dunod, 1985.

FERREYROLLES (G.), *Le "Tartuffe" de Molière*, Paris, PUF, 1987.

FOUCAULT (M.), *Maladie mentale et psychologie*, Paris, PUF, 1966.

FRAZER (J.G.), *The Magic Art and the Evolution of Kings*, Macmillan, London, 1911-1915, 2 vol.

FUMAROLI (M.), *L'Age de l'éloquence. Rhétorique et "res literaria" de la Renaissance au seuil de l'époque classique*, Genève, Droz, 1980.

GILSON (É.), *Le Thomisme*, 6e éd., Paris, Vrin, 1972.

GOYARD-FABRE (S.), *L'Habitude humaine*, Paris, Editions de l'Ecole, 1967.

KOYRÉ (A.), *Etudes d'histoire de la pensée scientifique*, Paris, PUF, 1966.

LALANDE (A.), *Vocabulaire technique et critique de la philosophie*, 16ᵉ éd., Paris, PUF, 1988.

MARION (J.-L.), *Sur l'ontologie grise de Descartes*, Paris, Vrin, 1975.

OLIVIER-MARTIN (F.), *Histoire du droit français des origines à la Révolution*, Paris, CNRS, 1984.

ORCIBAL (J.), *La Spiritualité de Saint-Cyran, avec ses écrits de piété inédits*, Paris, Vrin, 1962.

SERRES (M.), *Le Système de Leibniz et ses modèles mathématiques*, Paris, PUF, 1968, 2 vol.

TOCANNE (B.), *L'Idée de nature en France dans la seconde moitié du XVIIᵉ siècle*, Paris, Klincksieck, 1978.

TRUCHET (J.), *La Prédication de Bossuet*, Paris, Cerf, 1960, 2 vol.

TYLOR (E.B.), *Primitive Culture*, 4ᵉ éd., London, John Murray, 1903, 2 vol.

VÉDRINE (H.), *La Conception de la nature chez Giordano Bruno*, Paris, Vrin, 1967.

b) Recueils et articles

BUNDY (M.W.), "The Theory of imagination in classical and mediaeval tought", *Univ. of Illinois Studies in language and literature*, vol. XII, may-august 1927, p. 170-280.

DE VOOGHT (Dom P.), "La notion philosophique du miracle chez saint Augustin", in *Recherches de théologie ancienne et médiévale*, Louvain, 1938, p. 317-343.

FERREYROLLES (G.), "La princesse et le tabou", *Lectures*, n°1, 1979, p. 61-86.

GILSON (É.), *Les Idées et les Lettres*, Paris, Vrin, 1932.

KLEIN (R.), *La Forme et l'intelligible*, Paris, Gallimard, 1970.

LELY (S.), "L'art au service de la prière: la peinture à Port-Royal de Paris", *Chroniques de Port-Royal*, 1991, p. 91-118.

MARION (J.-L.), "Fragments sur l'idole et l'icône", *Revue de Métaphysique et de Morale*, 1979, p. 433-445.

Nicée II, 787-1987. Douze siècles d'images religieuses, Colloque international Nicée, Paris, Cerf, 1987.

PÉPIN (J.), "Une nouvelle source d'Augustin", *Revue des Etudes anciennes*, t. 66, 1964, p. 53-107.

Phantasia/Imaginatio, Lessico Intellettuale Europeo, Roma, ed. dell'Ateneo, 1988.

II/ TRAVAUX ET ETUDES SUR PASCAL

1 / Editions

Œuvres complètes:

— éd. Brunschvicg, Boutroux, Gazier, Paris, Hachette, 1904-1914, 14 vol.
— éd. J. Mesnard, Paris, Desclée de Brouwer, 4 vol. parus, 1964, 1970, 1991, 1992.

Provinciales (et écrits annexes): éd. Cognet-Ferreyrolles, Paris, Bordas, 1992.

Pensées:

- *Pensées de M. Pascal sur la religion et sur quelques autres sujets*, Paris, Desprez, 1670 (éd. dite de Port-Royal).
- éd. Lafuma, Paris, Luxembourg, 1952, 3 vol.
- éd. Le Guern, Paris, Gallimard, 1977, 2 vol.
- éd. Sellier, Paris, Bordas, 1991.
- concordance: Davidson (H.) et Dubé (P.), *A Concordance to Pascal's "Pensées"*, Ithaca and London, Cornell Univ. Press, 1975.

Textes inédits, éd. J. Mesnard, Paris, Desclée de Brouwer, 1962.

2 / Etudes

a) Ouvrages

BRUNSCHVICG (L.), *Blaise Pascal*, Paris, Vrin, 1953.

CARRAUD (V.), *Pascal et la philosophie*, Paris, PUF, 1992.

CROQUETTE (B.), *Pascal et Montaigne*, Genève, Droz, 1974.

DAVIDSON (H.), *The Origins of Certainty : Means and Meaning in Pascal's Pensées*, Chicago University Press, 1979.

DESCOTES (D.), *L'Argumentation chez Pascal*, Paris, PUF, 1993.

FERREYROLLES (G.), *Pascal et la raison du politique*, Paris, PUF, 1984.

FORCE (P.), *Le Problème herméneutique chez Pascal*, Paris, Vrin, 1989.

GARDIES (J.-L.), *Pascal entre Eudoxe et Cantor*, Paris, Vrin, 1984.

GOLDMANN (L.), *Le Dieu caché. Etude sur la vision tragique dans les "Pensées" de Pascal et dans le théâtre de Racine*, Paris, Gallimard, 1955 (rééd. 1976).

LE GUERN (M.), *L'Image dans l'œuvre de Pascal*, Paris, A. Colin, 1969 (rééd. Klincksieck, 1983).

MAGNARD (P.), *Nature et Histoire dans l'apologétique de Pascal*, Paris, "Les Belles Lettres", 1975.

MARIN (L.), *La Critique du discours. Sur la "Logique" de Port-Royal et les "Pensées" de Pascal*, Paris, Minuit, 1975.

McKENNA (A.), *De Pascal à Voltaire. Le rôle des "Pensées" de Pascal dans l'histoire des idées entre 1670 et 1734*, Oxford, The Voltaire Foundation, 1990, 2 vol.

MELZER (S.), *Discourses of the Fall. A Study of Pascal's "Pensées"*, Berkeley-Los Angeles-London, Univ. of California Press, 1986.

MESNARD (J.), *Pascal*, 5ᵉ éd., Paris, Hatier, 1967.

MESNARD (J.), *Les "Pensées" de Pascal*, 2ᵉ éd., Paris, Sedes, 1993.

RONNET (G.), *Pascal et l'homme moderne*, Paris, Nizet, 1963.

SELLIER (P.), *Pascal et saint Augustin*, Paris, A. Colin, 1970.

SHIOKAWA (T.), *Pascal et les miracles*, Paris, Nizet, 1977.

STEINMANN (J.), *Pascal*, Paris, Cerf, 1954.

THIROUIN (L.), *Le Hasard et les Règles. Le modèle du jeu dans la pensée de Pascal*, Paris, Vrin, 1991.

b) Recueils et articles

L'Accès aux "Pensées" de Pascal, Colloque de Clermont-Ferrand (1984-1985), Paris, Klincksieck, 1993.

AKAGI (S.), "Les pensées fondamentales de la physique pascalienne et leur originalité", *Etudes de Langue et Littérature Françaises*, nº4, 1964, p. 20-36.

Blaise Pascal, l'homme et l'œuvre, Cahiers de Royaumont, I, Paris, Minuit, 1956.

CARRAUD (V.), "Evidence, jouissance et représentation de la mort. Remarques sur l'anthropologie pascalienne du divertissement", *XVIIᵉ siècle*, n° 175, avril-juin 1992, p. 141-156.

DESCOTES (D.), en collab. avec MOURLEVAT (G.), "*Usage de la machine*, manuscrit acquis par le Centre International Blaise Pascal", *Courrier du CIBP*, n°8, 1986, p. 4-23.

DESCOTES (D.), "Pascal et le marketing", in *Mélanges offerts au Pr. Maurice Descotes*, Univ. de Pau, 1988, p. 141-160.

DUCHÊNE (R.), "*Les Provinciales*, roman épistolaire", in *Lettres et réalités (Mélanges H. Coulet)*, Aix-en-Provence, Publications de l'Univ. de Provence, 1988, p. 39-55.

Equinoxe, n°6 (numéro spécial consacré à Pascal), été 1990.

FERREYROLLES (G.), "Lecture pascalienne des miracles en Montaigne", in *Montaigne et les "Essais", 1580-1980*, Paris-Genève, Champion-Slatkine, 1983, p. 120-134.

FERREYROLLES (G.), "Un âge critique: les trente ans du *Dieu caché*", *Commentaire*, n°34, 1986, p. 290-297.

GALLUCCI (J.A.), "Pascal *poeta-theologus*", *Papers on French Seventeenth Century Literature*, vol. XVII, n°32, 1990, p. 151-170.

GERMAIN (F.), "Imagination et vertige dans les deux infinis", *Revue des sciences humaines*, janvier-mars 1960, p. 31-40.

Justice et force. Politiques au temps de Pascal, Colloque de Clermont-Ferrand (1990), Paris, Klincksieck, à paraître en 1995.

KASSNER (R.), "Pascal" (1925), *Le Nouveau Commerce*, cahier 79/80, printemps 1991, p. 79-88.

MARIN (L.), "Réflexions sur la notion de modèle chez Pascal", *Revue de Métaphysique et de Morale*, 1967, p. 89-108.

MESNARD (J.), "Miracle et mystère", *Communio*, t. XIV (1989), n°5, p. 59-70.

MESNARD (J.), *La Culture du XVIIe siècle*, Paris, PUF, 1992.

Méthodes chez Pascal, Colloque de Clermont-Ferrand (1976), Paris, PUF, 1979.

Pascal et Port-Royal, Paris, Fayard, 1962.

Pascal, Port-Royal, Orient, Occident, Colloque de l'Univ. de Tokyo (1988), Paris, Klincksieck, 1991.

Pascal. Thématique des "Pensées", Colloque de l'Univ. de Western Ontario (1984), Paris, Vrin, 1988.

SELLIER (P.), "De Pascal à Baudelaire", *NRF*, n°181, janvier 1968, p. 98-104.

SELLIER (P.), "L'ascension et la chute", *Chroniques de Port-Royal*, 1972, p. 116-126.

SELLIER (P.), "Imaginaire et théologie: le «cœur» chez Pascal", *Cahiers de l'Association Internationale des Etudes Françaises*, n°40, mai 1988, p. 285-295.

SHIOKAWA (T.), "La connaissance par l'autorité selon Pascal", *Etudes de Langue et Littérature Françaises*, n°30, 1977, p. 1-14.

SHIOKAWA (T.), "Persuasion et conversion: essai sur la signification de la rhétorique chez Pascal", in *Destins et enjeux du XVIIᵉ siècle*, Paris, PUF, 1985, p. 311-321.

STECCA (L.), "I fiumi di Babilonia", *Rivista di storia e letteratura religiosa*, 1983, n°2, p. 252-269.

VERGEZ (A.), "Hume lecteur de Pascal", *Annales de l'Univ. de Besançon,* II, 1955, n°2, p. 27-32.

TABLE DES MATIÈRES

Achevé d'imprimer en 1995
à Genève – Suisse